Bilanzierung immaterieller Anlagewerte bei Umwandlungen nach HGB und IAS/IFRS

Europäische Hochschulschriften
Publications Universitaires Européennes
European University Studies

Reihe II
Rechtswissenschaft

Série II Series II
Droit
Law

Bd./Vol. 4367

PETER LANG
Frankfurt am Main · Berlin · Bern · Bruxelles · New York · Oxford · Wien

Michael Gille

Bilanzierung immaterieller Anlagewerte bei Umwandlungen nach HGB und IAS/IFRS

PETER LANG
Europäischer Verlag der Wissenschaften

Bibliografische Information Der Deutschen Bibliothek
Die Deutsche Bibliothek verzeichnet diese Publikation in der Deutschen Nationalbibliografie; detaillierte bibliografische Daten sind im Internet über <http://dnb.ddb.de> abrufbar.

Zugl.: Siegen, Univ., Diss., 2005

D 467
ISSN 0531-7312
ISBN 3-631-55191-6

www.peterlang.de

Geleitwort

In der Diskussion um die Bilanzierungsvoraussetzungen für immaterielle Vermögenswerte spiegelt sich das Ringen um eine möglichst objektive Rechnungslegung wider. Der Einzelerwerb immaterieller Anlagewerte nach HGB und IFRS war in der Vergangenheit wiederholt Gegenstand wissenschaftlicher Erörterungen. Demgegenüber fehlte es bislang an einer Untersuchung, die der Tragfähigkeit der dabei diskutierten Aktivierungskriterien im Kontext von Umstrukturierungsmaßnahmen nachgeht. Die vorliegende Arbeit schließt diese Lücke der bisherigen Forschung. Zugleich schafft der Verfasser damit eine Grundlage für einen Vergleich der deutschen handelsrechtlichen Grundsätze mit den entsprechenden Regelungen in IAS 38 und IFRS 3 betreffend den erstmaligen Ansatz immaterieller Anlagewerte im Anschluss an Unternehmenszusammenschlüsse. Angesichts der Vielzahl verschiedener Umstrukturierungsformen bilden Umwandlungsvorgänge dabei eine sinnvolle Eingrenzung des Untersuchungsgegenstandes.

Der Verfasser arbeitet zunächst die im bilanzrechtstheoretischen Schrifttum erörterten Spielarten des Begriffs bilanzieller Objektivierung heraus und verbindet die Ergebnisse dieser Analyse mit dem agencytheoretischen Diskussionsstand. Auf dieser Grundlage wird die abstrakte und konkrete Aktivierungsfähigkeit von Vermögensgegenständen im Rahmen des Übergangs ganzer Vermögensgesamtheiten bei Verschmelzungs- und Spaltungsvorgängen untersucht. Dabei betritt die Arbeit gleich mehrfach Neuland: Der Einzelbewertungsgrundsatz wird in seiner spezifischen Bedeutung für diese Ansatzvoraussetzungen im Rahmen der umwandlungstypischen Rahmenbedingungen eingehend analysiert. Die Frage nach dem entgeltlichen Erwerb führt zu zusätzlichen Schwierigkeiten, denn übertragene Umwandlungen sind strukturell nicht mit dem entgeltlichen Einzelerwerb immaterieller Vermögensgegenstände vergleichbar. Die Objektivierungsprobleme stellen sich dann geballt bei der Analyse der – in der Praxis sehr häufigen und in der bilanzrechtlichen Literatur kaum beachteten – konzerninternen Verschmelzungen und Spaltungen.

Für die verschiedenen Gesichtspunkte der HGB-Bilanzierung immaterieller Anlagewerte bei übertragenden Umwandlungen werden in einem weiteren Untersuchungsschritt die Parallelen und Unterschiede bei der Behandlung dieser Vorgänge in der Berichterstattung nach IFRS analysiert. Die Definitionskriterien (definition criteria) sowie die Anerkennungskriterien (recognition criteria) nach IFRS werden dabei ebenso beleuchtet wie die Frage nach Aktivierungsgeboten und -verboten. Die besonderen Ansatzvoraussetzungen der IAS 38.33ff. für immaterielle Vermögenswerte werden, insbesondere im Hinblick auf deren Abhängigkeit vom Fair Value, intensiv untersucht. Bei alledem bringt die Arbeit mehr Tiefenschärfe in die Diskussion um „Entobjektivierungstendenzen" der Berichterstattung nach IFRS.

Besonders hervorzuheben ist der interdisziplinäre Charakter der Untersuchung. Der Verfasser hat – von der Sache her geboten – rechts- und wirtschaftswissenschaftliche Analyseelemente miteinander verbunden. Das komplexe Geflecht gesellschafts- und bilanzrechtlicher Zusammenhänge, dem der Untersuchungsgegenstand unterworfen ist, wird umfassend berücksichtigt.

Zu den vielen Vorzügen dieser Untersuchung ist nicht zuletzt der Nutzen für die Praxis zu nennen. Jederzeit werden die Rechtsprechung deutscher Gerichte, aber auch des EuGH, die Aktivitäten des deutschen und europäischen Gesetzgebers und des IASB sowie der gegenwärtige Stand der Forschung berücksichtigt. Bei alledem bleibt die Arbeit gut lesbar. Vergleichbare Untersuchungen zu dem Themenkreis der Bilanzierung immateriellen Anlagevermögens bei übertragenden Umwandlungen nach HGB und IFRS gibt es bislang nicht.

Der Verfasser wurde für diese Arbeit mit dem Wissenschaftsförderpreis 2005 des Siegener Forums für Rechnungslegung, Prüfungswesen und Steuerlehre ausgezeichnet.

Prof. Dr. Rainer Heurung

Vorwort

Die Arbeit ist unter dem Titel „Ansatz immaterieller Anlagewerte bei Verschmelzung und Spaltung von Unternehmen im Einzelabschluss nach HGB und IAS/IFRS“ im Jahr 2005 vom Fachbereich Wirtschaftswissenschaften der Universität Siegen – in leicht abweichender Form – als Dissertation angenommen worden. Ermöglicht wurde diese Arbeit durch ein Drittmittelprojekt der Universität Siegen mit dem Wirtschaftsprüfungs- und Beratungsunternehmen KPMG.

Meinem Doktorvater, Herrn Prof. Dr. Rainer Heurung, danke ich herzlich für die Unterstützung und Förderung meiner Promotion. Die Entstehung der Arbeit wurde von ihm jederzeit mit großem Interesse und konstruktiver Kritik verfolgt. Danken möchte ich auch Herrn Prof. Dr. Norbert Krawitz für die zügige Erstellung des Zweitgutachtens sowie für das Interesse, das er dieser Arbeit im Rahmen seines Doktorandenkolloquiums entgegengebracht hat.

Wertvolle Unterstützung leisteten auch meine Kollegen am Lehrstuhl in Siegen sowie bei KPMG in Frankfurt am Main, nicht zuletzt bei den Korrekturarbeiten in der Endphase der Arbeit. Ihnen gebührt mein besonderer Dank.

Michael Gille

Inhaltsübersicht

Inhaltsverzeichnis

Tabellen- und Abbildungsverzeichnis

Abkürzungsverzeichnis

a.A./A.A.	andere(r) Auffassung/andere(r) Ansicht
a.a.O.	am angegebenen Ort
ABlEG	Amtsblatt der Europäischen Gemeinschaft/Union
abgedr.	abgedruckt
Abs.	Absatz/Absätze
Abschn.	Abschnitt(e)
abzgl.	abzüglich
AcP	Archiv für civilistischePraxis
AER	American Economic Review (Zeitschrift)
a.F.	alte Fassung
AG	Aktiengesellschaft(en) oder Die Aktiengesellschaft (Zeitschrift)
Anh.	Anhang
AktG	Aktiengesetz
Anm.	Anmerkung(en)
Anm. d. Verf.	Anmerkung des Verfassers
AO	Abgabenordnung
APB	Accounting Principle Board (Opinion)
APV	Adjusted Present Value
AR	The Accounting Review (Zeitschrift)
Art.	Artikel
AStG	Außensteuergesetz
Aufl.	Auflage

Aug.	August
BayObLG	Bayerisches Oberstes Landesgericht
BayObLGZ	Entscheidungen des Bayerisches Oberstes Landesgerichts in Zivilsachen
BB	Betriebs-Berater (Zeitschrift)
BC	Basis for Conclusions
Bd.	Band
Bde.	Bände
bearb.	bearbeitet
Begr.	Begründung
BdF	Bundesminister der Finanzen
Beil.	Beilage(n)
BGHZ	Entscheidungen des BGH in Zivilsachen
Beschl.	Beschluss
BewG	Bewertungsgesetz
BFH	Bundesfinanzhof
BFHE	Sammlung des Bundesfinanzhofes
BFH/NV	Sammlung amtlich nicht veröffentlichter Entscheidungen des Bundesfinanzhofes
BFuP	Betriebswirtschaftliche Forschung und Praxis (Zeitschrift)
BGB	Bürgerliches Gesetzbuch
BGBl	Bundesgesetzblatt
BGH	Bundesgerichtshof
BilRefG	Bilanzrechtsreformgesetz

BiRiLiG	Bilanzrichtlinien-Gesetz (Gesetz zur Durchführung der Vierten Siebenten und Achten Richtlinie des Europäischen Rates der Europäischen Gemeinschaften zur Koordinierung des Gesellschaftsrechts v. 19.12.1985)
BMF	Bundesminister für Finanzen
BRD	Bundesrepublik Deutschland
BR-Drs.	Bundesrats-Drucksache
BStBl.	Bundessteuerblatt
BT-Drs.	Bundestags-Drucksache
BVerfG	Bundesverfassungsgericht
BVerfGE	Sammlung der Entscheidungen des Bundesverfassungsgerichtes
bzgl.	bezüglich
bzw.	beziehungsweise
ca.	circa
c.p.	ceteris paribus
CAPM	Capital Asset Pricing Model
d.V.	der Verfasser
DB	Der Betrieb (Zeitschrift)
DBW	Die Betriebswirtschaft (Zeitschrift)
DCF	Discounted Cash Flow
ders.	derselbe
Dez.	Dezember
DFB	Deutscher Fußballbund e.V.

d.h.	das heißt
dies.	dieselbe(n)
Diss.	Dissertation
Dok. Kom	Dokumente der Kommission der Europäischen Gemeinschaften
DRS	Deutscher Rechnungslegungsstandard
DRSC	Deutsches Rechnungslegungs Standards Committee
Drucks.	Drucksache
DSR	Deutscher Standardisierungsrat beim DRSC
DStJG	Deutsche Steuerjuristische Gesellschaft
DStR	Deutsches Steuerrecht (Zeitschrift)
DStZ	Deutsche Steuerzeitung (Zeitschrift) (bis 1979 DStZ/A)
E	Entwurf
ebd.	ebenda
ED	Exposure Draft
EFG	Entscheidungen der Finanzgerichte
EFRAG	European Financial Reporting Advisory Group
EG	Europäische Gemeinschaft(en)
EGV	Vertrag zur Gründung der Europäischen Gemeinschaften
endg.	endgültig
Einl.	Einleitung
EITF	Emerging Issues Task Force
EStG	Einkommensteuergesetz

et al.	et alter
EU	Europäische Union
e.V.	eingetragener Verein
EuGH	Europäischer Gerichtshof
EuGHE	Entscheidungen des Europäischen Gerichtshofs
EuR	Europarecht (Zeitschrift)
EuZW	Europäische Zeitschrift für Wirtschaftsrecht
f.	folgende (Seite)
ff.	folgende (Seiten)
F.	Framework for the Preparation and Presentation of Financial Statements
FASB	Financial Accounting Standards Board
FAZ	Frankfurter Allgemeine Zeitung
FB	Finanz Betrieb (Zeitschrift)
Feb.	Februar
FG	Finanzgericht
FN-IDW	IDW-Fachnachrichten (Zeitschrift)
Fn.	Fußnote
FR	Finanz-Rundschau (Zeitschrift)
FS	Festschrift
GAAP	Generally Accepted Accounting Principles
gem.	gemäß

Gen	Genossenschaft
GenG	Genossenschaftsgesetz
ggfs.	gegebenenfalls
GmbH	Gesellschaft(en) mit beschränkter Haftung
GmbHG	Gesetz betreffend die Gesellschaft(en) mit beschränkter Haftung
GmbHR	GmbH-Rundschau (Zeitschrift)
GoB	Grundsätze ordnungsmäßiger Buchführung bzw. Bilanzierung
GrS	Großer Senat
GuV	Gewinn- und Verlustrechnung(en)
GüKG	Güterkraftverkehrsgesetz
HdB.	Handbuch der Bilanzierung
HdJ.	Handbuch des Jahresabschlusses
HFA	Hauptfachausschuss des Instituts der Wirtschaftsprüfer in Deutschland e.V.
HGB	Handelsgesetzbuch
h.M.	herrschende Meinung
hrsg. v.	herausgegeben von
Hrsg.	Herausgeber(in)
Hs.	Halbsatz
IAS	International Accounting Standard(s)
IASB	International Accountig Standards Board

IASC	International Accounting Standards Committee
IAS-VO	Verordnung (EG)Nr. 1600/2002 des Europäischen Parlamentes und des Rates betreffend die Anwendung internationaler Rechnungslegungsstandards
IBFD	International Bureau of Fiscal Documentation
i.d.F.	in der Fassung
i.d.R.	in der Regel
IE	Illustrative Examples
i.e.S.	im engeren Sinn
IDW	Institut der Wirtschaftsprüfer in Deutschland e.V.
IFRS	International Financial Reporting Standard(s)
i.H.v.	in Höhe von
INF	Die Information für Steuerberater und Wirtschaftsprüfer
inkl.	inklusive
IOSCO	International Organisation of Securities Commissions
i.R.d.	im Rahmen des/ der/ dieser/ dieses
insbes.	insbesondere
IStR	Internationales Steuerrecht
i.H.v.	in Höhe von
i.S.d.	im Sinn des/ der/ dieser
i.S.e.	im Sinn eines/einer
i.S.v.	im Sinn von
IStR	Internationales Steuerrecht (Zeitschrift)
i.V.m.	in Verbindung mit
IWB	Internationale Wirtschafts-Briefe

i.w.S.	im weiteren Sinn
Jan.	Januar
JaR	Jahresabschlussrichtlinie (Vierte Richtlinie 78/660/EWG gem. Art. 54 Abs. 3 lit. g des Vertrages über den Jahresabschluss von Gesellschaften bestimmter Rechtsform v. 25.07.1978)
JbFfStR	Jahrbuch der Fachanwälte für Steuerrecht
jew.	jeweils
Jg.	Jahrgang
JoFE	Journal of Financial Economics
JZ	Juristenzeitung
KapAEG	Kapitalaufnahmeerleichterungsgesetz
KapCoRiLiG	Kapitalgesellschaften- und Co.-Richtlinie-Gesetz
KapErhG	Kapitalerhöhungsgesetz (Gesetz über die Kapitalerhöhung aus Gesellschaftsmitteln und über die Verschmelzung von Gesellschaften mit beschränkter Haftung)
KG	Kommanditgesellschaft
KGaA	Kommanditgesellschaft auf Aktien
KonTraG	Gesetz zur Kontrolle und Transparenz im Unternehmensbereich
KoR	Zeitschrift für kapitalmarktorientierte Rechnungslegung
KPMG	Klynveld, Peat, Marwick und Goerdeler
KStG	Körperschaftsteuergesetz
Lfg.	Lieferung

LG	Landgericht
lit.	litera (lat.)
LSpSt	Lizenzspielerstatut
m.E.	meines Erachtens
m.w.N.	mit weiteren Nachweisen
NB	Neue Betriebswirtschaft (Zeitschrift)
neubearb.	neu bearbeitet(e)
n.F.	neue Fassung
NJW	Neue Juristische Wochenschrift (Zeitschrift)
No.	Number
Nov.	November
Nr.	Nummer
nrkr.	nicht rechtskräftig
NYSE	New York Stock Exchange
NZG	Neue Zeitschrift für Gesellschaftsrecht
o.g.	oben genannt(e/-er)
oHG	offene Handelsgesellschaft
Okt.	Oktober
o.V.	ohne Verfasser
p.a.	per annum

PartG	Partnerschaftsgesellschaft(en)
PublG	Gesetz über die Rechnungslegung von bestimmten Untenehmen und Konzernen (Publizitätsgesetz)
PwC	PriceWaterhouseCoopers
RegE	Regierungsentwurf
RFH	Reichsfinanzhof
RFHE	Entscheidungen des Reichsfinanzhofs
RG	Reichsgericht
RGZ	Entscheidungen des Reichsgerichts in Zivilsachen
RIW	Recht der Internationalen Wirtschaft (Zeitschrift)
rkr.	rechtskräftig
Rn.	Randnummer(n)
Rs.	Rechtssache
Rspr.	Rechtsprechung
RStBl	Reichssteuerblatt
Rz.	Randziffer
S.	Seite(n), Satz/ Sätze
SE	Societas Europaea
SEC	Securities and Exchange Commission
Sept.	September
SFAS	Statement of Financial Accounting Standards
Slg.	Sammlung

s.o.	siehe oben
sog.	so genannte(r/-s)
Sp.	Spalte
SpruchG	Spruchverfahrensneuordnungsgesetz
StbJb	Steuerberater-Jahrbuch
StbKongR	Steuerberater-Kongreß-Report
StBp	Die steuerliche Betriebsprüfung (Zeitschrift)
StGB	Strafgesetzbuch
str.	strittig
StuW	Steuer und Wirtschaft (Zeitschrift)
StVj	Steuerliche Vierteljahresschrift (Zeitschrift)
s.u.	siehe unten
teilw.	teilweise
Tz.	Teilziffer
u.	und
u.a.	unter anderem, und andere, und andernorts
u.ä.	und ähnlich(er)
UmwG	Umwandlungsgesetz v. 28.10.1994
UmwStG	Umwandlungssteuergesetz v. 28.10.1994
Urt.	Urteil
U.S.A.	United States of America
US-GAAP	United States Generally Accepted Accounting Principles

usw.	und so weiter
u.U.	unter Umständen
v.	von, vom
v.a.	vor allem
Verf.	Verfasser
vgl.	vergleiche
v.H.	vom Hundert
VO	Verordnung
vol.	Volume
vollst.	vollständig
Vorb.	Vorbemerkung
vs.	versus
VvaG	Versicherungsverein auf Gegenseitigkeit
WM	Wertpapier-Mitteilungen (Zeitschrift)
WPg	Die Wirtschaftsprüfung (Zeitschrift)
WP-Hdb	Wirtschaftsprüfer-Handbuch
WuW	Wirtschaft und Wettbewerb
z.B.	zum Beispiel
ZfB	Zeitschrift für Betriebswirtschaft
ZfbF	Zeitschrift für betriebswirtschaftliche Forschung (bis 1963 ZfhF)

ZGR	Zeitschrift für Unternehmens- und Gesellschaftsrecht
ZHR	Zeitschrift für das gesamte Handels- und Wirtschaftsrecht
Ziff.	Ziffer
ZIP	Zeitschrift für Wirtschaftsrecht
zutr.	zutreffend
zzgl.	zuzüglich
Z.Zt./z.Zt.	zurzeit

A. Einleitung

I. Gegenstand und Ziel

In dieser Arbeit wird die bilanzielle Abbildung immaterieller Anlagewerte[1] im Zusammenhang mit Umwandlungsvorgängen untersucht. Im Kern geht es damit um die Objektivierung der Ansatzvoraussetzungen immaterieller Anlagewerte bei bestimmten Formen der Übertragung von Vermögensinbegriffen, namentlich bei Verschmelzung und Spaltung. Dabei soll auch geklärt werden, ob und unter welchen Voraussetzungen Schwierigkeiten der Wertobjektivierung zu einem Ansatzverbot führen können. Zu diesem Zweck werden die unterschiedlichen Antworten, die das Handelsbilanzrecht und die IAS/IFRS auf diese Fragen geben,[2] dargestellt und analysiert. Objektivierungsmöglichkeiten und -grenzen, die sich bei Verschmelzung und Spaltung ergeben, werden dabei besonders berücksichtigt. Die Zusammenhänge zwischen dem Anschaffungskostengrundsatz, dem Prinzip entgeltlichen Erwerbs und dem Erfordernis einer Wertobjektivierung berühren im Wesentlichen systematische Fragen, die bereits

[1] Als immaterieller Anlagewert wird nachfolgend HGB- und IAS/IFRS-übergreifend ein nach den jeweiligen Rechnungslegungsvorschriften aktivierbares immaterielles Gut bezeichnet, das dem Anlagevermögen bzw. den *non-current assets* angehört. Die Begriffe wirtschaftlicher Wert, wirtschaftlicher oder vermögenswerter Vorteil, Vermögensvorteil und Gut werden im Folgenden synonym verwendet. Mit diesen Termini werden wirtschaftlich werthaltige Positionen bezeichnet, unabhängig davon, ob damit zugleich auch ein abstrakt und/oder konkret bilanzierungsfähiges Objekt bezeichnet wird und ungeachtet der jeweils in Rede stehenden Rechnungslegungsvorschriften. D.h. die gesetzlichen Begriffe (immaterieller) Vermögensgegenstand, (immaterielles) Wirtschaftsgut und *(intangible) asset* sind an bestimmte normierte Voraussetzungen geknüpft und ggfs. enger. Um Missverständnisse zu vermeiden, wird der englische Terminus *asset* einheitlich mit Vermögenswert und *intangible asset* mit immaterieller Vermögenswert übersetzt.

[2] Als Handelsbilanzrecht werden nachfolgend diejenigen den Jahresabschluss betreffenden Vorschriften verstanden, die nicht durch mittelbaren oder unmittelbaren Verweis auf die IAS-VO und die Verlautbarungen des IASB zurückzuführen sind. Rechtssystematisch und dem Regelungsinhalt nach sind die im Zuge des Komitologieverfahrens "übernommenen" IAS/IFRS bereits aufgrund der IAS-VO und zusätzlich durch Verweis gem. §§ 315a, 325 Abs. 2a HGB ebenso handelsrechtliche Vorschriften, wie die in den §§ 238ff. HGB getroffenen Regelungen. An der – vor allem im maßgebenden betriebswirtschaftlichen Schrifttum vorherrschenden – Unterscheidung zwischen Handelsbilanzrecht auf der einen und IAS/IFRS auf der anderen Seite wird aus Gründen der besseren Verständlichkeit im Rahmen dieser Arbeit gleichwohl festgehalten. Die Doppelabkürzung IAS/IFRS ohne darauffolgenden Bezug auf einen bestimmten Standard wird im Folgenden – entgegen der Terminologie des IASB, aber in Übereinstimmung mit den meisten deutschsprachigen Beiträgen – als Oberbegriff für sämtliche vom IASB als IFRS und IAS bezeichneten Standards verwendet.

im Jahresabschluss eine Rolle spielen.[3] Untersuchungsfeld ist daher die Bilanzierung im Jahresabschluss.

Zwar kann es auch im Konzernabschluss nach HGB und IAS/IFRS im Rahmen der Erstkonsolidierung zu einem erstmaligen Ansatz immaterieller Vermögensgegenstände und -werte kommen,[4] d.h. grundsätzlich tritt eine der Fragestellung dieser Arbeit ähnliche Konstellation auch in jenen Fällen auf. Jedoch kann sich die unter Objektivierungsgesichtspunkten besonders interessante Frage nach der erstmaligen Aktivierung bislang nicht bilanzierter immaterieller Anlagewerte im Anschluss an eine konzerninterne Umwandlung nur im Einzelabschluss stellen. Die erstmalige Aktivierung spielt auf Ebene des Konzernabschlusses gerade nur bei Konzentrationsvorgängen eine Rolle, also bei der Erstkonsolidierung, nicht aber bei konzerninternen Übertragungsvorgängen, bei denen hinsichtlich des § 248 Abs. 2 HGB auf das Konzernganze abzustellen ist und eine Aktivierung – aus Konzernsicht – selbsterstellter immaterieller Güter zu unterbleiben hat (§ 248 Abs. 2 i.V.m. 298 Abs. 1 HGB). Im Hinblick auf die Ansatzfähigkeit immaterieller Anlagewerte ergibt sich angesichts anderer Rahmenbedingungen der Objektivierung bei Umwandlungen darüber hinaus auch keine zwingende Übereinstimmung mit den GoB, die für die Abbildung von (konzerninternen) Einzelübertragungen im Einzelabschluss gelten.

Im Handelsbilanzrecht fehlen für Umwandlungsvorgänge besondere Vorschriften über den erstmaligen Ansatz bislang nicht aktivierter immaterieller Anlagewerte des übertragenden Unternehmens. Leitlinien zur Beurteilung der Aktivierbarkeit müssen daher aus den gesetzlichen Vorgaben, aus ungeschriebenen, v.a. von der Rechtsprechung entwickelten Bilanzierungsgrundsätzen und aus den einschlägigen EU-Richtlinien hergeleitet werden. Ein anderes Bild zeigt die Bilanzierung nach den IAS/IFRS: War der Fragenkreis bereits vor Revision des IAS 38[5] und vor Ersetzung des IAS 22 durch IFRS 3 in IAS 22.26ff., 22.39ff.

---

[3] Vgl. zum allgemeinen Zusammenhang dieser Prinzipien mit Objektivierungsfragen: Leffson, U., 1987a, S. 81f., 102. Einzelheiten s.u. Kap. B III.

[4] Vgl. Ordelheide, D., 1986, S. 494f.; zu den entsprechenden Regelungen nach IAS/IFRS vgl. Heurung, R., 2000a, S. 1775.

[5] IAS 38 ohne Jahresangabe bezeichnet IAS 38 (neu gefasst im März 2004). Standards ohne Jahresangabe beziehen sich immer auf die bei Fertigstellung dieser Arbeit geltenden IAS/IFRS-Fassungen. Soweit außer Kraft getretene Rechnungslegungsstandards zitiert werden (z.B. IAS 22), ist bei fehlender Jahresangabe die zuletzt gültige Fassung in Bezug genommen (also z.B. IAS 22 aus dem Jahr 2003).

und IAS 38.27ff. (1998) angesprochen, enthalten IFRS 3 und IAS 38 nun detailliertere Regelungen der Aktivierungsvoraussetzungen für immaterielle Anlagewerte, die vor einem Unternehmenserwerb noch nicht bilanziert waren. Diese Bestimmungen wurden u.a. erforderlich, weil IFRS 3 ab 2005 eine planmäßige Abschreibung des Goodwill untersagt und eine zwingende periodische Überprüfung möglicher Wertminderungen vorschreibt.[6] Der gesonderte Ausweis von Vermögenswerten, die beim erworbenen Unternehmen bislang nicht angesetzt waren, wird daher in IFRS 3 i.V.m. IAS 38 für den Regelfall zwingend vorgeschrieben.

Die Untersuchung widmet sich im Kontext der umwandlungsrechtlichen Gesamtrechtsnachfolge (Universalsukzession) verschiedenen Aspekten der abstrakten und konkreten Aktivierungsfähigkeit immaterieller Güter nach HGB und IAS/IFRS. Aktivierungsbedingungen entscheiden grundsätzlich über die Frage, ob Investitionen in selbsterstellte immaterielle Anlagewerte erfolgsneutral durch Aktivierung eines Anlagepostens zu bilanzieren sind oder als Aufwand das Jahresergebnis mindern. Auch im Fall des Übergangs von betrieblichen oder teilbetrieblichen Sach- und Rechtsgesamtheiten im Zuge von Umwandlungen ist die Beantwortung der Frage, ob aktiviert werden darf oder nicht, regelmäßig mittelbar für die Ausschüttungsbemessung von Bedeutung: Wird ein immaterieller Wert als nicht aktivierbar angesehen, kann dies jedenfalls zu einer entsprechenden Erhöhung des Geschäfts- oder Firmenwertes[7] führen mit der Folge einer u.U. von der Wertentwicklung des nicht aktivierten Gutes abweichenden Abschreibung.

Die Abgrenzung immaterieller Anlagewerte vom Goodwill spielt nach HGB und nach IAS/IFRS eine maßgebende Rolle bei der Entwicklung der abstrakten Voraussetzungen für die Annahme bilanzierbarer Positionen und soll daher

---

[6] Vgl. KPMG, 2004b, S. 73 (sog. *impairment only approach*). Hintergrund war dabei die – gleichermaßen für die handelsrechtliche Bilanzierung gültige – Beobachtung, „*that intangible assets comprise an increasing proportion of the assets of many entities, and that intangible assets acquired in a business combination were often included in the amount recognized as goodwill, despite the previous requirements in IAS 22 and the previous version of IAS 38 that they should be recognized separately from goodwill.*" (IFRS 3.BC89). Vgl. auch IFRS 3.BC101f.

[7] Ggfs. kann es auch zu einer Verringerung des negativen Geschäfts- oder Firmenwertes kommen. Denkbar ist auch die Erfassung als Sofortaufwand, wenn der Bilanzierende sich nach § 255 Abs. 4 S. 1 HGB gegen einen Ansatz des Geschäfts- oder Firmenwertes entscheidet.

unter Objektivierungsgesichtspunkten in dieser Arbeit nachgezeichnet werden.[8] Die Analyse der verschiedenen Merkmale abstrakter Aktivierungsfähigkeit offenbart dabei spezifische Aspekte einzelner Aktivierungskriterien für die (erstmalige) Aktivierung im Zuge der Vermögensübertragung bei Umwandlungen. Ohne die Einbeziehung von Bewertungsgesichtspunkten ließe sich hierbei die Frage nach der Ansatzfähigkeit immaterieller Anlagewerte nicht zuverlässig beantworten. Bilanzansatz und Bewertung, d.h. die Bilanzierung nach Grund und Höhe, verbindet insoweit ein „untrennbarer sachlogischer Zusammenhang“[9]. Hinzu kommt, dass die Abgrenzung immaterieller Anlagewerte vom Goodwill besondere Objektivierungsschwierigkeiten aufweist, die bereits auf Ansatzebene nur unter Zuhilfenahme des Einzelbewertungsgrundsatzes gelöst werden können. Der Einzelbewertung kommt dabei zugleich eine Schlüsselfunktion bei der Bilanzierung im Anschluss an die unter Allokationsgesichtspunkten problematische umwandlungsspezifische Gesamtrechtsnachfolge zu.[10]

Der Anwendungsbereich der Objektivierungsbedingung „entgeltlicher Erwerb“ wird im Einzelnen uneinheitlich beurteilt. Die Bandbreite möglicher Interpretationen ist bereits in der Rechtsprechung des BFH angelegt: Grundsätzlich wird von einem formalrechtlich abgesicherten Objektivierungsrahmen ausgegangen und ein entgeltlicher Erwerb nur für den Fall angenommen, dass der vom Veräußernden selbsterstellte immaterielle Anlagewert Gegenstand eines synallagmatischen Austauschverhältnisses war.[11] Die Rechtsprechung rückte in der Vergangenheit aber vereinzelt auch schon von der streng formalrechtlichen Sichtweise zugunsten einer wirtschaftlichen Betrach-tung ab. Danach genüge es im Einzelfall bereits, wenn das Entgelt zwar nicht formalrechtlich, wohl aber

---

[8] Vgl. im Hinblick auf diese Abgrenzungsproblematik zum Begriff des Vermögensgegenstandes, Hommel, M., 1998, S. 97ff.; zum immateriellen Vermögenswert und der Präzisierung u.a. der Begriffe *identifiability* und *separability* bei der Abgrenzung zum Goodwill vgl. nur IFRS 3.BC88ff.

[9] Herzig, N., 1993, S. 211. Der deutsche Gesetzgeber hat zudem mit dem Kriterium “entgeltlicher Erwerb” Fragen der Wertobjektivierung in den Stand einer Ansatzvoraussetzung gehoben. Vgl. Coenenberg, A. G., 2003, S. 141; Moxter, A., 1987, S. 1846; Roland, H., 1980, S. 176. Gleiches gilt für die IFRS, vgl. F.83(b), IAS 38.21(b). Für die hier zu diskutierende Fragestellung vgl. insbes. IFRS 3.45 und IAS 38.33ff.

[10] Vgl. auch Moxter, A., 2003, S. 75.

[11] Vgl. nur BFH, Urt. v. 03.08.1993, VIII R 37/92, BStBl. II 1994, S. 447; Urt. v. 26.02.1975, I R 72/73, BStBl. II 1976, S. 14.

wirtschaftlich die Funktion der Gegenleistung übernimmt.[12] Die im Rahmen der Verhältnisbestimmung des § 248 Abs. 2 HGB und § 24 UmwG aufgeworfenen Fragen berühren dabei auch europarechtliche Grundsätze. Die wissenschaftliche Auseinandersetzung mit bilanzrechtlichen Vorschriften wird z.Zt. wesentlich von den Harmonisierungsbestrebungen auf europäischer Ebene geprägt. Eine zeitgemäße Gewichtung der Auslegungsgrundsätze muss den europäischen Richtlinienvorgaben sowie den hierzu ergangenen Entscheidungen des EuGH im Rahmen der richtlinienkonformen Auslegung besonderes Gewicht beimessen. Die jüngste Bilanzrechtsprechung des EuGH rückt zudem die IAS/ IFRS bei der Erörterung zweifelhafter oder ungeregelter handelsbilanzieller Fragen stärker ins Blickfeld.[13] Dies gilt im Hinblick auf beide Hauptzwecke der Rechnungslegung nach HGB: Information und Ausschüttungsbemessung.[14]

Die IAS/IFRS-Bilanzierung immaterieller Anlagewerte, die Gegenstand übertragender Umwandlungen sind, richtet sich nach IFRS 3 und IAS 38. In diesem Zusammenhang stellen sich weniger umwandlungsspezifische Fragen als nach HGB. Vielmehr bieten die detaillierten Sonderregeln für den erstmaligen Ansatz immaterieller Anlagewerte im Hinblick auf die aufgeworfenen Objektivierungsfragen eine geeignete Kontrastgrundlage. Die IAS/ IFRS ermöglichen einen Bilanzansatz bei Unternehmenszusammenschlüssen durch ausdrücklichen Rückgriff auf bestimmte Bewertungskonzepte.

Grundsätzlich halten Gesellschafts- und Zivilrecht über das Umwandlungsrecht hinaus verschiedene Instrumente bereit, die rechtliche Verfasstheit und Vermögenszuordnung von Unternehmen (organisationsrechtlich) zu ändern, insbesondere durch Anwachsung, Anteilstausch, Einbringung im Wege der Einzelrechtsnachfolge oder Veräußerung von Vermögensgesamtheiten. Jedoch weisen Umwandlungsvorgänge vor anderen Umstrukturierungsformen eine besondere Homogenität der rechtlichen und steuerlichen Rahmenbedingungen auf. Die in der Praxis der Unternehmensumstrukturierung aus diesen Gründen sowie aufgrund der gesetzlich angeordneten (teilweisen) Gesamtrechtsnachfolge und ihrer steuerlichen Privilegierung beliebte Verschmelzung und Spaltung

---

[12] Vgl. BFH, Urt. v. 26.08.1992, I R 24/91, BStBl. II 1992, S. 981.
[13] Vgl. EuGH, Urt. v. 07.01.2003, Rs. C-306/99, BStBl. II, 2004, S. 144ff. (BIAO); Schulze-Osterloh, J., 2004, S. 2568, der von „Lückenfüllung" durch IAS/IFRS spricht. Vgl. auch FG Hamburg, Urt. v. 28.11.2003, III 1/01, nrkr, BB 2004, S. 1220; Scheffler, W., 2004, S. 776ff.
[14] Vgl. Berndt, T., 2004, S. 1220.

bergen bilanzielle Eigenheiten, die Schwerpunkt dieser Untersuchung sind. Neben der praktischen Bedeutung dieser Formen von Umstrukturierungen bieten die Umwandlungsformen den Vorteil, dass auf fortschrittliche, gesellschaftsrechtlich paradigmatische und bilanziell homogene rechtliche Rahmenbedingungen zurückgegriffen werden kann.[15] Für eine isolierte Untersuchung dieser Formen von Umstrukturierungen spricht aber auch der Gesichtspunkt, dass Umwandlungsvorgänge regelmäßig zwischen Unternehmen stattfinden, die sich in unterschiedlichen Graden der Konzernverbundenheit befinden. Konzerninterne Erwerbe von Vermögensgesamtheiten bergen aber ganz spezifische Objektivierungsschwierigkeiten, die strukturbedingt besonders häufig bei Umwandlungsvorgängen auftreten.

Die nachfolgende Diskussion der einzelnen Aktivierungsvoraussetzungen und -grenzen immaterieller Anlagewerte ist bedeutsam hinsichtlich beider Hauptaufgaben der Rechnungslegung im Einzelabschluss: Zahlungsbemessung und Information.[16] Im Hinblick auf den Informationszweck als „Schnittmenge der Rechnungslegungszwecke“[17] ist die Bilanzierung nach HGB und nach IAS/IFRS ohne Einschränkungen vergleichbar. Hauptzweck der IAS/IFRS-Rechnungslegung ist die Unterrichtung der Bilanzadressaten;[18] beim handelsrechtlichen Jahresabschluss bildet dies zumindest *einen* wichtigen Zweck.[19] Demgegenüber ist hinsichtlich der Zahlungsbemessung nach derzeitiger Rechtslage nur ein eingeschränkter, die unterschiedlichen Zwecke berücksichtigender Vergleich möglich.[20] Zwar bedarf es für einen Vergleich keiner Identität der Untersuchungsgegenstände, jedoch sind die die handelsrechtliche Erfolgser-

---

[15] Zur Analogiefähigkeit der umwandlungsgesetzlichen Regelungen und ihre Übertragung auf vergleichbare Umstrukturierungsmaßnahmen vgl. Sagasser, B., in: Sagasser, B./Bula, T./Brünger, T.R., 2002, S. 118f.; Reichert, J., 1999, S. 25ff.

[16] Vgl. zu diesen Aufgaben der Rechnungslegung: Moxter, A., 2003, S. 3ff.; Mellwig, W., 1983, S. 1613ff.; Winnefeld, R., 2002, Einf., Rn. 16ff.; Wagner, F. W., 1982, S. 749f.

[17] Mujkanovic, R., 2002, S. 17.

[18] Vgl. F.12ff.

[19] Vgl. nur Coenenberg, A. G., 2003, S. 9.

[20] Der europäische Normgeber diskutiert die Regelungen der IAS/IFRS allerdings schon seit einiger Zeit über den Informationszweck hinaus auch im Hinblick auf ihre Verwendbarkeit im Rahmen einer "gemeinschaftlichen Bemessungsgrundlage" für die Besteuerung grenzüberscheitend tätiger Unternehmen und Unternehmensgruppen. Vgl. hierzu nur Schön, W., 2004a, S. 426ff. m.w.N. Im Rahmen der Unternehmensbewertung werden Planungsrechnungen auf Grundlage der IAS/IFRS anerkannt, vgl. OLG Hamburg, Beschl. v. 29.09.2004, 11 W 78/04, DK 2005, S. 108f. Zu möglichen Auswirkungen der Internationalisierung der Rechnungslegung auf das Handels- und Steuerbilanzrecht vgl. Heurung, R., 2000b, S. 421ff.

mittlung dominierenden Bilanzierungszwecke zu beachten. Der ins Auge gefasste Vergleich bilanzieller Objektivierungskonzeptionen ist gleichwohl möglich.

Der Einzelabschluss nach IAS/IFRS hat bislang in Deutschland keine unmittelbare Bedeutung für die Ermittlung des ausschüttungsfähigen Gewinns erlangt.[21] Jedoch ist der IAS/IFRS-Konzernabschluss seit dem 01.01.2005[22] nach Art. 4 IAS-VO[23] für kapitalmarktorientierte[24] Gesellschaften verpflichtend[25] und für nicht kapitalmarktorientierte Mutterunternehmen infolge des BilRefG gem. § 315a Abs. 3 HGB auf freiwilliger Basis zugelassen.[26] Nach § 325 Abs. 2a i.V.m. § 325 Abs. 2 HGB ist auf freiwilliger Basis auch ein zusätzlicher, prüfungspflichtiger „informatorischer Einzelabschluss"[27] auf der Grundlage von IAS/IFRS für börsennotierte und nicht börsennotierte große Kapitalgesellschaften - mit befreiender Wirkung (nur) für die Bundesanzeigerpublizität[28] - möglich. Gesellschaftsrechtlicher Bezugspunkt für Zwecke der

---

[21] Dem IAS/IFRS-Abschluss kann allenfalls eine mittelbare Bedeutung auch im Zusammenhang der Ausschüttungsbemessung zukommen. Vgl. EuGH, Urt. v. 07.01.2003, Rs. C-306/99, BStBl. II, 2004, S. 144ff. (BIAO); Schulze-Osterloh, J., 2004, S. 2567ff.

[22] Die von Beginn an als Übergangsregelung verstandene Befreiungsvorschrift nach § 292a HGB trat automatisch zum 31.12.2004 außer Kraft (vgl. Art. 5 S. 2 KapAEG v. 20.04.1998, BGBl. I, S. 707). Das BilReG hebt § 292a HGB durch Art. 1 Nr. 11 zur Klarstellung ausdrücklich auf.

[23] Vgl. § 315a Abs. 1 HGB stellt zusätzlich eine Rechnungslegungsverpflichtung für Mutterunternehmen, die unter Art. 4 IAS-VO fallen, auf. § 315a Abs. 2 HGB erweitert diese Verpflichtung auf Mutterunternehmen, die einen Antrag auf Zulassung von Wertpapieren zum Handel gestellt haben.

[24] Als kapitalmarktorientiert gilt nach Art. 4 IAS-VO eine Gesellschaft, deren "Wertpapiere in einem beliebigen Mitgliedstaaat zum Handel in einem geregelten Markt im Sinne des Artikels 1 Absatz 13 der Richtlinie 93/22/EWG des Rates vom 10. Mai 1993 über Wertpapierdienstleistungen zugelassen sind."

[25] Die anzuwendenden IAS/IFRS werden durch die in § 315a Abs. 1 HGB in Bezug genommenen Vorschriften ergänzt. § 315a Abs. 2 HGB erweitert den Anwendungsbereich der IAS-VO in bestimmten Fällen.

[26] Konzeptionell unterscheiden die IAS/IFRS für die Bilanzierung von Unternehmenszusammenschlüssen nicht wesentlich zwischen Einzel- und Konzernabschluss. Vgl. Krawitz, N./Klotzbach, D., 2000, S. 1166. Dies gilt unverändert für die Neuregelungen aufgrund des Projektes *Business Combinations Phase I.* Zum "Lissabon-Prozess" als Hintergrund der IAS-VO und zur Vollendung des Binnenmarktes für Finanzdienstleistungen vgl. Heuser, P. J./Theile, C., 2003, S 11.

[27] Zu diesem Begriff vgl. Hüttemann, R., 2004, S. 205. Offiziell wird der IAS/IFRS-Einzelabschluss als „Einzelabschluss nach § 325a HGB" oder als „Einzelabschluss nach internationalen Rechnungslegungsstandards" bezeichnet.

[28] D.h. beim Handelsregister ist in diesem Fall ein HGB-Jahresabschluss und ein IAS/IFRS-Einzelabschluss einzureichen, vgl. Böcking, H.-J./Herold, C./Müßig, A., 2004, S. 664.

Ausschüttungsbemessung und der Kapitalerhaltung sowie maßgeblich für die Steuerbilanz bleibt die handelsrechtliche Rechnungslegung.

II. Gang der Untersuchung

Die vorliegende Arbeit untergliedert sich im Anschluss an diese Einleitung **(Kapitel A)** in fünf weitere Kapitel (B bis F):

In einem ersten Schritt (**Kapitel B**) geht die Untersuchung methodischen Fragen nach und beleuchtet das Verhältnis ökonomischer und juristischer Aspekte des Bilanzrechts. Dabei ist der Zusammenhang zwischen der Forderung nach bilanzieller Objektivierung und der Principal-Agent-Theorie von besonderem Interesse. Diese Überlegungen bilden die Grundlage für eine interdisziplinäre bilanzrechtstheoretische Untersuchung.

Ausgangspunkt der weiteren Untersuchung sind Strukturmaßnahmen, die unter das UmwG fallen (**Kapitel C I**). Zunächst werden wesentliche Tatbestandsmerkmale von Verschmelzung und Spaltung herausgearbeitet. Bei der Darstellung werden die verschiedenen gesetzlichen Berichts- und Prüfungspflichten sowie die für Verschmelzungen und Spaltungen charakteristische (teilweise) Gesamtrechtsnachfolge betrachtet. Konzerninterne Verschmelzungen und Spaltungen werden besonders berücksichtigt. In **Kapitel C II** werden die umwandlungsspezifischen Bilanzierungsvorschriften (§§ 17 Abs. 2 S. 2, 24 UmwG) mit Blick auf die Bilanzierung immaterieller Güter herausgearbeitet. Dabei werden die maßgebenden Eigenschaften des „Anschaffungsvorganges Umwandlung" erörtert. Im Anschluss an diese Einordnung nach UmwG und HGB werden in **Kapitel C III** die entsprechenden den Einzelabschluss betreffenden Bilanzvorschriften nach IFRS 3 skizziert. Der Begriff des Unternehmenszusammenschlusses und die maßgeblichen bilanziellen Grundlagen werden im Hinblick auf die hier interessierenden Umwandlungsvorgänge beleuchtet.

In **Kapitel D** wird die abstrakte und konkrete Aktivierungsfähigkeit immaterieller Anlagewerte im Zusammenhang mit dem umwandlungsspezifischen Vermögensübergang in der Rechnungslegung nach HGB und UmwG behandelt. Die in Frage stehenden immateriellen Güter werden in einem ersten Schritt mit Blick auf ihre abstrakte Aktivierungsfähigkeit grundsätzlich erörtert und die Auswirkungen der verschiedenen in Rechtsprechung und Literatur vertretenen

Ansichten für die Frage der Aktivierbarkeit immaterieller Anlagewerte beim umwandlungsspezifischen Erwerb von Vermögensgesamtheiten herausgearbeitet (**Kapitel D I**). Dabei kommt der Erörterung des Einzelbewertungsgrundsatzes zu Zwecken der Ansatzobjektivierung besonderes Gewicht zu. In **Kapitel D II** wird das Augenmerk auf die konkrete Aktivierungsfähigkeit dieser Werte im Zusammenhang mit Umwandlungsvorgängen gerichtet. Dabei wird an die Erkenntnisse über die Natur des Anschaffungsvorganges bei übertragenden Umwandlungen aus Kapitel C II und die Erörterung der abstrakten Aktivierungsfähigkeit aus dem vorhergehenden Kapitel (D I) angeknüpft. Zentral ist die Auslegung des Merkmals „entgeltlicher Erwerb", das insbesondere auch unter wirtschaftlichen und europarechtlichen Gesichtspunkten zu beleuchten ist. Das Auslegungsergebnis wird auf den tausch- und sacheinlageähnlichen Charakter der umwandlungstypischen Vermögensübertragungen bezogen (**Kapitel D III**). Des Weiteren wird die Problematik des entgeltlichen Erwerbs bei konzerninternen Umwandlungsvorgängen (**Kapitel D IV**) analysiert. Die in Schrifttum und Praxis diskutierten Objektivierungsmöglichkeiten werden in die Erörterung einbezogen.

In **Kapitel E** werden die unter Kapitel D handelsrechtlich beleuchteten Konstellationen für die Rechnungslegung nach den IAS/IFRS betrachtet. Wiederum wird die Aktivierungsfähigkeit immaterieller Vermögenswerte untersucht (**Kapitel E I**). Besonders berücksichtigt werden hierbei die Vorschriften über Aktivierungsverbote für immaterielle Anlagewerte (**Kapitel E II**) und in diesem Zusammenhang für *business combinations* in IFRS 3 und IAS 38 (**Kapitel E III**). Anschließend wird die Frage nach der bilanziellen Behandlung von konzerninternen Umwandlungsvorgängen und die hierbei fragliche Aktivierbarkeit immaterieller Anlagewerte angesprochen (**Kapitel E IV**).

Im **letzten Kapitel** werden die Untersuchungsergebnisse zusammengeführt. Die wesentlichen Resultate werden in Thesen zusammengefasst (**Kapitel F**).

B. Methodische Ausgangslage

I. Vorbemerkung

Von den unterschiedlichen Ansätzen, die mit Theorien externer Rechnungslegung verfolgt werden können, beschränkt sich diese Arbeit auf die sog. Bilanzrechtstheorie und damit vor allem auf Fragen der Auslegung und Plausibilitätsanalyse geltenden Rechts.[29] Im Mittelpunkt der folgenden Untersuchung stehen Fragen der Wert- bzw. Ansatzobjektivierung immateriellen Anlagevermögens. Analysegegenstand sind Objektivierungsaufgaben und -grenzen der „Bilanz im Rechtssinn"[30]. Um die mit dieser Untersuchung aufgeworfenen Fragen zu beantworten, bedarf es unter anderem einer Erörterung einschlägiger Vorschriften, namentlich des § 248 Abs. 2 HGB und des § 24 UmwG sowie der entsprechenden Regelungen in IFRS 3 und IAS 38. Der Inhalt dieser bilanzrechtlichen[31] Vorschriften kann nicht allein durch

---

[29] Zu den einzelnen (normativen) Theorien externer Rechnungslegung und zu dem hier zugrunde gelegten Verständnis der Bilanzrechtstheorie vgl. Coenenberg, A., 2003, S. 1186ff.; Ballwieser, W., 1993, S. 110ff.

[30] Als „Bilanz im Rechtssinn" wird – einschließlich des Anhanges – das gesetzlich geregelte Rechenwerk nach Handels- und/oder Steuerrecht bezeichnet. Die Terminologie geht zurück auf Moxter, A., 1984, S. 156ff., der sich konzeptionell im Wesentlichen auf Beisse, Döllerer und Groh bezieht (vgl. Moxter, A., 1984, S. 156, Fn. 1). Vgl. auch Knobbe-Keuk, B., 1993, S. 15f. Die „Bilanz im Rechtssinn" ist von der „rein betriebswirtschaftlichen Bilanz" zu unterscheiden, für die „Bilanzierungsfreiheit" gelte und deren Inhalt sich nicht nach – ggfs. auszulegenden – gesetzlichen und (gesellschafts-) vertraglichen Vorschriften bestimme. Vgl. Moxter, A., 1984, S. 149. Auch bei den IAS/IFRS handelt es sich nun mehr um Rechtsnormen, insoweit sie aufgrund der IAS-VO im Rahmen des Komitologieverfahrens übernommen wurden (*endorsement process*). Die IAS/IFRS sind also ebenfalls Bilanzierungsvorschriften in einem rechtlichen Sinn. Vgl. hierzu Wüstemann, J./Kierzek, S., 2005, S. 428. Insoweit sich das BilRefG auf den Konzernabschluss in der EU kapitalmarktorientierter Mutterunternehmen bezieht, stellt es die Geltung dieser Regelungen nur klar (deklaratorische Wirkung des § 315a Abs. 1 HGB), insoweit die Anwendung der IAS/IFRS auch für die übrigen Konzernabschlüsse und den sog. informatorischen Einzelabschluss gem. §§ 315a Abs. 2 und 3, 325 Abs. 2a HGB für zulässig erklärt wird, begründet das BilRefG insoweit die Geltung der aufgrund IAS-VO und Komitologieverfahren anwendbaren Bilanzierungsregeln (konstitutive Wirkung). Der Rechtsnormcharakter von IAS/IFRS, die sich im Komitologieverfahren befinden oder in diesem Verfahren abgelehnt wurden, ist wegen IAS 1.11 (1997) zweifelhaft: Einerseits sollen nur Standards angewendet werden, die das Komitologieverfahren durchlaufen haben, andererseits bestimmt IAS 1.11, dass sämtliche vom IASB veröffentlichten Standards und Interpretationen anzuwenden sind. Vgl. zu dieser Problematik: Buchheim, R./Gröner, S./Kühne, M., 2004, S. 1783ff.

[31] Das Handelsbilanzrecht wird im handelsrechtlichen Schrifttum überwiegend als öffentliches Recht eingestuft und damit anders eingeordnet als das übrige Handelsrecht, bei dem es sich um Sonderprivatrecht der Kaufleute handelt. Vgl. Canaris, C.-W., S. 274; Müller, W., 1994, S. 79ff.; Icking, J., 2000, S. 166ff.

Einbeziehung rechtswissenschaftlicher Erkenntnisse ermittelt werden. Vielmehr ist dabei auf wirtschaftliche und bilanztheoretische Zusammenhänge zurückzugreifen.[32] Zwar können rechtliche Zwecksetzungen – wie der Gläubigerschutz oder die vorsichtige Ausschüttungsbemessung – über betriebswirtschaftliche Ziele der Rechnungslegung[33] hinausreichen, jedoch bedingen diese rechtlichen Gesichtspunkte gleichwohl „keine *grundlegende* Abweichung von dem betriebswirtschaftlichen Charakter jedes Jahresabschlusses“[34]: Das Bilanzrecht ist inhaltlich selbstständig, ohne den Boden grundsätzlicher Gemeinsamkeiten der wirtschafts- und rechtswissenschaftlichen Disziplinen zu verlassen.[35]

Die Internationalisierung der Rechnungslegung verstärkt die ökonomische Sicht auf das Bilanzrecht. Es ergibt sich aus der ökonomischen Natur des betrieblichen Rechnungswesens, dass über wirtschaftliche Aspekte grenzüberschreitend leichter Einvernehmen erzielt werden kann als über rechtliche Regelungen, die von nationalen Rechtstraditionen geprägt sind. International erweist sich ein ökonomisches Bilanzverständnis als durchsetzungsfähiger. Der EuGH betont die besondere Bedeutung ökonomischer Gesichtpunkte bei der Auslegung und Anwendung bilanzrechtlicher Vorschriften.[36] Hintergrund dieser

---

[32] Gleichwohl sind bilanztheoretische Auffassungen für das Bilanzrecht nur dann von Interesse, wenn sie im Recht der Rechnungslegung normiert oder als GoB anerkannt sind. Vgl. Knobbe-Keuk, B., 1993, S. 13.

[33] Als Rechnungslegung wird im Folgenden der gesamte Bereich externer normativer Publizität bezeichnet, also die Produktion von Informationen, die insbesondere für Kapital- und Kreditmarktteilnehmer relevant werden können.

[34] Ballerstedt, K., 1964, S. 124. Vgl. auch BFH, Urt. v. 06.12.1978, I R 35/78, BFHE 126, S. 549, BStBl. II 1979, S. 263 („Nach Handelsrecht richtet sich die Aktivierung von Vermögensgegenständen [...] nicht allein nach bürgerlich-rechtlichen, sondern in erster Linie nach wirtschaftlichen Gesichtspunkten“.).

[35] Vgl. zu dieser – letztlich paradoxen – Stellung des Bilanzrechts Ballerstedt, K., 1964, S. 120. Insoweit überschneidet sich der skizzierte methodische Ansatz teilweise mit dem der sog. „ökonomischen Analyse des Rechts“: Die ökonomische Analyse des Rechts bezieht Rechtsnormen in eine breitere ökonomische Analyse ein und fragt insbesondere nach dem Zustandekommen rechtlicher Strukturen und Befugnisse, nach den Auswirkungen auf die Allokationseffizienz, nach den Voraussetzungen der „Produktion“ einer effizienten Rechtsordnung sowie nach deren Beschaffenheit im Hinblick auf das Ziel der Allokationseffizienz. Vgl. Schäfer, H.-B./Ott, C., 2000, S. 10.

[36] Vgl. EuGH, Urt. v. 27.06.1996, Rs. C-234/94, DB 1996, S. 1400f. („Tomberger“); Urt. v. 14.09.1999, Rs. C-275/97, DB 1999, S. 2035f. („DE+ES“); Urt. v. 07.01.2003, Rs. C-306/99, BStBl. II, 2004, S. 144ff. ("BIAO"). Zu dieser Einschätzung vgl. Herzig, N., 1996, S. 1401f. (Anmerkung zur Tomberger-Entscheidung des EuGH). Der in der zitierten EuGH-Rechtsprechung dominante True-And-Fair-View-Grundsatz setzt den Akzent auf eine wirtschaftliche Betrachtungsweise, indem der Einblick in die (wirtschaftlichen) Verhältnisse gefordert und herausgestellt wird. Einzelheiten zu diesem Grundsatz in Kapitel D II. Vgl.

Orientierung an ökonomischen Sachverhalten, nicht aber an mitgliedstaatlicher Rechtssystematik, ist das Ziel einheitlicher Lebens- und Wettbewerbsbedingungen. Nur durch ein unmittelbares Anknüpfen an wirtschaftliche Sachverhalte kann eine Vereinheitlichung erreicht werden, denn nur in diesem Fall ist ein gemeinschaftsweiter, einheitlicher Maßstab angesetzt.[37]

II. Verhältnis von Betriebswirtschaftslehre und Bilanzrecht

1. Bilanz im Rechtssinn als interdisziplinärer Untersuchungsgegenstand

Bei der Auslegung bilanzrechtlicher Vorschriften bewegt sich der Rechtsanwender in einem „Grenzbereich zwischen Betriebswirtschaftslehre und Rechtswissenschaft"[38]. Einerseits ist die Untersuchung von Bilanzrecht „juristische Arbeit"[39]. Gesetzeszwecke, wie z.B. der Zweck einer Information über die ermittelte wirtschaftliche Leistungsfähigkeit, setzen aber gleichwohl ein „wirtschaftliches Verständnis der Norminhalte [voraus], was befriedigend nur durch eine Beteiligung der Betriebswirte zu erreichen ist"[40]. Damit handelt es sich bei der Bilanzrechtsforschung zwingend um eine interdisziplinäre Materie, zu der Rechtswissenschaftler und Betriebswirte gleichermaßen beitragen können.[41] Kaufmännische *und* zivilrechtliche Erkenntnisse spielen eine Rolle. Das Spannungsverhältnis zwischen wirtschaftlichem Normzweck

---

zum Ganzen: Herzig, N./Rieck, U., 1998, S. 315; Jakob, W., 2003, S. 17ff.; Zur Beeinflussung der GoB durch die Rechtsprechung des EuGH: Müller, W., 1997, S. 707ff. Zur Rolle des Kapitalschutzes in diesen Zusammenhang: Merkt, H., 2004, S. 309f.

[37] Vgl. Schön, W., 1996, S. 171 m.w.N. Die IAS/IFRS stellen den Grundsatz „substance over form" als Bilanzierungsgrundsatz heraus (vgl. F.35). Der Grundsatz „(economic) substance over (legal) form" (wirtschaftliche Betrachtungsweise) kann dabei ggfs. diejenige Funktion übernehmen, die bei der Bilanz im Rechtssinn durch verschiedene Prinzipien wie Realisations- und Objektivierungsgrundsatz etc. ausgefüllt werden (vgl. Böcking, H.-J., 1997, S. 87f.). Die wirtschaftliche Betrachtungsweise könnte daher auch eine Rolle als „Konvergenzkriterium für internationale Rechnungslegungsgrundsätze" (Böcking, H.-J., 1997, S. 101) übernehmen. Sie kann als Ruhepol beim Übergang vom institutionellen, gesellschaftsrechtlichen zum kapitalmarktorientierten, informatorischen Anleger- und Gläubigerschutz dienen und bildet zugleich die maßgebende Vergleichsgrundlage zwischen den verschiedenen Rechungslegungssystemen. Vgl. zum Ganzen Ekkenga, J., 1998, S. 1 u. 396ff.; Kübler, F., 1995, 560f.

[38] Kußmaul, H., 1987a, S. 163, Fn. 5.

[39] Beisse, H., 1984, S. 11.

[40] Moxter, A., 1993, S. 62.

[41] Vgl. Beisse, H., 1984, S. 11 u. 14; ders., 1994, S. 31; Leffson, U., 1973, S. 582ff.; Mellwig, W., 1983, S. 1615; Moxter, A., 1993, S. 62f., 79f.; Coenenberg, A. G., 2003, S. 1119ff., 1157; Woerner, G., 1989, S. 33; Böcking, H.-J., 1997, S. 85ff.; ders., 1994, S. 19, Fn. 75; Kußmaul, H., 1987a, S. 163, Fn. 5. Kritisch zum Postulat der Interdisziplinarität: Schneider, D., 1996, S. 926ff.

und formalrechtlichen Vorgaben lässt sich nicht zu Gunsten eines dieser beiden Pole auflösen. Antworten auf bilanzielle Zweifelsfragen bilden immer das Integral formalrechtlicher und wirtschaftlicher Gesichtspunkte, die in einem gegenseitigen Abhängigkeitsverhältnis stehen.[42] Bereits bei Sichtung des bilanzrechtlich einzuordnenden Sachverhalts sind vorab die wirtschaftlichen Auswirkungen auf den Gewinn zu klären, d.h. „ob wirtschaftliche Vorteile oder Lasten zugewachsen sind“[43]. Die bilanzzweckorientierte Beurteilung knüpft hieran an.[44] Ohne Beachtung betriebswirtschaftlicher Kalkulationsgrundlagen kann weder der Sachverhalt noch die einschlägige Bilanzrechtsnorm beurteilt werden.[45] Die bilanzrechtlichen Regelungen sind gebunden an das systematisch nach (überwiegend) betriebswirtschaftlichen Gesichtspunkten geordnete Rechenwerk.[46]

Rechts- und Wirtschaftswissenschaften können gleichermaßen „als normative Wissenschaften betrieben werden [und] suchen [...] beide nach Mitteln, um bei gegebenen Ausgangsdaten gewünschte Ziele zu erreichen“[47]. Die Unterschiede sind unverkennbar: Die Rechtswissenschaft interpretiert Normen und bereitet die Rechtsanwendung vor. Sie dient praktischen Zwecken. Demgegenüber ist das Erkenntnisinteresse der Wirtschaftswissenschaften auf die Erfassung eines Teils der sozialen Wirklichkeit, nämlich ökonomische Vorgänge, gerichtet.[48] Gleichwohl stehen beide Wissenschaften nicht getrennt nebeneinander. Bereits das reine Normverständnis setzt im Bilanzrecht die grundsätzliche Kenntnis möglicher ökonomischer Konflikt- und Interessenlagen voraus.[49] Ohne ein betriebswirtschaftliches Vor- und Grundverständnis ist keine Bilanzrechts-

[42] Vgl. zu dieser Einschätzung: Böcking, H.-J., 1994, S. 1f.; Mellwig, W., 1983, S. 1615. Vgl. auch BGH, Urt. v. 28.01.1991, II ZR 20/90, BB 1991, S. 507, 508f. In dem Urteil wird die Einbeziehung kalkulatorischer Gesichtspunkte bei einer – gebotenen - wirtschaftlichen Betrachtung befürwortet. Vgl. auch BGH, Beschl. v. 21.07.1994, II ZR 82/93, DB 1994, S. 1868. Kritisch zur Interdependenzthese: Schneider, D., 1996, S. 927f.
[43] Mellwig, W., 1983, S. 1613 m.w.N. zur älteren BFH-Rechtsprechung.
[44] Vgl. zu dieser Einschätzung: Schneider, D.,1996, S. 934f., 943.
[45] Vgl. Böcking, H.-J., 1997, S. 91
[46] Vgl. Ballerstedt, K., 1964, S. 124.
[47] Leffson, U., 1987a, S. 28.
[48] Vgl. Coing, H., 1964, S. 1f.
[49] Hiervon ist die „wirtschaftliche Betrachtungsweise“ zu unterscheiden, die nicht in diesem weiten Sinn der System- und Begriffsbildung dient. Vgl. zu den „zwei getrennten, wenn auch verwandten Bedeutungen“ der wirtschaftlichen Betrachtungsweise: Jahr, G., 1964, S. 15ff.; Mellwig, W., 1983, S. 1613ff. Zur „wirtschaftlichen Betrachtungsweise i.w.S.“ Schneider, D., 1996, S. 934ff., 943.

vorschrift verstehbar, geschweige denn auf einen konkreten Sachverhalt konkretisierbar: Die Regelungsaufgabe prägt die die bilanzielle Regelungsmaterie strukturierenden Normen.[50] Ökonomische Grundsätze stellen daher bereits einen allgemeinen Bezugsrahmen dar, auf den bei jeder Bilanzrechtssetzung, -zweckbestimmung und -anwendung zurückgegriffen werden muss.[51] Folglich ist eine „teleologische Prävalenz des Zivilrechts“[52] zu verneinen. Das Bilanzrecht folgt von vornherein einer autonomen, ökonomisch geprägten Teleologie.

2. Bilanzrecht und wirtschaftliche Betrachtungsweise

Bei der Erörterung bilanzrechtlicher Vorschriften spielt die sog. wirtschaftliche Betrachtungsweise eine besondere Rolle.[53] Sie bildet den Gegenbegriff zur sog. formalrechtlichen Betrachtungsweise. Die wirtschaftliche Betrachtungsweise nimmt keinen rein betriebswirtschaftlichen, „außerrechtlichen“ Standpunkt ein,[54] sondern berücksichtigt den ökonomischen Sinn des Bilanzrechts aus sich heraus.[55] Sie bildet eine „Spielart der teleologischen Interpretation“[56]. Teleologische Auslegungsgesichtspunkte bilden einen Ausgangspunkt für die in bilanziellen Zusammenhängen erforderliche Integration rechtswissenschaftlicher und betriebswirtschaftlicher Sichtweisen.[57] Die wirtschaftliche Betrachtungsweise steht mithin nicht im Gegensatz zu einer – richtig verstandenen –

---

[50] Vgl. in diesem Sinn zur „wirtschaftlichen Auslegung“ des Bilanzsteuerrechts Tipke, K./Lang, J., 2002, S. 142ff.; zum Handelsbilanzrecht: Groh, M., 1989, S. 231.
[51] Vgl. Böcking, H.-J., 1997, S. 87.
[52] Tipke, K./Lang, J., 2002, S. 143.
[53] Vgl. nur Beisse, H., 1984, S. 1ff.; Mellwig, W., 1983, S. 1613ff.; Moxter, A., 1989, S. 232ff. Zur Kritik am Begriff der „wirtschaftlichen Betrachtungsweise“ als bloßer Leerformel vgl. Rittner, F., 1975, S. 17ff., 47f.; Boldt, T., 1989, S. 11ff. Zur wirtschaftlichen Betrachtungsweise – Grundsatz der *„(economic) substance over (legal) form“* – im Rahmen der IAS/IFRS vgl. IAS 8.10b, F.35 sowie Bohl, W., 2004, S. 33f.
[54] In diesem Sinn war eher die sogenannte betriebswirtschaftliche Betrachtungsweise zu verstehen, die zu einem – im beschreibenden Sinn – dynamischen Bilanzverständnis beitrug und nur noch von dogmengeschichtlichem Interesse ist. Vgl. Moxter, A., 1993a, S. 62 u. 64ff., der in diesem Zusammenhang von einem Paradigmenwechsel spricht, weil bei der Auslegung von Bilanzrechtsnormen nicht mehr auf ein (rein) betriebswirtschaftliches, dynamisches Normverständnis zurückgegriffen wird. (ebd., S. 65); vgl. auch allgemein zur Entwicklungsgeschichte der GoB ausgehend vom unkodifizierten Bilanzrecht: Moxter, A., 1999, S. 5ff.; Euler, R., 1997, S. 171ff.; ders., 1998, S. 17. Das heutige GoB-Verständnis geht zurück auf Becker, E., 1927, S. 961ff. und – als Ausgangspunkt einer Renaissance dieser Idee Beckers – Döllerer, G., 1959, S. 653ff.
[55] Vgl. Beisse, H., 1980, S. 645; Moxter, A., 1989, S. 232.
[56] Beisse, H., 1984, S. 12.
[57] Vgl. Mellwig, W., 1983, S. 1615.

bilanzrechtlichen Sicht, sondern nur im Gegensatz zu einer – das Bilanzrecht fehlinterpretierenden – formalrechtlichen Betrachtungsweise.[58]

Die Einordnung der wirtschaftlichen Betrachtungsweise als ein Auslegungsgesichtspunkt unter anderen schmälert gleichwohl nicht die Bedeutung ökonomischer Aspekte: Wirtschaftliche Gesichtspunkte geben dem bilanzrechtlichen Normzweck seine entscheidende Prägung.[59] Um den (wirtschaftlichen) Normzweck zu ermitteln, bedarf es „einer Strukturanalyse, die mit dem bilanzrechtlichen Prinzipiengefüge den Sinnzusammenhang der Bilanzrechtsnormen erkennbar werden läßt."[60] Unter Beachtung der gesetzlichen Vorgaben[61] ist also auf betriebswirtschaftliches Wissen zur Ermittlung der Zusammenhänge zwischen Zwecken der Bilanzierung und den gesetzten Bilanznormen zurückzugreifen. Erkenntnisse der Betriebswirtschaftslehre werden auf diese Weise für das (bilanzrechtliche) Normverständnis maßgebend, ohne aber die jeweiligen konkreten Wertungen des Gesetzgebers zu verdrängen. Die wirtschaftliche Betrachtungsweise bewegt sich also auch insoweit zwischen dem Extrem einer rein formalrechtlichen Sicht und einer Orientierung allein an betriebswirtschaftlichen Erkenntnissen, bei der wirtschaftlicher Gewinn ggfs. auf Grundlage von diskontierten Zahlungsströmen ermittelt werden müsste.[62]

Die Beantwortung der Fragestellung dieser Arbeit ist auf eine bilanzrechtliche Analyse *de lege lata* geltenden Bilanzrechts gerichtet, die Ökonomen und Juristen gleichermaßen offen steht. Eine allokationstheoretische Betrachtung *de lege ferenda* ist nicht beabsichtigt.[63] Gleichwohl ist eine Trennung dieser beiden Untersuchungsgebiete nur schwer durchzuführen: Jede (richterliche) Interpretation konkretisiert geltendes Bilanzrecht und entwickelt es weiter.[64] Gleiches gilt letztlich auch für die im Rahmen dieser Untersuchung vorzunehmende Auslegung des § 248 Abs. 2 HGB im Hinblick auf Umwandlungsfälle. Der mit dieser Arbeit ins Auge gefasste Vergleich von Objektivierungskonzeptionen setzt also zunächst eine Ermittlung des Gehalts von Rechtsnormen voraus, mit der unter Auslegungsgesichtspunkten teilweise auch „Neuland" betreten wird.

---

[58] Vgl. Döllerer, G., 1980, S. 201f.
[59] Vgl. Beisse, H., 1984, S. 12; Döllerer, G., 1980, S. 201.
[60] Moxter, A., 1989, S. 232.
[61] Vgl. zu dieser Problematik Knobbe-Keuk, B., 1993, S. 13ff.
[62] Vgl. Böcking, H.-J., FS Beisse 1997, S. 88.
[63] Vgl. zu diesen beiden methodischen Ansatzpunkten: Wagner, F. W., 1993, S. 10.
[64] Vgl. Böcking, H.-J., 1997, S. 87.

Bei der Freilegung rechtlicher Strukturen sind angesichts der interdisziplinären Natur des Untersuchungsgegenstandes die jeweiligen wirtschaftlichen Auswirkungen von Auslegungsalternativen in die Betrachtung einzubeziehen, um Wege einer ordnungsmäßigen Bilanzierung aufzuzeigen.

III. Bilanzielle Objektivierung und Information

1. Objektivierungsaufgabe der Bilanz im Rechtssinn

a) Begriff der „Objektivierung" und Jahresabschlusszwecke

Die Bilanz als Bestandteil des Jahresabschlusses kann ihre Rechenschaftsfunktion nur erfüllen, wenn sie die Eigen- und Fremdkapitalgeber objektiv über die Geschehnisse im Unternehmen unterrichtet. Um im bilanziellen und im allgemein wissenschaftstheoretischen Zusammenhang als „objektiv" bezeichnet werden zu können, muss eine (bilanzielle) Aussage subjektinvarianter bzw. intersubjektiver Nachprüfbarkeit zugänglich sein.[65] Vorausgesetzte Rahmenbedingungen für die Subjektinvarianz einer nachprüfbaren Erkenntnis sind lediglich, dass – c.p. – der Beurteilungsmaßstab hinsichtlich des Untersuchungsgegenstandes gleich bleibt und Willkür sowie Ermessen ausgeschlossen sind.[66]

---

[65] Vgl. Popper, K., 2002, S. 18. Objektiv – so lautet eine gängige Definition – ist eine Erkenntnis, d.h. eine „sprachlich formulierte Erwartung" (Popper, K., 1974, S. 80), wenn sie von jedem erkennenden Subjekt prinzipiell gleichermaßen festgestellt werden kann. Vgl. Thiel, C., 1995, S. 1052ff. Objektivität und damit Wissenschaftlichkeit wird dadurch gewährleistet, dass Begründungen „grundsätzlich von jedermann nachgeprüft und eingesehen werden können" (Popper, K., 2002, S. 18).

[66] Vgl. Leffson, U., 1987a, S. 81; Baetge, J., 1970, S. 16f. In engem Zusammenhang mit der Objektivität steht die ökonomische Brauchbarkeit einer Information: „*Ökonomisch brauchbar* ist eine Information, sofern sie als Entscheidungshilfe dienen kann, d.h. sofern eine Entscheidung mit dieser Information besser als ohne sie gefällt werden kann." (ebd., S. 168). Der Grad der ökonomischen Brauchbarkeit nimmt ab, je mehr auf (besser nachprüfbare und damit zugleich „objektivere") Vergangenheitswerte und je weniger auf zukünftige (und oft nicht vergleichbar zwingend subjektinvariant nachprüfbare) Zahlungsströme zurückgegriffen wird. Der Zielkonflikt zwischen Objektivität und ökonomischer Brauchbarkeit lässt sich nicht vollständig auflösen (ebd., S. 168ff.). Dieser Widerspruch wird vom geltenden (Handels-) Bilanzrecht weitgehend zugunsten einer vergangenheitsbezogenen Rechnungslegung entschieden: Bei Anschaffungsvorgängen sind die zugehenden Vermögensgegenstände nicht oder zumindest nicht unmittelbar ertragswertabhängig, sondern i.H.d. Anschaffungskosten zu bewerten, d.h. die handelsrechtliche Rechnungslegung spricht sich gegen eine prospektive Ertragswertzurechnung aus. Unter Objektivitätsgesichtspunkten und dem Aspekt der Vermittlung zuverlässiger, entscheidungserheblicher Unternehmensdaten verringert das Anschaffungskostenprinzip gleichwohl Manipulationsgefahren im Hinblick auf Schwierigkeiten bei der Zurechnung des jeweiligen Ertragswertbeitrages einzelner Bilanzpositionen. Zum steigenden Vergangenheitsbezug und zur Erhöhung des Objektivierungsgrades vgl. Wagenhofer, A./Ewert, R., 2003, S. 10; Coenenberg, A. G., 2003, S. 14. Zur Abkehr der IAS/IFRS vom Anschaffungskostenkonzept hin zum eher prospektiven Fair-Value-Konzept und den

Objektivität bilanzieller Daten ist Kernfrage einer vorsichtigen, am Gläubigerschutz orientierten Ausschüttungsbemessung und für die Information von Kapitalmarktteilnehmern.[67] Erst die intersubjektive Nachprüfbarkeit ermöglicht die Justitiabilität von Informationen und von Feststellungen über ausschüttbare Gewinne.[68]

Die Informationsaufgabe der externen Rechnungslegung dient – neben der noch näher zu beleuchtenden Rolle in der Beziehung zwischen Unternehmenseigner und Geschäftsleitung – insbesondere auch dem Unterrichtungsbedürfnis von Kunden, Arbeitnehmern, Staat und Öffentlichkeit. Dabei kann Information als zweckorientiertes Tatsachenwissen definiert werden, das der Vorbereitung von Handlungen dient.[69] Nicht zuletzt um die Entwicklungen des Unternehmens nicht über einen längeren Zeitraum hinweg zu verzerren, sind unter dem Gesichtspunkt objektiver Information keine „pessimistischen“, sondern mittlere Werte anzusetzen.[70] Allerdings ist unter Informationsgesichtspunkten auch eine gewisse Vorsicht zu berücksichtigen und zwecks Objektivierung ein Vergangenheitsbezug der Daten sicherzustellen.[71]

Neben der Informationsfunktion bildet die Ausschüttungsbemessung eine zentrale Aufgabe der handelsrechtlichen Rechnungslegung.[72] Unmittelbare Adressaten sind wiederum die Unternehmenseigner. Objektivierungsfragen kommen gerade auch bei divergierenden Interessen der Eigner und bei Auseinanderfallen von Eigentum und Verfügungsmacht zum Tragen. Weitere Interessenten an der Erfolgsermittlung sind die Fremdkapitalgeber, denn um keine Haftungsmasse auszuschütten und dem Gläubigerzugriff zu entziehen, ist bei

---

sich dadurch verstärkenden subjektiven Bilanzierungsspielräumen vgl. Lüdenbach, N./ Hoffmann, W.-D., 2004, S. 71f.

67 Vgl. zur Aufgabendivergenz der Rechnungslegung: Moxter, A., 2003, S. 3ff. Auf die unterschiedlichen, im Schrifttum vertretenen „GoB-Strukturierungen“ wird nachfolgend nicht näher eingegangen. Übersicht bei Ballwieser, W., 1987, S. 3ff.

68 Vgl. Ballwieser, W., 1982, S. 775; Busse v. Colbe, W., 1984, S. 53.

69 Vgl. Wittmann, W., 1959, S. 14; Bode, J., 1997, S. 454ff.

70 Vgl. Baetge, J., 1970, S. 141ff., 153ff.

71 Zum weniger stark ausgeprägten Vorsichtsgrundsatz nach IAS/IFRS vgl. Bohl, W., 2004, S. 32f.

72 Die Frage nach dem Verhältnis von Ausschüttungsbemessungs- und Informationszweck, d.h. ob einer der beiden Zwecke dominiert oder ob beide ohne Vorrang des einen oder anderen nebeneinander stehen, wird hier – insbesondere vor dem Hintergrund der im deutschen Schrifttum überwiegend noch unberücksichtigten EuGH-Rechtsprechung – bewusst offen gelassen.

Kapitalgesellschaften das Mindestkapital zu erhalten.[73] Der Erfolg und damit das in der jeweiligen Rechnungsperiode „Entziehbare" ist im Hinblick auf die Gläubigerinteressen vorsichtig zu ermitteln. Aktiv- und Passivseite der Bilanz werden ungleich behandelt: Die Aktiva werden eher zu niedrig, die Schulden eher übertrieben abgebildet (Imparitätsprinzip).[74] Letztlich führt dies zu einem vorübergehenden Verzicht auf Ausschüttung und damit zur zeitweisen Bildung stiller Reserven. Die Ausschüttungsbemessung muss zudem objektiv sein, sonst wäre sie nicht konsensfähig und justitiabel zwischen den Interessenten, insbesondere den Unternehmenseignern, aber auch den Gläubigern. Auch in der vorsichtig und unter strenger Beachtung des Realisations- und Imparitätsprinzips ermittelten Gewinnziffer liegt eine Information.[75]

b) Bezugspunkte objektiver Bilanzierung

aa) Allgemeines

Im handelsbilanziellen Schrifttum wird oftmals pauschal auf Objektivierungsmechanismen Bezug genommen, ohne dabei genau zu bestimmen, *wodurch* diese Objektivierung konkret erreicht werden soll. Im Rahmen dieser Arbeit sei zwischen Objektivierung durch Rückgriff auf rechtliche Strukturen und Objektivierung durch Bezug auf Marktgeschehnisse differenziert. Beim Marktbezug kann weiter unterschieden werden zwischen der Bezugnahme auf bestimmte Preisbildungsvorgänge (z.B. konkreter Anschaffungsvorgang[76]), also ein unmittelbarer Marktbezug, und einem allgemeineren Rekurs auf Marktdaten (z.B. Bewertung im Wege des *market approach*, aber auch des *income aproach*), also eine mittelbare Inanspruchnahme von Marktvorgängen.[77]

---

[73] Vgl. Raiser, T., 2001, S. 312ff., 632ff.

[74] "Die vorsichtige Objektivierung ist die imparitätische." Moxter, A., 1987, S. 1848. Auch die IAS/IFRS, d.h. ein in erster Linie Informationsaufgaben dienendes Rechnungslegungssystem, kennen Imparitätsregeln. Vgl. Lüdenbach, N./Hoffmann, W.-D., 2004, S. 28.

[75] Vgl. Ballwieser, W., 1982, S. 773; Leffson, U., 1987a, S. 91. Nach IAS/IFRS ist der ermittelte Gewinn wesentlicher Bestandteil der Information, die entscheidungsnützlich für Adressaten ist. Vgl. Bohl, W., 2004, S. 17.

[76] Das Marktgeschehen eines konkreten Anschaffungsvorganges wird regelmäßig mit einem rechtlichen Anschaffungsgeschäft zusammenfallen.

[77] Des Weiteren lassen sich noch sonstige, allenfalls entfernt marktbezogene Objektivierungstechniken unterscheiden (z.B. der *cost approach*).

bb) Objektivierung durch Rückgriff auf rechtliche Strukturen

Bilanzrechtliche Fragestellungen werden regelmäßig nicht nur anhand wirtschaftlicher Gesichtspunkte, sondern auch aufgrund der zivilrechtlichen und zuweilen auch öffentlich-rechtlichen Einordnung zu beurteilender Sachverhalte beantwortet. Der Rückgriff auf zivilrechtliche Strukturen übernimmt dabei eine Schlüsselfunktion.[78] Daran anknüpfend werden unternehmerische Eigenschaften und Sachverhalte grundsätzlich durch ihre Übersetzung in die Symbole und Begrifflichkeit des Jahresabschlusses objektiviert.[79] Rechtsklarheit und Rechtssicherheit stellen zudem höhere Anforderungen an die Objektivierung: Eine formalrechtliche Einordnung wirtschaftlicher Sachverhalte durch Anwendung scharfer Begrifflichkeiten kann die Objektivierungsaufgabe oftmals besser erfüllen.[80] Im bilanzrechtlichen Zusammenhang wird der Willkür bei der Wertzurechnung durch Objektivierungsvorschriften, insbesondere dem Einzelbewertungsgrundsatz nach § 252 Abs. 1 Nr. 3 HGB und dem Kriterium des entgeltlichen Erwerbs nach § 248 Abs. 2 HGB durch Rückgriff auf die Figur des Synallagmas begegnet.[81] Gerade diese beiden Objektivierungsprinzipien – Einzelbewertungsgrundsatz und entgeltlicher Erwerb – entscheiden bei übertragenden Umwandlungsvorgängen durch Rückgriff auf rechtliche Aspekte über den erstmaligen Ansatz immaterieller Vermögensgegenstände, die bislang wegen § 248 Abs. 2 HGB beim übertragenden Rechtsträger nicht aktiviert werden konnten, sowie über die Aufteilung von Anschaffungskosten bei der Kaufpreisallokation.

Die Objektivität der Rechnungslegung wird mithin gestützt durch gleichmäßige Anwendung begrifflich scharfer rechtlicher Strukturen, die geringe Beurteilungs- und Ermessenspielräume[82] bei der Anwendung eröffnen und die

---

[78] Vgl. BGH, Urt. v. 06.11.1995, II ZR 164/94, WM 1996, S. 114f.; Mellwig, W., 1983, S. 1613f.; Ballwieser, W., 1982, S. 776; Moxter, A., 1995b, S. 319; Leffson, U., 1987a, S. 81ff.

[79] Vgl. Franke, G./Laux, H., 1970, S. 4.

[80] Vgl. zu diesem Zusammenhang zwischen Objektivierungsanforderungen und Zivilrechtsstruktur: Moxter, A., 1999, S. 7ff.; Döllerer, G., 1980, S. 204.

[81] Vgl. Schneider, D., 1996, S. 933f. Letztlich führen bereits die Begriffe des Vermögensgegenstandes, des Wirtschaftsgutes und des *asset* zu einer ersten, grundlegenden Objektivierung.

[82] An der rechtswissenschaftlichen Unterscheidung zwischen Beurteilungs- und Ermessensspielräumen wird im Rahmen dieser Untersuchung festgehalten. Der Beurteilungsspielraum ist auf der Tatbestandsseite einer Norm zu berücksichtigen (unbestimmter Rechtsbegriff, z.B. „entgeltlicher Erwerb“) und betrifft die Sachverhaltsbeurteilung sowie ausfüllungsbedürftige Wertmaßstäbe. Von den Beurteilungsmöglichkeiten in diesem Sinn ist der Ermessensspielraum, d.h. das Handlungs- oder Gestaltungsermessen zu

allgemein nachprüfbare qualitative und quantitative Aussagen ermöglichen. Der Gesichtspunkt der Objektivierung spricht somit für eine gewisse „Verrechtlichung“[83] der handelsrechtlichen Berichterstattung und für ein Zurückdrängen kaufmännischer Willkür.[84] Dabei ist entscheidend, dass eine Auslegung, die formalrechtlichen Argumentationen größeren Raum lässt, wirtschaftlichen Nutzengesichtspunkten nicht nur zuwiderläuft, sondern zugleich die Verwirklichung ökonomischer Zwecksetzungen erst ermöglicht: Führt die Anwendung juristischer Begrifflichkeiten zu einem höheren Grad an Rechtssicherheit und Objektivität, ist durch diese kanalisierende Normierung auch der Vergleichbarkeit und Entscheidungsrelevanz gedient. Nach alledem lässt sich festhalten, dass das Verhältnis der Bilanz im Rechtssinn zu wirtschaftlichen Sichtweisen ambivalent ist: Einerseits legt das Bilanzrecht dem Unternehmen Beschränkungen bei der Berichterstattung auf und verringert dadurch den Informationsgehalt sowie die Entscheidungsrelevanz der bilanziell vermittelten Daten. Andererseits ermöglichen diese Beschränkungen erst eine – für Anleger und Gläubiger nützliche – Objektivität und folglich auch Vergleichbarkeit der Information über das bilanzierende Unternehmen. Die Beschränkungen befördern also zugleich eine objektive Unterrichtung der Bilanzadressaten. Vor diesem Hintergrund erscheint das Verbot der Aktivierung nicht entgeltlich erworbener immaterieller Anlagegegenstände gleichwohl unscharf und bedarf zur Vermeidung von „Scheinobjektivierungen“[85] für die hier thematisierte Anwendung auf Umwandlungen einer gründlichen Analyse.

---

unterscheiden. Das Gesetz kann dem Rechtsanwender auf der Rechtsfolgenseite einen Entscheidungsspielraum belassen, der sich auf das „Ob“ und/oder das „Wie“ der Rechtsfolge bezieht. Diese Unterscheidung ist auch im Rahmen bilanzrechtstheoretischer Untersuchungen geboten: Beurteilungsspielräume sind weit eher geeignet, von beispielgebenden Gerichtsentscheidungen verengt zu werden, während dies für Ermessenspielräume nicht in gleichem Maß gilt. Vgl. zum Ganzen Larenz, K., 1991, S. 293ff. Hinzu kommt, dass gerade die Wahlrechtsausübung als Ermessenshandlung ausdrücklicher Gegenstand von Anhangangaben ist (vgl. nur §§ 284 Abs. 1, 285 Nr. 13 HGB), was nicht oder nicht in gleichem Umfang für die jeweilige Ausfüllung unbestimmter Rechtsbegriffe und die daraufhin vorgenommene Beurteilung durch den Bilanzierenden vorgeschrieben ist. Beurteilungsspielräume müssen durch Rechtsprechung und GoB gefüllt werden, über die Ausübung von Wahlrechten ist zu berichten. Vgl. Leffson U., 1987a, S. 83. Die Unterscheidung zwischen Beurteilungs- und Ermessensspielraum empfiehlt sich vor diesem Hintergrund gleichermaßen für die Diskussion von internationalen Rechnungslegungsstandards.

[83] Beisse, H., 1984, S. 2.

[84] Vgl. Böcking, H.-J., 1994, S. 12; Mellwig, W., 1983, S. 1614.

[85] Moxter, A., 1983, S. 36.

Insoweit die Objektivität der dargestellten Daten ein wesentlicher Zweck der Bilanz im Rechtssinn ist, wird dies vor allem durch Einschränkung des Missbrauchsspielraums hinsichtlich Aktivierbarkeit und Passivierbarkeit einzelner Posten sowie bezüglich deren Bewertung erreicht. Paradigmatisch ist insoweit das Aktivierungsverbot für selbsterstellte immaterielle Vermögensgegenstände des Anlagevermögens. Der Gesetzgeber hat für diesen – im Folgenden zu untersuchenden – Fragenkreis dem Objektivierungsgedanken einen hohen Stellenwert eingeräumt. Weitere wichtige Prinzipien, die zur objektivierten Gewinnermittlung beitragen, sind der Realisationsgrundsatz, der Grundsatz der Einzelbewertung und das Prinzip vorsichtiger Gewinnermittlung.[86]

cc) Objektivierung durch Marktbezug

Das Prinzip entgeltlichen Erwerbs wirkt aber auch noch in einem anderen Sinn objektivierend: Der „Preis“ des gegen Entgelt angeschafften immateriellen Anlagewertes ist nach den Vorstellungen des Gesetzgebers ein konkreter Marktpreis und als solcher eine Größe, die durch einen Preisbildungsvorgang am Markt, also durch unmittelbaren Rückgriff auf Marktdaten objektivierbar ist. Als Anschaffungskosten bilanzierbar wird dieser Preis zwar seinerseits nur aufgrund der Rolle in einem konkreten Rechtsgeschäft, d.h. der Anknüpfungspunkt ist zugleich formalrechtlicher Natur. Seine entscheidende Rechtfertigung erhält dieser Bezug auf das Zivilrecht jedoch allein durch die Eignung des Marktes, eine objektive Preisbildung zu gewährleisten.[87]

Einen weiteren wichtigen objektivierenden Gesichtspunkt bildet der Umstand, dass zu Zwecken der Objektivierung auf das konkrete Anschaffungsgeschäft als empirisches Datum Bezug genommen werden kann. Die Tatsache des Ge-

---

[86] Vgl. Moxter, A., 1984a, S. 164f. Auf diese Grundsätze wird im Hinblick auf die Fragestellung dieser Arbeit im Verlauf der nachfolgenden Untersuchung näher eingegangen. Zum Zusammenhang zwischen Objektivierungszweck und dem Aktivierungsverbot gem. § 248 Abs. 2 HGB vgl. ebd., S. 164f. Diese Akzentsetzung zugunsten rechtlicher Gesichtspunkte ist – auch historisch – auf Objektivierungsschwächen der rein betriebswirtschaftlichen Bilanz und der dynamischen Bilanzauffassung zurückzuführen. Die rechtlichen Objektivierungsrestriktionen betreffen gerade auch den in dieser Untersuchung thematisierten „entgeltlichen Erwerb“, für den die „verrechtlichte“ Betrachtungsweise eine besondere Rolle spielt. Durch die in § 248 Abs. 2 HGB normierte konkrete Aktivierungsvoraussetzung wird eine Objektivierung des Bilanzansatzes ermöglicht, die ein dynamisches Bilanzverständnis nicht leisten kann. Vgl. Moxter, A., 1999, S. 5ff.; ders., 1993a, S. 78, m.w.N.; Groh, M., 1980, S. 130f. Zur dynamischen Bilanzauffassung Schmalenbachs vgl. Moxter, A., 1984a, S. 29ff.

[87] Vgl. zum Ganzen nur Knobbe-Keuk, B., 1993, S. 90.

schäftsvorfalls und seine Konditionen sind empirisch von jedermann überprüfbar und mithin objektive Begebenheiten.[88] Dabei darf allerdings nicht übersehen werden, dass zwischen dem konkreten, empirisch belegbaren (und damit kontingenten) Anschaffungsvorgang und einem aufgrund von Plausibilitätsüberlegungen als objektiv angesehenen Marktpreis ein kategorialer Unterschied besteht. Auch ein manipulierter, aber gleichwohl vereinbarter und gezahlter Preis ist ein tatsächlicher, empirisch nachprüfbarer Vorgang. Den „eigentlichen" Marktpreis, der ggfs. sogar durch einen Drittvergleich nachprüfbar ist, spiegelt dieses manipulierte Rechtsgeschäft nicht wider.

Der direkte Marktbezug durch Rückgriff auf empirisch verifizierbare Anschaffungsvorgänge ist von einem indirekten Marktbezug zu unterscheiden. Bei Anschaffungsvorgängen wird die Werthaltigkeit unmittelbar durch das zum Erwerb Hingegebene bestätigt. Ein indirekter bzw. mittelbarer Marktbezug besteht immer dann, wenn im Rahmen der Bewertung auf Vergleichswerte zurückgegriffen wird, die sich nicht konkret auf das dieses Gut betreffende Rechtsgeschäft und die damit unmittelbar verbundenen Daten beziehen.[89] Ein mittelbarer Marktbezug wird gerade auch bei bestimmten Verrechnungspreismethoden und bei bestimmten Techniken der Fair-Value-Bestimmung zugrunde gelegt. Zu einem nur mittelbar objektivierenden Marktbezug kann es mithin immer dann kommen, wenn – wie nach verbreiteter Ansicht handelsrechtlich bei der konzerninternen Einzelübertragung immaterieller Anlagewerte – Verrechnungspreise oder – nach IAS/IFRS – in bestimmten Fällen auf einen marktbezogen ermittelten *fair value* zurückgegriffen werden muss.[90]

Als marktbezogener *fair value* kommt v.a. der anhand des *market approach*, aber – wenn auch mit deutlichen Einschränkungen – der anhand bestimmter, mit Marktdaten operierender Methoden des *income approach* ermittelte Wert in Betracht. Objektiv können auch Rechnungslegungsinformationen sein, die auf einer Barwertermittlung beizulegender Zeitwerte beruhen. Kommen unab-

---

[88] In diesem Sinne (Bezugnahmemöglichkeit auf konkretes empirisches Datum) definiert z.B. Leffson den Begriff der bilanziellen Objektivität, vgl. Leffson, U., 1987a, S. 255.

[89] Der mittelbar objektivierende Marktbezug entspricht im Ergebnis der „Bewertung", der unmittelbare Bezug auf einen konkreten Anschaffungsvorgang der „Bepreisung" i.S.v. Leffson. Vgl. Leffson, U., 1987a, S. 255f. m.w.N. zum älteren Schrifttum zu dieser Unterscheidung.

[90] Einzelheiten zur Verrechnungspreise betreffenden handelsrechtlichen Auffassung in Kapitel D. IV.3.g) und Einzelheiten zum *fair value accounting* in Kapitel E.III.2.

hängige Dritte auf Basis der gleichen Datenlage mit den gleichen Methoden zu einem übereinstimmenden Ergebnis, wäre das Erfordernis inter-subjektiver Nachprüfbarkeit grundsätzlich erfüllt. In der Praxis sind die Ausgangsfaktoren des Barwertkalküls freilich regelmäßig auch das Ergebnis subjektiver Schätzungen, so dass eine Objektivierung nur eingeschränkt möglich ist.[91]

2. Bilanz im Rechtssinn als Instrument zum Abbau von Informationsgefällen

a) Erhöhung von Entscheidungs- und Anreiznützlichkeit

Die Bilanz ist – trotz aller Kritik an ihrem Informationswert für Kapital- und Kreditgeber – wichtiges Unterrichtungsinstrument für Kapitalanleger.[92] Auch die Praxis der Banken und der Unternehmensbewertung sowie die Ergebnisse der empirischen Bilanzforschung sprechen für den besonderen Stellenwert der Rechnungslegung.[93] Bilanzen tragen – wie allgemein die verschiedenen Elemente der Rechnungslegung – dazu bei, eine einheitliche, vergleichbare, kostengünstige und damit effiziente Information der Kapital- und Kreditgeber zu erreichen.[94] Ein durch die Rechnungslegung von Investitionsobjekten gut unterrichteter Mittelgeber kann die von ihm zu treffenden Entscheidungen verbessern (Aspekt der Entscheidungsnützlichkeit[95] von Information).[96] Der informatorische Charakter der handelsrechtlichen Rechungslegung spielt aber auch im Rahmen von Anreizsystemen eine Rolle (Aspekt der Anreiznützlichkeit[97] von Information).[98]

---

[91] Vgl. zur Objektivität der Fair-Value-Ermittlung mit Barwertkalkülen: Kümmel, J., 2002, S. 90ff. Ein hoher Objektivitätsgrad wird sich also regelmäßig nur dann erzielen lassen, wenn die Ausgangsdatenlage nicht mit Schätzunsicherheiten (z.B. über die Höhe zukünftiger Zahlungszuflüsse) verbunden ist.

[92] Kritisch zur Behauptung, das Kapitalmarkteffizienztheorem in seiner mittelstrengen Fassung stelle die Informationsfunktion der gesetzlich geregelten Rechnungslegung in Frage: Schmidt, R., 1982, S. 728ff. m.w.N.; Schneider, D., 1997, S. 366ff. m.w.N.

[93] Vgl. Busse von Colbe, W., 1993, S. 12f.

[94] Vgl. Schmidt, R., 1982, S. 746; Busse v. Colbe, W., 1987, S. 193; Hax, H., 1988, S. 198f.

[95] Sog. *decision usefulness.*

[96] Vgl. zu den entscheidungstheoretischen Aspekten einer hochwertigen Information durch Rechnungslegung: Wagenhofer, A./Ewert, R., 2003, S. 56ff., 76ff.

[97] Sog. *incentive usefulness.*

[98] Vgl. Hartmann-Wendels, T., 1989a, S. 1ff., 145ff., 342ff.; ders., 1992, S. 422ff. Zur Rolle der Bilanzpolitik bei der Agency-Analyse vgl. Gaber, C., 2004, S. 339ff. m.w.N. Der Begriff der *principal agent relation* geht zurück auf Ross, S., 1973, S. 134f., der diese Figur beschreibt als eine Überlassung der Verfügungsgewalt über Vermögen an einen Agenten, bei dem die Gefahr von Anreizen bestehen, in einer Weise über das Vermögen zu verfügen, die von dem Optimum gemeinsamer Entscheidungen von Agent und Prinzipal abweichen.

Unternehmensleitung und das Eigentum am Unternehmen sind gerade bei großen Gesellschaften getrennt. Informationsgefälle gegenüber den Kapital- und Kreditnehmern führen zu höheren Entscheidungsrisiken für Anleger und Gläubiger:[99] Das Informationsungleichgewicht führt dazu, dass Entscheidungsbefugnisse und Risiken nicht gleichmäßig zwischen dem Anleger (Prinzipal /Auftraggeber) und der Geschäftsleitung (Agent/Beauftragter) verteilt sind. Das Management handelt folglich bei der Verfolgung seiner individuellen Interessen möglicherweise nicht (nur) im Interesse und zum Nutzen der Anleger und Kreditgeber.[100] Die Prinzipal-Agenten-Beziehung kann infolgedessen Kosten verursachen („*agency costs*"), die der Prinzipal antizipiert und von vornherein an den beauftragten Eigner in Form erhöhter Zinsen für die Mittelüberlassung weiterbelastet.[101]

Die Principal-Agent-Theorie kann dabei helfen, den Beitrag, den die Bilanz bzw. der Jahresabschluss als Mittel zum Abbau ungleicher Informations-, Entscheidungsbefugnis- und Risikoverteilung zwischen Investoren und Geschäftsleitung leisten kann, zu analysieren.[102] Ziel der Agency-Analyse ist es in diesem Zusammenhang regelmäßig, dem Investor aufzuzeigen, wie Delegationskosten gesenkt, Entscheidungsrisiken verringert und die Effizienz der Anlage gesteigert werden können. Das Bilanzrechtsgefüge kann bei der Verwirklichung dieser Ziele maßgeblich helfen.[103]

Grundlegende deutsche Literatur: Ewert, R., 1986, S. 10ff.; Hax, H., 1988, S. 188, 194ff. m.w.N. Zum informationsökonomischen Hintergrund und zum spieltheoretischen Charakter des Prinzipal-Agenten-Modells vgl. Wagenhofer, A./Ewert, R., 2003, S. 32f., 43ff., 47ff. Allgemein zum spiel- und entscheidungstheoretischen Hintergrund interdependenter Entscheidungssituationen bei Informationsasymmetrien: Jost, P.-J., 2001, S. 12f., 17ff., 25ff.

[99] Vgl. Jensen, M.C./Meckling, W.H., 1976, S. 305. Auch Fremdkapitalgeber sehen sich durch das Informationsgefälle gegenüber den Mittelnehmern benachteiligt. Vgl. Ewert, R., 1986, S. 12ff.; Swoboda, P., 1987, S. 57; Leuz, C., 1996, insbes. S. 53ff.

[100] Vgl. Ewert, R., 1986, S. 1.

[101] Vgl. Hax, H., 1988, S. 196f.

[102] Vgl. Busse von Colbe, W., 1993, S. 14; Hartmann-Wendels, T., 1989b, S. 714ff.

[103] Vgl. Hax, H., 1988, S. 194ff., 198f. Dass sich die Principal-Agent-Theorie aufgrund ihrer anglo-amerikanischen Wurzeln eher auf die Analyse und Weiterentwicklung von Vertragsbestimmungen konzentriert, mit deren Hilfe der Agent Anreize erhält, sich im Interesse des Prinzipals zu verhalten und kontrolliert werden kann, überrascht nur auf den ersten Blick. In den USA sind bedeutende Teile der Beziehungen zwischen Kapitalgebern und Geschäftsleitung Gegenstand gesonderter individualvertraglicher Regelungen, die in Kontinentaleuropa – der kontinentaleuropäischen Rechtstradition folgend – überwiegend gesellschafts- und bilanzrechtlich kodifiziert sind. D.h. die agency-theoretischen Fragen, die sich in den U.S.A. im Hinblick auf Vertragsbeziehungen stellen, müssen im Rahmen einer Analyse vergleichbarer Sachverhalte in Deutschland, auf das Bilanzrecht bezogen werden.

b) Abbau von Informationsgefällen durch Rechnungslegung

Marktfunktionsstörungen aufgrund von Informationsunterschieden können durch Veröffentlichung von Rechnungslegungsinformationen abgebaut werden.[104] Beurteilungs- und Ermessensspielräume schränken diese Wirkung ein. Die Ergebnisse der Agency-Analyse ermöglichen vor diesem Hintergrund die Formulierung von Anforderungen an die externe Rechnungslegung.[105] Die höhere Transparenz kann Prinzipal und Agent gleichermaßen nützen: Während der Investor eine relevantere Entscheidungsgrundlage für die Mittelüberlassung erhält, profitiert der Agent ggfs. von geringeren Risikozuschlägen für die Kapitalverzinsung.[106] Beide Seiten der Agency-Beziehung haben also ein Interesse daran, Beurteilungs- und Ermessensspielräume einzuschränken. Grundsätzlich sichert die Bilanz im Rechtssinn die objektive Information über das bilanzierende Unternehmen. Diese objektive Berichterstattung kann – ähnlich wie entsprechende vertragliche Regelungen[107] – Anreiz- und Kontrollfunktion übernehmen, wenn das Berichtsergebnis die Grundlage für eine (Erfolgs-) Beurteilung des Beauftragten durch den Auftraggeber bildet.[108] Diese Objektivierungstendenz wird durch die Möglichkeit der Prüfung durch unabhängige Dritte noch erhöht. Hinzu kommt, dass normierte Rechnungslegungsvorschriften den einzelnen Marktteilnehmern die Formulierung von Verträgen abnehmen, dadurch die Transaktionskosten senken und zugleich die Vergleichbarkeit am Markt erhöhen.[109]

Zur Bedeutung individualvertraglicher Gläubigerschutzvereinbarungen (sog. *financial covenants*) im Hinblick auf die Kapitalerhaltung: vgl. Merkt, H., 2004, 313ff.; Schackmann, M./Behling, N., 2004, S. 789ff.; Fleischer, H., 1998, S. 313ff.

[104] Vgl. Hartmann-Wendels, T., 1989a, S. 2f., 132ff., 352ff.

[105] Vgl. Coenenberg, A. G., 2003, S. 1142 m.w.N.

[106] Vgl. Schmidt, R., 1982, S. 743ff.; Hax, H., 1988, S. 198. Letztlich werden zwei für Agency-Beziehungen typische Probleme entschärft, das sog. Hidden-Information-Problem und das sog. Hidden-Action-Problem. Ein Hidden-Information-Problem liegt vor, wenn der Agent seinen Informationsvorsprung nutzt, um den Prinzipal über die Qualität seiner Leistungen im Dunkeln zu lassen und dabei das eigennützige Ziel verfolgt, günstige Konditionen auszuhandeln. Von Hidden-Action-Problemen spricht man, wenn nach der Überlassung von Mitteln der Agent eigennützige Investitionshandlungen vornimmt, die den Investor benachteiligen. Vgl. Hartmann-Wendels, T., 1992, S. 415ff.

[107] Die externe Rechnungslegung lässt sich auch als institutionelle, gesetzliche Regelung vertraglicher Bedingungen von Auftragsverhältnissen zwischen Eigen- und Fremdkapitalgebern auf der einen und der Unternehmensleitung auf der anderen Seite interpretieren. Vgl. Elschen, R., 1998, S. 558.

[108] Vgl. zum Gesichtspunkt des Anreizes (*incentive*) in Bezug auf die Ausgestaltung von Verträgen zwischen Agent und Prinzipal: Ordelheide, D., 1993, S. 1845f.

[109] Vgl. Hax, H., 1988, S. 198.

IV. Zusammenfassung der methodischen Überlegungen und Ausgangspunkt der Untersuchung

Aus dem Blickwinkel des Objektivierungserfordernisses lässt sich für Informations- und Erfolgsermittlungsaufgaben der Rechnungslegung eine gemeinsame bilanzrechtstheoretische Beurteilungsgrundlage gewinnen. Die Verknüpfung des allgemeinen Objektivitätserfordernisses mit agency-theoretischen Überlegungen begründet diesen Ausgangspunkt für eine Erörterung der HGB- und IAS/IFRS-Rechnungslegungsvorschriften zusätzlich.

Die Objektivität von Rechnungslegungsinformationen ist notwendige Bedingung für den Abbau von Informationsgefällen. Je höher die Objektivität einer bilanziellen Aussage, desto höher ist auch deren Entscheidungs- und Anreiznutzen. Der handelsrechtliche Einzelabschluss dient zudem der Erfolgsermittlung zu Zwecken der Ausschüttungsbemessung, jedoch stellt sich gerade auch in diesem Zusammenhang gleichermaßen die Frage nach der Objektivierung,[110] so dass die HGB-Regelungen unter Objektivierungsgesichtspunkten nachfolgend als das betrachtet werden können, was sie sind: Eine Kodifikation mit unterschiedlichen Zweckrichtungen, aber einem einheitlichen Objektivierungskonzept.

Die Nachprüfbarkeit bilanzieller Daten senkt die Konfliktträchtigkeit, was zu einer Kostensenkung führt, denn konfliktarme Anlagen sind effizienter. Auch ist allein eine objektive Rechnungslegung – aus informationellem und aus ausschüttungsorientiertem Blickwinkel – in einer Weise justitiabel, die rechtsstaatlichen Forderungen nach Rechtssicherheit genügt. Fehlinformationen können ebenso Anlass zu Rechtsstreitigkeiten geben wie fehlerhaft bemessene Ansprüche Dritter.[111]

Die Frage nach der Objektivierbarkeit immateriellen Anlagevermögens stellt sich bei Verschmelzungen und Spaltungen – verstärkt durch die Rechtsfigur der Gesamtrechtsnachfolge, die Allokationsproblematik und die Möglichkeit konzerninterner Umstrukturierungen – mit besonderer Intensität. Übertragende Umwandlungsvorgänge bilden somit angesichts der Häufung und Vielschichtigkeit der damit einhergehenden Objektivierungsfragen vor dem skizzierten me-

---

[110] Vgl. Ballwieser, W.,1982, S. 773.

[111] Vgl. Groh, M., 1989, S. 331; Busse v. Colbe, W., 1984, S. 53; Ordelheide, D., 1988, S. 287ff.

thodischen Hintergrund einen geeigneten Untersuchungsgegenstand. Bei der bilanziellen Abbildung von Verschmelzung und Spaltung bewegt sich der Bilanzierende (und die Adressaten seines Rechenwerks) zudem regelmäßig an der Schnittstelle einer ertragswertbezogenen und damit zukunftsgerichteten Gesamtbewertung und einer – stärker dem Objektivierungsgedanken verpflichteten – bilanziellen Einzelwertbezogenheit. Bei alledem ist zugleich zu fragen, welcher „Objektivierungsgrad" bei der Anwendung des § 248 Abs. 2 HGB in diesem Kontext zugrunde zu legen ist. Noch grundlegender stellt sich dabei zunächst sogar die Frage, welche spezifischen Bedingungen für den fundamentalen Objektivierungsgesichtspunkt der abstrakten Aktivierungsfähigkeit in diesem Zusammenhang vorherrschen.[112] Letztlich bildet bereits der Vermögensgegenstandsbegriff im Rahmen des Handelsbilanzrechts und der Asset-Begriff im Rahmen der IAS/IFRS-Rechnungslegung eine fundamentale Objektivierungsgröße.

Die Eignung zur Objektivierung wird vor dem Hintergrund der Harmonisierung der Rechnungslegung in der EU besonders bedeutsam. Zum Aufbau und zur Gestaltung des europäischen Binnenmarktes für Finanzdienstleistungen werden die Rechnungslegungsvorschriften als wesentlicher Bestandteil des europäischen Gesellschaftsrechts harmonisiert.[113] Bei dieser Entwicklung treten die einzelstaatlichen Regelungen in den Hintergrund. Die mit ihnen bislang bewältigten Objektivierungsaufgaben sind nun im Rahmen der IAS/IFRS-Rechnungslegung auf einer breiteren Grundlage zu lösen. Einzelne mitgliedstaatliche zivilrechtliche Kategorien, wie z.B. der Bezug auf die bürgerlich-rechtliche Figur des Synallagma beim entgeltlichen Erwerb gem. § 248 Abs. 2 HGB, können auf grenzüberschreitender (europäischer) Ebene keine Grundlage für Vergleichbarkeit und Objektivität der Rechnungslegung bilden. International durchsetzbare Objektivierungstechniken bietet allein der Bezug auf allgemein anerkannte Rechtsgrundsätze sowie – verstärkt – wirtschaftswissenschaftliche Erkenntnisse und Kategorien. Angesichts des dabei wohl nicht mehr aufzuhaltenden Übergangs von einem institutionellen zu einem informationellen

[112] Vgl. Kählert, J.-P., 1994, S. 74f.
[113] Vgl. van Hulle, K., 2004, S. 849.

Gläubigerschutz,[114] muss die folgende Untersuchung ihr Hauptaugenmerk auf die informatorische Seite der Rechnungslegung werfen.[115]

Vor diesem Hintergrund sollen nachfolgend die (Mindest-) Anforderungen an eine hinreichend informative und zugleich objektiv-verlässliche Berichterstattung formuliert und die Grenzen bilanzrechtlich zulässiger und möglicher Unterrichtung aufgezeigt werden. Zum konkreten Untersuchungsgegenstand wird der Zusammenhang zwischen abstrakter und konkreter Aktivierungsfähigkeit immaterieller Anlagewerte im Rahmen umwandlungstypischer Vermögensübertragungen nach HGB und IAS/IFRS gewählt.

---

[114] Vgl. nur Kübler, F., 1995, S. 560f.

[115] Auch in der EuGH-Rechtsprechung zu Art. 2 Abs. 3 und 5 JaR tritt der Gedanke eines Interessenausgleichs durch Information deutlich hervor: "Zur Koordinierung des Inhalts der Jahresabschlüsse sieht diese Richtlinie den Grundsatz der Bilanzwahrheit vor, dessen Beachtung ihre Hauptzielsetzung darstellt." (EuGH, Urt. v. 27.06.1996, Rs. C 234/94, Slg. 1996, I-3145, 3153, Tz. 17 (Tomberger) und nahezu gleichlautend auch EuGH v. 14.09.1999, Rs. C 275/97, Slg. 1999, I-5331, 5358, Tz. 26 (DE+ES): "Hauptzielsetzung der Richtlinie".

C. Rechtliche und bilanzielle Grundlagen übertragender Umwandlungen

I. Gesellschafts- und zivilrechtliche Grundlagen von Umwandlungen

1. Begriff der Umwandlung

a) Umwandlungsarten

Unternehmen[116] können sich veränderten Begebenheiten durch Änderung ihrer rechtlichen Struktur anpassen. Das UmwG hält für Träger wirtschaftlicher Unternehmen (sog. Rechtsträger[117]) vier Wege möglicher Strukturänderungen, sog. Umwandlungen, bereit (§ 1 UmwG):

---

[116] Im rechtswissenschaftlichen Schrifttum wird zwischen Unternehmen als sozialem und ökonomischem Verbund von wirtschaftenden Personen und Sachmitteln sowie dem Träger des Unternehmens als dem Zuordnungssubjekt von Rechten und Pflichten unterschieden. Das Unternehmen ist lediglich Rechtsobjekt. Der Rechtsträger ist als unternehmenstragender Verband Rechtssubjekt. (Vgl. Schmidt, K., 1999, S. 78ff.) Bei der Umwandlung nach dem UmwG kommt es im Regelfall nicht darauf an, ob das von der Umwandlung betroffene Vermögen ein Unternehmen i.S.d. vorgenannten Definitionen bildet (vgl. Sagasser, B., in: Sagasser, B./Bula, T./Brünger, T.R., 2002, S. 6). Im deutschen Recht gibt es keine einheitliche Definition des Unternehmensbegriffs, vielmehr muss der Begriff für den jeweiligen Rechtsbereich funktional ausgefüllt werden. Vgl. Zilias, M., 1986, S. 1111; Erläuterung des Bundestages zu § 290 HGB zum BiRiliG, abgedr. bei Biener, H./Berneke, W., 1986, S. 287. Im Rahmen dieser Arbeit sei zur Bestimmung des Unternehmensbegriffs handelsbilanzrechtlich auf die Bestimmung des § 255 Abs. 4 HGB zurückgegriffen und als Unternehmen eine i.S.v. § 255 Abs. 4 HGB zur selbstständigen Teilnahme am Wirtschaftsleben fähige Einheit angesehen, bei der es sich auch um einen Teilbetrieb handeln kann. Vgl. Kleindiek, D., in: Staub, H., 2002, § 255 HGB, Rn. 45 m.w.N. Der Begriff Unternehmen erfasst damit Sach- und Rechtsgesamtheiten, die alle betriebsnotwendigen Grundlagen aufweisen, um eigenständig am Wirtschaftsverkehr teilnehmen zu können. Unternehmen in diesem Sinn sind also alle Sach- und Rechtsgesamtheiten, die über organisatorisch verbundene sachliche und persönliche Betriebsmittel sowie die notwendigen Außenbeziehungen verfügen. Vgl. FG München, Urt. v. 09.12.1986, VII 195/84 G (rkr.), EFG 1987, S. 367f.; Söffing, G., 1988, S. 601; Ellrott, H./Schmidt-Wendt, D., 2003, S. 171f. Zu der für den Gegenstandsbereich dieser Arbeit hinreichend mit der handelsbilanziellen Definition übereinstimmenden Eingrenzung des Unternehmensbegriffs („*business*“) nach IFRS 3 vgl. Kap. C III. Im Rahmen der mit dieser Arbeit aufgeworfenen bilanzrechtstheoretischen Fragestellung genügt es, den Unternehmensbegriff vom Bilanzrecht her zu bestimmen, zumal dort – wie soeben gezeigt – an sozial- bzw. wirtschaftswissenschaftliche Überlegungen angeknüpft wird. Angesichts der hier v.a. interessierenden Abgrenzung einzeln bilanzierbarer immaterieller Anlagewerte vom Goodwill erscheint der Rückgriff auf § 255 Abs. 4 HGB bzw. IFRS 3 zielführender als der Rekurs auf rein ökonomische Bestimmungen.

[117] Als Rechtsträger bezeichnet das UmwG rechtsfähige Einheiten, d.h. juristische Personen, die eigenständig berechtigt oder verpflichtet sein können. Im Rahmen des UmwG sind Rechtsträger in aller Regel Verbände, d.h. nicht-natürliche Rechtsträger (v.a. Gesellschaften, aber auch Vereine und Genossenschaften) und nur ausnahmsweise natürliche Personen (vgl. z.B. §§ 3 Abs. 2 Nr. 2, 124 Abs. 1 UmwG). Zum Begriff des Rechtsträgers vgl. Sagasser, B.,

- Verschmelzung,
- Spaltung,
- Vermögensübertragung und
- Formwechsel.[118]

Während beim Formwechsel aufgrund gesetzlicher Anordnung kein Vermögen übertragen wird, geht bei den anderen drei Umwandlungsarten, also bei Verschmelzung, Spaltung und Vermögensübertragung, das Vermögen eines Rechträgers in seiner Gesamtheit auf einen anderen Rechtsträger über.[119] Die im UmwG kodifizierten Umwandlungsmöglichkeiten regeln die Materie aus Sicht des Gesellschaftsrechts grundsätzlich zwingend (§ 1 Abs. 3 UmwG) und derzeit geltender Rechtslage auch abschließend (§ 1 Abs. 2 UmwG).[120] Die hier näher interessierenden Umwandlungsarten – Verschmelzung, Aufspaltung, Abspaltung und Ausgliederung – lassen sich wie folgt beschreiben:

- Bei der Verschmelzung wird das gesamte Vermögen eines Rechtsträgers oder mehrerer Rechtsträger im Wege der Gesamtrechtsnachfolge auf einen

in: Sagasser, B./Bula, T./Brünger, T.R., 2002, S. 6f. Nachfolgend interessieren im Hinblick auf die Fragestellung Rechtsträger, denen Unternehmen bzw. Betriebe oder Teilbetriebe zugeordnet werden können. Nur in diesen Fällen können im Hinblick auf die im Rahmen dieser Arbeit interessierende Abgrenzung vom Goodwill der erstmalige Ansatz von immateriellen Anlagewerten in Frage stehen.

[118] Die Vermögensübertragung gem. §§ 174 - 189 UmwG ist nicht Gegenstand dieser Untersuchung. Diese Vorschriften haben bislang keine praktische Bedeutung erlangt, vgl. nur Raiser, T., 2001, S. 787. Mangels Vermögensübertragung wird nachfolgend auch nicht näher auf den Formwechsel eingegangen. Unter dem Begriff „Vermögensübertragung" wird im Folgenden der allgemeine Tatbestand, dass Vermögen das Zuordnungssubjekt ändert (Vermögensübertragung i.w.S.), nicht aber die Vermögensübertragung i.e.S. (§§ 174-189 UmwG) verstanden. Nachfolgend werden Verschmelzung und Spaltung gemeinsam als übertragende Umwandlung bezeichnet.

[119] Die Motive für eine Umwandlung sind vielfältig: Vorbereitung von Börseneinführungen, Veränderungen der Gesellschafterstruktur, Vorbereitung der Generationennachfolge, Änderungen des Finanzierungsrahmens, Verbreiterung der Eigenkapitalbasis, Verbesserung der Kreditwürdigkeit, Sanierungen, Nutzung von Skaleneffekten, Konzentration oder Dekonzentration von unternehmerischen Betätigungen und/oder Ressourcen, strategische Neuausrichtungen durch Entflechtung von Großunternehmen, Gesetzesänderungen, insbesondere des Steuer- oder Gesellschaftsrechts, Abschirmung vor Haftungsrisiken und nicht zuletzt bilanzpolitische Gründe - Vgl. zu den verschiedenen Motivationslagen: Raiser, L., 2001, S. 727f.; Picot, G., 2004, S. 16ff.; Ossadnik, W./Maus, S., 1995, S. 107f.; Hennrichs, J. 1995, S. 12ff.

[120] Allerdings steht die Regelung eines numerus clausus zulässiger Umwandlungsmöglichkeiten in § 1 Abs. 2 UmwG derzeit auf dem europarechtlichen Prüfstand: Vgl. Vorlagebeschluss des LG Koblenz an den EuGH (LG Koblenz, Beschl. v. 16.04.2003, 4 HK.T 1/03, ZIP 2003, S. 2210f.). Grundlegend Schmidt, K., 1997, S. 259ff.

anderen bestehenden oder neu gegründeten Rechtsträger unter Auflösung ohne Abwicklung übertragen und die Anteilsinhaber des übergehenden und dabei erlöschenden Rechtsträgers an dem übernehmenden – ggfs. neu gegründeten – Rechtsträger beteiligt.

- Zur Spaltung durch Aufspaltung wird das gesamte Vermögen des übertragenden Rechtsträgers unter Auflösung und ohne Abwicklung aufgeteilt und die einzelnen Vermögensteile als Gesamtheit auf mehrere bestehende oder neu gegründete Rechtsträger übertragen; die Anteilsinhaber des untergehenden Rechtsträgers werden an dem übernehmenden (neuen) Rechtsträger beteiligt.

- Zur Spaltung durch Abspaltung wird der übertragende Rechtsträger nicht aufgelöst, sondern überträgt einen Teil seines Vermögens auf einen oder mehrere andere – bestehende oder neu gegründete – Rechtsträger unter Beteiligung der Anteilsinhaber des abspaltenden Rechtsträgers an dem übernehmenden (neuen) Rechtsträger.

- Bei der Spaltung in Form der Ausgliederung werden wie bei der Abspaltung ebenfalls ein Teil oder Teile des Vermögens des abspaltenden Rechtsträgers übertragen, allerdings werden nicht die Anteilsinhaber des übertragenden Rechtsträgers an dem übernehmenden oder neuen Rechtsträger beteiligt, sondern der übertragende Rechtsträger wird selbst Anteilseigner[121].

- Beim Formwechsel behält der Rechtsträger seine Identität und die Mitgliedschaftsrechte werden prinzipiell nicht berührt.

---

[121] Aus Gründen der Lesbarkeit und Praktikabilität wird nachfolgend immer von Anteilseignern, Anteilsinhabern oder Gesellschaftern gesprochen, wenn es um die verschiedenen möglichen Formen und Bezeichnungen der Mitgliedschaft an umwandlungsfähigen Rechtsträgern geht. Da i.d.R. Personen- oder Kapitalgesellschaften an Umwandlungen beteiligt sind, erscheint diese terminologische Vereinfachung vertretbar. Terminologisch präziser wäre eine nochmalige Unterscheidung zwischen Anteilen (Geschäftsanteile, Aktien) und (sonstigen) Mitgliedschaften. Vgl. nur Lutter, M./Drygala, T, 2004, § 5 UmwG, Rn. 9.

b) Wesentliche gesetzgeberische Zwecke und Ziele

aa) Schutz von Anlegern und Gläubigern

Das UmwG hat zum Ziel, praktikable und kostengünstige Verfahren für die Umstrukturierung von Unternehmen bereitzustellen. Dabei bestimmen die allgemeinen Ziele des Gesellschafts- und Bilanzrechts auch die Vorschriften über umwandlungsrechtliche Umstrukturierungsmaßnahmen: Das Umwandlungsrecht bezweckt, die Interessen der von der Umwandlung betroffenen Personenkreise, die im Regelfall zugleich auch Bilanzadressaten sind, zu einem angemessenen Ausgleich zu bringen.[122] Dabei sollen die Anleger, die durch die Wandlung der rechtlichen Struktur von Unternehmen gefährdet werden, aus den Schutzvorschriften besonderen Nutzen ziehen.[123]

Das UmwG regelt den Schutz der Mitgliedschaftsrechte von Anteilsinhabern einschließlich der Rechte von Minderheitsgesellschaftern[124] sowie Ansprüche der Gläubiger.[125] Neben der umfassenden Information[126] der Gesellschafter über die Umwandlung, schützt es Gesellschafter durch Zustimmungs-[127] und Abfindungsrechte[128] vor einer unzumutbaren Beeinträchtigung ihrer Rechtsposition und stellt spezifische Rechtsbehelfe[129] bereit.[130] Speziell dem Gläubigerschutz dienen Regelungen über Haftung[131] und Sicherheitsleistung[132] sowie

---

[122] Vgl. Sagasser, B., in: Sagasser, B./Bula, T./Brünger, T. R., 2002, S. 23ff.

[123] Vgl. BT-Drucks. 12/6699, S. 71.

[124] §§ 13, 65 Abs. 2, 125, 176, 193, 233 Abs. 2 UmwG. Vgl. Semler, J./Stengel, A., in: Semler, J./Stengel, A., UmwG, 2003, Einl. A, Rn. 25. Geschützt werden sollen Minderheitsgesellschafter insbesondere vor Kapitalverwässerung durch unangemessene Umtauschverhältnisse, vor einer Herabsetzung ihrer Beteiligungsquoten im Zuge der (neuen) Beteiligung am übernehmenden Rechtsträger sowie vor der Umwandlung hinein in eine (unerwünschte) Konzernstruktur, Vgl. Schmidt, K., 2002, S. 348ff., 393f.

[125] Dem Gläubigerschutz dienen v.a. der Anspruch auf Sicherheitsleistung gem. §§ 22, 209 UmwG und die gesamtschuldnerische Verpflichtung gem. §§ 25, 205 UmwG zum Schadensersatz all jener Verwaltungsträger, die auf Seiten des übertragenden Rechtsträgers zur Schadensverursachung beigetragen haben. Vgl. Sagasser, B., in: Sagasser, B./Bula, T./Brünger, T. R., 2002, S. 30ff.

[126] Z.B. §§ 8, 127, 192 UmwG.

[127] Z.B. §§ 13 Abs. 2, 125, 193 Abs. 2 UmwG.

[128] §§ 15, 196 UmwG.

[129] Als allgemeine Rechtsbehelfe gegen Umwandlungsbeschlüsse, die nicht allein das Umtauschverhältnis zum Gegenstand haben, kommen für Kapitalgesellschaften die Anfechtungs- und Nichtigkeitsklage gem. §§ 246, 249 AktG (analog), für Personengesellschaften die Feststellungsklage in Betracht, vgl. Bork, R., in: Lutter, M., 2004, § 14, Rn. 4 m.w.N.

[130] Vgl. Raiser, T., 2001, S. 730.

[131] Z.B. §§ 25, 125, 133, 197, 205, 219 UmwG.

– für den Fall der Pflichtverletzung von Organmitgliedern – auch über Schadensersatzansprüche[133].

Von den individuellen Gläubigerschutzvorschriften, die typischer Weise Haftungs- und Sicherstellungsansprüche zum Gegenstand haben, ist der sog. institutionelle Gläubigerschutz, der „generalpräventiv“ angelegt ist, zu unterscheiden.[134] Als wesentlicher Bestandteil des institutionellen Gläubigerschutzes dient die Bilanz dabei vor allem auch als Beurteilungsgrundlage für den Rechtsverkehr, wobei die Kapitalerhöhung regelmäßig die Schnittstelle zwischen Bilanzierung und Kapitalschutz bildet.[135]

bb) Informationszweck

Der Schutz der Gesellschafter, aber auch der anderen Betroffenen, setzt eine ausführliche Information über die Grundlagen und Folgen des jeweiligen Umwandlungsvorganges voraus.[136] Insbesondere die Gesellschafter benötigen zur Stimmrechtsausübung umfassende Daten über Hintergrund und Ziele der geplanten Umwandlungsvereinbarungen und -beschlüsse, um deren Auswirkungen auf ihre Mitgliedschaft sowie die Angemessenheit des Umtauschverhältnisses beurteilen zu können.[137] Zu diesem Zweck ordnet das UmwG zur Vorabinformation der betroffenen Gesellschafter gem. §§ 8, 127, 192 UmwG detaillierte, schriftlich abgefasste Berichte seitens aller an der Umwandlung beteiligten Rechtsträger an. In dem Bericht muss der Verschmelzungs- oder Spaltungsvorgang, der ihn betreffende Vertrag (oder sein Entwurf) und insbesondere das Umtauschverhältnis, die Mitgliedschaft beim übernehmenden Rechtsträger sowie eine ggfs. angebotene Barabfindung „rechtlich und wirtschaftlich erläutert und begründet werden“[138]. Die Vertretungsorgane der beteiligten Rechtsträger dürfen auch gemeinsam berichten (§ 8 Abs. 1 S. 1 Hs.

---

132 §§ 22, 125, 204 UmwG. Zum Gläubigerschutz bei horizontaler und vertikaler Verschmelzung im Konzern vgl. Knott, H., 1996, S. 2423ff.

133 Insbes. §§ 25, 125, 205 UmwG.

134 Grundlegend zur Unterscheidung von individuellem und institutionellem Gläubigerschutz vgl. Schmidt, K., 1993, S. 367ff.; Schöne, T., 1998, S. 61ff.; Canaris, C.-W., 2000, S. 272.

135 Vgl. Petersen, J., 2001, S. 155ff., 229f.

136 Vgl. Sagasser, B., in: Sagasser, B./Bula, T./Brünger, T. R., 2002, S. 27.

137 Vgl. 4. Erwägungsgrund der Verschmelzungs- und 6. Erwägungsgrund der Spaltungsrichtlinie.

138 § 8 Abs. 1 S. 1 Hs. 1 UmwG (i.V.m. §§ 127 S. 1 Hs. 1, 192 Abs. 1 S. 1 UmwG).

2, 127 S. 1 Hs. 2 UmwG).[139] Sind Kapitalgesellschaften an einer Verschmelzung beteiligt, müssen zudem die letzten drei Bilanzen ausgelegt werden (§§ 49 Abs. 2, 63 Abs. 1 Nr. 2 UmwG).

Vor allem um die Angemessenheit des Umtauschverhältnisses bei Verschmelzung, Auf- und Abspaltung sicherzustellen, ist die Umwandlung durch sachverständige Prüfer zu prüfen (§§ 9, 125 UmwG).[140] Unmittelbarer Gegenstand der Prüfung ist der Umwandlungsvertrag. Bei der Ausgliederung darf eine Prüfung unterbleiben (§ 125 S. 2 UmwG). Unterbreitet die aufnehmende Gesellschaft ein Abfindungsangebot, muss der Umwandlungsvertrag geprüft werden.[141]

cc) Europarechtliche Zweckvorgaben

Auch auf europarechtlicher Ebene enthalten die Verschmelzungs- und Spaltungsrichtlinie sowie der ihnen zugrunde liegende Art. 44 Abs. 2 lit. g EGV Vorgaben über wesentliche Zwecksetzungen. Nach Art. 44. Abs. 2 lit. g EGV kann der Rat und die Kommission gem. Art. 44 Abs. 2 lit. g EGV zur Verwirklichung der Niederlassungsfreiheit (Art. 43 EGV) Schutzbestimmungen koordinieren, die dem Interesse der Gesellschafter und Dritter in den einzelnen Mitgliedstaaten gelten.[142] Verschmelzungs- und Spaltungsrichtlinie geben ebenfalls Auskunft über die im UmwG niedergelegten Ziele: Durch den Untergang des übertragenden Rechtsträgers bei der Verschmelzung oder die Schmälerung des Vermögens des übertragenden Rechtsträgers bei den verschiedenen Spaltungsvorgängen sieht die Richtlinie den Mindestschutz der Aktionäre und Gläubiger als geboten an.[143]

---

[139] Eine Berichterstattung darf nur unterbleiben, wenn sämtliche Anteilseigner aller beteiligten Rechtsträger darauf verzichten oder bei einer reinen Konzernverschmelzung/-spaltung alle Anteile ohnehin in der Hand des übernehmenden Rechtsträgers vereinigt sind (§§ 8 Abs. 3, 127 S. 2 UmwG).

[140] Vgl. bereits BGH, Urt. v. 22.05.1989, II ZR 206/88, BGHZ 107, 303.

[141] Überträgt eine GmbH oder eine Personengesellschaft ihr Vermögen, wird nur auf Antrag geprüft (§§ 44, 48 UmwG). Gem. § 9 Abs. 3 i.V.m. § 8 Abs. 3 UmwG können die Aktionäre einer AG und einer KGaA auf die Prüfung verzichten.

[142] Die Bestimmung des Art. 44 Abs. 2 EGV lautet insoweit wörtlich: „*Der Rat und die Kommission erfüllen die Aufgaben, die ihnen aufgrund der obigen Bestimmungen übertragen sind, indem sie insbesondere [...] g) soweit erforderlich die Schutzbestimmungen koordinieren, die in den Mitgliedstaaten den Gesellschaften im Sinne des Artikels 48 Absatz 2 im Interesse der Gesellschafter sowie Dritter vorgeschrieben sind, um diese Bestimmungen gleichwertig zu gestalten*“. Vgl. auch Helmrich, H., 1988, S. 220.

[143] Vgl. Habersack, M., S. 174ff., 179f., 188ff. Zu den Neuregelungen durch die sog. Fusionsrichtlinie vgl. Maul, S./Teichmann, C./Wenz, M., 2003, S. 2633ff.

c) Gesamtrechtsnachfolge

Bei Verschmelzung und Spaltung erleichtert das UmwG Umstrukturierungen und Übertragungen insbesondere dadurch, dass es die Universalsukzession (Gesamtrechtsnachfolge) des Vermögens des einen in das Vermögen des anderen Rechtsträgers erlaubt. Der Vermögensübergang durch Universalsukzession bildet das entscheidende Strukturprinzip von Verschmelzung und Spaltung.[144] Das Vermögen des übertragenden Rechtsträgers geht gem. §§ 20 Abs. 1 Nr. 1, 131 Abs. 1 Nr. 1 UmwG bei Verschmelzung ganz oder – bei der Spaltung – in Teilen[145] einschließlich der Verbindlichkeiten auf den übernehmenden Rechtsträger über. Der Vermögensübergang vom übertragenden Rechtsträger auf den übernehmenden Rechtsträger erfolgt dabei nicht rechtsgeschäftlich, sondern von Gesetzes wegen (§ 20 Abs. 1 Nr. 1 UmwG).[146] Von der erbrechtlichen Gesamtrechtnachfolge unterscheidet sich die umwandlungsrechtliche dadurch, dass bei der erbrechtlichen Rechtsnachfolge Entgeltlichkeit sachlich wie begrifflich ausgeschlossen ist.[147]

Als Gesamtrechtsnachfolge wird ein Rechtsübergang bezeichnet, durch den ohne Anwendung des sachenrechtlichen Bestimmtheitsgrundsatzes[148] – sowie unter Außerachtlassung von Zustimmungs-[149] und Formvorschriften[150] und unabhängig von Verfügungsbeschränkungen – eine Vermögensmasse auf einen anderen Rechtsträger übergeht.[151] Es geht dabei um die Nachfolge eines Rechtssubjekts (Rechtsträgers) in die Rechte und Pflichten eines anderen Rechtssubjekts unter Beibehaltung der Identität von Rechten und Pflichten.[152] Entscheidend ist, dass der Erwerbsvorgang vom sachenrechtlichen Grundsatz der

---

[144] Vgl. Raiser, T., 2001, S. 735.

[145] Sog. partielle Gesamtrechtsnachfolge, partielle Universalsukzession oder auch Spezialsukzession.

[146] Bei der Rechtsfigur der Anwachsung geht das Vermögen ebenfalls *ex lege* über. Ein rechtsgeschäftlicher Akt ist ebenfalls nicht erforderlich. Vgl. Wilhelm, J., 2002, S. 71f.

[147] Vgl. Hahn, H., 1998, S. 564.

[148] Um den sachenrechtlichen, für das Verfügungsgeschäft maßgeblichen Vorschriften zu genügen, muss der zu übertragende Gegenstand (im Rechtssinn) hinreichend individualisiert werden. Zu den Einschränkungen bei der Spaltung vgl. unten C.I.2.b)ee).

[149] Z.B. das Genehmigungserfordernis des Gläubigers nach § 415 BGB im Fall der Schuldübernahme nach § 414 BGB.

[150] Z.B. die Formerfordernisse für die Übertragung von Grundstücken und Grundpfandrechten (§§ 873, 925 BGB).

[151] Vgl. Hennrichs, J., 1995, S. 36f., der allerdings vor dem Hintergrund des alten Rechts von einer rechtsgeschäftlichen Grundlage der umwandlungsrechtlichen Gesamtrechtsnachfolge ausgeht.

[152] Vgl. Küry, A., 1962, S. 3.

Bestimmtheit und von verschiedenen Zustimmungs- und Formerfordernissen befreit ist.[153] Die Gesamtrechtsnachfolge vereinfacht auf diese Weise den Übergang des unternehmerischen Vermögens. Die komplizierte und kostenaufwändigere Einzelrechtsübertragung kann unterbleiben.[154] Die Universalsukzession unterscheidet sich von der Singularsukzession (Einzelrechtsnachfolge), bei der es sich um die Nachfolge in einzelne Rechte oder einzelne Pflichten handelt.[155] Bei der Einzelrechtsnachfolge greifen die jeweiligen gesetzlichen Form- und Zustimmungserfordernisse sowie der sachenrechtliche Bestimmtheitsgrundsatz. Die folglich bei der Übertragung von Vermögensgesamtheiten auftretenden Komplikationen werden durch die Rechtsfigur der Gesamtrechtsnachfolge vermieden. Folge ist jedoch, dass bei der bilanziellen Erfassung im Anschluss an die Verschmelzung oder Spaltung nicht auf Rechtsgeschäfte zurückgegriffen werden kann, die sich auf die einzelnen – aktiven und passiven – Bilanzobjekte beziehen.[156]

Vor diesem Hintergrund kommt auch das Analogieverbot nach § 1 Abs. 2 UmwG zum Tragen: Andere als die im UmwG bezeichneten Rechtsträger können sich nicht der spezifisch umwandlungsrechtlichen Technik der (teilweisen) Gesamtrechtsnachfolge bedienen.[157] Gleichzeitig findet das Analogieverbot des § 1 Abs. 2 UmwG an dem Strukturgrundsatz der Gesamtrechtsnachfolge auch seine Grenze.[158] Soweit Umstrukturierungen durch Einzelrechtsnachfolge vollzogen werden, greifen die umwandlungsrechtlichen Bestimmungen nicht.

---

153 Vgl. Mertens, K., 1993, S. 75f.; vgl. auch Schmidt, K., 1991, S. 495, 501f.

154 Vgl. hierzu: Picot, G., 2004, S. 82ff.

155 Grundlegend zum Begriff und zur Dogmatik der umwandlungsrechtlichen Universalsukzession vgl. Mertens, K., 1993, S. 9ff.

156 Während es bei Verschmelzung und Spaltung zu einer vollständigen oder teilweisen Vermögensübertragung von einem Rechtsträger auf einen anderen kommt, ermöglicht der Formwechsel den Unternehmenseignern, die Rechtsform des Unternehmens zu ändern, ohne die Identität der Gesellschaft zu berühren (§ 202 Abs. 1 Nr. 1 UmwG). Damit bleibt nur im Rahmen des Formwechsels das Zuordnungssubjekt (Rechtsträger) des betrieblichen Vermögens – und damit auch das Subjekt der Rechnungslegungspflicht – gleich.

157 Eine Ausnahme bildet die Anwachsung nach § 738 Abs. 1 S. 1 BGB (ggfs. i.V.m. §§ 105 Abs. 3, 161 Abs. 2 HGB und § 1 Abs. 4 PartGG für oHG, KG und PartG).

158 Zur Europarechtswidrigkeit der Vorschrift vgl. nur Vorlagebeschluss des LG Koblenz, Beschl. v. 16.04.2003, 4 HK.T 1/03, ZIP 2003, S. 2210f.; Sagasser, B., in: Sagasser, B./Bula, T./Brünger, T. R., 2002, S. 14ff.

d) Spruchverfahren

Die Angemessenheit des Umtauschverhältnisses ist konfliktträchtig. Der Lösung widerstreitender Interessen dient - ex post - das Spruchverfahren (früher: Spruchstellenverfahren). Es handelt sich dabei um eine institutionalisierte gerichtliche Überprüfung der *Äquivalenz von Umtauschrelationen* in Streitfällen.[159] Das Verfahren bietet Schutz gegen die Gefahr einer „entschädigungslosen Privatenteignung“[160]. Mit Neuordnung des Spruchverfahrens durch das Gesetz zur Neuordnung des gesellschaftsrechtlichen Spruchverfahrens vom 12.06.2003 werden die vormals spezifisch umwandlungsgesetzlichen Regeln über den Interessenausgleich bei Strukturmaßnahmen im Spruchverfahrensneuordnungsgesetz (SpruchG) gemeinsam mit vormals aktienrechtlichen Vorschriften neu geregelt.[161] An dem Ziel, den Konflikt zwischen den an der Bestimmung des Umtauschverhältnisses der Anteile für die bisher getrennt geführten Vermögensmassen beteiligten Parteien zu kanalisieren, wird festgehalten.[162] Mängel bei der Bewertung der beteiligten Unternehmen können weiterhin gem. § 14 Abs. 2 UmwG nicht angefochten werden. Nach § 1 Nr. 4 SpruchG erstreckt sich der Anwendungsbereich auf Zuzahlungen oder Barabfindungen für Anteilsinhaber in den Fällen der Umwandlung nach dem UmwG.[163]

Durch das SpruchG wurde die gerichtliche Auswahl und Bestellung des sachverständigen Prüfers bei Umstrukturierungen im Vorfeld der Maßnahme durch § 10 Abs. 1 UmwG eingeführt.[164] Damit soll der Parteilichkeit des Prüfers vorgebeugt und die Akzeptanz des Prüfungsergebnisses erhöht werden. Der zuvor vom Gericht nach § 10 Abs. 1 (i.V.m. § 125 UmwG) bestellte Prüfer der Umstrukturierungsmaßnahme soll nach der Vorstellung des Gesetzgebers in das

---

[159] Vgl. Hahn, H., 1998, S. 564.
[160] Wiedemann, H., 1978, S. 477, 479.
[161] Zur Neuregelung vgl. Büchel, H., 2003, S. 793ff. Nach § 1 SpruchG sind neben Umwandlungen auch die Ausgleichs- und Abfindungszahlungen bei Unternehmensverträgen, Eingliederung und Ausschluss von Minderheitsaktionären (*squeeze out*) betroffen.
[162] Vgl. BT-Drs. 15/371, S. 1ff.; zu diesen besonderen Zwecken des Umwandlungsrechts: Schmidt, K., 2002, S. 387.
[163] Damit sind widersprechende Anteilsinhaber in der Lage, sich u.a. gegen zu niedrig bemessene Umtauschverhältnisse und/oder Barabfindungen bei Verschmelzung, Auf- und Abspaltung zu wehren. Wird der übernehmende Rechtsträger aufgrund des Spruchverfahrens zur Zahlung von Zuzahlungen verurteilt, können diese als nachträgliche Anschaffungskosten beim übernehmenden Rechtsträger hinzuzuaktivieren sein. Vgl. Müller, W., in: Kallmeyer, H., 2001, § 24, Rn. 50f.
[164] Vgl. Lamb, J./Schluck-Amend, A., 2003, S. 1261f.

Spruchverfahren einbezogen werden.[165] Gem. § 8 Abs. 2 SpruchG ist die persönliche Befragung des Umwandlungsprüfers, der nach § 10 Abs. 1 (i.V.m. § 125) UmwG durch das Gericht bestellt wurde, die Regel.[166] Als gerichtlicher Sachverständiger kann er gleichwohl nur bedingt gem. § 8 Abs. 2 SpruchG herangezogen werden. Bei konkreten Angriffspunkten wird eine Begutachtung von Teilaspekten bis hin zu einer erneuten Unternehmensbewertung durch einen gerichtlichen Gutachter zu erfolgen haben. Der im Vorfeld aktive Umwandlungsprüfer wird in der Prozesspraxis bei strittigen Fragen weiterhin regelmäßig nur die Rolle eines sachverständigen Zeugen übernehmen.[167]

e) Beschluss- und Formerfordernisse

Verschmelzung und Spaltung sind von den gesetzlichen Vertretungsorganen der beteiligten Unternehmen vorzubereitende Strukturmaßnahmen. In letzter Instanz entscheiden über die Umwandlung die Gesellschafter in der Haupt- oder Gesellschafterversammlung, nach §§ 5, 13 UmwG in den Fällen der Verschmelzung und nach §§ 125f. (136) i.V.m. § 13 UmwG in den Fällen der Spaltung. Wirksam werden diese Umwandlungsvorgänge gem. §§ 20 Abs. 1, 131 Abs. 1 und 202 Abs. 1 UmwG mit Eintragung in das Handelsregister der Übernehmerin.

2. Einzelheiten zu Verschmelzung und Spaltung

a) Verschmelzung

Die Verschmelzung dient der Vereinigung zweier oder mehrerer Unternehmen, die zuvor noch als selbstständige Rechtsträger in Erscheinung getreten sind.[168] Eine wirtschaftliche und organisatorische Verflechtung, d.h. eine Zusammenfassung der zu verschmelzenden Unternehmen unter einheitlicher Leitung, ist bis zum Zeitpunkt der Verschmelzung allenfalls in den Grenzen des Konzernrechts gestattet. Verschmolzen werden können unabhängige, miteinander im Wettbewerb stehende Unternehmen, aber auch rechtlich selbstständige Unternehmen einer Gruppe konzerngebundener Unternehmen.[169] Als übertragende, übernehmende und – im Fall der Verschmelzung durch Neugründung auch –

---

[165] Vgl. BT-Drs. 15/371, S. 18.

[166] Vgl. Krieger, G., in: Lutter, M., 2004, Anhang 1, § 8 SpruchG, Rn. 5.

[167] Vgl. Büchel, H., 2003, S. 801f.

[168] Der Begriff der Verschmelzung ist spezieller als der Begriff der Fusion. Als Fusion können – allgemeiner – sämtliche Zusammenschlüsse und Verbindungen von Unternehmen bezeichnet werden.

[169] Vgl. Raiser, T., 2001, S. 728; Schwarz, G. C., 2000, S. 423f.

neue Rechtsträger kommen gem. § 3 Abs. 1 UmwG insbesondere die Personenhandels- und Kapitalgesellschaften in Frage.[170]

Das UmwG ermöglicht dem übertragenden Rechtsträger, im Wege der Gesamtrechtsnachfolge in dem Vermögen einer anderen Gesellschaft aufzugehen. Das Vermögen des übertragenden Rechtsträgers geht einschließlich der Verbindlichkeiten gem. §§ 20 Abs. 1 Nr. 1, 131 Abs. 1 Nr. 1 UmwG auf den übernehmenden Rechtsträger über. Unternehmen können im Wege der Aufnahme gem. §§ 2 Nr. 1, 4ff. UmwG und im Wege der Neugründung gem. §§ 2 Nr. 2, 36ff. i.V.m. 4ff. UmwG verschmolzen werden. Die Verschmelzung durch Aufnahme wird regelmäßig gewählt, wenn der übernehmende Rechtsträger das Übergewicht hat.[171] Bei der Verschmelzung durch Aufnahme geht das Vermögen des übertragenden Rechtsträgers im Zuge der Gesamtrechtsnachfolge auf den übernehmenden Rechtsträger über. Der übertragende Rechtsträger erlischt im Anschluss hieran. Die Gesellschafter des übertragenden Rechtsträgers erhalten regelmäßig im Gegenzug Anteile an der übernehmenden Gesellschaft.

Demgegenüber bietet sich die Verschmelzung durch Neugründung in all den Fällen an, in denen mehrere „gleichrangige“ Unternehmen miteinander verschmolzen werden sollen. Es wird entsprechend den für sie geltenden Vorschriften eine neue Gesellschaft gegründet, auf die jeder der übergehenden Rechtsträger sein Vermögen überträgt.

b) Spaltung

aa) Spaltungsarten

Ein Rechtsträger kann auf drei verschiedene Arten gespalten werden: Aufspaltung, Abspaltung und Ausgliederung.[172] Die Spaltung kann als spiegel-

---

[170] Des Weiteren sind zu nennen: Partnerschaftsgesellschaften, eingetragene Genossenschaften, eingetragene Vereine, genossenschaftliche Prüfungsverbände und Versicherungsvereine auf Gegenseitigkeit. Zudem können natürliche Personen gem. § 3 Abs. 2 Nr. 2 UmwG als Alleingesellschafter einer Kapitalgesellschaft das Vermögen dieser Gesellschaft übernehmen. Wirtschaftliche Vereine können gem. § 3 Abs. 2 Nr. 1 UmwG übertragender Rechtsträger sein. Die Freiheit bei der Wahl des übertragenden und des übernehmenden Rechtsträgers im Rahmen des § 3 Abs. 1 UmwG wird durch §§ 39ff. UmwG eingeschränkt.

[171] Vgl. Raiser, T., 2001, S. 771.

[172] Keine Umwandlung nach §§ 123ff. UmwG ist die sog. Betriebsaufspaltung, die nach h.M. immer dann vorliegt, wenn Funktionen, die auch von einem Unternehmen wahrgenommen werden können, auf zwei oder mehrere rechtlich selbstständige Unternehmen, an denen

bildliches Gegenstück der Verschmelzung beschrieben werden; Vermögen wird nicht zusammengeführt, sondern getrennt.[173] An einer Auf- und Abspaltung sowie an einer Ausgliederung können gem. § 124 Abs. 1 S. 1 UmwG die in § 3 Abs. 1 UmwG für die Verschmelzung genannten Rechtsträger beteiligt sein.[174] Der Vermögensübergang ist gekennzeichnet durch die teilweise Gesamtrechtsnachfolge.

bb) Aufspaltung

Bei der Aufspaltung wird gem. § 123 Abs. 1 UmwG das gesamte Vermögen eines Unternehmens unter Auflösung ohne Abwicklung auf zwei oder mehrere rechtlich selbstständige Gesellschaften übertragen. Die übernehmenden Rechtsträger können gem. § 123 Abs. 1 Nr. 2 UmwG eigens zu diesem Zweck neu gegründet werden (wie bei der Verschmelzung durch Neugründung), oder aber gem. § 123 Abs. 1 Nr. 1 UmwG bereits bestehen (wie bei der Verschmelzung durch Aufnahme). Im Wege der Teilrechtsnachfolge wird das Vermögen bzw. werden Vermögensteile des übertragenden Unternehmens gegen Anteilsgewährung an den übernehmenden Gesellschaften auf die übernehmenden Gesellschaften übertragen.

cc) Abspaltung

Demgegenüber wird bei der Abspaltung lediglich ein Vermögens*teil* des übertragenden (abspaltenden) Unternehmens auf einen oder mehrere bestehende (§ 123 Abs. 2 Nr. 1 UmwG) und/oder einen oder mehrere neue (§ 123 Abs. 2 Nr. 2 UmwG) Rechtsträger übertragen. Das übertragende Unternehmen wird also nicht – wie bei Verschmelzung und Aufspaltung – aufgelöst, sondern bleibt bestehen. Im Gegenzug erhalten die Gesellschafter des abspaltenden Unternehmens für das übergehende Vermögen Anteile an dem Rechtsträger, auf den das Vermögen übergeht.

---

regelmäßig – direkt oder indirekt - die selben Gesellschafter beteiligt sind, verteilt werden. Vgl. z.B. Kaligin, T., 2001, S. 19; Knoppe, H., 1985, S. 38f.

[173] Vgl. Teichmann, A., 1993, S. 398; Bula, T./Schlösser, J., in: Sagasser, B./Bula, T./Brünger, T., 2002, S. 587.

[174] Als übertragender Rechtsträger kommt für sämtliche Fälle der Spaltung zusätzlich der wirtschaftliche Verein in Betracht. Bei der Ausgliederung können als übertragender Rechtsträger zudem Einzelkaufleute, Stiftungen und Gebietskörperschaften oder Zusammenschlüsse von Gebietskörperschaften, die keine Gebietskörperschaften sind, auftreten.

dd) Ausgliederung

Die Ausgliederung lässt sich als Sonderfall der Abspaltung beschreiben, bei welcher der Gegenwert des vom übertragenden Unternehmen hingegebenen Vermögens(-teils) in Form von Anteilen an der übernehmenden Gesellschaft dem übertragenden Unternehmen selber und nicht dessen Anteilseignern zugeteilt wird. Der Vermögensübergang erfolgt wiederum im Wege der partiellen Gesamtrechtsnachfolge. Der übernehmende Rechtsträger kann bereits bestehen (Ausgliederung zur Aufnahme gem. § 123 Abs. 3 Nr. 1 UmwG) oder eigens zu dem Zweck der Übernahme der auszugliedernden Vermögensteile gegründet werden (Ausgliederung zur Neugründung gem. § 123 Abs. 3 Nr. 2 UmwG). Eine Ausgliederung i.S.d. § 123 Abs. 3 Nr. 2 UmwG liegt in dem praktisch häufigen Fall vor, dass ein Unternehmen Tochtergesellschaften gründet und einen Teil seines Vermögens auf diese überträgt.[175] Durch die Ausgliederung wird eine Konzernbeziehung geschaffen.

ee) Partielle Gesamtrechtsnachfolge

Die partielle Universalsukzession bei Aufspaltung, Abspaltung und Ausgliederung erfordert die genaue Aufteilung und Zuordnung des übergehenden Vermögens einschließlich der Schulden. Die Aufteilung erfolgt praktisch im Spaltungs- und Übernahmevertrag nach § 126 Abs. 1 Nr. 9 UmwG sowie – im Fall des Vermögensüberganges auf einen neu gegründeten Rechtsträger (Spaltung zur Neugründung) – durch Spaltungsplan gem. § 136 UmwG. Die Aufteilung und Zuordnung dokumentierenden Unterlagen unterliegen keinen höheren Genauigkeitsanforderungen als für eine Einzelübertragung erforderlich wäre.[176] Diese Unterlagen enthalten regelmäßig auch eine Vermögensübersicht, in die gerade auch die nicht bilanzierbaren oder nicht bilanzierungspflichtigen Vermögenspositionen aufzunehmen sind.[177]

Der Spaltungs- und Übernahmevertrag nach § 126 UmwG – Parallelinstrument zum Verschmelzungsvertrag – bildet die rechtliche Grundlage des Spaltungsvorganges.[178] Es handelt sich dabei ebenfalls um einen gesellschaftsrechtlichen Organisationsakt, der zugleich schuldrechtliche und dingliche Wirkungen ent-

---

[175] Vgl. Raiser, T., 2001, S. 786.
[176] Vgl. Mertens, K., 1993, S. 83.
[177] Vgl. Mertens, K., 1993, S. 83.
[178] Vgl. Priester, H.-J., in: Lutter, M., 2004, § 126 UmwG, Rn. 5f.

faltet.[179] Gem. § 126 Abs. 1 Nr. 9 UmwG muss der Spaltungs- und Übernahmevertrag die übergehenden Gegenstände[180] des Aktiv- und Passivvermögens genau bezeichnen und aufteilen.[181] Mit Wirksamwerden der Spaltung gehen diese Gegenstände gem. § 131 Abs. 1 Nr. 1 S. 1 UmwG auf den übernehmenden Rechtsträger über. Den sachenrechtlichen Voraussetzungen dieser teilweisen Gesamtrechtsnachfolge[182] wird durch die Festlegungen aufgrund von § 126 Abs. 1 Nr. 9 UmwG genügt. Vor diesem Hintergrund geht es nicht um die Aktivierungs- und Passivierungsfähigkeit des Gegenstandes aufgrund von Rechnungslegungsgrundsätzen, so dass auch abgeschriebene Vermögensgegenstände sowie selbsterstellte immaterielle Vermögensgegenstände aufzuführen sind.[183] In den Spaltungs- und Übernahmevertrag sind also z.B. auch Patent-, Urheber-, Marken-, Geschmacksmuster- und Gebrauchsmuster- sowie sonstige Immaterialgüterrechte aufzunehmen, und zwar unabhängig davon, ob sie vom übertragenen Rechtsträger selbst geschaffen wurden oder nicht.[184]

Die grundsätzlich privilegierenden Regelungen über die (partielle) Gesamtrechtsnachfolge vereinfachen die Spaltung (Auf-, Abspaltung, Ausgliederung) von Rechtsträgern nur bedingt. Dem sachenrechtlichen Bestimmtheitsgrundsatz zufolge müssen zur klaren Abgrenzung der zu übertragenden und der verbleibenden Vermögenswerte eine vergleichbar aufwändige Spezifizierung vorgenommen werden wie bei der Einzelrechtsnachfolge. Die den Spal-

---

[179] Vgl. Hörtnagl, R., in: Schmitt, J./Hörtnagl, R./Stratz, R.-C., 2001, § 126 UmwG, Rn. 4; Priester, H.-J., in: Lutter, M., UmwG, 2004, § 126, Rn. 7.

[180] Der Begriff des Gegenstandes in § 126 Abs. 1 Nr. 9 UmwG bestimmt sich nach den zivilrechtlichen Vorschriften der §§ 90ff. BGB, vgl. Goutier, K., in: Goutier, K./Knopf, R./Tulloch, A., 1996, § 126 UmwG, Rn. 16; Mayer, R., in Widmann, S./Mayer, R., 2005 , § 126 UmwG , Rn. 202; Sagasser, B./Sickinger, M., in: Sagasser, B./Bula, T./Brünger, T. R., 2002, S. 515.

[181] Eine Ausnahme besteht – soweit man sie entgegen dem Wortlaut der §§ 123 Abs. 3, 131 Abs. 1 Nr. 2 UmwG für zulässig hält – für den Fall der „Totalausgliederung“, bei der sämtliche Aktiva und Passiva, d.h. das gesamte Vermögen des übertragenden Rechtsträgers, ausgegliedert werden und die Muttergesellschaft zur reinen Holding wird. In diesem Fall genügt die Bezugnahme auf die Schlussbilanz des übertragenden Rechtsträgers gem. § 126 Abs. 2 S. 3 UmwG. Vgl. Mayer, R., in Widmann, S./Mayer, R., 2005, § 126, Rn. 55ff., 172.

[182] Vgl. Ganske, J., 1993, 1117, 1121.

[183] Vgl. Priester, H.-J., in: Lutter, M., 2004, § 126 UmwG, Rn. 36; Hörtnagl, R., in: Schmitt, J./Hörtnagl, R./Stratz, R.-C., 2001, § 126 UmwG, Rn. 72, 96ff.; Mayer, R., in Widmann, S./Mayer, R., 2005, § 126 UmwG, Rn. 222ff.

[184] H.M, vgl. nur Hörtnagl, R., in: Schmitt, J./Hörtnagl, R./Stratz, R.-C., 2001, § 126 UmwG, Rn 96ff.

tungsplan zugrunde liegende Vermögensübersicht entspricht daher weitgehend der gängigen Vertragsanlage bei der Übertragung von Unternehmen im Wege der Einzelrechtsnachfolge.[185] Die Vorteile dieser Umstrukturierungsmöglichkeit sind daher stärker im steuerlichen Bereich zu sehen.

Über die Aufteilung der einzelnen Vermögensgegenstände und Verbindlichkeiten entscheidet der Spaltungsvertrag (§ 126 Abs. 1 Nr. 9 UmwG). Die Bezeichnung und Aufteilung der Aktiva, Passiva, Betriebe und Betriebsteile bildet – neben dem Umtauschverhältnis – den Kern dieser Vereinbarung.[186] § 126 Abs. 2 S. 3 1. Halbs. UmwG räumt den Parteien des Spaltungs- und Übernahmevertrages die Möglichkeit ein, auf Urkunden „wie Bilanzen und Inventare" Bezug zu nehmen, „deren Inhalt eine Zuweisung des einzelnen Gegenstandes ermöglicht". Diese Bilanzen und Inventare sind als Anlage dem Spaltungs- und Übernahmevertrag beizufügen (§ 126 Abs. 2 S. 3, 2. Halbs. UmwG). Das Bestimmtheitserfordernis ist – ähnlich wie in den Fällen der Sicherungsübereignung oder des Unternehmenskaufs – bereits bei bloßer Bestimmbarkeit erfüllt.[187] Es genügt demnach, wenn anhand der in der Anlage geführten Inventare eine Zuweisung der einzelnen Gegenstände ermöglicht wird.[188] Der Begriff der aufzuteilenden „Gegenstände" i.S.v. § 126 Abs. 1 Nr. 9 UmwG wird i.S.d. Zivilrechts ausgelegt und umfasst mithin Sachen und Rechte. Die einzelnen Gegenstände können (und sollten) dabei unabhängig von ihrer Bilanzierungsfähigkeit angesetzt werden. Zweck der Bezeichnung nach § 126 Abs. 1 Nr. 9 UmwG ist, die einzelnen Werte bestimmten Rechtsträgern zuzuordnen, nicht aber, Aussagen über deren Werthaltigkeit zu treffen.[189] In diese Inventare wären dann auch die originären immateriellen Vermögensgegenstände aufzunehmen.[190]

---

[185] Vgl. Mertens, K., 1994, S. 68.
[186] Vgl. Sagasser, B./Sickinger, M, in: Sagasser, B./Bula, T./Brünger, T. R., 2002, S. 514f., 518.
[187] Vgl. Priester, H.-J., in: Lutter, M., 2004, § 126 UmwG, Rn. 50.
[188] Vgl. Hörtnagl, R., in: Schmitt, J./Hörtnagl, R./Stratz, R.-C., 2001, § 126 UmwG, Rn 82; Mayer, R., in Widmann, S./Mayer, R., 2005, § 126 UmwG, Rn. 203; Kallmeyer, H., 2001, § 126 UmwG, Rn. 20; nach anderer Ansicht genügen Bilanzen, da die darin aufgeführten Sammelposten anhand von Rechnungslegungsunterlagen konkretisiert werden können, vgl. Priester, H.-J., in: Lutter, M., 2004, § 126 UmwG, Rn. 51ff.; Ising, P./Thiell, M.-T., 1991, S. 2021 (die auf die Praktikabilität und die Akzeptanz durch die Registergerichte abstellen).
[189] Vgl. Sagasser, B./Sickinger, M., in: Sagasser, B./Bula, T./Brünger, T. R., 2002, S. 515f.
[190] Soweit man Bilanzen hinsichtlich der Bestimmbarkeit für ausreichend ansieht, wären konsequenter Weise nicht-bilanzierte immaterielle Vermögensgegenstände einzubeziehen,

3. Konzerninterne Verschmelzungen und Spaltungen

a) Grundfälle

Häufiger noch als die übertragende Umwandlung unter nicht konzerngebundenen[191] Unternehmen (Konzentrationsverschmelzung und -spaltung) sind Umwandlungen innerhalb von Unternehmensgruppen (Konzernverschmelzung und -spaltung).[192] Zu einer Konzernverschmelzung oder -spaltung kommt es grundsätzlich immer dann, wenn der übernehmende Rechtsträger vor der Umwandlung ganz oder zum Teil am übertragenden Rechtsträger, der übertragende Rechtsträger am übernehmenden Rechtsträger oder ein Dritter – mittelbar oder unmittelbar – an beiden beteiligt ist.[193] Eine vollständige Erfassung sämtlicher Konstellationen konzerninterner Verschmelzungen und Spaltungen ist hier nicht möglich. Ausgegangen wird daher im Rahmen dieser Arbeit grundsätzlich von einem einstufigen Konzernaufbau bestehend aus einem Mutter- und einem oder mehreren Tochterunternehmen. Die hier zu untersuchenden Verschmelzungsgrundfälle sind

- der sog. Up-Stream-Merger (vertikale Verschmelzung der Tochter auf die Mutter),
- der sog. Down-Stream-Merger (vertikale Verschmelzung der Mutter auf die bestehende oder neu gegründete Tochter) und
- der sog. Side-Step-Merger (horizontale Verschmelzung zwischen bestehenden und ggfs. neu gegründeten Schwestergesellschaften).

Diesen drei Grundfällen sind auch die entsprechenden Spaltungsvorgänge zuzuordnen. Werden im Wege der Aufspaltung, Abspaltung oder Ausgliederung Vermögensteile des Tochterunternehmens *up stream* auf das Mutterunternehmen übertragen, liegt eine dem Up-Stream-Merger entsprechende Spaltungsform vor. Werden von dem Mutterunternehmen entsprechende Spaltungen auf bestehende oder neu zu gründende Tochterunternehmen vorgenommen, sind diese Spaltungen dem Down-Stream-Merger vergleichbar. Entsprechendes gilt

---

vgl. Priester, H.-J., in: Lutter, M., 2004, § 126 UmwG, Rn. 49ff.; Ising, P./Thiell, M.-T., 1991, S. 2021.

[191] Zum handelsbilanzrechtlichen Begriff des Verbundes i.S.v. § 271 Abs. 2 HGB vgl. nur Berger, A./Gutike, H.-J., in: Beck'scher Bilanzkommentar, 2003, § 271 HGB, Rn. 33ff. Zum aktienrechtlichen Verbund-Begriff vgl. Raiser, T., 2001, S. 805f., 812ff.

[192] Vgl. zu dieser Terminologie Fischer, M., 1995, S. 486.

[193] Vgl. Thume, A., 2000, S. 4; Schwarz, G. C., 2000, S. 423f.

für die Aufspaltung, Abspaltung und Ausgliederung zwischen Tochterunternehmen.

b) Rechtliche Besonderheiten konzerninterner Verschmelzung und Spaltung

aa) Übertragende Umwandlung von Tochter auf Mutter

Wird eine Tochtergesellschaft, deren Anteile zu hundert Prozent von der Mutter gehalten werden, auf das Mutterunternehmen verschmolzen, sehen §§ 5 Abs. 2, 8 Abs. 3 S. 1, Alt. 2, 9 Abs. 2 UmwG Erleichterungen im Hinblick auf den Vertragsinhalt (keine Angaben über den Umtausch der Anteile) und die Verschmelzungsprüfung (entbehrlich, weil es nicht zu einem Anteilstausch kommt) vor.[194] Entsprechendes gilt – mit Ausnahme der Regelung des § 9 Abs. 2 UmwG – gem. § 125 S. 1 UmwG für Auf- und Abspaltung. Bei der Ausgliederung entfällt gem. § 125 S. 2 UmwG die Prüfungspflicht.

Da die Mutter anderenfalls ihre eigenen Anteile erwirbt, kann sie gem. § 20 Abs. 1 Nr. 3 S. 1 UmwG nicht im Wege des Anteilstauschs Inhaberin von Anteilen als Pendant der eingetauschten Anteile an der Tochter werden.[195] Der Anspruch auf Gewährung von Anteilen geht durch Konfusion unter. Eine Kapitalerhöhung ist im Fall der Verschmelzung und bei entsprechenden Spaltungsvorgängen auf Mutterkapitalgesellschaften nach § 54 Abs. 1 S. 1 Nr. 1 UmwG sowie nach § 68 Abs. 1 S. 1 Nr. 1 UmwG untersagt.[196]

bb) Übertragende Umwandlung von Mutter auf Tochter

Wird ein Mutterunternehmen *down stream* auf eine Tochter verschmolzen[197] oder werden Teile der Mutter Gegenstand von entsprechenden Spal-

---

[194] Der Up-Stream-Merger unter Untergang der Beteiligung ist der actus contrarius zur Ausgliederung, vgl. Müller, W., 1996b, S. 243, 255.

[195] Wird eine Kapitalgesellschaft auf eine an ihr zu mindestens 90 v.H. beteiligten Aktiengesellschaft verschmolzen, greifen die Erleichterungen des § 62 UmwG: In der Hauptversammlung der Übernehmerin bedarf es keines Zustimmungsbeschlusses zur Verschmelzung, sondern gem. § 62 Abs. 3 UmwG lediglich der Information der Aktionäre über die Verschmelzung.

[196] Die Erstreckung auf Spaltungsfälle folgt aus § 125 UmwG. Gem. § 78 UmwG gilt das zu Verschmelzung und Spaltung auf Aktiengesellschaften Gesagte auch für die Verschmelzung und Spaltung auf Kommanditgesellschaften auf Aktien.

[197] Bei dieser Umwandlungskonstellation ergibt sich die Schwierigkeit, dass die Gesellschafterin (Mutterunternehmen) der übernehmenden Tochtergesellschaft erlischt und die Anteile an dem fortbestehenden Unternehmen nicht dem untergehenden Mutterunternehmen, sondern deren Gesellschaftern zufallen muss, vgl. Schmidt, K., 2002, S. 386,

tungsvorgängen, gelten eingeschränkte Erleichterungen: Verschmelzungsbericht und -prüfung können für den Fall unterbleiben, dass sämtliche Anteilseigner der Tochter in notariell beurkundeter Form darauf verzichten. Des Weiteren besteht keine Pflicht zur Kapitalerhöhung bei einer aufnehmenden Tochterkapitalgesellschaft, denn Anteile für eine Anteilsgewährung nach § 2 UmwG sind bereits vorhanden. Mithin besteht, jedenfalls wenn die Anteile bei der Tochterkapitalgesellschaft voll eingezahlt sind, ein Wahlrecht, ob deren Stammkapital erhöht werden muss.[198] Diese Erleichterungen greifen gem. § 125 S. 1 UmwG mit Ausnahme der Regelung des § 9 Abs. 2 UmwG auch für Aufspaltung, Abspaltung und Ausgliederung.[199]

cc) Übertragende Umwandlung zwischen Schwestergesellschaften

Das UmwG erleichtert die Verschmelzung, Aufspaltung und Abspaltung von bzw. auf Schwestergesellschaften nicht, und zwar auch nicht im Fall der Verschmelzung zweier hundertprozentiger Tochterkapitalgesellschaften.[200] Gleiches gilt für Ausgliederungen auf der Ebene von Tochtergesellschaften. Insbesondere an dem Erfordernis einer Kapitalerhöhung wurde mit Blick auf den Fall einer übertragenden Gesellschaft mit hohem und einer übernehmenden Schwestergesellschaft mit niedrigem Stamm- oder Grundkapital festgehalten.[201] Allerdings halten Teile der Rechtsprechung[202] sowie Stimmen im Schrifttum[203] eine Kapitalerhöhung für entbehrlich. Das Gesetz habe mit der Kapitalerhöhung in § 54 UmwG gerade nicht dem Gläubigerschutz dienen wollen: Wie sich auch im Umkehrschluss aus § 54 Abs. 1 S. 1 UmwG ergebe, berücksichtigt das

---

198 Vgl. Knott, H., 1996, S. 2423.

199 Eine Prüfungspflicht entfällt bei der Ausgliederung gem. § 125 S. 2 UmwG.

200 Ursprünglich plante der Gesetzgeber ursprünglich in §§ 385 – 389 UmwG besondere Regelungen zum Schutz von Minderheiten, jedoch hat er dieses Vorhaben angesichts der uneinheitlichen Beurteilung in Rechtsprechung und Schriftum wieder aufgegeben, vgl. Begründung des BT zum UmwG, abgedruckt bei Ganske, S. 20, vgl. auch Krieger, G., 1990, 517, 522f.

201 Vgl. Baumann, W., 1998, 2321ff. m.w.N. Hintergrund ist die Umgehung des Rückzahlungsverbotes des § 30 Abs. 1 GmbHG, da diese Vorschrift nach der Verschmelzung nur für das (u.U. niedrige) Stammkapital der übernehmenden GmbH gelte und Haftungsmasse - zum Nachteil der Gläubiger - an den Gesellschafter zurückgezahlt wird. Vgl. Raiser, T., 2001, S.774. Kritisch zur Kapitalerhöhung aus Kapitalerhaltungsgründen: Knott, H., 1996, S. 2423f.

202 Vgl. LG München, Beschl. v. 22.01.1998, 17 HKT 623/98, BB 1998, 2331f.; a.A. KG, Beschl. v. 22.09.1999, 1 W 4387/97, GmbHR 1998, S. 1230f.

203 Vgl. Winter, M., in: Lutter, M., 2004, § 54 UmwG, Rn. 18; Ihrig, H.-C., 1996, 317ff.; Knott, H., 1996, 2423, 2424; Grunewald, B./ Winter, M., 1995, S. 53 f.; Baumann, W., 1998, 2321ff.

Gesetz den Gläubigerschutz nicht über ein zwingendes Kapitalerhöhungsgebot, sondern durch das Instrument der Sicherheitsleistung gem. § 22 UmwG.[204] Da aber nicht mit einer Änderung der Rechtsprechung zu rechnen ist, ist im Fall der Verschmelzung von Schwesterkapitalgesellschaften nach wie vor eine Kapitalerhöhung durchzuführen.[205]

c) Intensität der Konzernverbindung

aa) Vorbemerkung

Für die weitere Untersuchung seien folgende Grade der Konzernverbundenheit für die Beurteilung konzerninterner übertragender Umwandlungen unterschieden:[206]

- reine Konzentrationsumwandlung,
- reine konzerninterne Umwandlung,
- gemischte Konzern- und Konzentrationsumwandlung i.w.S. und
- gemischte Konzern- und Konzentrationsumwandlung i.e.S.

Die Einteilung orientiert sich an dem Gesichtspunkt, dass unterschiedliche Beteiligungsquoten auch je eigene Einflussnahmemöglichkeiten des Mutterunternehmens mit sich bringen. Nachfolgend wird unterschieden zwischen 100%igen Beteiligungsverhältnissen, Mehrheiten im Bereich zwischen 75% und 100%, die eine Umwandlung alleine durchsetzen können, Mehrheitsbeteiligungen von 50% und darüber, aufgrund derer eine Verschmelzung oder Spaltung nicht ohne weitere Stimmen beschlossen werden könnte, sowie der Fall, dass gar kein Gesellschafter mehrheitlich beteiligt ist.

---

[204] Vgl. LG München, Beschl. v. 22.01.1998, 17 HKT 623/98, BB 1998, 2331f., das zusätzlich die widersprüchliche gesetzliche Wertung ins Feld führt, dass die Konzernobergesellschaft sämtliche Anteile des als Überträgerin vorgesehenen Rechtsträgers in die übernehmende Gesellschaft einbringen kann mit der Folge, dass die Kapitalerhöhung nun mehr aus Gründen der Kapitalerhaltung und des Schutzes der Gläubiger unzulässig ist.

[205] Wird eine Tochtergesellschaft unter Erhöhung des Kapitals auf ihre Schwester verschmolzen, werden daher in der Praxis die Anteile der einen Schwester auf die andere übertragen und sodann nach allgemeinen Regeln – einschließlich der des § 68 Abs. 1 Nr. 1 UmwG, wonach eine Kapitalerhöhung in diesem Fall sogar untersagt ist – verschmolzen, vgl. Grunewald, B./Winter, M., 1995, S. 53f.

[206] Eine ähnliche Einteilung nimmt vor: Thume, A., 2000, S. 5; vgl. auch Kropff, B., in: Geßler, E., u.a., 1973, § 153 AktG, Rn. 26ff.

bb) Reine Konzentrationsumwandlung

Bei der reinen Konzentrationsumwandlung sind an den beteiligten Rechtsträgern voneinander faktisch und rechtlich unabhängige Gesellschafter beteiligt. Kein Anteilseigner ist in einem Umfang beteiligt, der ihn im Rahmen allgemeiner Beschlüsse oder bei der Beschlussfassung über die Umwandlung von den Voten der Mitgesellschafter unabhängig macht. Kein Gesellschafter verfügt also über eine Mehrheit, die ihn in die Lage versetzt, Beschlussgegenstände gegen den Willen der anderen Gesellschafter durchzusetzen.[207]

cc) Reine konzerninterne Umwandlung

Bei der reinen konzerninternen Verschmelzung und Spaltung sind an den beteiligten Rechtsträgern keine außen stehenden[208] Gesellschafter beteiligt. Als reine konzerninterne Umwandlungskonstellationen sind in Anlehnung an o.g. Grundfälle insbesondere zu nennen:

- Up-Stream-Verschmelzung und Spaltung 100%iger Tochter auf Mutterunternehmen;
- Down-Stream-Verschmelzung und Spaltung auf 100%iges bestehendes oder neu gegründetes Tochterunternehmen;
- Ausgliederung auf neu gegründeten Rechtsträger;
- Verschmelzung zweier oder mehrerer 100%iger Tochterunternehmen;
- Auf- und Abspaltungen zwischen 100%igen Tochterunternehmen;
- Ausgliederung auf Schwestergesellschaft, an der keine außen stehenden Gesellschafter beteiligt sind;
- bei dem oder den übertragenden Rechtsträger(n) und dem oder den übernehmenden Rechtsträger(n) sind – mittelbar oder unmittelbar – identische Gesellschafter zu jeweils gleichen Quoten beteiligt.

In diesen Konstellationen sind keine schutzbedürftigen Minderheitsgesellschafter vorhanden. Interessengegensätze bestehen nicht.

---

[207] In der Regel wird dabei von einer Beteiligung unter 50% auszugehen sein.

[208] Außen stehend in dem hier verwendeten Sinn ist – trotz vergleichbarer Konfliktlage – nicht mit dem aktienrechtlichen Begriff des „außenstehenden" Gesellschafters nach § 304f. AktG zu verwechseln, der zwar ähnlich ist, aber dessen Anwendungsbereich zu begrenzt ist, um ihn für Zwecke dieser Untersuchung zu operationalisieren. Hier meint außen stehend, dass der fragliche Gesellschafter (Minderheitsgesellschafter) von dem die Umwandlung ansonsten dominierenden Mutterunternehmen unabhängig ist.

dd) Gemischte Konzern- und Konzentrationsumwandlung

Bei der gemischten Konzern- und Konzentrationsumwandlung ist der Eigner des übertragenden Rechtsträgers zu 50% oder mehr am übernehmenden Rechtsträger beteiligt, wobei auch außen stehende Anteilseigner an dem übernehmenden Rechtsträger beteiligt sind. Im Hinblick auf die Fragestellung dieser Arbeit sind zwei verschiedene Grade der Konzernverbundenheit zu unterscheiden:

- Der umzuwandelnde Rechtsträger steht in Mehrheitsbesitz des Konzernoberunternehmens. Der oder die Minderheitsgesellschafter ist/sind dank ihrer Beteiligungshöhe aber in der Lage, alleine oder gemeinsam mit anderen Minderheitsgesellschaftern die Umwandlung zu verhindern (*gemischte Konzern- und Konzentrationsumwandlung i.w.S.*).

- Hiervon wird der Fall unterschieden, dass der umzuwandelnde Rechtsträger im Hinblick auf die umwandlungsrechtlichen Beschlussquoren in qualifiziertem Mehrheitsbesitz des Konzernoberunternehmens steht und die Umwandlung allein vom Willen dieses Unternehmens abhängt, weil die Minderheitsbeteiligung oder sämtliche Minderheitsbeteiligungen zusammen nicht ausreicht bzw. ausreichen, die vom Mehrheitsgesellschafter betriebene Umwandlung zu vereiteln (*gemischte Konzern- und Konzentrationsumwandlung i.e.S.*).

Das jeweils beim übertragenden oder übernehmenden Rechtsträger jeweils zugrunde zu legende Quorum, dass darüber entscheidet, ob es sich um eine gemischte Konzern- und Konzentrationsumwandlung i.e.S. oder i.w.S. handelt, lässt sich nachstehender *Tabelle I* entnehmen. Dabei ist zu beachten, dass in allen Fällen abweichende vertragliche Bestimmungen in der Bandbreite zwischen 75% und 100% zulässig sind und sich die maßgeblichen Beteiligungsgrenzen zur Einordnung von Konzern- und Konzentrationsumwandlungen i.w.S. und Konzern- und Konzentrationsumwandlungen i.e.S. ggfs. verschieben können:

Gesell-schaftsform	Regel-Quorum	Maßgebliche umwand-lungsgesetzliche Vorschrif-ten	Umwandlungsgesetzlich Abweichung zwischen 75% und 100% zugelas-sen gem.
AG	75%	§ 65 Abs. 1 S. 1	§ 65 Abs. 1 S. 2
KGaA	75% (zzgl. 100% der pers. haftenden Gesellschafter)	§ 65 Abs. 1 S. 1 i.V.m. § 78 S. 1 und 3	§ 65 Abs. 1 S. 2 i.V.m. § 78 S. 1
GmbH	75%	§ 50 Abs. 1 S. 1	§ 50 Abs. 1 S. 2
oHG	100%	§ 43 Abs. 1	§ 43 Abs. 2 S. 1 und 2
KG	100%	§ 43 Abs. 1	§ 43 Abs. 2 S. 1 und 2
Gen	75%	§ 84 S. 1	§ 84 S. 2
e.V.	75%	§ 103 S. 1	§ 103 S. 2
PartG	100%	§ 45d Abs. 1	§ 45d Abs. 2
VVaG	75%	§ 112 Abs. 3 S. 1	§ 112 Abs. 3 S. 2

Tabelle I: Beschlussmehrheiten bei übertragenden Umwandlungen

Als Beispiel für die Vielzahl denkbarer Fälle gemischter Konzern- und Konzentrationsumwandlung i.w.S. sei der Fall genannt, dass zwei Schwester-GmbH aufeinander verschmolzen werden sollen und die Übernehmerin zu 100% und die Überträgerin zu 60% im Anteilsbesitz der Mutter steht. Die übrigen 40% an der übertragenden GmbH werden von außen stehenden Gesellschaftern gehalten. Mangels hinreichender Mehrheit (§ 50 Abs. 1 S. 1 UmwG: 75%) an der übertragenden Schwestergesellschaft bedarf es zur Durchführung der Verschmelzung zusätzlich zu den Stimmen der Mutter auch der Zustimmung von mindestens 15% der auf außen stehende Gesellschafter der Überträgerin entfallenden Stimmrechte.

Für die gemischte Konzern- und Konzentrationsumwandlung i.e.S. sei folgende Konstellation genannt: Wie im vorhergehenden Beispiel werden zwei Schwester-GmbH aufeinander verschmolzen. Abweichend vom vorhergehenden Beispiel sind jedoch an der Überträgerin nur 20% außen stehende Gesellschafter beteiligt. 80% werden von der Mutter gehalten, die auch sämtliche Anteile an der übernehmenden Schwestergellschaft hält. Die Mutter hat mit über 75% der Stimmrechte eine für die Durchsetzung der Verschmelzung hinreichende Mehrheit. Etwas anderes würde allerdings für den Fall gelten, dass im Gesellschaftsvertrag – wie gem. § 50 Abs. 1 S. 2 GmbHG zugelassen – eine höhere Mehrheit festgelegt wurde. Ist dort z.B. ein Mindestquorum von 85% festgeschrieben, würde im Beispielsfall die auf eine Beteiligung von 80% entfallenden Stimmrechte nicht hinreichen, um die Verschmelzung ohne Zustimmung von außen stehenden Gesellschaftern durchzusetzen.

d) Erweiterung auf sonstige Konzernbeziehungen

Im Folgenden wird allein von den vorstehend geschilderten Grundfällen in einstufigen Konzernbeziehungen ausgegangen, deren wesentliches Bindungsmerkmal die Beteiligung des Mutterunternehmens an dem oder den Tochterunternehmen ist. Für Zwecke der hier ins Auge gefassten bilanzrechtstheoretischen Analyse von Ansatz- und Marktobjektivierungsregeln ist dies ausreichend. Gleichwohl stellt sich die Frage, ob die hier zu erörternden Objektivierungsschwierigkeiten auch bei anderen Konzernbeziehungen, insbesondere im Hinblick auf Zweifel an der Unabhängigkeit von Minderheitsgesellschaftern, auftreten. In die Betrachtung einzubeziehen wären insoweit v.a. mehrstufige Konzerne mit mediatisierter Mehrheitsbeteiligung der Obergesellschaft an dem oder den Mehrheits- und Minderheitsgesellschafter(n) sowie entsprechende Bindungen des bzw. der Minderheitsgesellschafter(s) aufgrund eines Beherrschungsvertrages i.S.v. § 291 Abs. 1 S. 1 Alt. 1 AktG. Des Weiteren ist auch an eine faktische Abhängigkeit des oder der Gesellschafter zu denken.

Als typisierende Kriterien zur Beurteilung der Unabhängigkeit des Minderheitsgesellschafters lässt sich auf die in § 290 Abs. 1 und 2 HGB getroffenen Regelungen zurückgreifen.[209] Innerhalb des dort zu Zwecken einer Begründung der Konzernrechnungslegungspflicht erfassten Kreises von Unternehmen wird es in aller Regel auch an einer Unabhängigkeit fehlen. Ein Minderheitsgesellschafter ist mithin in all jenen Fällen nicht als außen stehend anzusehen, in denen er nach § 290 Abs. 1 und 2 HGB in den Konsolidierungskreis einbezogen wird oder werden müsste.[210] Damit läge z.B. eine reine konzerninterne Ver-

---

[209] Ob sich auch eine Abgrenzung nach IAS 27 anbietet, muss angesichts der unsicheren Regelungslage für konzerninterne Unternehmenszusammenschlüsse offen bleiben, vgl. Kap. C III.6. und Kap. E IV.

[210] Dabei sollen die Unterschiede zwischen den Konzepten in § 290 Abs. 1 HGB, in § 290 Abs. 2 HGB und in IAS 27 nicht geleugnet werden. Da sich in der Praxis nach HGB und

schmelzung oder Spaltung auch in jenen Fällen vor, in denen der einzige Minderheitsgesellschafter zwar nicht unmittelbar aufgrund einer Beteiligung der Konzernobergesellschaft, jedoch aus anderen Gründen – insbesondere aufgrund mittelbarer Beteiligungsmehrheit, Beherrschungsvertrag oder aufgrund faktischer Einflussnahmemöglichkeiten – unter einheitlicher Leitung und/oder Kontrolle des Mehrheitsgesellschafters steht bzw. dem gleichen Konsolidierungskreis angehört wie der Mehrheitsgesellschafter.

Eine reine Konzentrationsumwandlung läge also z.B. nach alledem nicht vor, wenn zwei oder mehrere Gesellschafter der an der Umwandlung beteiligten Rechtsträger dem gleichen Konsolidierungskreis angehören und zusammen über eine Mehrheit von über 50% verfügen. Bei der Beurteilung der Beteiligungshöhe, die über die Zuordnung zur gemischten Konzern- und Konzentrationsumwandlung i.w.S. oder i.e.S. entscheidet, wären ebenfalls sämtliche in einen möglichen Konzernabschluss einzubeziehende Minderheitsgesellschafter der Beteiligungshöhe des Mehrheitsgesellschafter hinzuzurechnen. Eine reine Konzernverschmelzung läge z.B. auch vor, wenn die Minderheitsgesellschafter sämtlich in den gleichen Konzernabschluss einzubeziehen wären wie der Mehrheitsgesellschafter.[211]

PublG auf der einen und IAS 27 auf der anderen Seite i.d.R. keine Abweichungen ergeben, seien die Unterschiede zwischen den verschiedenen Konzepten zur Beurteilung der Aufstellungspflicht hier nicht vertieft. Vgl. Berger, A./Lütticke, S., in: Beck'scher Bilanzkommentar, 2003, § 291, Rn. 155.

[211] In §§ 310f. HGB sind Konstellationen typisiert, die bei der geschilderten Einbeziehung nicht zu berücksichtigen sind. Auf sog. Joint-Ventures und bloß assoziierte Unternehmen kann regelmäßig kein hinreichender Einfluss ausgeübt werden, um diese als nicht außen stehend einzuordnen.

II. Bilanzierung übertragender Umwandlungen im Einzelabschluss nach UmwG und HGB

1. Grundsätzliches

Das Umwandlungsgesetz regelt die handelsbilanzrechtliche Rechnungslegung von Umwandlungsvorgängen nur sehr knapp. Maßgebliche Rechnungslegungsvorschriften für übertragende Umwandlungen sind § 17 Abs. 2 für den übertragenden und § 24 UmwG für den übernehmenden Rechtsträger.[212] Zwar finden sich diese beiden Regelungen im Kontext der Vorschriften über die Verschmelzung durch Aufnahme, jedoch verweisen die Passagen über die Verschmelzung durch Neugründung (§ 36 Abs. 1 UmwG) und über die Spaltungsarten (§ 125 S. 1 UmwG) auf den zweiten Abschnitt des zweiten Buches und damit wiederum auf §§ 17 Abs. 2, 24 UmwG. Damit ist für Umwandlungen mit Vermögensübertragung eine einheitliche und von der konkreten Rechtsform unabhängige Regelung getroffen.[213] Hinsichtlich des übertragenden Rechtsträgers muss zusätzlich danach unterschieden werden, ob dieser erlischt (Verschmelzung und Aufspaltung) oder aber weiter besteht (Abspaltung und Ausgliederung). Die Regelung der §§ 17, 24 UmwG werden rechtsformübergreifend angewendet. Die Rechtsform des übernehmenden Rechtsträgers spielt – soweit es sich überhaupt um einen umwandlungsfähigen Rechtsträger i.S.d. §§ 3, 124 UmwG handelt – keine Rolle.[214]

Die gem. § 17 Abs. 2 S. 1 UmwG einzureichende Bilanz ist in aller Regel reguläre Gewinnermittlungsbilanz. Gleiches gilt für die Bilanz des übernehmenden Rechtsträgers mit der Besonderheit, dass das übergehende Vermögen nach Maßgabe von § 24 UmwG einzubuchen ist.[215] Letztlich ist aber

---

[212] Eine Ausnahme bildet insoweit die Zwischenbilanz nach § 63 Abs. 1 Nr. 3 UmwG, die gem. § 63 Abs. 2 S. 2 UmwG nach den Vorschriften aufzustellen ist, die auf die letzte Jahresbilanz anzuwenden waren. Die Zwischenbilanz dient vornehmlich dem Informationsinteresse der Aktionäre, vgl. Pohl, H., 1995, S. 13.

[213] Für die hier nicht weiter interessierende Vermögensübertragung wird die entsprechende Anwendbarkeit der §§ 17 Abs. 2, 24 UmwG durch die §§ 176 Abs. 1, 177 Abs. 1, 178 Abs. 1, 179 Abs. 1, 180 Abs. 1, 184 Abs. 1, 188 Abs. 1, 189 Abs. 1 UmwG angeordnet.

[214] Will man allerdings das Ansatz-Wahlrecht – z.B. unter dem Gesichtspunkt der Legung stiller Reserven – einschränken, können abweichende Rechnungslegungsvorschriften für Personenunternehmen und Kapitalgesellschaften zu einer abweichenden Behandlung führen, vgl. Priester, H.-J., in: Lutter, M., 2004, § 24 UmwG, Rn. 11.

[215] Die im Zusammenhang mit Umwandlungen zu erstellenden Bilanzen gelten als Sonderbilanzen. Sonderbilanzen können durch das handels- und gesellschaftsrechtlich einschneidende Ereignis des Umwandlungsvorganges veranlasst werden. Bei der Aufstellung von Sonderbilanzen sind besondere Ansatz- und Bewertungsregeln zu beachten, die von Sinn

auch diese Bilanz – wenn auch mit den aus der Anwendung von § 24 UmwG folgenden Besonderheiten – Erfolgs-, nicht aber Vermögensbilanz.

Eine Sonderstellung nehmen demgegenüber die sog. Umwandlungsbilanzen ein. Das Umwandlungsrecht verpflichtet weder den übertragenden noch den übernehmenden Rechtsträger, eine gesonderte Umwandlungsbilanz anzufertigen. Gleichwohl werden sie häufig zur Ermittlung des Umtauschverhältnisses aufgestellt, insbesondere um den an der Umwandlung beteiligten Rechtsträgern eine Entscheidungsgrundlage zu einzelnen Zeitwerten des bilanzierten und bislang nicht bilanzierten Vermögens an die Hand zu geben.[216] Bei der Umwandlungsbilanz handelt es sich um eine Vermögens- oder Statusbilanz, bei denen der Bilanzierende nicht an die historischen Anschaffungs- und Herstellungskosten gebunden ist. Das Aktivierungsverbot des § 248 Abs. 2 HGB gilt nicht mit der Folge, dass selbst geschaffene immaterielle Anlagegegenstände und ein originärer Geschäftswert angesetzt werden können. Auch sonstige stille Reserven können aufgedeckt werden.[217] Bilanzrechtliche Wirkung

---

und Zweck der jeweiligen Sonderbilanz beeinflusst werden. Hinsichtlich der Zwecksetzung von Umwandlungsbilanzen ist grundsätzlich zwischen Erfolgs- und Vermögensbilanzen zu unterscheiden (vgl. zum Ganzen Förschle, G./Deubert, M., in: Budde, W. D./Förschle, G., 2002, S. 1f.):

- Erfolgsbilanzen werden in erster Linie zur Sicherung und zum Nachweis des Gesellschaftsvermögens aufgestellt. Sie dienen Dokumentationszwecken, z.B. im Zusammenhang mit organisationsrechtlichen Umstrukturierungen. Für diese Erfolgsbilanzen gelten die handelsrechtlichen Ansatz-, Bewertungs- und Gliederungsvorschriften.
- Mit der Vermögensbilanz wird grundsätzlich das Gläubigerzugriffsvermögen ermittelt. Dabei kann die Zerschlagung oder die Fortführung des Unternehmens zugrunde gelegt werden. Die Vermögensbilanz knüpft nicht an die vorhergehende ordentliche Bilanzierung und Bewertung des Unternehmens oder seiner Rechtsvorgänger an. Es wird über Ansatz und Bewertung sämtlichen Vermögens und der Schulden neu befunden. Selbsterstellte immaterielle Vermögensgegenstände und ein selbsterstellter Geschäfts- oder Firmenwert können angesetzt werden. Die Vermögensaufstellung gem. § 192 Abs. 2 UmwG hat z.B. den Charakter einer Vermögensbilanz. Während für Gewinnermittlungs- oder Erfolgsbilanzen die allgemeinen handelsrechtlichen Ansatz- und Bewertungsregeln gelten, ist der Aufsteller sogenannter Vermögens- oder Statusbilanzen nicht an die historischen Anschaffungs- oder Herstellungskosten gebunden. Vgl. Widmann, S., in: Widmann, S./Mayer, R., § 24 UmwG, Rn. 199.

Der Begriff der Sonderbilanz im Zusammenhang mit Umwandlungsvorgängen ist nicht mit dem ertragsteuerlichen Begriff der Sonderbilanz zu verwechseln. Sonderbilanzen im ertragsteuerlichen Sinn sind reguläre Steuerbilanzen, die neben der Gesamthandsbilanz der Personengesellschaft zur Erfassung des Sonderbetriebsvermögens der Gesellschafter der Personengesellschaft aufzustellen sind, vgl. Berger, A./Ring, S., Beck'scher Bilanzkommentar, 2003, § 247 HGB, Rn. 792ff.

[216] Vgl. Pohl, H., 1995, S. 15.

[217] Vgl. Pohl, H., 1995, S. 15.

entfalten Umwandlungsbilanzen allenfalls mittelbar: zum einen als Entscheidungsgrundlage für die Bestimmung des Umtauschverhältnisses, zum anderen bei Zweifeln über die einzelbewertungsorientierte Aufteilung der Anschaffungskosten auf die einzelnen Elemente der erworbenen Vermögensgesamtheit.[218]

2. Schlussbilanz nach § 17 Abs. 2 S. 2 UmwG

a) Allgemeines

In § 17 Abs. 2 S. 2 UmwG wird für die zur Anmeldung der Verschmelzung und i.V.m. § 125 S. 1 UmwG auch für die Spaltung beim Registergericht erforderliche Schlussbilanz des übertragenden Rechtsträgers bestimmt, dass die für die „Jahresbilanz"[219] und deren Prüfung geltenden Vorschriften entsprechend anzuwenden sind. Dem Registergericht ist als Schlussbilanz kein vollständiger Jahresabschluss bestehend aus Bilanz, Gewinn- und Verlustrechnung, Anhang sowie ggfs. Lagebericht einzureichen, sondern lediglich die Bilanz.[220] Die entsprechende Geltung der Vorschriften über die Jahresbilanz bedeutet, dass es sich bei der Schlussbilanz um eine Ertrags- und nicht um eine Vermögensbilanz handelt.[221] Schlussbilanz i.S.d. § 17 Abs. 2 UmwG kann auch die letzte Jahresbilanz des übertragenden Rechtsträgers sein. In der Praxis wird aus Gründen der Kostenersparnis regelmäßig die Bilanz des letzten Geschäftsjahres als Umwandlungs-Schlussbilanz verwendet. Die gesonderte Aufstellung einer Schlussbilanz gem. § 17 Abs. 2 S. 2 UmwG ist nur dann erforderlich, wenn bei Anmeldung der Umwandlung mehr als acht Monate eines laufenden Geschäftsjahres verstrichen sind.

---

[218] Vgl. hierzu unten Kap. D I.2.e.

[219] Den Begriff „Jahresbilanz", den auch § 24 UmwG verwendet („In den Jahresbilanzen des übernehmenden Rechtsträgers (...)"), kennt weder das HGB noch wird er in anderen Rechnungslegungsvorschriften verwendet, vgl. Hörtnagl, R., in: Schmitt, J./Hörtnagl, R./Stratz, R.-C., 2001, § 17 UmwG, Rn. 8.

[220] H.M., vgl. nur Widmann, S., in: Widmann, S./Mayer, R., 2005, § 24 UmwG, Rn. 35 m.w.N.

[221] Vgl. Jorde, R./Wetzel, F., 1996, S. 1246; Bermel, A., in: Goutier, K./Knopf, R./Tulloch, A., § 17 UmwG, Rn. 16; Bork, R., in: Lutter, M., 2004, § 17 UmwG, Rn. 5.

b) Zwecke der Schlussbilanz

aa) Bilanzkontinuität

Die Vorschrift des § 17 Abs. 2 UmwG dient verschiedenen Zwecken.[222] Der in der Schlussbilanz nach § 17 Abs. 2 UmwG vorgenommene Wertansatz kann in der Bilanz des übernehmenden Rechtsträgers als „Anschaffungskosten" gem. § 24 UmwG i.V.m. § 253 Abs. 1 HGB übernommen werden. Damit wird die Kontinuität der Wertansätze i.S.v. § 252 Abs. 1 Nr. 1 HGB zwischen Schlussbilanz des übertragenden und der ersten auf die Umwandlung folgenden Bilanz des übernehmenden Rechtsträgers ermöglicht:[223] Anhand der Schlussbilanz bucht der übernehmende Rechtsträger die übertragenen Aktiva und Passiva ein. Allerdings gilt die Bilanzkontinuität nur dann uneingeschränkt, wenn die Buchwertfortführung gewählt wird, anderenfalls greift bei der Übernahmebilanzierung nach § 24 UmwG das Anschaffungskostenprinzip nach § 253 Abs. 1 HGB. Zudem kann die Aufstellung einer Schlussbilanz nach Ansicht des IDW einen begründeten Ausnahmefall i.S.v. § 252 Abs. 2 HGB darstellen und die Bewertungsstetigkeit nach § 252 Abs. 1 Nr. 6 HGB durchbrechen.[224] Dies soll insbesondere für den Fall der Buchwertverknüpfung unter Anpassung an die Bewertungsmethoden des übernehmenden Rechtsträgers bereits in der Schlussbilanz des übergehenden Rechtsträgers gelten.[225]

bb) Vorhandensein von Vermögenswerten und Kapitalerhaltungskontrolle

Die Schlussbilanz soll – auch wenn sie oft mit der letzten Jahresbilanz des übertragenden Rechtsträgers identisch ist – nicht für Zwecke des Umwandlungsrechts das Ergebnis des abgelaufenen Geschäftsjahres mit dem Ziel der Ergebnisverwendung ermitteln. Vielmehr stellt die Schlussbilanz sicher, dass die in den nächsten Jahresabschluss eingehenden Werte auch tatsächlich vorhanden

---

[222] Nicht zu den Zwecken der Schlussbilanz gehört, als Maßstab für die Ermittlung des Umtauschverhältnisses zu dienen, da hierfür nicht von Buchwerten, sondern von den Zeitwerten ausgegangen wird, vgl. Widmann, S., in: Widmann, S./Mayer, R., 2005, § 24, Rn. 40f.

[223] Vgl. Bork, R., in: Lutter, M., 2004, § 17 UmwG, Rn. 4; Müller, W., 1996a, S. 858; Bula, T./Schlösser, J., in: Sagasser, B./Bula, T./Brünger, T. R., S. 314; IDW, 1997, S. 12 (Ziff. 111); Hörtnagl, R., in Schmitt, J./Hörtnagl, R./Stratz, R.-C., § 17 UmwG, Rn. 10.

[224] Vgl. IDW, 1997, S. 13, (Ziff. 112).

[225] Vgl. Bula, T.,/Schlösser, J., in: Sagasser, B./Bula, T./Brünger, T., 2002, S. 364, die in diesem Zusammenhang darauf hinweisen, dass zur Vermeidung willkürlicher Ergebnisbeeinflussung eine Durchbrechung der Bewertungsstetigkeit im Rahmen des § 252 Abs. 2 HGB nur einmal, in der Schlussbilanz des übertragenden Rechtsträgers oder im Zuge der Einbuchung beim übernehmenden Rechtsträger, geboten ist.

sind.[226] Einer ordnungsgemäßen Bilanz lässt sich i.d.R. entnehmen, dass der tatsächliche Wert nicht das in ihr ausgewiesene Buchvermögen unterschreitet.[227] Relevant wird der Zweck des Wertnachweises bei Vermögensübergängen auf eine Kapitalgesellschaft, bei denen vom Registergericht überprüft wird, ob der Wert des übergehenden Vermögens mit dem Nennbetrag der gewährten Gesellschaftsrechte übereinstimmt.[228] Kommt es nach § 69 Abs. 1 S. 1 UmwG zu einer Kapitalerhöhung, lässt sich mit der Schlussbilanz der Wert der Sacheinlage kontrollieren.[229] Das Registergericht hat dabei ggfs. auch zu untersuchen, ob bei der Ermittlung des Umtauschverhältnisses der Wert sämtlicher (originärer) immaterieller Vermögensgegenstände, der Geschäfts- oder Firmenwert sowie stille Reserven ausreichend berücksichtigt wurden.[230]

cc) Gläubigerschutz und Ergebnisabgrenzung

U.a. anhand der Schlussbilanz können Gläubiger des übertragenden und des übernehmenden Rechtsträgers Anhaltspunkte für einen eventuell bestehenden Anspruch auf Sicherheitsleistung nach § 22 UmwG erhalten.[231] Des Weiteren dient die Schlussbilanz des übertragenden Rechtsträgers vor allem auch der Abgrenzung des Ergebnisses des übertragenden von dem Ergebnis des übernehmenden Rechtsträgers.[232] Teilweise wird dieser Zweck auf die Fälle eingeschränkt, bei denen Stichtag der Schlussbilanz und Umwandlungsstichtag übereinstimmen.[233]

---

[226] Vgl. Bermel, A., in: Goutier, K./Knopf, R./Tulloch, A., 1996, § 17 UmwG, Rn. 11, 16. Widmann, S., in: Widmann, S./Mayer, R., 2005, § 24 UmwG, Rn. 43; Allerdings muss die Schlussbilanz gem. § 17 Abs. 2 S. 3 UmwG nicht bekannt gemacht werden, so dass Gläubiger sich insoweit nur bei Durchsicht des Handelsregisters informieren können, vgl. Widmann, S., in: Widmann, S./Mayer, R., 2005, § 24 UmwG, Rn. 38.

[227] Dies gilt umso mehr, insoweit die Bilanz des untergehenden Rechtsträgers testiert wurde, vgl. Widmann, S., in: Widmann, S./Mayer, R., 2005, § 24 UmwG, Rn. 175.

[228] Vgl. Widmann, S., in: Widmann, S./Mayer, R., 2005, § 24 UmwG, Rn. 175; Biener, H., 1996, S. 49.

[229] Vgl. Pohl, H., 1995, S. 14; Bork, R., in: Lutter, M., 2004, § 17 UmwG, Rn. 4; soweit zur Abfindung des Übertrages eine Kapitalerhöhung bei einer übernehmenden Aktiengesellschaft erforderlich ist, prüft das Registergericht gem. § 183 Abs. 3 AktG, ob der Wert der Sacheinlage (Wert es übertragenen Vermögens) nicht unwesentlich hinter dem geringsten Ausgabebetrag der dafür zu gewährenden Aktien zurückbleibt (Kapitalerhöhungskontrolle).

[230] Vgl. Kahling, D., 1999, S. 49 m.w.N.

[231] Vgl. Jorde, R./Wetzel, F., 1996, S. 1246; Bork, R., in: Lutter, M., 2004, § 17 UmwG, Rn. 4. Allerdings ist die Bilanz des übernehmenden Rechtsträgers für die Gläubiger interessanter, vgl. Müller, W., 1996a, S. 858.

[232] Vgl. Hörtnagl, R., in: Schmitt, J./Hörtnagl, R./Stratz, R.-C., 2001, § 17 UmwG, Rn. 13; einschränkend („i.d.R.“): IDW, 1997, S. 12, Ziff. 111.

[233] Vgl. Widmann, S., in: Widmann, S./Mayer, R., 2005, § 24 UmwG, Rn. 41, 64ff.

dd) Schlussbilanz und Erfolgsermittlungsbilanz

Die Schlussbilanz ist wie die reguläre Jahresbilanz eine Erfolgsermittlungsbilanz. Für die Bewertung folgt daraus, dass die Schlussbilanz auch hinsichtlich der Bewertung unter Berücksichtigung zwischenzeitlich erfolgter Geschäftsvorfälle wie gewöhnlich nach den Grundsätzen ordnungsmäßiger Buchführung aus der letzten Jahresbilanz zu entwickeln ist.[234] Die in § 17 Abs. 2 UmwG angeordnete entsprechende Geltung der Vorschriften über die Jahresbilanz führt dazu, dass immaterielle Vermögensgegenstände des Anlagevermögens nur angesetzt werden dürfen, wenn sie zuvor derivativ erworben wurden.[235] Aus der Sicht des übertragenden Rechtsträgers originäre, immaterielle Vermögensgegenstände des Anlagevermögens sind noch dem Ansatzverbot des § 248 Abs. 2 HGB unterworfen.[236] Auch ein originärer Geschäfts- oder Firmenwert des übertragenden Rechtsträgers darf nicht angesetzt werden.[237] Zudem fehlt es insoweit noch an einem entgeltlichen Erwerbsvorgang.[238]

Aus Sicht des übertragenden Rechtsträgers handelt es sich nicht um einen Anschaffungsvorgang i.S.d. § 255 Abs. 1 HGB. Es fehlt insoweit an einem gewinnrealisierenden Umsatzakt.[239] Vielmehr sind die Vermögensgegenstände mit ihren Anschaffungs- oder Herstellungskosten, vermindert um Abschreibungen und ggfs. erhöht um Wertaufholungen[240] in der Schlussbilanz anzusetzen. Ein Realisationsvorgang, der einen höheren Wert hätte bestätigen können, liegt nicht vor. Ein Abgang von Gütern oder Leistungen, wie ihn ein

---

[234] Vgl. IDW, 1997, S. 13 (Ziff. 112); Hörtnagl, R., in: Schmitt, J./Hörtnagl, R./Stratz, R.-C., 2001, § 17 UmwG, Rn. 31.

[235] Vgl. Bermel, A., in: Goutier, K./Knopf, R./Tulloch, A., 1996, § 17, Rn. 20; Müller, W., in: Kallmeyer, H., 2001, § 17 UmwG, Rn. 26; Widmann, S., in Widmann, S./Mayer, R., 2005, § 24 UmwG, Rn. 89, Hörtnagl, R., in: Schmitt, J./Hörtnagl, R./Stratz, R.-C., 2001, § 17 UmwG, Rn. 27. Dem IDW zufolge bedeutet die in § 17 Abs. 2 S. 2 UmwG angeordnete entsprechende Geltung der Vorschriften über die Jahresbilanz, dass nicht anders zu bilanzieren ist, als bei einer aus Anlass eines Jahresabschlusses aufzustellenden. Vgl. IDW, 1997, S. 13 (Ziff. 112).

[236] Vgl. Bermel, A., in: Goutier, K./Knopf, R./Tulloch, A., 1996, § 17 UmwG, Rn. 20, Widmann, S., in: Widmann, S./Mayer, R., 2005, § 24 UmwG, Rn. 89; Kröninger, M. T., 1997, S. 26f.; Schwedhelm, R./Streck, M./Mack, A., GmbHR 1995, S. 12.

[237] Vgl. nur Bula, T./Schlösser, J., in: Sagasser, B./Bula, T./Brünger, T. R., 2002, S. 317.

[238] Vgl. Hörtnagl, R., in: Schmitt, J./Hörtnagl, R./Stratz, R.-C.,2001, 17 UmwG, Rn. 27.

[239] Vgl. Müller, W., 1996a, S. 858ff.

[240] In Betracht kommen Zuschreibungen bis zur Obergrenze der fortgeführten Anschaffungs- oder Herstellungskosten nach § 253 Abs. 5 und § 280 Abs. 1 HGB, mit denen außerplanmäßige Abschreibungen nach § 253 Abs. 2 S. 3, Abs. 3 S. 1 bis 3, Abs. 4 HGB revidiert werden.

Umsatzakt voraussetzt, ist im Zeitpunkt, für den die Schlussbilanz des übertragenden Rechtsträgers aufzustellen ist, noch nicht erfolgt.

ee) Zwischenbilanz

Gemäß § 63 Abs. 1 S. 1 Nr. 3 (bei Spaltung i.V.m. § 125 S. 1) UmwG ist bei der Verschmelzung unter Beteiligung von AG und KGaA zu beachten, dass u.U. eine Zwischenbilanz aufzustellen ist. Bezieht sich der letzte Jahresabschluss auf ein Geschäftsjahr, das „mehr als sechs Monate vor dem Abschluß des Verschmelzungsvertrags oder der Aufstellung des Entwurfs"[241] zurückliegt, muss eine Zwischenbilanz aufgestellt werden. Die Zwischenbilanz ist gem. § 63 Abs. 2 S. 1 UmwG „reguläre" Erfolgsbilanz gem. §§ 242ff. HGB.[242]

ff) Besonderheiten der Schlussbilanz bei der Spaltung

Mit dem Erfordernis, eine Schlussbilanz aufzustellen, verfolgt der Gesetzgeber bei der Spaltung grundsätzlich die gleichen Zwecke wie mit der Schlussbilanz des übertragenden Rechtsträgers bei der Verschmelzung. Die Schlussbilanz in den Fällen der Abspaltung und Ausgliederung dient als Grundlage für den bilanziellen Übergang bestimmter Vermögensgegenstände und Schulden auf einen oder mehrere übernehmende Rechtsträger. Dabei geht es vor allem auch um eine möglichst genaue Erfolgsabgrenzung und –zuordnung zwischen übertragendem und übernehmendem Rechtsträger. Anhand der Schlussbilanz lässt sich in den Fällen der Abspaltung und Ausgliederung zudem ersehen, welche Erfolgsbeiträge mit dem übergehenden Vermögen beim übertragenden und welche beim übernehmenden Rechtsträger erwirtschaftet wurden.[243]

3. Bilanzierung beim übernehmenden Rechtsträger nach § 24 UmwG

a) Allgemeines

Die Bilanzierung der Verschmelzung beim übernehmenden Rechtsträger regelt § 24 UmwG.[244] Diese Vorschrift greift kraft Verweisung in § 36 Abs. 1 S. 1 UmwG neben den Fällen der Verschmelzung durch Aufnahme auch für die Verschmelzung durch Neugründung und gem. § 125 S. 1 UmwG bei sämtlichen

---

241 § 63 Abs. 1 Nr. 3 UmwG.

242 Allerdings gelten gem. § 63 Abs. 2 S. 2 bis 4 UmwG Erleichterungen.

243 Vgl. zum Ganzen: Bula, T./Schlösser, J., in: Sagasser, B./Bula, T./Brünger, T. R., 2001, S. 589.

244 Aus systematischer Sicht hätte der Regelungsgehalt des § 24 UmwG wohl besser in das HGB bei §§ 253, 255 HGB aufgenommen werden können, um die Bilanzierung der Gesamtrechtsnachfolge zu normieren. Vgl. Müller, W., 1996b, S. 245 u. 248.

Spaltungsvorgängen. Es handelt sich bei § 24 UmwG um eine Bewertungsvorschrift, die keine unmittelbare Bedeutung für die Bilanzierung dem Grunde nach hat, also nicht direkt etwas über den Bilanzansatz aussagt.[245] § 24 UmwG ermöglicht dem übernehmenden Rechtsträger die Wahl zwischen der Buchwertfortführung und der Aufstockung der Buchwerte bis auf die Anschaffungskosten (Bewertungswahlrecht). Auch der Ansatz mit Zwischenwerten ist zulässig.[246]

Gem. § 20 Abs. 1 Nr. 1 UmwG geht – zivilrechtlich – das Vermögen mit Eintragung der Verschmelzung als Ganzes, d.h. sämtliche Aktiva und Passiva einschließlich stiller Reserven und stiller Rücklagen, auf den übernehmenden Rechtsträger über. § 24 UmwG normiert, wie die Vermögensgegenstände und Verbindlichkeiten in das Rechenwerk des Übernehmers einzubuchen sind. Die Einbuchung ist aus der Sicht des übernehmenden Rechtsträgers grundsätzlich ein laufender Geschäftsvorfall, so dass die Umwandlung im nächsten regulären Jahresabschluss des übernehmenden Rechtsträgers abgebildet wird.[247] Maßgeblich ist dafür der Übergang des wirtschaftlichen Eigentums. Einer gesonderten Eröffnungsbilanz bedarf es mithin nicht, es sei denn, die Verschmelzung oder Spaltung erfolgt im Wege der Neugründung.[248] Die Bilanz des übernehmenden Rechtsträgers ist also bei der Verschmelzung oder Spaltung durch Aufnahme reguläre Ertragsbilanz mit der Besonderheit, dass für das übergehende Vermögen die sonderbilanzielle Regelung des § 24 UmwG greift.

Die Vorschrift räumt dem übernehmenden Rechtsträger die Möglichkeit ein, neben den Anschaffungskosten i.S.d. § 253 Abs. 1 HGB wahlweise auch die Buchwerte des übertragenden Rechträgers als Anschaffungskosten anzusetzen (Aufstockungswahlrecht). Hierdurch wird das Anschaffungskostenprinzip durchbrochen.[249] Grundsätzlich geht das Gesetz jedoch von einer Neubewertung zu den nach allgemeinen handelsrechtlichen Regeln ermittelten Anschaffungs-

---

[245] Vgl. Pohl, H., 1995, S. 37f.

[246] Vgl. Müller, W., in: Kallmayer, H., 2001, § 24 UmwG, Rn. 23.

[247] Vgl. nur Hörtnagl, R., in: Schmitt, J./Hörtnagl, R./Stratz, R.-C., 2001, § 24 UmwG, Rn. 4; IDW, 1997, S. 18f. (Ziff. 3).

[248] Die Pflicht, im Fall der Neugründung eine Eröffnungsbilanz aufzustellen, folgt unmittelbar aus § 242 Abs. 1 S. 1 HGB. Vgl. Müller, W., 1996a, S. 864; Bula, B./Schlösser, J., in: Sagasser, B./Bula, T./Brünger, T. R., 2002, S. 328f.

[249] Vgl. nur Hörtnagl, R., in: Schmitt, J./Hörtnagl, R./Stratz, R.-C., 2001, § 24 UmwG, Rn. 18.

kosten für den Wertansatz aus.[250] Gleichwohl wird hieraus keine Einschränkung des Wahlrechts abgeleitet.[251] Der vom übernehmenden Rechtsträger gewählte Wertansatz bildet dem Wortlaut des § 24 UmwG nach bei Buchwertaufstockung die Anschaffungskosten für das übergehende Vermögen i.S.v. § 253 Abs. 1 HGB. Die in den Grenzen des § 24 UmwG getroffene Wahl über den Wertansatz des übernommenen Vermögens binden den übernehmenden Rechtsträger für die Folgezeit. Zuschreibungen in einer der folgenden Perioden sind nur im Rahmen von regulären Bilanzänderungen zulässig. Dies gilt auch dann, wenn im Zeitpunkt der Anwendung des § 24 UmwG ein höherer Ansatz zulässig gewesen wäre.[252]

b) Übertragende Umwandlung als Anschaffungsvorgang i.S.v. § 253 Abs. 1 HGB

aa) Anschaffungsfiktion und Wahlrecht nach § 24 UmwG

Nach § 24 UmwG entstehen bei Verschmelzung und – i.V.m. § 125 S. 1 UmwG – bei der Spaltung „Anschaffungskosten im Sinne des § 253 Abs. 1 des Handelsgesetzbuches". Der Gesetzgeber geht mithin grundsätzlich davon aus, dass es sich bei Verschmelzung oder Spaltung mit (teilweiser) Gesamtrechtsnachfolge um einen Vorgang handelt, bei dem Anschaffungskosten angesetzt werden können.[253] Dies hat gemäß der handelsrechtlichen GoB zur Folge, dass das Anschaffungswertprinzip anzuwenden ist.[254] Das Anschaffungskostenprinzip greift dabei unabhängig von der Art der bei der Umwandlung erbrachten Gegenleistung. Der weite Wortlaut des § 24 UmwG führt dazu, dass es für die Ausübung des Wahlrechts keine Rolle spielt, ob es sich bei den verschiedenen Umwandlungsarten, auf die die Regelung anzuwenden ist, überhaupt um einen Anschaffungsvorgang handelt.[255] Das Anschaffungskostenprinzip gilt unab-

---

[250] Eine Neubewertung als Regelfall nehmen an: IDW, 1997, S. 19, Ziff. 31; Naumann, K.-P., 1996, S. 710; Priester, H.-J., in: Lutter, M., 2004, § 24 UmwG, Rn. 5.

[251] Vgl. Knop, W./Küting, K., 1995, S. 1024.

[252] Vgl. nur Priester, H.-J., in: Lutter, M., 2004, § 24 UmwG, Rn. 10; Hannappel, H.-A., in: Goutier, K./Knopf, R./Tulloch, A., 1996, § 24 UmwG, Rn. 7.

[253] Vgl. Bericht des Rechtsausschusses des Bundestags, abgedr. bei Ganske, J., 1995, S. 78. Vgl. auch Müller, W., in: Kallmeyer, H., 2001, § 24 UmwG, Rn. 4, 7.

[254] Vgl. Adler, H./Düring, W./Schmaltz, K., 1995, § 253 HGB, Rn. 32; Leffson, U., 1987a, S. 252ff.

[255] Zweifelhaft ist dies z.B. beim Up-Stream-Merger einer 100%igen Tochtergesellschaft auf die Mutter und bei der Ausgliederung, aber u.U. auch insoweit eine Kapitalerhöhung zur Ausgabe neuer Anteile erforderlich wird.

hängig von dieser Frage (gesetzliche Anschaffungsfiktion).[256] Zwar kann die Buchwertfortführung nicht als tatsächliche Anschaffung angesehen werden, jedoch sind die Buchwerte gleichwohl Anschaffungskosten i.S.v. § 253 Abs. 1 HGB.[257] Der Gesetzgeber formuliert daher in diesem Zusammenhang:

> *„Rechtstechnisch kann sich die Ausgestaltung der Buchwertverknüpfung als Wahlrecht darauf beschränken, in § 24 die Fortführung der Buchwerte als zulässig zu bezeichnen. Damit wird zugleich die Geltung des Grundsatzes in § 253 Abs. 1 HGB (Anschaffungswertprinzip) hergestellt.*"[258]

Das Anschaffungskostenprinzip bezweckt, rein umschichtende Anschaffungsvorgänge erfolgsneutral zu bilanzieren.[259] Zugleich begrenzen die Anschaffungskosten den Wertansatz von Vermögensgegenständen.[260] Der Anschaffungskostengrundsatz lässt sich auf das Realisationsprinzip und damit auch auf das Vorsichtprinzip zurückführen.[261] Eine Gewinnrealisation soll sich erst beim späteren Umsatzakt, nicht aber bereits bei der Anschaffung einstellen.[262] Realisiert ist ein Gewinn regelmäßig mit Übergang der Preisgefahr.[263] Bei der Beschaffung ist der erworbene Gegenstand der Höhe nach grundsätzlich mit dem Wert des für ihn Aufgewendeten anzusetzen.[264] Aufgrund des Realisationsprinzips werden bilanzielle Reinvermögensmehrungen nur berücksichtigt, wenn sie durch Umsätze bestätigt worden sind.[265] Die Ergebnisermittlung wird durch das Anschaffungswertprinzip an die Realisation von Umsätzen gebunden. Zur bilanziellen (Folge-) Bewertung ist der Bilanzierende an die historischen Anschaffungskosten gebunden. Es ergibt sich, jedenfalls im Zeitpunkt der Anschaffung, ein Objektivierungseffekt.[266]

---

[256] Vgl. Pohl, H., 1995, S. 80.
[257] Vgl. Thume, A., 2000, S. 44.
[258] Vgl.Bericht des Rechtsausschusses des Bundestags, abgedr. bei Ganske, S. 79.
[259] Vgl. Hofbauer, M. A., in: Bonner HdR, 2005, § 255 HGB, Rn. 3.
[260] Vgl. Ellrott, H./Schmidt-Wendt, D., Beck´scher Bilanzkommentar, 2003, § 255 HGB, Rn. 1.
[261] Vgl. nur Leffson, U., 1987a, S. 252ff.; Adler, H./Düring, W./Schmaltz, K., 1995, § 253 HGB, Rn. 32; Herzig, N., 1993, S. 211.
[262] Vgl. Moxter, A.,1984b, S. 1783.
[263] Vgl. Herzig, N., 1993, S. 211.
[264] Vgl. auch BFH, Urt. v. 03.08.1976, VIII R 101/71, BStBl. II 1977, S. 66.
[265] Vgl. Moxter, A., 1999, S. 7.
[266] Vgl. Moxter, A., 1984a, S. 164.

Anschaffungskosten i.S.d. § 24 UmwG sind grundsätzlich diejenigen Aufwendungen, die dem Übernehmer aufgrund des Erwerbs der Anteile am übertragenden Rechtsträger – ggfs. aufgrund einer Kapitalerhöhung zur Gewährung von neuen Mitgliedschaftsrechten und zzgl. Barabfindungen – entstehen. Die Anschaffungskosten des übernehmenden Rechtsträgers sind auf die übertragenen Aktiva und Passiva zu verteilen.

Als Obergrenze des für einen angeschafften Vermögensgegenstand ansetzbaren Betrages ist der Wert der Gegenleistung maßgeblich (Anschaffungskostenprinzip).[267] Hierdurch wird erreicht, dass der Wert der Gegenleistung dem Wert der angeschafften Vermögensgegenstandes entspricht. Damit wird die bilanzielle Gleichwertigkeit von Zu- und Abgängen im Rechenwerk des übernehmenden Rechtsträgers unterstellt.[268] Als Abgänge beim übernehmenden Rechtsträger, deren Buchwerte danach maßgeblich für die Einbuchung (der Anschaffungskosten) des übergehenden Vermögens wären, kommen (als tatsächliche Anschaffungskosten) bei Verschmelzung und Spaltung grundsätzlich folgende Leistungen in Betracht: Buchwert der Anteile aus einer Kapitalerhöhung[269], Buchwert untergehender Anteile[270], Buchwerte der hingegebenen eigenen Anteile der Übernehmerin[271], Wert der baren Zuzahlungen zum Spitzenausgleich.[272] Demgegenüber wird im Fall der nach § 24 UmwG möglichen Buchwertfortführung und beim Ansatz von Zwischenwerten vom Anschaffungskostenprinzip abgewichen. Nicht nur der Wert der Gegenleistung ist bei der Buchwertfortführung für die einzubuchenden Werte maßgeblich, sondern die bisherigen Buchwerte des übertragenden Rechtsträgers. Die bisherigen Wertansätze werden beim übernehmenden Rechtsträger fortgeführt.[273]

---

[267] Vgl. zum Grundsatz der Maßgeblichkeit der Gegenleistung Ellrott, H./Schmidt-Wendt, D., Beck'scher Bilanzkommentar, 2003, § 255 HGB, Rn. 20 m.w.N.

[268] Zu den Schwierigkeiten, die das Bewertungswahlrecht beim Tausch mit sich bringt, vgl. Pohl, H., 1995, S. 72ff., 84f.

[269] Insoweit zur Durchführung einer Verschmelzung oder Spaltung das Kapital der Übernehmerin erhöht wird, ist der Buchwert der Kapitalerhöhung als der der Anschaffung zugrunde zu legende Wert heranzuziehen.

[270] Dies ist der Fall des Up-Stream-Merger.

[271] Übernehmender Rechtsträger hielt eigene Anteile.

[272] Vgl. Bula, T./Schlösser, J., in: Sagasser, B./Bula, T./Brünger, T. R., 2002, S. 330.

[273] Da es bei der Buchwertfortführung nicht zur Aufdeckung stiller Reserven kommt und sich weder die Frage nach dem Ansatz bislang nicht bilanzierter immaterieller Anlagewerte oder eines Geschäfts- oder Firmenwertes stellt, wird die Buchwertfortführung nachfolgend nicht weiter vertieft.

bb) Verschmelzung und Spaltung als Anschaffungsvorgänge

Die Bestimmungen betreffend Anschaffungskosten in § 253ff. HGB klären nicht darüber auf, was bei übertragenden Umwandlungen unter „Anschaffung" zu verstehen ist. Auch in Zusammenschau mit § 24 UmwG wird nicht deutlich, ob es sich bei den verschiedenen Umwandlungsarten überhaupt um einen Anschaffungsvorgang handelt. Grundsätzlich handelt es sich bei Anschaffungskosten um eine pagatorische Größe.[274] Der BFH definiert den Begriff der Anschaffung als den Erwerb eines bereits bestehenden Vermögensgegenstandes, wobei „Erwerb" voraussetzt, dass der Gegenstand aus der Verfügungsmacht eines Dritten in die Verfügungsmacht des Bilanzierenden überführt wird.[275] § 255 Abs. 1 HGB setzt voraus, dass der Erwerber Aufwendungen zur Erlangung der Verfügungsmacht über den Vermögensgegenstand getätigt hat. Die Verknüpfung zwischen den Aufwendungen und dem konkreten Erwerbsgegenstand wird dabei regelmäßig durch eine vertragliche Vereinbarung hergestellt.[276]

Als rechtliche Grundlage von Anschaffungsvorgängen sind das vertragliche Anschaffungsrechtsgeschäft, insbesondere Kauf, Tausch und Schenkung, aber auch Vereinbarungen über Sacheinlagen und Umwandlungen heranzuziehen.[277] Dem Vermögensübergang im Zuge von Verschmelzungen und Spaltungen liegt also eine vertragliche Vereinbarung zugrunde: der Verschmelzungsvertrag nach §§ 4ff. UmwG bei Verschmelzungen, der Spaltungs- und Übernahmevertrag nach § 126 UmwG bei Aufspaltung, Abspaltung und Ausgliederung.[278]

Über die Rechtsnatur des Verschmelzungs- sowie des Spaltungs- und Übernahmevertrages werden im Schrifttum unterschiedliche Ansichten vertreten.[279] Die vorherrschende Auffassung bestimmt die Rechtsnatur der Vereinbarungen nach §§ 4ff., 126 UmwG als gemischten Vertrag.[280] Der Schwerpunkt liegt danach bei der Eigenschaft als gesellschaftsrechtlicher Organisationsakt

---

[274] Die Handelsbilanz ist grundsätzlich ein zahlungsbezogene Rechnung, vgl. Hofbauer, M. A., in: Bonner HdR, 2005, § 255 HGB, Rn. 2. Adler, H./Düring, W./Schmaltz, K., 1995, § 255, Rn. 5.

[275] Vgl. BFH, Urt. v. 22.08.1966, GrS 2/66, BStBl. III, 674. Vgl. auch BFH, Urt. v. 07.11.1991, IV R 43/90, BStBl. II 92, 400; Urt. v. 28.04.1977, IV R 163/75, BStBl. II 77, 554.

[276] Vgl. nur Baumbach, A./Hopt, K. J., 2003, § 255 HGB, Rn. 2.

[277] Vgl. Adler, H./Düring, W./Schmaltz, K., 1995, § 255 HGB, Rn. 7.

[278] Vgl. Raiser, T., 2001, S. 776, 791.

[279] Vgl. Übersicht bei Lutter, M./Drygala, T., in: Lutter, M., 2004, § 4 UmwG, Rn. 3ff.

[280] Vgl. Lutter, M./Drygala, T., in: Lutter, M., 2004, § 4 UmwG, Rn. 3.

mit schuldrechtlichen und teilweise auch dinglichen Elementen.[281] Der Verschmelzungsvertrag bildet in seiner Funktion als gesellschaftsrechtlicher Organisationsakt den Rechtsgrund für die Verschmelzung sowie für die Rechte und Pflichten gegenüber den Eignern der beteiligten Rechtsträger. Zugleich bildet er – eher dem Verpflichtungsgeschäft vergleichbar – die Rechtsgrundlage für die Übertragung des Vermögens.[282]

cc) Konzerninterne Anschaffungsvorgänge

Bei Umwandlungsvorgängen innerhalb einer Unternehmensgruppe stellt sich hinsichtlich der Anschaffungskosten die Frage, ob überhaupt von einem Anschaffungsvorgang ausgegangen werden kann. Die h.M. nimmt an, dass sich konzerngebundene Unternehmen im Hinblick auf die Entstehung von Anschaffungskosten i.S.d. §§ 253, 255 HGB wie ungebundene Dritte gegenüberstehen.[283]

Nach vereinzelt im Schrifttum geäußerter Auffassung gelte der Anschaffungskostengrundsatz zwar bei Konzentrationsverschmelzungen, nicht aber in den Fällen von Konzernverschmelzungen.[284] Problematisch ist demnach v.a. der Fall, dass die Übernehmerin ihr Kapital nicht zur Durchführung der Umwandlung erhöht oder vorhandene Anteile ausgibt.[285] Vor allem wenn eine 100%ige Tochtergesellschaft auf das Mutterunternehmen verschmolzen wird (Up-Stream-Merger), also bei reinen Konzernverschmelzungen und -spaltungen, fehle es an einem „Markttest“ und folglich an einem anschaffungsähnlichen Vorgang. Daraus leite sich die zwingende Buchwertverknüpfung ab.[286] Eine Aufstockung der Buchwerte ohne Bestätigung der Werthaltigkeit am Markt gefährde den Gläubigerschutz, weil sie eine willkürliche Neubewertung mit der Folge einer ungerechtfertigten Erhöhung der ausschüttbaren Mittel fördere.[287] Teilweise wird bereits bei einer Beteiligung des übernehmenden Rechtsträgers

---

[281] Vgl. Stratz, R.-C., in: Schmitt, J./Hörtnagl, R./Stratz, R.-C., 2001, § 4 UmwG, Rn. 7.

[282] Vgl. Stratz, R.-C., in: Schmitt, J./Hörtnagl, R./Stratz, R.-C., 2001, § 4 UmwG, Rn. 8 m.w.N..

[283] Vgl. Adler, H./Düring, W./Schmaltz, K., 1995, § 255 HGB, Rn. 70; Kropff, B., 1993, S. 57ff. m.w.N.; a.A. Fischer, M., 1995, S. 485f., 491

[284] Vgl. Fischer, M., 1995, S. 485f., 491. Die Unterscheidung zwischen Konzentrations- und Konzernverschmelzung und die nachfolgend genannten Argumente können auch auf Spaltungsvorgänge nach § 123 UmwG entsprechend übertragen werden.

[285] Vgl. Thume, A., 2000, S. 48.

[286] Vgl. Fischer, M., 1995, S. 486f.; vgl. auch IDW, 1992, S. 615; Thume, A., 2000, S. 48.

[287] Vgl. Fischer, M., 1995, S. 487.

von 75% oder mehr bestritten, dass eine Gewinnrealisation möglich ist und stille Reserven im Zuge der Einbuchung beim übernehmenden Rechtsträger aufgedeckt werden können.[288]

Diese Auffassung findet keinen Rückhalt im Gesetz. Der Gesetzgeber hat das Kriterium eines „Markttests", wie es von der vorskizzierten Meinung ins Feld geführt wird, nicht ausdrücklich geregelt.[289] Ein solches Kriterium lässt sich aber auch nicht aus der Normgeschichte oder der Gesetzesteleologie herleiten und auch der Rechtsprechung lässt sich ein solches Kriterium nicht entnehmen. Vielmehr ist grundsätzlich davon auszugehen, dass Vermögensgegenstände im Regelfall soviel wert sind, wie ihre Anschaffung gekostet hat.[290] Zwar setzen aufgrund des Realisationsprinzips (§ 252 Abs. 1 Nr. 4 HGB) Anschaffungsvorgänge einen von gegensätzlichen Interessen geprägten Umsatzakt am Markt voraus.[291] Auch folgt damit das Realisationsprinzip i.S.v. § 252 Abs. 1 Nr. 4 HGB dem gleichen Grundgedanken wie § 248 Abs. 2 HGB: Wertobjektivierung durch einen von widerstreitenden Interessen bestimmten Preis.[292] Jedoch ist zwischen dem Anschaffungsvorgang als solchem und dem entgeltlichen Erwerb nochmals zu unterscheiden. Der entgeltliche Erwerb unterliegt strengeren Anforderungen.[293] Sonst liefe § 248 Abs. 2 HGB leer. Der Interessengegensatz zwischen Konzernunternehmen ist zwar abgeschwächt, besteht aber gleichwohl und unterliegt auch gewissen Kontrollen.

Es kommt nicht darauf an, ob eine Gewinnrealisation einzig von dem Willen des übernehmenden Rechtsträgers abhängt. Vielmehr sind grundsätzlich bei übertragenden Umwandlungen objektive Anhaltspunkte, nicht aber Beeinflussungsmöglichkeiten für die Annahme einer Gewinnrealisierung entscheidend.[294] Wendet das erwerbende Konzernunternehmen überhöhte Anschaffungskosten auf, so hat es ggfs. verdeckt Gewinne ausgeschüttet, die bei Unzulässigkeit zu einem Rückgewähranspruch in Höhe der Differenz zwischen Zeitwert und tatsächlichen Anschaffungskosten führen.[295]

---

[288] Vgl. Schulze-Osterloh, J., 1993, S. 438ff.
[289] Vgl. Adler, H./Düring, W./Schmaltz, K., 1995, § 255 UmwG, Rn. 70.
[290] Vgl. Döllerer, G., 1977, S. 197.
[291] Vgl. Kropff, B., 1993, S. 55f.
[292] Vgl. unten Kap. D.IV.2.
[293] Vgl. Kropff, B., 1993, S. 55f., 60f.
[294] Vgl. Pohl, H., 1995, S. 75.
[295] Vgl. Adler, H./Düring, W./Schmaltz, K, 1995, § 255 HGB, Rn. 71.

Eine Beschränkung des Wahlrechts aufgrund möglicher Manipulationen der Gewinnverwirklichung scheitert auch an dem eindeutigen Wortlaut des § 24 UmwG: Weder allgemein unter dem Gesichtspunkt von Bewertungsschwierigkeiten, noch spezifisch für Umwandlungsvorgänge zwischen konzerngebundenen Unternehmen lässt sich aus der Vorschrift eine Einengung der Wahlmöglichkeiten herleiten.[296] Das Anschaffungskostenprinzip kann daher – je nach Wahl des übernehmenden Rechtsträgers – angewendet, Zwischenwerte angesetzt oder die Buchwerte fortgeführt werden.

c) Umtauschverhältnis

Grundsätzlich müssen sich untergehende und neu zu gewährende Anteile dem Wert nach entsprechen. Das Umtauschverhältnis entscheidet daher regelmäßig darüber, wie viele Anteile an der übernehmenden Gesellschaft für die Anteile an der untergehenden Gesellschaft gewährt werden. Es geht um eine angemessene „Entschädigung" der Eigner des übertragenden Rechtsträgers, die den oder die bisherigen Eigner des übernehmenden Rechtsträgers weder benachteiligt noch begünstigt. Sämtliche Anteilsinhaber der beteiligten Rechtsträger müssen vor und nach der Umwandlung dem Vermögen nach „gleich dastehen". Bare Zuzahlungen wären bei der Beurteilung der Angemessenheit des Umtauschverhältnisses zu berücksichtigen. Für die Angemessenheit spielt es hinsichtlich der gesellschaftsrechtlichen Justitiabilität daher weniger eine Rolle, ob die Unternehmenswerte als absolute Größe exakt ermittelt wurden, sondern ob die Relation der Unternehmenswerte zueinander zutrifft.[297]

Der Bestimmung des Umtauschverhältnisses geht eine Bewertung des übertragenden und des übernehmenden Rechtsträgers voraus. Das Ergebnis der Unternehmenswertung wird in absoluten Zahlen angegeben. In der Praxis wird zur Bestimmung des Umtauschverhältnisses regelmäßig auf Ertragswert- bzw. DCF-Verfahren zurückgegriffen.[298] Die Bewertung durch unabhängige Prüfer wird regelmäßig bereits vor Abschluss des Verschmelzungsvertrages, jedenfalls aber vor Beschlussfassung erfolgen. Dabei ist ggfs. ein Börsenkurs zu

[296] Vgl. Thume, A., 2000, S. 49.

[297] Vgl. BayObLG, Beschl. v. 18.12.2002, 3 Z BR 116/00, ZIP 2003, S. 253; Lutter, M./Drygala, T., in: Lutter, M., 2004, § 5 UmwG, Rn. 19.

[298] Vgl. Heurung, R., 1997a, S. 888f. Zur Besonderheiten der Bewertung bei Spaltungen vgl. ders, 1997b, S. 1302ff. Zur Berücksichtigung von Ertragsteuerwirkungen bei Unternehmensbewertungen zu Zwecken der Bestimmung des Umtauschverhältnisses vgl. ders., 1999, S. 1225ff.

berücksichtigen, von dem nur in Ausnahmefällen (z.B. bei spekulativer „Überhitzung") abgewichen werden darf.[299] Durch die Orientierung am Börsenkurs wird v.a. bei der Umwandlung konzernverbundener Unternehmen die Gefahr, dass das herrschende Unternehmen das Umtauschverhältnis zu Lasten außen stehender Aktionäre verschiebt, deutlich verringert.[300] Um das Umtauschverhältnis der einzelnen Anteile anzugeben, müssen die nach einer der genannten Verfahrensweisen bestimmten Unternehmenswerte der beteiligten Rechtsträger durch die jeweilige Anzahl der Anteile dividiert und dann zueinander in ein Verhältnis gesetzt werden.

d) Verschmelzung

aa) Unterscheidung nach Art der Gegenleistung

Die Bilanzierung des übernommenen Vermögens beim übernehmenden Rechtsträger kann sich unterschiedlich auswirken. Die Folgen hängen zum einen von der Art und Weise ab, in der die Vermögensübertragung durchgeführt wird, zum anderen spielt die Frage, ob die Buchwerte des übergehenden Rechtsträgers aufgestockt werden, eine Rolle.[301] Hinsichtlich des gesetzlichen Ausgangstatbestandes der Verschmelzung sind vier Gegenleistungen als „Entschädigung" für das übergehende Vermögen beim übernehmenden Rechtsträger zu unterscheiden:[302]

- Ausgabe des durch Kapitalerhöhung oder durch Neugründung neu geschaffenen Kapitals,
- Untergang einer bestehenden Beteiligung,
- Gewährung eigener Anteile des übernehmenden Rechtsträgers,
- bare Zuzahlungen.

Zur Durchführung einer Verschmelzung werden im Regelfall[303] den Gesellschaftern der übertragenden Gesellschaft Anteile an der Übernehmerin gewährt. Dies kann gem. §§ 2, 36 UmwG durch Ausgabe von Anteilen geschehen, die

---

[299] Vgl. BVerfG, Beschl. v. 27.04.1999, 1 BvR 1613/94, BVerfGE 100, S. 289ff. (DAT/Altana).

[300] Vgl. Lutter, M./Drygale, T., 2004a, § 5 UmwG, Rn. 25.

[301] Vgl. Bula, T.,/Schlösser, J., in: Sagasser, B./Bula, T./Brünger, T., 2002, S. 365; Priester, H.-J., in: Lutter, M., 2004, § 24 UmwG, Rn. 6.

[302] Vgl. Müller, W., 1996a, S. 863; Schulze-Osterloh, J., 1993, S. 428.

[303] Eine Ausnahme bildet z.B. der Up-Stream-Merger, bei dem die Beteilung der Mutter- an der Tochtergesellschaft untergeht, ohne dass die Mutter insoweit neue Anteile ausgeben muss.

durch eine eigens zu diesem Zweck durchgeführte Kapitalerhöhung neu entstanden sind oder wegen der Neugründung des übernehmenden Rechtsträgers ausgegeben werden.[304] Das infolge der Einbuchung erhöhte Netto-Vermögen bildet das bilanzielle Gegenstück zu dem höheren oder im Zuge der Neugründung geschaffenen Eigenkapital, das – ggfs. unter Ausschluss des Bezugsrechts der eigenen Gesellschafter – zur Abfindung der Anteilseigner der aufzunehmenden Gesellschaft verwendet wird.[305] Der Umwandlungsvorgang kann durch diese Maßnahmen bilanziell neutralisiert werden.

Bei Beteiligung des übernehmenden Rechtsträgers am übertragenden Rechtsträger fällt die Beteiligung mit Eintragung der Verschmelzung weg. An ihre Stelle treten – ganz oder anteilig – die übergehenden Vermögensgegenstände und Schulden.[306] Sofern vorhanden, können aber auch eigene, voll eingezahlte Anteile des übernehmenden Rechtsträgers zur Abfindung der Anteilseigner der aufzunehmenden Gesellschaft verwendet werden (Wahlrecht gem. §§ 54 Abs. 1 S. 2 Nr. 1-2, 68 Abs. 1 S. 2 Nr. 1 und 2 UmwG). Hält der übernehmende Anteile am übertragenden Rechtsträger, ist eine Anteilsgewährung insoweit nicht zulässig (§§ 54 Abs. 1 S. 1 Nr. 1, 68 Abs. 1 S. 1 Nr. 1 UmwG). Ebenso wenig zulässig ist eine Kapitalerhöhung, wenn die übertragende Gesellschaft eigene Anteile oder Anteile der übernehmenden Gesellschaft besitzt, die nicht voll eingezahlt sind (§§ 54 Abs. 1 S. 1 Nr. 2 und Nr. 3, 68 Abs. 1 S. 1 Nr. 2 und Nr. 3 UmwG). Ziel der Regelungen in §§ 54, 68 UmwG ist zu verhindern, dass nach der Verschmelzung durch Entstehen eigener Anteile das Grund- oder Stammkapital nicht mehr vollständig gedeckt ist.[307] Gem. §§ 54 Abs. 2, 68 Abs. 2 UmwG gelten die genannten Kapitalerhöhungsverbote und -wahlrechte auch, wenn ein Dritter für Rechnung des Übernehmers bzw. Überträgers die genannten Anteile hält.

---

[304] Bei Personengesellschaften kann der Einlagewert frei vereinbart werden, auch wenn er einen höheren Zeitwert nicht berücksichtigt. Vgl. Adler, H./Düring, W./Schmaltz, K., 1995, § 255 HGB, Rn. 97; Müller, W. in: Kallmayer, H., 2001, § 24 UmwG, Rn. 21.

[305] Erhöht der übernehmende Rechtsträger sein Kapital, kann im Fall der Aktiengesellschaft auch eine bedingte Kapitalerhöhung oder eine Erhöhung aufgrund genehmigten Kapitals durchgeführt werden (§ 192 Abs. 2 Nr. 2 AktG), wofür das Umwandlungsgesetz Vereinfachungen bereithält (§§ 55, 69 UmwG), vgl. Raiser, T., 2001, S. 782.

[306] Vgl. Müller, W., in: Kallmayer, H., 2001, § 24 UmwG, Rn. 26.

[307] Vgl. Raiser, T., 2001, S. 783; Thume, A., 2000, S. 17.

Bis zu einem Umfang von zehn Prozent des Gesamtnennbetrages der gewährten Anteile kann eine „Entschädigung" der Anteilseigner des übertragenden Rechtsträgers gezahlt werden (§§ 54 Abs. 4, 68 Abs. 3 UmwG). Diese Zuzahlung in Form von Barmitteln kann gerade auch dem Spitzenausgleich bei der Festsetzung des Umtauschverhältnisses dienen. Um nicht zu einer Unter-Pari-Emission zu führen, müssen die zu gewährenden Anteile und die baren Zuzahlungen zusammen ihrem Zeitwert nach das aus der Kapitalerhöhung herrührende Kapital decken.[308]

bb) Entstehung von Verschmelzungsgewinn und -verlust

Werden Wahlmöglichkeiten des § 24 UmwG genutzt, beeinflusst dies die Entstehung eines Verschmelzungsgewinns oder -verlustes. Die vom übernehmenden Rechtsträger gewährten bzw. weggefallenen Anteile entsprechen der Höhe ihres Buchwertes nach nur selten dem Zeit- oder Buchwert des übertragenen Netto-Vermögens. Um eine bilanzielle „Ergebnisneutralisierung" zu erreichen, müsste der Wertansatz des Vermögens nach dem Wert der Anteile bzw. dem bisherigen Beteiligungsansatz bestimmt werden.[309] Entsprechen sich diese beiden Größen nicht, kommt es zu einem Verschmelzungsgewinn oder -verlust. Die Differenz ergibt sich bei der Buchwertfortführung letztlich aus dem Unterschied zwischen dem Buchwert des übernommenen Vermögens und dem (Buch-)Wert der Gegenleistung (dem Ausgabebetrag im Rahmen der Kapitalerhöhung, dem Buchwert der untergehenden Anteile an dem übertragenen Rechtsträger oder dem Buchwert der von der Übernehmerin ausgegebenen eigenen Anteile, jeweils zuzüglich barer Zuzahlungen).[310]

Übersteigt der Buchwert des bei dem übernehmenden Rechtsträger aufgrund der Umwandlung eingebuchten Vermögens den Wert der hierfür hingegebenen Anteile, entsteht ein sog. Verschmelzungsgewinn. Im umgekehrten Fall, d.h. wenn der Buchwert des übernommenen Vermögens den Wert der hingegebenen Anteile unterschreitet, entsteht beim übernehmenden Rechtsträger ein sogenannter Verschmelzungsverlust. Die Wahlmöglichkeiten hinsichtlich des Wertansatzes des übernommenen Vermögens beeinflussen mithin für den übernehmenden Rechtsträger die Erfolgswirksamkeit von Verschmelzungen. Aber auch für die Ergebnisse der nachfolgenden Rechnungslegungsperioden wirken

[308] Vgl. Winter, M., in: Lutter, M., 2004, § 54 UmwG, Rn. 35.
[309] Vgl. Priester, H.-J., in: Lutter, M., 2004, § 24 UmwG, Rn. 9.
[310] Vgl. Hannappel, H.-A., in: Goutier, K./Knopf, R./Tulloch, A., 1996, § 24 UmwG, Rn. 16.

sich die gewählten Wertansätze aus: Die gewählten Wertansätze bilden als Anschaffungskosten i.S.v. § 253ff. HGB zugleich die Bemessungsgrundlage künftiger Abschreibungen und wirken sich damit auf deren Höhe aus.

Werden stille Reserven, z.B. in Form originärer immaterieller Anlagegüter oder in Gestalt eines originären Geschäfts- oder Firmenwertes des übertragenden Unternehmens im Rahmen der (teilweisen) Buchwertfortführung nicht oder nicht vollständig aufgedeckt, erhalten die Anteilsinhaber des übertragenden Rechtsträgers hierfür gleichwohl einen vollen Wertausgleich in Form von Anteilen an dem übernehmenden Rechtsträger. Es entsteht allerdings ein negativer Differenzbetrag (Verschmelzungsverlust). Aber auch bei Buchwertansatz des übergehenden Vermögens kann bei dem übernehmenden Rechtsträger ein Verschmelzungsgewinn entstehen. Verfügt die übernehmende Gesellschaft im Verhältnis zum übertragenden Rechtsträger über höhere stille Reserven, liegt der Nennwert der hingegebenen Anteile u.U. über den Buchwerten des übergegangenen Vermögens.[311]

Durch das Wahlrecht des § 24 UmwG werden dem übernehmenden Unternehmen erhebliche bilanzielle Spielräume eröffnet, seine Vermögens- und Ertragslage zu beeinflussen. Regelmäßig ist unter dem Gesichtspunkt der Darstellung eines zutreffenden Einblicks in die Vermögens-, Finanz- und Ertragslage nach § 264 Abs. 2 HGB ein Verschmelzungsgewinn in der Gewinn- und Verlustrechnung als außerordentlicher Ertrag, ein Verschmelzungsverlust als außerordentlicher Aufwand auszuweisen.[312] Auch eine Erläuterung im Anhang kommt in diesem Zusammenhang in Betracht, wenn durch die Fortführung der Buchwerte die Vermögens- und Ertragslage beeinflusst wird.[313] Der Verschmelzungsverlust kann nicht durch Aktivierung eines sogenannten Verschmelzungsmehrwertes neutralisiert werden.[314]

---

[311] Vgl. Priester, H.-J., in: Lutter, M., 2004, § 24 UmwG, Rn. 69.

[312] Vgl. IDW, 1997, S. 19f. (Ziff. 31).

[313] Vgl. Bula, T.,/Schlösser, J., in: Sagasser, B./Bula, T./Brünger, T., 2002, S. 364; IDW, 1997, S. 19f. (Ziff. 31).

[314] Dies war nach alter Rechtslage vor Inkrafttreten des UmwG noch anders: Nach § 348 Abs. 2 AktG a.F. und § 27 Abs. 2 KapErhG konnte die Differenz zwischen dem höheren Gesamtausgabebetrag der Anteile und dem Wertansatz des übertragenen Vermögens als Bilanzierungshilfe mit der Bezeichnung als „Geschäfts- oder Firmenwert aktiviert und in maximal fünf (AG vier, GmbH fünf) Jahren abgeschrieben werden. Hintergrund der Abschaffung dieser Regelung war, dass der Zwang zur Buchwertfortführung durch dieses Verfahren gegen das Prinzip der Erfolgsneutralität von Anschaffungsvorgängen verstoße und

Die bilanzielle Behandlung des Verschmelzungsgewinns hängt von der jeweiligen Durchführung der Verschmelzung ab. Erhöht der übernehmende Rechtsträger im Zuge der Verschmelzung sein Kapital, wird der dabei entstehende positive Differenzbetrag als Aufgeld (Agio) eingeordnet und ist gem. § 272 Abs. 2 Nr. 1 HGB in die Kapitalrücklage einzustellen.[315] Dies ist anders, wenn die übernehmende Gesellschaft keine Kapitalerhöhung durchführt und als Gegenleistung eigene Anteile gewährt. In diesem Fall ist nach überwiegender Auffassung im Schrifttum mangels „Ausgabe von Anteilen" i.S.d. § 272 Abs. 2 Nr. 1 HGB keine Kapitalrücklage zu dotieren, so dass der Verschmelzungsgewinn erfolgswirksam den Jahresüberschuss der aufnehmenden Gesellschaft erhöht oder deren Jahresfehlbetrag vermindert.[316] Insoweit die übernehmende Gesellschaft an der übertragenden Gesellschaft beteiligt ist, liegt keine Leistung des Gesellschafters des übertragenden Rechtsträgers vor, so dass der übersteigende Betrag nicht in die Kapitalrücklage nach § 272 Abs. 2 Nr. 1 HGB einzustellen ist.[317] Vielmehr wird der Verschmelzungsgewinn als außerordentlicher Ertrag in der Gewinn- und Verlustrechnung ausgewiesen.[318]

e) Besonderheiten der Bilanzierung von Aufspaltung, Abspaltung und Ausgliederung

aa) Allgemeines

Die handelsbilanzielle Abbildung der Spaltung ist der Bilanzierung von Verschmelzungen ähnlich. Das Gesetz verweist in § 125 S. 1 UmwG im Wesentlichen auf die Vorschriften der §§ 17 Abs. 2, 24 UmwG. Die allgemeinen handelsbilanziellen Vorschriften und Grundsätze gelten folglich ebenfalls.[319] Der übertragende Rechtsträger hat gem. § 125 S. 1 UmwG i.V.m. § 17 Abs. 2

---

die entstehenden Verschmelzungsverluste, abgemildert durch eine letztlich zu kurze Abschreibungsfrist des Verschmelzungsmehrwertes, nicht gerechtfertigt seien, vgl. Priester, H.-J., in: Lutter, M., 2004, § 24 UmwG, Rn. 2f.; Schulze-Osterloh, J., 1993, S. 422ff.

[315] Vgl. Müller, W., in: Kallmayer, H., 2001, § 24 UmwG, Rn. 40.

[316] Vgl. Hannappel, H.-A., in: Goutier, K./Knopf, R./Tulloch, A., 1996, § 24 UmwG, Rn. 17; Müller, W., in: Kallmayer, H., 2001, § 24 UmwG, Rn. 41. Nach anderer Auffassung ist der Fall, dass die übernehmende Gesellschaft als Gegenleistung eigene Anteile gewährt, wie der vorskizzierte Fall der Kapitalerhöhung zu behandeln, weil die Parallele zur Ausgabe neuer Anteile überwiege. Die Gewährung eigener Anteile sei vom Gesetz als Ersatz für die Kapitalerhöhung vorgesehen. Vgl. Priester, H.-J., in: Lutter, M., 2004, § 24 UmwG, Rn. 71 m.w.N. zu dieser Auffassung.

[317] Vgl. Hannappel, H.-A., in: Goutier, K./Knopf, R./Tulloch, A., 1996, § 24 UmwG, Rn. 17.

[318] Vgl. Hörtnagl, R., in: Schmitt J./Hörtnagl, R./Stratz, R.-C., § 24 UmwG, Rn. 46.

[319] Vgl. nur Hörtnagl, R., in: Schmitt, J./Hörtnagl, R./Stratz, R.-C., 2001, § 17 UmwG, Rn. 49.

UmwG der Anmeldung der Spaltung bei dem zuständigen Handelsregister eine Bilanz beizugeben. Auch der spaltende Rechtsträger stellt auf den umwandlungsrechtlichen Spaltungsstichtag eine Schlussbilanz auf.[320] Die für die Verschmelzung einer Aktiengesellschaft gem. § 63 Abs. 1 Nr. 3 UmwG geltende Verpflichtung, eine Zwischenbilanz aufzustellen, gilt über § 125 UmwG gleichermaßen für die Spaltung. Wird die Spaltung im Wege einer oder mehrerer Neugründungen vorgenommen, folgt aus § 242 Abs. 1 S. 1 HGB das Erfordernis, eine Eröffnungsbilanz aufzustellen.

Im Wesentlichen gelten auch bei Spaltungsvorgängen das zu den vier Formen von Gegenleistungen bei Verschmelzungen, zu Kapitalerhöhungswahlrechten und -verboten sowie zu Verschmelzungsgewinn und -verlust Gesagte. Der entscheidende Unterschied zur Verschmelzung besteht in der Art und Weise der Rechtsnachfolge. Bei der Verschmelzung gehen Aktiva und Passiva ausnahmslos auf ein anderes Zuordnungssubjekt über (Gesamtrechtsnachfolge). Demgegenüber muss bei Aufspaltung, Abspaltung und Ausgliederung vertraglich ausdrücklich zugeordnet werden, welche Vermögensgegenstände und welche Verbindlichkeiten auf welchen Rechtsträger übergehen oder – bei Abspaltung und Ausgliederung – bei welchem Rechtsträger verbleiben. Der im Wege der Spaltung übertragende Rechtsträger ist frei darin festzulegen, welche Vermögens-gegenstände und welche Verbindlichkeiten auf welchen Rechtsträger übergehen.[321]

bb) Aufspaltung

Die Vermögensübertragung umfasst bei der Spaltung Vermögensgegenstände und Schulden, so dass es – abhängig von der Art der Spaltung – im Hinblick auf die Kapitalerhaltungsvorschriften zu Unterschieden zwischen Aufspaltung, Abspaltung und Ausgliederung kommt. Wird ein Rechtsträger aufgespalten, wird sein gesamtes Vermögen auf mehrere übernehmende Rechtsträger aufgeteilt. Vermögensgegenstände und Schulden gehen gem. Spaltungsplan auf die übernehmenden Rechtsträger über. Den Anteilseignern des übertragenden

---

[320] Vgl. Bula, T./Schlösser, J., in: Sagasser, B./Bula, T./Brünger, T., 2002, S. 588. Um die Achtmonatsfrist des § 17 Abs. 2 S. 4 UmwG einzuhalten, ist die Reihenfolge-Regelung des § 130 UmwG zu beachten: Die Spaltung darf erst dann in das Handelsregister des übertragenden Rechtsträgers eingetragen werden, wenn der Registereintrag zum Register des übernehmenden Rechtsträgers erfolgt ist. Die Praxis hilft sich mit gleichzeitiger, beim Handelsregister des Überträgers bedingter Anmeldung.

[321] Vgl. Kleindiek, D., 1992, S. 517.

Rechtsträgers werden im Gegenzug Anteile an einem oder mehreren der übernehmenden Rechtsträger eingeräumt. Die Handelsbilanz des übertragenden Rechtsträgers bildet dessen Vermögen im Zeitpunkt des Übergangs des wirtschaftlichen Eigentums ab. Beim übertragenden Rechtsträger sind im Fall der Aufspaltung die Grundsätze der Kapitalerhaltung regelmäßig nicht berührt. Etwas anderes gilt allenfalls, wenn das wirtschaftliche Eigentum nicht zeitgleich übergeht: Insoweit können die Kapitalerhaltungsgrundsätze zum Tragen kommen,[322] wenn dem übertragenden Rechtsträger nicht mehr genug Reinvermögen zur Deckung des Mindestkapitals verbleibt.

Wird im Zuge der Aufspaltung Vermögen auf einen neu gegründeten Rechtsträger übertragen, müssen, um das Eigenkapital dieser neuen Gesellschaft zu bilden, dem Zeitwert nach mehr Aktiva als Passiva übergehen. Andernfalls kann das zur Neugründung erforderliche Eigenkapital nicht gebildet werden.[323] Weist bei der Spaltung zur Aufnahme das auf einen oder mehrere übernehmende Rechtsträger übergehende Vermögen einen negativen Zeitwert auf, muss unterschieden werden: Nur soweit der übernehmende Rechtsträger nach den Grundsätzen der Kapitalerhaltung nach der Übernahme noch über genügend Eigenkapital verfügt, kann er ohne Kapitalherabsetzung das unterbilanzierte Vermögen übernehmen.[324]

cc) Abspaltung

Spaltet ein Rechtsträger unter Anwendung der §§ 123ff. UmwG einen Teil seines Vermögens auf einen anderen ab, erhalten die Anteilseigner des übertragenden Rechtsträgers gem. § 123 Abs. 2 UmwG Anteile an dem übernehmenden Rechtsträger. Der übertragende Rechtsträger bilanziert im Anschluss an die Vermögensübertragung nur mehr das ihm verbleibende Vermögen. Unabhängig von den Buchwerten des übertragenen Vermögens muss der Saldo der Verkehrswerte der übergehenden Aktiva und Passiva jeweils, d.h. für jeden einzelnen der übernehmenden Rechtsträger, positiv sein.[325] Hinsichtlich der Folgen der Abspaltung für die Kapitalerhaltung beim übertragenden Rechtsträger ist zu unterscheiden, ob er ein negatives oder ein

---

[322] Vgl. Bula, T.,/Schlösser, J., in: Sagasser, B./Bula, T./Brünger, T. R., 2002. S. 595.

[323] Vgl. Naraschewski, A., 1995, S. 697ff.; Priester, H.-J., 1991, S. 2377; IDW, 1998, S. 28f. (Ziff. 121).

[324] Vgl. IDW, 1998, S. 28f. (Ziff. 121).

[325] Vgl. Bula, T.,/Schlösser, J., in: Sagasser, B./Bula, T./Brünger, T. R., 2002, S. 596.

positives Nettobuchvermögen überträgt: Ist der Saldo aus den Buchwerten der übertragenen Vermögensgegenstände und Schulden negativ oder gleich null, kommt es zu keiner Minderung des Buchvermögens des übertragenden Rechtsträgers. Die Übertragung negativen Nettobuchvermögens ist regelmäßig unproblematisch, soweit in dem übertragenen Vermögen stille Reserven in einem Maße vorhanden sind, die ausreichen, das Eigenkapital des übernehmenden Rechtsträgers aufzubringen.[326]

Anders als bei der Ausgliederung erhält bei der Abspaltung nicht der übertragende Rechtsträger, sondern dessen Anteilseigner Anteile an dem übernehmenden Rechtsträger. Werden Vermögensgegenstände und Schulden mit positivem Buchwert-Saldo abgespalten, verringert sich das Buchvermögen des übertragenden Rechtsträgers. Wiederum handelt es sich im Ergebnis um eine durch das Gesellschaftsverhältnis veranlasste Vermögensverwendung. Daher handelt es sich nicht um einen laufenden Geschäftsvorfall des abspaltenden Rechtsträgers. Die Abspaltung kann folglich nicht als Ertrag oder Aufwand in der Gewinn- und Verlustrechnung erfasst werden.[327] Spaltet der Rechtsträger einen Vermögensteil mit positivem Buchwert-Saldo ab, verringert sich das bilanzielle Eigenkapital.[328] Dieser Vorgang ist als Ergebnisverwendung nach der Position „Jahresüberschuss/Jahresfehlbetrag" in der Gewinn- und Verlustrechnung auszuweisen.[329]

Durch die Abspaltung von Vermögen mit einem positiven Buchsaldo darf dem übertragenden Rechtsträger nicht die Kapitalausstattung in einem den Kapitalerhaltungsgrundsätzen zuwider laufendem Umfang entzogen werden.[330] Das im

---

[326] Vgl. Bula, T./Schlösser, J., in: Sagasser, B./Bula, T./Brünger, T., 2002, S. 599 m.w.N.

[327] Vgl. Adler, H./Düring, W./Schmaltz, K., 1997, § 272 HGB, Rn. 51; IDW, 1998, S. 29f. (Ziff. 122).

[328] Vgl. Priester, H.-J., 1991, S. 2377.

[329] Vgl. IDW, 1998, S. 29f. (Ziff. 122).

[330] Letztlich wird dieser Schutz der Kapitalausstattung der übertragenden Gesellschaft durch die strafbewehrten (§ 313 Abs. 2 UmwG) Erklärungserfordernisse gem. §§ 140, 146 UmwG sichergestellt. Auf eine gesonderte Kapitalprüfung durch das Registergericht hat der Gesetzgeber bewusst verzichtet. Vgl. Begr. RegE, § 140, abgedr. bei Ganske, J., 1995, S. 174f.; Hörtnagl, R., in: Schmitt, J./Hörtnagl, R./Stratz, R.-C., 2001, § 140 UmwG, Rn 7f.; Priester, H.-J., in: Lutter, M, 2004, § 140, Rn. 2, 4ff. Da auch zwischen dem Zeitpunkt, zu dem die Schlussbilanz aufgestellt wurde, und dem Zeitpunkt, zu dem die Erklärungen nach §§ 140, 146 UmwG abgegeben werden müssen, Änderungen (Gewinnausschüttungen, handelsrechtlicher Überschuss/Fehlbetrag, Kapitalerhöhungen, -herabsetzungen) auftreten können,

Anschluss an die spaltungsbedingte Vermögensübertragung verbleibende Nettovermögen muss das Nennkapital der übertragenden Gesellschaft decken, und zwar auch, wenn es gem. §§ 139, 145 UmwG herabgesetzt wurde.[331] Eine Kapitalherabsetzung wird erforderlich, wenn anderenfalls die Ausschüttungssperren gem. § 30 GmbHG und § 57 AktG durch die Abspaltung von Nettovermögen verletzt werden. Der übertragende Rechtsträger kann dabei das vereinfachte Verfahren über die Kapitalherabsetzung gem. § 139 UmwG i.V.m. §§ 58aff. GmbHG und gem. § 145 UmwG i.V.m. §§ 229ff. AktG durchführen.[332]

Die Abspaltung von Vermögensteilen mit negativem Vermögenssaldo ist Vermögensverwendung ohne unmittelbare Gegenleistung und führt somit ebenfalls zu einer durch das Gesellschaftsverhältnis veranlassten Vermögensmehrung.[333] In dieser durch die Abspaltung negativen Buchvermögens eintretenden Vermögensmehrung ist im Ergebnis eine i.w.S. andere Zuzahlung der Gesellschafter in das Eigenkapital des übertragenden Rechtsträgers zu sehen.[334] In Höhe dieser Vermögensmehrung ist erfolgsneutral eine Kapitalrücklage gem. § 272 Abs. 2 Nr. 4 HGB zu dotieren.[335]

dd) Ausgliederung

Gem. § 123 Abs. 3 UmwG kann ein Rechtsträger Teile seines Vermögens auf einen anderen Rechtsträger im Wege der Ausgliederung übertragen. Im Gegenzug erhält der ausgliedernde Rechtsträger selbst, nicht aber seine Anteilsinhaber, Anteile an der den Vermögensteil übernehmenden Gesellschaft. Nach h.M. handelt es sich bei diesem Vorgang um einen Tausch oder zumindest um einen

---

sind diese im Rahmen der Erklärung zu berücksichtigen. Vgl. hierzu IDW, 1998, S. 30ff. (Ziff. 2).

[331] Sagasser, B./Sickinger, M., in: Sagasser, B./Bula, T./Brünger, T., 2002, S. 504.

[332] Die Vorschriften über die vereinfachte Kapitalherabsetzung nach § 139 UmwG i.V.m. §§ 58aff. GmbHG und gem. § 145 UmwG i.V.m. §§ 229ff. AktG sind nur bis zur Höhe der sich aus der Vermögensabspaltung ergebenden Vermögensminderung anwendbar. Eine unabhängig hiervon verursachte Unterbilanz kann nicht durch eine vereinfachte Kapitalherabsetzung „neutralisiert", sondern muss durch eine ordentliche Kapitalherabsetzung beseitigt werden. Vgl. Rieger, N., in: Widmann, S./Mayer, R., 2005, § 145 UmwG, Rn. 13; Bula, T.,/Schlösser, J., in: Sagasser, B./Bula, T./Brünger, T., 2002, S. 599; IDW, 1998, S. 30ff. (Ziff. 2); a.A. (entgegen dem Wortsinn der §§ 139 S. 1, 145 S. 1 UmwG) Naraschewski, A., 1995, S. 697, 701.

[333] Vgl. IDW, 1998, S. 29ff. (Ziff. 122).

[334] Vgl. Bula, T.,/Schlösser, J., in: Sagasser, B./Bula, T./Brünger, T., 2002, S. 600.

[335] Vgl. IDW, 1998, S. 29f. (Ziff. 122).

tauschähnlichen Vorgang:[336] Die übergehenden Vermögensgegenstände und Schulden werden gegen die Anteile des übernehmenden Rechtsträgers getauscht. Der Vermögenstransfer bei der Ausgliederung ist – anders als bei der Abspaltung – nicht durch das Gesellschaftsverhältnis veranlasst, sondern ist als Tauschvorgang wie ein laufender Geschäftsvorfall zu bilanzieren: Die Auswirkungen sind in der Gewinn- und Verlustrechnung zu erfassen.[337] Im Übrigen gilt im Wesentlichen das zur Abspaltung Gesagte.

[336] Vgl. Sauter, T., 2000, S. 101; Adler, H./Düring, W./Schmaltz, K., 1997, § 272 HGB, Rn. 54; Widmann, S., in: Widmann, S./Mayer, R., 2005, § 24 UmwG, Rn. 169 („zumindest ein tauschähnlicher Vorgang"); Hörtnagl, R., in: Schmitt, J./Hörtnagl, R./Stratz, R.-C., 2001, § 17 UmwG, Rn 59; Priester, H.-J., in: Lutter, M., 2004, Anhang zu § 134 UmwG, Rn. 8; nach a.A. fehlt es an einem Umsatzakt: Bula, T.,/Schlösser, J., in: Sagasser, B./Bula, T./Brünger, T., 2002, S. 600f.

[337] Vgl. Hörtnagl, R., in: Schmitt, J./Hörtnagl, R./Stratz, R.-C., 2001, § 17 UmwG, Rn. 59; Adler, H./Düring, W., Schmaltz, K., 1997, § 272 HGB, Rn. 54; Priester, H.-J., in: Lutter, M., 2004, Anhang zu § 134 UmwG, Rn. 8; IDW , 1998, S. 22f. (Ziff. 123).

III. Bilanzierung übertragender Umwandlungen im Einzelabschluss nach IFRS 3

1. Grundlegendes

a) Anwendungsbereich

Das IASB hat die Bilanzierung des Zusammenschlusses von Unternehmen im Rahmen des *improvement project* durch den am 31.03.2004 veröffentlichten Standard IFRS 3 neu geregelt. IFRS 3 ersetzt den bislang auf Unternehmenszusammenschlüsse anwendbaren IAS 22.[338] Das IASB verfolgt mit der Neuregelung insbesondere das Ziel, die bislang geltenden Regelungen qualitativ zu verbessern und sich den entsprechenden Regelungen der US-GAAP anzunähern.[339] Die nach IAS 22 in Ausnahmefällen zulässige Interessenzusammenführungsmethode (*pooling of interest method*), die eine Buchwertfortführung ermöglichte, wurde durch IFRS 3 abgeschafft.[340] Nach der Neuregelung ist die Erwerbsmethode (*purchase method*) zwingend anzuwenden.[341] Stille Reserven und ein Geschäfts- oder Firmenwert sind aufzudecken. Eine weitere wesentliche Neuregelung betrifft den im Rahmen dieser Arbeit besonders interessierenden gesonderten Ausweis immaterieller Vermögenswerte. IFRS 3 präzisiert im Zusammenspiel mit IAS 38 die Ansatzkriterien für *intangible assets* in den Fällen von Unternehmenszusammenschlüssen. Der Abgrenzung des Goodwill von den einzelnen Vermögenswerten und Schulden kommt dabei besondere Bedeutung zu.[342] Wurden die immateriellen Vermögenswerte vom Erwerber bei der Kalkulation des Preises für das zu erwerbende Unternehmen berücksichtigt, müssen sie i.d.R. auch einzeln bilanziert werden.[343]

---

[338] IFRS 3 ersetzt zudem SIC-9, SIC-22 und SIC-28 (vgl. IFRS 3.IN1).

[339] Vgl. IFRS 3.IN2-6; KPMG, 2004b, S. 62. Vgl. auch Küting, K./Wirth, J., 2004, S. 168.

[340] Das IASB erhofft sich von der Abschaffung der *pooling of interest method*, dass Gestaltungsmöglichkeiten eingeschränkt und dadurch die Vergleichbarkeit von Abschlüssen gefördert wird: *"The Board concluded that the pooling of interest method should not be applied to such transactions because in no circumstances does it provide information superior to that provided by the purchase method."(IFRS 3.BC50, letzter Satz)*. Des Weiteren bezweckt das IASB die Konvergenz mit Bilanzierungsregeln in Australien, Canada und den U.S.A. (IFRS 3.IN2f., IFRS 3.BC2).

[341] Vgl. hierzu und zur damit weitgehend hergestellten Konvergenz mit SFAS 141 und 142: Lopatta, K./Wiechen, L., 2004, S. 535.

[342] Vgl. Scheinpflug, P., 2004, S. 153.

[343] Vgl. IFRS 3.36ff., 3.45ff., IAS 38.33ff. Der nach alledem verbleibende Goodwill ist als Vermögenswert mit unbestimmter Nutzungsdauer anzusetzen, vgl. IFRS 3.37. Einzelheiten s.u. Kap. E.I.6.

Die im Rahmen dieser Arbeit ebenfalls zu untersuchenden konzerninternen Umstrukturierungen, *business combinations involving entities or businesses under common control*, sind – wie bereits nach IAS 22.5 – auch weiterhin aus dem Anwendungsbereich ausgenommen.[344] Entsprechende Erweiterungen des Anwendungsbereiches von IFRS 3 sollen im Rahmen der Phase II des Projektes Unternehmenszusammenschlüsse in Abstimmung mit dem FASB erfolgen. Als konzerninterne Umstrukturierung i.S.v. IFRS 3.3(b) werden Unternehmenszusammenschlüsse verstanden, bei denen die Beteiligten durch dieselbe Partei oder dieselben Parteien nicht lediglich vorübergehend beherrscht werden.[345]

b) Begriff des Zusammenschlusses

In IFRS 3 wird eine *business combination* definiert als "*the bringing together of separate entities or businesses into one reporting entity.*"[346] In der Regel erwirbt dabei eine Berichtseinheit ein oder mehrere andere Unternehmen.[347] Durch Verwendung des Begriffs „Zusammenbringen" ist der Anwendungsbereich von IFRS 3 weiter als der von SFAS 141. In SFAS 141.9ff. ist lediglich von Anschaffung (*acquisition*) die Rede.[348]

c) Unternehmensbegriff

Unter Unternehmen (*business*) versteht IFRS 3 eine integrierte Anordnung von Tätigkeiten und Vermögenswerten,[349] die dazu dient, für Investoren Erträge bzw. für Teilhaber oder Versicherungsnehmer anteilig und unmittelbar Kostenreduzierungen oder sonstige wirtschaftliche Vorteile zu erzielen.[350] Ein Unternehmen besteht im Allgemeinen aus Investitionen und Prozessen, die diesen Investitionen zugeordnet werden, sowie daraus hervorgehende Leistungen, die zur Ertragserzielung verwendet werden.[351] Enthalten die übertragenen Tätigkeiten und Vermögenswerte einen Geschäfts- oder Firmenwert, wird vermutet (*shall be presumed*), dass es sich um ein

---

[344] Vgl. IFRS 3.2, 3.3 (b), 3.10ff.
[345] Vgl. IFRS 3.10.
[346] Vgl. IFRS 3.4.
[347] Vgl. IFRS 3.4. Zum Begriff der Berichtseinheit („*reporting entity*") vgl. IFRS BC 3.9.
[348] Zu den abweichenden Anwendungsbereichen vgl. KPMG, 2004b, S. 63f. Ausführliche Begründung in IFRS 3.BC6ff.
[349] Zur ähnlichen Bestimmung des Unternehmensbegriffs nach HGB vgl. nur Kleindiek, D., in: Staub, H., 2002, § 255 HGB, Rn. 45 m.w.N.
[350] Vgl. IFRS 3, Appendix A, "*business*".
[351] Vgl. IFRS 3, Appendix A, "*business*"; Watrin, C./Strohm, C./Struffert, R., 2004, S. 1451.

Unternehmen handelt.[352] Diese Bestimmung des Unternehmensbegriffs ist jedoch zirkulär. Ein Goodwill kann nach der Definition des IFRS 3.51ff. erst durch einen Zusammenschluss von Unternehmen entstehen. Die Vermutungsregelung setzt also voraus, was sich im Zuge des Zusammenschlusses erst erweist.[353]

Im Hinblick auf die im Rahmen dieser Arbeit u.a. zu erörternden Spaltungsvorgänge, bei denen das übergehende Vermögen regelmäßig vor der Übertragung nicht isoliert einem rechtlich selbstständigen Unternehmensträger zugeordnet werden kann, ist entscheidend, dass der Unternehmensbegriff nicht die rechtliche Selbstständigkeit voraussetzt. Ein Unternehmen liegt auch dann vor, wenn ein Teilbetrieb erworben wird.[354] Bei der Bestimmung des Unternehmensbegriffs ergeben sich Abgrenzungsschwierigkeiten zum bloßen Erwerb eines (Netto-) Vermögens (*group of assets or net assets*).[355] Auch die bloße Vermögensverwaltung bildet regelmäßig kein Unternehmen i.S.d. IFRS 3. Liegt kein Unternehmenserwerb, sondern lediglich ein Vermögenserwerb vor, sind gem. IFRS 3.4 die Anschaffungskosten im Verhältnis der jeweiligen beizulegenden Zeitwerte der einzelnen Vermögenswerte und Schulden auf das erworbene (Netto-)Vermögen im Erwerbszeitpunkt zu verteilen.

Wird kein Geschäftsbetrieb, sondern eine Sach- und/oder Rechtsgesamtheit erworben, wird der Gesamtkaufpreis im Verhältnis der jeweils beizulegenden Zeitwerte (*fair value*) auf die Vermögenswerte und Schulden verteilt (IFRS 3.4).[356] Dabei kommt es mangels anzusetzendem Goodwill aufgrund der fehlenden Unternehmenseigenschaft nicht zu der im Rahmen dieser Arbeit interessierenden Abgrenzungsproblematik. Erfüllt ein übergehender (immaterieller) Vermögenswert nicht die Ansatzvoraussetzungen, erhöhen sich dadurch lediglich die den übrigen anzusetzenden Vermögenswerten im festgelegten Verhältnis zuzuweisenden Anschaffungskosten.[357]

---

[352] Vgl. IFRS 3, Appendix A, "*business*"; IFRS 3.BC12
[353] Vgl. Hommel, M./Benkel, M./Wich, S., 2004, S. 1268.
[354] Vgl. KPMG, 2004b, S. 64. Ein Teilbetrieb wird auch nach HGB als Unternehmen i.S.v. § 255 Abs. 4 HGB angesehen. Vgl. Adler, H./Düring, W./Schmaltz, K., 1995, § 255, Rn. 260; Elrott, H./Schmidt-Wendt, D., in: Beck'scher Bilanzkommentar, 2003, § 247 HGB, Rn. 420.
[355] Beispiel bei Hommel, M./Benkel, M./Wich, S., 2004, S. 1268.
[356] Vgl. Küting, K./Dawo, S., 2003a, S. 230.
[357] Vgl. Küting, K./Dawo, S., 2003b, S. 406.

d) Anwendung der Erwerbsmethode

IFRS 3 schafft die Interessenzusammenführungsmethode ab und erklärt die Erwerbsmethode zum allein zulässigen Verfahren zur Abbildung von Unternehmenszusammenschlüssen.[358] Bei Anwendung der Erwerbsmethode wird das Vermögen des erworbenen Unternehmens durch den identifizierten Erwerber angeschafft. Der Wert des beim Unternehmenserwerb übergehenden Reinvermögens wird dabei nicht durch die Anschaffungskosten des Erwerbers, sondern durch den jeweils beizulegenden Zeitwert (*fair value*) aller identifizierten Vermögenswerte und (Eventual) Schulden im Zeitpunkt des Erwerbs bestimmt.[359]

Im Einzelnen ist wie folgt vorzugehen:[360]

- Identifikation des Erwerbers gem. IFRS 3.17ff.;
- Ermittlung der Anschaffungskosten für den Unternehmenszusammen-schluss gem. IFRS 3.24ff.;
- Bestimmung des Zeitpunktes, zu dem die Unternehmen sich zusammenschließen gem. IFRS 3.25;
- Zuweisung (*allocation*) der Kosten für den Unternehmenszusammenschluss auf die beim Unternehmenszusammenschluss erworbenen Vermögenswerte, Schulden und Eventualschulden gem. IFRS 3.36ff.[361]

2. Verschmelzung und Spaltung als Unternehmenserwerb i.S.v. IFRS 3

a) Verschmelzung

Werden bei Verschmelzungen nach dem UmwG Vermögenswerte und Schulden im Wege der Gesamtrechtsnachfolge erworben und geht der übertragende Rechtsträger unter, gilt dies weder als *asset deal* noch als *share deal*.[362] Vielmehr handelt es sich bei der Verschmelzung – durch Aufnahme und durch

---

[358] Vgl. IFRS 3.14ff. Im Rahmen des *Business Combination Project Phase II* untersucht das IASB, inwieweit bei Zusammenschlüssen von Unternehmen, bei denen ein Erwerber nicht identifiziert werden kann (*true merger*), die sog. *fresh start method* angewendet werden kann (vgl. IFRS 3.BC5, 3.BC42f., 3.BC48f.). Zur *fresh start method* vgl. Krawitz, N./Klotzbach, D., 2000, S. 1164ff.

[359] Gem. IFRS 3.36 i.V.m. IFRS 5 sind ausgenommen von der ausschließlichen Bewertung zum beizulegenden Zeitwert: *non-current assets* und *disposal groups held for sale*. Bei ihnen sind vom *fair value* die absehbaren Veräußerungskosten (*cost to sell*) abzuziehen.

[360] Vgl. IFRS 3.16 (a)-(c).

[361] Auf die Anschaffungskostenallokation wird in Kap. E eingegangen.

[362] Vgl. zu dieser Unterscheidung: Picot, G., 2004, S. 32ff.

Neugründung – um einen *legal merger,* auf den die IAS/IFRS im Rahmen des Einzelabschlusses anzuwenden sind.[363]

Anders als noch IAS 22[364] verwendet IFRS 3 den Begriff des *legal merger* nicht mehr ausdrücklich. Gem. IFRS 3.5 muss es sich bei der im Wege der Verschmelzung (durch Aufnahme oder durch Neugründung) durchgeführten Umwandlung um den Erwerb sämtlicher Vermögenswerte und Schulden („*all the net assets of another entity*", IFRS 3.5) handeln. Es muss ein Unternehmen („*business*") übergehen. Dabei kann der Unternehmenserwerb durch Ausgabe von Eigenkapitalinstrumenten, Barzahlungen, Barzahlungsäquivalenten anderen Vermögenswerten oder einer Kombination dieser Leistungen vollzogen werden.[365] Damit sind die umwandlungsrechtlich zulässigen Gegenleistungen wie z.B. die Ausgabe neu geschaffener oder bestehender Anteile und bare Zuzahlungen, aber auch Wertsteigerungen bereits bestehender Mitgliedschaften erfasst. Die Problematik der untergehenden Beteiligung des übernehmenden am übertragenden Rechtsträger (Up-Stream-Merger) stellt sich dem IASB für den Regelfall nicht, denn konzerninterne Unternehmenszusammenschlüsse sind vom Anwendungsbereich des IFRS 3 ausgeschlossen.[366]

b) Spaltung

Auch Aufspaltung, Abspaltung und Ausgliederung fallen unter die vorab geschilderte weite Definition des IFRS 3.5.[367] Bei den jeweils übergehenden Werten muss es sich um Unternehmen i.S.d. Definition des Unternehmensbegriffs nach IFRS 3, Appendix A (*business*), handeln. Auch im Fall von Aufspaltung, Abspaltung und Ausgliederung regeln die IAS/IFRS eine Abbildung nicht nur im Konzern-, sondern auch im Einzelabschluss.[368]

---

[363] Vgl. Lüdenbach, N., 2004, S. 1283f.; vgl. auch IFRS 3.7 sowie Baetge, J./KirschH.-J./Thiele, S., 2003, S. 131.

[364] Vgl. IAS 22.5. Einzelheiten hierzu bei Baetge, J./Siefke, K./Siefke, M., in: Baetge, J., u.a., 2003, IAS 22, Rn. 8ff.

[365] Vgl. IFRS 3.5.

[366] Der Formwechsel wird in IFRS 3 nicht erwähnt. IFRS 3 setzt den Zusammenschluss von Unternehmen voraus, d.h. die Regelungen sind nur anzuwenden, wenn mehrere Unternehmen sich verbinden. Die bloße (rechtliche) Reorganisation in einer neuen Rechtsform ohne Übertragung von Sachen und/oder Rechten ist hiervon nicht erfasst.

[367] Dabei kann offen bleiben, ob es sich um einen *asset deal* oder einen *legal merger* handelt, vgl. insoweit zum IAS 22: Baetge, J./Siefke, K./Siefke, M., in: Baetge, J., 2003, IAS 22, Rn. 8.

[368] Vgl. Lüdenbach, N., in: Lüdenbach, N./Hoffmann, W.-D., 2004, S. 1284.

3. Identifikation des Erwerbers bei Umwandlungen

Während der Erwerber seine Buchwerte fortführt, werden die Vermögenswerte und Schulden des erworbenen Unternehmens neu bewertet. Für die Anwendung der Erwerbsmethode ist es daher entscheidend, welches der an dem Zusammenschluss beteiligten Unternehmen erworben wird und welches Unternehmen erwirbt. Gem. IFRS 3.17 ist dasjenige Unternehmen als Erwerber zu bestimmen, das die Beherrschung (*control*) über das andere Unternehmen ausüben wird. Ein Unternehmen beherrscht ein anderes Unternehmen, wenn es in der Lage ist, „*to govern the financial and operating policies of an entity or business so as to obtain benefits from its activities*“[369]. Das Unternehmen, das durch den Unternehmenserwerb die Kontrolle über die erworbenen (Teil-)Betriebe erlangt, ist der Erwerber.[370] Ein Unternehmen beherrscht gem. IAS 27.04 ein anderes, wenn es die Geschäfts- und Finanzpolitik des anderen beeinflussen und dadurch Nutzen erzielen kann.[371]

Der Identifikation des Erwerbers dienen gem. IFRS 3.19[372] widerlegbare Vermutungen: Erwirbt durch den Zusammenschluss ein beteiligtes Unternehmen mehr als 50% der Stimmrechte an einem anderen Unternehmen, gilt es als kontrollierendes Unternehmen. Auch wenn keines der am Zusammenschluss beteiligten Unternehmen die Stimmrechtsmehrheit erwirbt, wird ein Kontrollerwerb vermutet, wenn

- durch Vereinbarung mit anderen Anteilseignern mittelbar eine Stimmrechtsmehrheit begründet wird (Stimmrechtsbindungsvertrag),
- durch Gesellschaftsvertrag oder sonstige Vereinbarung[373] die Finanz- und Geschäftspolitik bestimmt werden kann,
- ein Unternehmen die Mehrheit des Managements des anderen Unternehmens einsetzen und abberufen kann und/oder
- die Möglichkeit besteht, die Stimmrechtsmehrheit in Vorstands- und Aufsichtsgremien des anderen Unternehmens auszuüben.

---

[369] IFRS 3.19.
[370] Vgl. Küting, K./Wirth, J., 2004, S. 167f..
[371] Vgl. Vgl. Ammann, H./Müller, S., 2004, S. 228; Watrin, C./Strohm, C./Struffert, R., 2004, S. 1453.
[372] Vgl. bereits IAS 22.10
[373] Z.B. Beherrschungsverträge, vgl. Lüdenbach, N., in: Lüdenbach, N./Hoffmann, W.-D., 2004, S. 1286f.

Als Indikatoren für einen Kontrollerwerb führt IFRS 3.20 verschiedene Merkmale an. Ein Kontrollerwerb sei danach anzunehmen, wenn eines der am Zusammenschluss beteiligten Unternehmen einen deutlich höheren *fair value* als das/die andere(n) aufweist. Werden durch einen am Zusammenschluss Beteiligten Eigenkapitalinstrumente mit Stimmrecht ausgegeben und im Gegenzug Barmittel oder andere Vermögenswerte übertragen, wird ebenfalls vermutet, dass das emittierende Unternehmen erworben wird. Kann ein Unternehmen die Zusammensetzung des Managements des anderen Unternehmens maßgeblich beeinflussen, ist es wahrscheinlich der Erwerber.

Bei der übertragenden Umwandlung kommt es regelmäßig zu einem Kontrollerwerb des übernehmenden Rechtsträgers, wenn nicht bereits vor Umwandlung ein Rechtsträger den anderen Rechtsträger beherrscht hat. Insoweit die Beherrschung mittelbar begründet wird, gelten all diejenigen Stimmrechtsanteile als nach IAS 27.12 mittelbar, die dem Mutterunternehmen vermittelt durch ein oder mehrere Tochterunternehmen zuzurechnen sind.[374]

4. Ermittlung der Anschaffungskosten beim Unternehmenserwerb nach IFRS 3.24ff.

Die Anschaffungskosten des Unternehmenserwerbes setzen sich gem. IFRS 3.24 zusammen aus den beizulegenden Zeitwerte der vom Erwerber ausgegebenen Eigenkapitaltitel zzgl. der beizulegenden Zeitwerte anderer als Ge-

[374] Vgl. KPMG, 2004a, S. 241f. Beim umgekehrten Unternehmenserwerb (*reverse acquisition*) wird das – formal betrachtet – erworbene Unternehmen zu Bilanzierungszwecken zum erwerbenden Unternehmen umqualifiziert. Diese Regelung wird als Folge eines höheren Stellenwertes des Grundsatzes *economic substance over legal form* im Rahmen der IAS/IFRS angesehen. Vgl. F.35; Küting, K./Müller, W./Pilhofer, J., 2000, S. 257f.; Schmidbauer, R., 2005, S. 122. Im Ergebnis wäre z.B. unter bestimmten Voraussetzungen bei der Verschmelzung eines Mutter- auf das Tochterunternehmen das Mutterunternehmen als Erwerber einzustufen, obgleich die Tochtergesellschaft Anteile ausgibt und/oder überträgt. Vgl. IFRS 3.21f. und IFRS 3.BC57ff. In diesen Fällen wäre nicht – wie nach § 24 UmwG möglich – das Vermögen der übergehenden Mutter bei der Tochtergesellschaft zu Zeitwerten einzubuchen, sondern – umgekehrt – das Vermögen der Tochter wäre bis zu den Zeitwerten aufzustocken, während die Buchwerte der übergehenden Muttergesellschaft fortgeführt werden müssten. Da insoweit vom Anschaffungskostengrundsatz als *pagatorisch* definiertem Konzept abgerückt wird und die Erörterung dieses tiefgreifenden (wenn auch ökonomisch gerechtfertigten) konzeptionellen Bruches den Rahmen dieser Arbeit sprengt, werden umgekehrte Unternehmenserwerbe nachfolgend nicht weiter erörtert. Hinzu kommt, dass auch der – wie auch immer im Einzelnen verstandene – entgeltliche Erwerb ebenfalls eine zahlungsbezogene Figur bildet. Zur Problematik umgekehrter Unternehmenserwerbe und die Ablösung vom zahlungsbezogenen Anschaffungskostenbegriff vgl. Reichelt, D./Schmidt, M., 2005, S. 43ff.

genleistung hingegebener Vermögenswerte. Zur Bestimmung der Anschaffungskosten sind gem. IFRS 3.24 beim Erwerber im Gegenzug zum Erwerb der Kontrolle über das erworbene Unternehmen heranzuziehen:

- hingegebene Vermögenswerte zum *fair value*,
- eingegangene und übernommene Verbindlichkeiten und Eventualverbindlichkeiten zum *fair value*,
- ausgegebene Eigenkapitalinstrumente des Erwerbers zum *fair value* und
- dem Erwerb unmittelbar zurechenbare Anschaffungsnebenkosten (IFRS 3.24b, 3.29).[375]

Zu den unmittelbar zurechenbaren Anschaffungsnebenkosten i.S.v. IFRS 3.24b gehören z.B. Rechts- oder sonstige Beratungskosten im Zusammenhang mit dem Unternehmenszusammenschluss, z.B. Emissionskosten für zu gewährende Anteile am übernehmenden Rechtsträger bei Verschmelzung und Spaltung.[376] Ist die Höhe der Anschaffungskosten von einem künftigen Ereignis abhängig, muss das Ereignis bei der Bemessung der Anschaffungskosten im Zeitpunkt des Zusammenschlusses berücksichtigt werden, wenn es hinreichend wahrscheinlich ist und die Abweichungen zuverlässig bestimmt werden können.[377] Trifft die Prognose nicht zu, müssen die Kosten des Zusammenschlusses zu einem späteren Zeitpunkt angepasst werden.[378] Gleiches gilt für den Fall, dass Änderungen der Anschaffungskosten zunächst nicht hinreichend wahrscheinlich oder zuverlässig schätzbar waren.[379]

Werden, wie regelmäßig bei Verschmelzung und Spaltung, Anteile zur „Abfindung“ der Anteilseigner des übertragenden Rechtsträgers ausgegeben, sind die Anschaffungskosten aus dem beizulegenden Zeitwert dieser Eigenkapitalinstrumente abzuleiten.[380] Werden Anteile des emittierenden Unter-

---

[375] Bei *non-current assets held for sale* sind hingegen vom beizulenden Zeitwert die Veräußerungskosten abzusetzen, vgl. IFRS 3.36 i.V.m. IFRS 5.16. Vgl. auch Watrin, C./Strohm, C./Struffert, R., 2004, S. 1553; Lopatta, K./Wiechen, L., 2004, S. 536. Vgl. zum Ganzen auch IFRS 3.BC67ff.

[376] Vgl. auch IFRS 3.29. Allgemeine Verwaltungskosten einschließlich der Kosten für die Unterhaltung einer Akquisitions-Abteilung sind hingegen sogleich als Aufwand zu erfassen. Weitere Beispiele für Ermittlung der Nebenkosten in IFRS 3.BC71.

[377] Vgl. IFRS 3.32.

[378] Vgl. IFRS 3.33.

[379] Vgl. IFRS 3.34.

[380] Ggfs. unter Einbeziehung des beizulegenden Zeitwertes ausgegebener eigener Anteile oder barer Zuzahlungen.

nehmens an geregelten Kapitalmärkten öffentlich gehandelt, bietet der am *date of exchange* (Tauschzeitpunkt) maßgebliche Kurs den besten Anhaltspunkt für den beizulegenden Zeitwert dieser Anteile zur Anschaffungskostenbemessung. Nur ausnahmsweise (bei *thinness of the market*) ist in diesen Fällen gem. IFRS 3.27 auf andere Bewertungstechniken (IAS 39) zurückzugreifen.[381]

Existiert kein aufgrund öffentlichen Handels objektivierbarer Marktpreis für die fraglichen Anteile, ist nach IFRS 3.27 auf den *fair value* der hingegebenen Anteile des übernehmenden Rechtsträgers abzustellen. Da die beteiligten Rechtsträger übertragender Umwandlungen in aller Regel Gegenstand eines ertragswertorientierten Bewertungsverfahrens waren, können diese Werte als maßgebliche Größe zur Bestimmung der Anschaffungskosten herangezogen werden. Beide sind gleichermaßen evident i.S.v. IFRS 3.27.[382]

5. Bestimmung des Zeitpunktes des Unternehmenszusammenschlusses, des Tauschzeitpunkts und des Vertragsabschlusses

Maßgeblicher Zeitpunkt des Unternehmenszusammenschlusses ist der Zeitpunkt des Kontrollerwerbs (*acquisition date*).[383] Der Zeitpunkt des Kontrollerwerbs unterscheidet sich vom Tauschzeitpunkt (*date of exchange*), bei dem es um den Erwerb eines bestimmten Anteils an einem Unternehmen geht.[384] Beide fallen zusammen, wenn die Kontrolle durch einen einzigen Vorgang erworben wird.[385] Dies wäre z.B. der Fall bei einer reinen Konzentrationsverschmelzung. Zeitpunkt des Anschaffungsvorganges ist nach IFRS 3.24f. der *date of exchange* (Tauschzeitpunkt). Er entspricht grundsätzlich dem Zeitpunkt des Kontroll-erwerbs, wenn nicht ein sukzessiver Erwerb vorliegt.[386]

Tausch- und Erwerbszeitpunkt sind zu unterscheiden von dem Zeitpunkt des Vertragsabschlusses (*agreement date*). Der Vertragsabschlusszeitpunkt wird

---

[381] Vgl. auch IFRS 3.BC69.

[382] Vgl. IFRS 3, Appendix B4.

[383] Vgl. IFRS 3, Appendix A, *acquisition date*: "*The date on which the acquirer effectively obtains* ***control*** *of the acquiree.*" (Hervorhebung auch im Original).

[384] Vgl. IFRS 3.25.

[385] Beim sukzessiven Erwerb der Anteile („*step* acquisition„) bilden die einzelnen Tauschvorgänge (*exchange transactions*) isoliert nach der Erwerbsmethode abzubildende Erwerbsvorgänge. Erwerbszeitpunkt und Tauschzeitpunkt sind nicht deckungsgleich. Der Tauschzeitpunkt ist „*the date that each individual investment is recognised in the financial statement of the acquirer*". Vgl. IFRS 3.25, S. 4 b).

[386] Vgl. IFRS 3, Appendix A, *acquisition date, date of exchange.*

durch die Einigung über die Transaktion bestimmt.[387] Dies ist bei übertragenden Umwandlungen der Abschluss des Verschmelzungs- oder Spaltungsvertrages. Sind an dem Erwerb börsennotierte Unternehmen beteiligt, ist der Zeitpunkt der öffentlichen Bekanntgabe des Zusammenschlusses maßgeblich.[388]

6. Verschmelzung und Spaltung von Unternehmen *under common control*

a) Allgemeines

Bestand bereits vor Umwandlung ein Kontroll-Verhältnis zwischen übertragendem und übernehmendem Rechtsträger, z.B. durch eine mehrheitliche Beteiligung des übertragenden am übernehmenden Rechtsträger, fehlt es in IFRS 3 an einer Regelung zur Bestimmung des Erwerbers. Der Fall konzerninterner Umwandlungsvorgänge ist, wie bereits in IAS 22.5, gem. IFRS 3.3b ausgeschlossen: „*This IFRS does not apply to business combinations involving entities or businesses under common control.*“ Angesichts der Häufigkeit konzerninterner Unternehmenszusammenschlüsse darf die entsprechende Anwendung der Vorschriften des IFRS 3 auf Umwandlungen von Unternehmen unter gemeinsamer Kontrolle im Hinblick auf die Fragestellung dieser Arbeit nicht unerörtert bleiben.[389] Da sich die Verfügungsmacht über das Konzernreinvermögen nicht ändert, wird überwiegend angenommen, die *transaction under common control* habe im Konzernabschluss zu Buchwerten zu erfolgen.[390]

b) Unternehmenszusammenschlüsse von Rechtsträgern unter gemeinsamer Kontrolle

IFRS 3.10 schließt die Anwendbarkeit des IFRS 3 für jede nicht lediglich vorübergehende Kontrolle (*control*) des Erwerbers über das erworbene Unternehmen oder eines Dritten über die am Unternehmenszusammenschluss Beteiligten aus.[391] Die Kontrolle kann auch durch mehrere Parteien gemeinsam ausgeübt werden, wenn aufgrund vertraglicher Vereinbarungen sichergestellt ist, dass über sämtliche an dem Unternehmenszusammenschluss Beteiligte finan-

---

[387] Vgl. IFRS 3, Appendix A, *agreement date.*

[388] Vgl. IFRS 3, Appendix A, *agreement date.*

[389] Zu den Plänen des IASB, die Frage konzerninterner Umstrukturierungen im Rahmen der Phase II bzw. III des Projektes *Business Combinations* zu regeln, vgl. Watrin, C./Strohm, C./Struffert, R., 2004, S. 1459f.; Brücks, M./Wiederhold, P., 2004, S. 178.

[390] Vgl. Förschle, G./Deubert, M., in: Beck'scher Bilanzkommentar, 2003, § 301 HGB, Rn. 323f.

[391] Vgl. auch IFRS 3.BC24ff.

ziell und operativ maßgebend bestimmt werden und daraus Nutzen gezogen werden kann.[392] Die kontrollierende Einheit muss nicht rechnungslegungspflichtig nach IAS/IFRS sein. Vielmehr greift das Kontrollkriterium nach IFRS 3.12 unabhängig von der Verpflichtung zur Berichterstattung des/der Kontrollierenden nach IAS/IFRS und schließt somit für diese Fälle jede Anwendung des IFRS 3 aus.

Die Beurteilung der Frage, ob ein Kontrollzusammenschluss vorliegt, hängt gem. IFRS 3.13 nicht davon ab, in welchem Ausmaß Minderheitsbeteiligungen (*minority interests*) an den sich zusammenschließenden Einheiten bestehen. Auch eine Verschmelzung oder Spaltung, bei der Minderheitsgesellschafter am übertragenden Rechtsträger beteiligt sind, kann mithin eine *business combination under common control* sein. Ob ein Kontrollzusammenschluss vorliegt, ist auch nicht davon abhängig, dass ein Tochterunternehmen in Übereinstimmung mit IAS 27 in den Konsolidierungskreis einbezogen wurde oder nicht.[393]

c) IDW-Stellungnahme zur Behandlung konzerninterner Umstrukturierungen im Konzern- und Teilkonzernabschluss

Trotz der ausdrücklichen Anwendungsbegrenzung auf Konzentrationsvorgänge wird die Anwendbarkeit auch in Bezug auf konzerninterne Umwandlungsvorgänge bejaht. So hat der IDW sich zu Einzelfragen der Anwendung von IAS, namentlich zur Frage der Behandlung konzerninterner Umstrukturierungen geäußert.[394] Danach sei auch bei Umstrukturierungen innerhalb eines Konzerns, namentlich bei Verschmelzung von Tochterunternehmen, im Teilkonzernab-

---

[392] Vgl. IFRS 3.11.

[393] Vgl. IFRS 3.13. In Anlehung an die Definitionen der vier verschiedenen Typen von Konzern- und Konzentrationsumwandlungen in Kap. C.I.3. beschränkt sich der Anwendungsbereich des IFRS 3 damit im Ergebnis ausdrücklich auf reine Konzentrationsverschmelzungen und -spaltungen. Die Beurteilung, ob es sich um einen reinen Konzentrationsvorgang handelt, orientiert sich dabei allerdings – anders als in Kap. C.I.3. ausgeführt – an den Regelungen in IAS 27.

[394] Vgl. „Fortsetzung 3 der IDW Stellungnahme zur Rechnungslegung: Einzelfragen zur Anwendung von IAS (IDW RS HFA 2)", Stand 05.03.2002: IDW, 2002, S. 185ff. Diese vom HFA des IDW zur Bilanzierung nach IAS 22 verabschiedete Stellungnahme dürfte aufgrund der nämlichen Anwendungsbeschränkung auf nicht konzerninterne Umstrukturierungen durch IFRS 3 grundsätzlich auch weiterhin gültig sein. Vgl. zu dieser IDW Stellungnahme: Lüdenbach, in: Lüdenbach/Hoffmann, 2004, S. 1373. Am 14.10.2004 hat das IDW den „Entwurf einer Neufassung der IDW Stellungnahme zu Rechnungslegung: Einzelfragen zur Anwendung von IFRS (IDW ERS HFA 2 n.F.)" verabschiedet. Vgl. IDW 2004a, S. 676ff. Dieser Entwurf wird der nachfolgenden Erörterung ebenfalls zugrunde gelegt.

schluss der *separate reporting entity approach* zugrunde zu legen.[395] Konzerninterne Verschmelzungsvorgänge seien daher grundsätzlich wie reguläre Transaktionen mit Dritten abzubilden.[396] IFRS 3 gilt mithin auch in diesen Fällen konzerninterner Umstrukturierungen, wenn IFRS 3.3(b) und 3.10ff. eine Anwendbarkeit ausschließen.[397] IFRS 3 ist danach analog anwendbar.[398]

Folglich sind die erstmals in den Teilkonzernabschluss aufzunehmenden (immateriellen) Vermögenswerte und (Eventual-)Schulden nach dem zum Transaktions- oder Tauschzeitpunkt ermittelbaren *fair value* anzusetzen. Die Anschaffungskosten werden in analoger Anwendung von IFRS 3.27 ermittelt.[399] Allerdings hält das IDW es ebenso für möglich, dass sich – insbesondere in den Fällen der Verschmelzung 100%iger Tochterunternehmen – das Verhältnis von Leistung und Gegenleistung von der tatsächlichen Wertrelation unterscheidet. Weichen die Konditionen des Zusammenschlusses „von den tatsächlichen Wertverhältnissen ab, sind die Gesamtanschaffungskosten abweichend von dem beizulegenden Zeitwert der vereinbarten Gegenleistung nach dem beizulegenden Zeitwert des übernommenen Reinvermögens bzw. der übernommenen Anteile zu bemessen."[400] Dabei ist i.S.v. F.70 zu verfahren und die Umstrukturierung wie eine Transaktion mit Anteilseignern erfolgsneutral abzubilden; das *arm's length principle* ist in diesem Fall anzuwenden.[401]

Ebenso zulässig ist es nach Ansicht des IDW aber, den Teilkonzernabschluss als Ausschnitt aus dem Gesamtkonzernabschluss anzusehen und nach den Grundsätzen von EITF 90-5 entgegen dem vorgenannten *separate reporting entity approach* vorzugehen. In diesem Fall wären die Buchwerte fortzuführen. Konsequenter Weise bestimmt das FASB in SFAS 141 Appendix D.12 für „*transactions between entities under common control*", dass die Buchwerte der erworbenen Einheit im Erwerbszeitpunkt vom Erwerber eingebucht werden. Konzerninterne Umstrukturierungen dürften demnach nicht nach den existierenden Regelungen über Unternehmenszusammenschlüsse als Erwerbsvor-

---

[395] Vgl. IDW 2002, S. 186 (14.2.1 [131]).Vgl. auch IDW 2004a, S. 683 (4.2., Rn. 35ff.).
[396] Vgl. IDW, 2002, S. 186f. (14.2.1 [131ff.]); a.A. wohl Hannappel, H.-A./Kneisel, H., 2001, S. 707f.
[397] Vgl. IDW 2004a, S. 683 (4.2., Rn. 34)
[398] Vgl. IDW 2004a, S. 683 (4.2.1., Rn. 36f.)
[399] Vgl. IDW 2004a, S. 683f. (4.2.1., Rn. 38f.).
[400] IDW 2004a, S. 684 (4.2.1., Rn. 40).
[401] Vgl. IDW 2004a, S. 684 (4.2.1., Rn. 42).

gang bilanziert werden.[402] Die gewählte Vorgehensweise sei, so der IDW, im Anhang zu erläutern.[403]

Im Konzernabschluss des Mutterunternehmens seien, so der HFA des IDW, konzerninterne Umstrukturierungsvorgänge demgegenüber zu Konzernbuchwerten abzubilden.[404] Dem IAS-Konzernabschluss liege die Einheitstheorie zugrunde. Konzerninterne Transaktionen, zu denen auch verbundinterne Umstrukturierungen zu zählen seien, führten aus Konzernsicht zu keiner Änderung der Vermögens- und Ertragslage und seien daher eliminierungspflichtig.[405]

Letztlich spiegelt die Frage nach der Anwendbarkeit der für Konzentrationsumwandlungen geltenden Grundsätze die Frage nach dem Stellenwert des Grundsatzes *substance over form* wider.[406] Unter Zugrundelegung wirtschaftlicher Betrachtungsweise wird die Abbildung konzerninterner Umwandlungsvorgänge im Konzernabschluss nach der Erwerbsmethode fraglich. Durch entsprechende Transaktionen verändert sich die Verfügungsmacht über das Konzernreinvermögen nicht.[407] Eine Abbildung dieser Vorgänge müsste daher nach teilweise vertretener Auffassung auf der Grundlage der Pooling-of-Interests-Methode erfolgen.[408]

d) Konzerninterne Umwandlungen im Einzelabschluss

In der IDW-Stellungnahme fehlen Angaben zur Frage der IAS/IFRS-Bilanzierung im Einzelabschluss des übernehmenden Konzernunternehmens. Die Abbildungssituation stellt sich unter dem Gesichtspunkt der Wertobjektivierung ähnlich wie bei Teilkonzernabschlüssen dar. Es handelt sich zwar bei den an der Umstrukturierung beteiligten Unternehmen nicht um unabhängige Dritte. Gleichwohl müssen die aus konzernintern zwischen den einzelnen Kon-

---

402 Vgl. IDW, 2002, S. 187f. (14.2.2 [139f.]). Vgl. auch IDW 2004a, S. 684 (4.2.2., Rn. 43f.) unter Bezug auf IAS 8.12 und EITF 90-5.

403 Vgl. IDW 2002, S. 188 (14.2.2 [140]).

404 Vgl. IDW 2002, S. 185, 188 (14.3 [141ff.]).

405 Vgl. IDW 2002, S. 188 (14.3 [142]). Allerdings soll ein Wahlrecht bestehen, in Anlehnung an die Vorgehensweise des FASB statt dessen eine Wertaufstockung über die bisherigen Konzernbuchwerte hinaus vorzunehmen (sog. *partial disposal*). Vgl. IDW 2004a, S. 684 (4.3., Rn. 47).

406 Vgl. zu diesem Prinzip: F.35; Küting, K./Müller, W./Pilhofer, J., 2000, S. 257f.

407 Vgl. Förschle, G./Deubert, M., in: Beck´scher Bilanzkommentar, 2003, § 301 HGB, Rn. 323.

408 Vgl. PricewaterhouseCoopers, 1998, Abschn. 22.05.

zerngliedern generierten Gewinnen und Verluste im Einzelabschluss nicht neutralisiert werden.[409] Auch insoweit wird daher eine Bilanzierung nach beiden Vorgehensweisen – *separate reporting entity approach* und Buchwertfortführung – für zulässig gehalten.[410] Das Argument des IDW, dass nur unter Anwendung des *separate reporting entity approach* „eigenständige Informationen über den Teilkonzern vermittelt werden können“[411], spricht erst recht für eine Anwendbarkeit des IFRS 3 auf *stand alone* Basis im IAS/IFRS-Einzelabschluss. Während es für den Teilkonzernabschluss noch zweifelhaft sein kann, ob nicht eventuell nur ein Ausschnitt aus dem Konzernabschluss wiedergegeben werden soll, können diese Zweifel für den IAS/IFRS-Einzelabschluss nicht gelten.

Nach anderer Ansicht wird unter Hinweis auf den Grundsatz substance over form in F.35 die Buchwertfortführung für die angemessene bilanzielle Abbildungsmethode gehalten.[412] Begründet wird diese Auffassung mit der Überlegung, dass sich, wirtschaftlich betrachtet, die Zuordnung des Vermögens gar nicht ändert. Geändert wird lediglich die rechtliche Organisation des (wirtschaftlichen) Zuordnungssubjekts. Damit ist nach dieser Ansicht eine Aufdeckung stiller Reserven und bislang nicht angesetzter immaterieller Vermögenswerte nicht zulässig.[413]

Letztlich muss diese Frage angesichts der unvollständigen Rechtslage hier offen bleiben. In Kapitel E.IV. sind folglich die Auswirkungen des Wahlrechts zur Aufdeckung stiller Reserven bis zum Zeitwert vor dem Hintergrund der Vorschriften über die Bilanzierung immaterieller Vermögenswerte bei Unternehmenszusammenschlüssen darzustellen.

---

[409] Gemeint sind hier Gewinne und Verluste aufgrund der Umwandlungsmaßnahme. Vgl. zum Ganzen Lüdenbach, N., 2004, S. 1373f. Kritisch zur Frage, ob aus dem Gebot der Eliminierung von Zwischenergebnissen in der Konzernbilanz die Zulässigkeit der Gewinnrealisierung im Einzelabschluss folgt: Seifried, M., 1990, S. 1526.

[410] Vgl. Lüdenbach, N., 2004, in: Lüdenbach, N./Hoffmann, W.-D., 2004, S. 1371ff.; vgl. auch Baetge, J./ /Kirsche, H.-J./Thiele, S., 2003, S. 131.

[411] IDW 2004a, S. 683 (4.2.1., Rn. 36).

[412] Vgl. Hannappel, H.-A./Kneisel, H., 2001, S. 708.

[413] Vgl. Hannappel, H.-A./Kneisel, H., 2001, S. 708.

D. Ansatz immaterieller Anlagewerte bei übertragenden Umwandlungen nach HGB

I. Abstrakte Aktivierungsfähigkeit immaterieller Vermögensgegenstände

1. Vorbemerkung

Im Rahmen der Erörterung des Untersuchungsgegenstandes dieser Arbeit stellt sich die Frage, inwiefern nicht nur die – ebenfalls zu klärende – konkrete Aktivierungsfähigkeit im Zuge von Umwandlungsvorgängen besondere Objektivierungsschwierigkeiten mit sich bringt.[414] Auch Merkmale der abstrakten Aktivierungsfähigkeit erhalten möglicherweise im Zusammenhang mit dem umwandlungstypischen Vermögensübergang im Wege der Gesamtrechtsnachfolge eine besondere Prägung. Mithin muss zunächst untersucht werden, ob bei der umwandlungstypischen Neuzuordnung des Vermögens spezifische Objektivierungsbedingungen eintreten, die die Annahme immaterieller Vermögensgegenstände auf der Ebene abstrakter Aktivierungsfähigkeit beeinflussen.[415] Auch die Diskussion des für die Disaggregation des übergehenden Vermögens wichtigen Einzelbewertungsgrundsatz und die Abgrenzung vom Geschäfts- oder Firmenwert wirft im Hinblick auf die Vermögensgegenstandskriterien Fragen der Ansatzobjektivierung auf und muss bereits auf Ebene der abstrakten Aktivierungsfähigkeit anheben.

Im Hinblick auf die Allokation der Anschaffungskosten auf die beim übertragenden Rechtsträger wegen § 248 Abs. 2 HGB zuvor nicht aktivierten immateriellen Vermögensgegenstände ist zu beachten, dass häufig nicht sämtliche immateriellen Werte inventarisiert waren. In der Praxis fehlt es oft an einer

---

[414] Von der abstrakten Aktivierungsfähigkeit, d.h. der Einordnung eines wirtschaftlichen Wertes als Vermögensgegenstand, wird die konkrete Aktivierungsfähigkeit, d.h. die durch spezialgesetzliche Vorschriften geregelte tatsächliche Aktivierbarkeit, unterschieden. Hintergrund dieser Unterscheidung ist, dass der Gesetzgeber für einzelne Vermögensgegenstände eine Aktivierung untersagte, um übergeordneten Bilanzzwecken Geltung zu verschaffen, oder aber trotz fehlender Vermögensgegenstands-Qualität die – z.T. wahlweise – Aktivierbarkeit eines Wertes für sinnvoll hielt. Die Unterscheidung zwischen abstrakter und konkreter Aktivierungsfähigkeit geht zurück auf Mutze, O., 1960, S. 25ff.

[415] Diese hier nur auf den Einzelabschluss bezogene Fragestellung interessiert regelmäßig auch im Rahmen der Erstkonsolidierung infolge – z.B. – eines Beteiligungserwerbs. Auch in diesem Fall sind Vermögensgegenstände und Schulden im Konzernabschluss des Mutterunternehmens aufgrund der Einzelerwerbsfiktion vollständig anzusetzen, wenn sie bislang bei der (neuen) Tochter nicht ausgewiesen waren. Vgl. Adler, H./Düring, W./Schmaltz, K., 1996, § 301 HGB, Rn. 104.

Erwähnung im Inventar.[416] Bei Einbuchung des übertragenden Vermögens ist also genau zu prüfen, ob bislang nicht aktivierte und nicht inventarisierte (immaterielle) Vermögensgegenstände identifiziert werden können.

2. Begriff des immateriellen Vermögensgegenstandes

a) Grundsätzliches

Immaterielle Vermögensgegenstände werden von materiellen und von finanziellen Vermögensgegenständen unterschieden. Materielle Vermögensgegenstände – wie z.B. Grundstücke, Maschinen und Geschäftsausstattungen – charakterisiert ihre Körperlichkeit. Finanzielle Vermögensgegenstände – wie z.B. Beteiligungen und Wertpapiere – sind monetärer Natur. Sie dienen regelmäßig der Mittelverwendung außerhalb des bilanzierenden Unternehmens.[417] Immaterielle Vermögensgegenstände werden daher grundsätzlich als unkörperliche, nicht monetäre wirtschaftliche Vorteile definiert.[418] Es lassen sich bei den immateriellen Vermögensgegenständen drei Gruppen unterschieden:[419]

- Rechte (Immaterialgüterrechte und vergleichbare Rechte),
- diesen Rechten ähnliche wirtschaftliche Werte[420] und
- bloße wirtschaftliche Vorteile/ Geschäfts- oder Firmenwert (Goodwill).

Zu den Rechten werden in erster Linie die sogenannten Immaterialgüterrechte gezählt. Immaterialgüterrechte sind Vermögensrechte an verselbstständigten, regelmäßig unbeschränkt verkehrsfähigen geistigen Gütern.[421] Hierzu gehören insbesondere Patente, Gebrauchs- und Geschmacksmuster, Marken, Urheber- und Leistungsschutzrechte sowie abgeleitete Rechte an diesen Rechtspositionen in Form von Lizenzen.[422] Des Weiteren zählen hierzu auch behördliche Genehmigungen, wie z.B. Konzessionen zur Ausübung eines bestimmten Gewerbes oder Handels. Unter vergleichbaren Rechten werden auch Belieferungs-, Vertriebs-, Brau-, Wege- und Nießbrauchsrechte begriffen.[423] Bei den diesen

[416] Vgl. Hense, B./Philipps, H., Beck'scher Bilanzkommentar, 2003, § 240 HGB, Rn. 1.
[417] Vgl. Adler, H./Düring, W./Schmaltz, K., 1997, § 266 HGB, Rn. 26.
[418] Vgl. v. Keitz, I, 1997, S. 5f.
[419] Eine ähnliche Systematisierung nehmen vor: Dawo, S., 2003, S. 20ff.; Mutze, O., 1960, S. 23f. Diese Systematisierung gleicht nicht der in § 266 Abs. 2 A. I, 1. HGB.
[420] Kritisch zu der Gruppe „ähnliche wirtschaftliche Werte“: Moxter, A., 1979b, S. 1107f.
[421] Vgl. Hubmann, H./Götting, H.-P., 2002, S. 63.
[422] Zur Abgrenzung des Computerprogramms vom Datenträger vgl. BFH, Urt. v. 28.07.1994, III R 47/92, BStBl. II 1994, S. 873. Dawo, S., 2003, S. 75ff.
[423] Vgl. Adler, H./Düring, W./Schmaltz, K., 1997, § 266 HGB, Rn. 28.

Rechten ähnlichen wirtschaftlichen Werten handelt es sich um wirtschaftliche Vorteile, die zwar nicht (unmittelbar) rechtlich abgesichert sind, aber dennoch verkehrsfähig sein können.[424] Hierzu zählen im Regelfall ungeschützte Erfindungen, Rezepte, Know-how etc. Als weitere Gruppe immaterieller Werte werden wirtschaftliche Vorteile angesehen, die über die Residualgröße des Geschäfts- oder Firmenwertes erfasst werden. Hierzu zählen z.B. Stellung und Ruf des Unternehmens am Markt, Standortbedingungen, Organisation des Unternehmens, Know-how von Mitarbeitern und Geschäftsleitung, Produktpalette und Produktionstechnik.[425] Es handelt sich insoweit um wirtschaftliche Vorteile, die nicht hinreichend individualisierbar sind und infolge dessen im Geschäfts- oder Firmenwert aufgehen.

Für den Fortgang der Untersuchung ist entscheidend, welche immateriellen Güter nach HGB als Vermögensgegenstand anzusehen sind und nicht als „bloße" Vermögensvorteile im Geschäfts- oder Firmenwert aufgehen. Im Hinblick auf die Fragestellung dieser Arbeit ist die Abgrenzbarkeit immaterieller Vermögensgegenstände vom Geschäfts- oder Firmenwert von besonderem Interesse. Daher wird in der nachfolgenden Darstellung der wesentlichen Positionen zum Begriff immaterieller Vermögensgegenstände die Rechtsprechung, die sich bis 1987 intensiv mit der Abgrenzung dieser Vermögensgegenstände vom Geschäfts- oder Firmenwert auseinandergesetzt hatte, besonders berücksichtigt.[426] Die Abgrenzungsproblematik um einzelne Merkmale wurde im Rahmen dieser Judikatur ganz ausdrücklich im Kontext der Abgrenzungsproblematik beim Erwerb von Vermögensgesamtheiten diskutiert, also bei der Unternehmensübernahme i.S.v. § 255 Abs. 4 S. 1 HGB.

b) Herrschende Lehre zum handelsbilanziellen Begriff des Vermögensgegenstandes

aa) Übersicht

Die Definition der Bilanz eines Kaufmanns in § 242 Abs. 1 S. 1 HGB als ein „(...) das Verhältnis seines Vermögens und seiner Schulden darstellenden Abschluß (...)" weist auf die Kernaufgabe der Rechnungslegung hin. Ausgangspunkt bei der Bestimmung des handelsrechtlichen Begriffs „Vermögensgegens-

---

[424] Vgl. v. Keitz, I., 1997, S. 6; Reuleaux, S., 1987, S. 48ff.
[425] Vgl. Wöhe, G., 1980, S. 89 f.; Krolak, T., 2000, S. 3. Einzelheiten s.u. D.I.3.
[426] Zur Relevanz dieser Rechtsprechung für die Diskussion um IFRS 3 i.V.m. IAS 38: vgl. Lüdenbach, N./Prusaczyk, 2004, S. 207.

tand“ ist daher nach verbreiteter Ansicht im handelsrechtlichen Schrifttum die Schuldendeckungsfähigkeit der Vermögensvorteile eines Unternehmens.[427] Der Vermögensgegenstand muss also potenziell geeignet sein, Schulden des Unternehmens zu decken, was auf eine eher „statische“, dem Gedanken vorsichtigen Gläubigerschutzes verpflichtete Interpretation des Begriffs Vermögensgegenstand hinausläuft. Was im Einzelnen als Vermögensgegenstand anzusehen ist, richtet sich dabei im Wesentlichen nach der Verkehrsauffassung.[428]

Im handelsrechtlichen Schrifttum wird die Schuldendeckungsfähigkeit von Vermögensgegenständen und hieran anknüpfend die abstrakte Aktivierungsfähigkeit anhand verschiedener Kriterien konkretisiert. Bilanzzwecke und GoB werden dabei uneinheitlich gewichtet, so dass unterschiedliche Kriterien als maßgebend angesehen werden. Im Mittelpunkt der Diskussion steht die Abgrenzbarkeit, die v.a. unter dem Stichwort der selbstständigen Verkehrsfähigkeit oder Verwertbarkeit diskutiert wird.[429]

Im handels- und steuerrechtlichen Schrifttum werden verschiedene – und teilweise auch kontroverse – Kriterien herangezogen, um den Begriff des Vermögensgegenstandes und damit die abstrakte Aktivierungsfähigkeit zu bestimmen. Dazu gehören insbesondere:[430]

- zukünftiger Nutzen,[431]
- selbstständigeVerkehrsfähigkeit(Einzelveräußerbarkeit, Einzelbeschaffbarkeit),
- selbstständige Verwertbarkeit,
- Bilanzierbarkeit,
- entgeltlicher Erwerb,
- selbstständige (Einzel-)Vollstreckbarkeit,
- Vermögenswertprinzip,
- Greifbarkeit,

---

[427] Vgl. Leffson, U., 1987a, S. 72ff.; Baetge, J./Kirsch, H./Thiele, S., 2003, S. 140; Lamers, A., 1981, S. 184.
[428] Vgl. Adler, H./Düring, W./Schmaltz, K., 1998, § 246 HGB, Rn. 11.
[429] Vgl. nur Dawo, S., 2003, S. 51; Tiedchen, S., 1991, S. 28ff.; Gschwendtner, H, 1997, S. 224ff.
[430] Vgl. die Übersicht bei v. Keitz, I., 1997, S. 20.
[431] Da dieses Kriterium in Literatur und Rechtsprechung grundsätzlich übereinstimmend vorausgesetzt wird (vgl. hierzu Dawo, S., 2003, S. 51ff.), erfolgt eine gemeinsame Erörterung im Rahmen der Diskussion des Vermögensprinzips, s.u. D.I.2.c)bb).

- Übertragbarkeit einzeln oder mit dem gesamten Unternehmen,
- selbstständige Bewertbarkeit.

Die Bestimmung und kurze Diskussion dieser Kriterien ist für den Fortgang der Untersuchung entscheidend. Nur für diejenigen immateriellen Werte, bei denen es sich um einen Vermögensgegenstand handelt, kommt ein (erstmaliger) Ansatz beim übernehmenden Rechtsträger in Betracht kommt.

bb) Verkehrsfähigkeit (Einzelveräußerbarkeit und Einzelbeschaffbarkeit)
Damit ein Vermögensgegenstand einzeln veräußerbar ist, muss das fragliche Gut weit verbreiteter Meinung im Schrifttum nach einzeln verkehrsfähig sein, d.h. einzeln im Rechtsverkehr übertragen werden können.[432] Es wird zwischen abstrakter und konkreter Einzelveräußerbarkeit[433] unterschieden.

Nach Ansicht einiger Autoren ist die abstrakte Einzelveräußerbarkeit ausschlaggebendes Kriterium für den Begriff des Vermögensgegenstandes.[434] Das fragliche Gut muss dieser Meinung zufolge seiner Art und Beschaffenheit nach veräußerbar sein, d.h. es muss die abstrakte Möglichkeit bestehen, dass es Gegenstand eines Verkehrsgeschäftes wird.[435] Unbeachtlich ist dabei, ob es konkret veräußert werden kann, d.h. ob ein gesetzliches oder vertragliches Veräußerungsverbot oder aber auch fehlendes Käuferinteresse der Veräußerung

---

[432] Vgl. nur Adler, H./Düring, W./Schmaltz, K., 1998, § 246 HGB, Rn. 15ff.; Crezelius, G., 1987, S. 396; Kußmaul, H., 1987b, S. 2058; Freericks, W., 1976, S. 145; Gail, W., 1977, S. 137; Ordelheide, D./Hartle, J., 1986, S. 14; Coenenberg, A. G., 2003, S. 78 u. 139.

[433] Die Verkehrsfähigkeit im Sinne von Einzelbeschaffbarkeit ist von der Verkehrsfähigkeit im Sinne der Einzelveräußerbarkeit zu unterscheiden. Vgl. Adler, H./Düring, W./Schmaltz, K., 1998, § 246 HGB, Rn 16f. und 18f.; Dawo, S., 2003, S. 56. Allerdings ist nicht jedes beschaffbare Gut auch veräußerbar und ist somit u.U. nur bedingt verkehrsfähig. Verbreitet wird daher zur Bestimmung der selbstständigen Verkehrsfähigkeit nicht auf die Einzelbeschaffbarkeit, sondern auf die Einzelveräußerbarkeit abgestellt. Danach sind solche Güter abstrakt aktivierungsfähig, die bei wirtschaftlicher Betrachtung einzeln veräußert, mithin selbstständig realisiert werden können. Das Aktivierungskriterium der Einzelveräußerbarkeit ist enger als das der Einzelbeschaffbarkeit. Was einzeln veräußert werden kann, kann auch beschafft werden, jedoch kann nicht alles, was beschafft werden kann, auch veräußert werden (Entwicklung für Produkte, Werbekampagnen). Vgl. Ordelheide, D./Hartle, J., 1986, S. 14; Knobbe-Keuk, B., 1993, S. 87f.; Wichmann, G., 1988, 192 m.w.N. zum älteren Schrifttum; v. Keitz, I., 1997, S. 21.

[434] Vgl. Pfeiffer, T., 1982, S. 148f.; Tipke, K./Lang, J., 2002, S. 313; Großfeld, B., 1997a, S. 46; Kählert, J.-P., 1995, S. 92ff.

[435] Vgl. Kropff, B., in: Geßler, E., u.a., 1973, § 149 AktG a.F., Rn. 47.

widerspricht.[436] Damit liegt dieser Ansicht eher eine wirtschaftliche als eine formal-rechtliche Betrachtungsweise zugrunde.[437] In diesem Zusammenhang ist die Kritik an der begrifflichen Unschärfe des Kriteriums der abstrakten selbstständigen Verkehrsfähigkeit zu sehen. Ob ein Gut übertragen werden kann, ist oftmals keine abstrakte, sondern eine konkrete Frage.[438]

Teilweise wird daher auch auf die konkrete selbstständige Einzelveräußerbarkeit abgestellt. Demnach ist ein Gut nur dann abstrakt aktivierungsfähig, wenn es konkret Gegenstand eines Verkehrsgeschäfts sein kann, also verkehrsfähig ist und einzeln Gegenstand eines Anschaffungs- und eines Veräußerungsvorganges sein kann.[439] Nicht konkret selbstständig veräußerbar ist ein Gut, das aufgrund eines gesetzlichen oder vertraglichen Veräußerungsverbotes oder aber auch angesichts fehlenden Käuferinteresses nicht veräußert werden kann.[440]

Gegen die Stimmen in der Lehre,[441] die vor dem Hintergrund des Gläubigerschutzes eine (konkrete) Einzelveräußerbarkeit als Aktivierungskriterium fordern, spricht jedoch die wirtschaftliche Betrachtungsweise. Zwar dient es dem Gläubigerschutz, wenn nur solche Vorteile aktiviert werden, die einzeln veräußerbar sind und so jederzeit zur Deckung von Schulden herangezogen werden können.[442] Jedoch gibt es wirtschaftliche Vorteile, die sich gerade nicht einzeln veräußern lassen, wie z.B. die Firma i.S.v. § 17 Abs. 1 HGB oder wesentliche Bestandteile i.S.v. § 93 BGB, die zwar nicht einzeln übertragen, wohl aber als Geschäfts- oder Firmenwert oder Vermögensgegenstand[443] aktiviert werden können. Zudem versagt der Grundsatz der Einzelveräußerbarkeit bei weniger deutlich fassbaren wirtschaftlichen Vorteilen wie Kunden-

[436] Roland, H., 1980, S. 155.
[437] Vgl. Adler, H./Düring, W./Schmaltz, K., 1998, § 246 HGB, Rn. 19.
[438] Vgl. Gruber, T., 1991, S. 102, der als Beispiel den Fall anführt, dass ein Nutzungsrecht, das seine Existenz einem bestehenden Gesellschafterverhältnis verdankt, zwar abstrakt, nicht aber konkret verkehrsfähig ist. Vgl. auch Tiedchen, S., 1991, S. 35f.
[439] Maul, K.-H., 1973, S. 26; Freericks, W., 1976, S. 141ff; weitere Nachweise zu dieser in den 70er Jahren vorherrschenden Meinung bei v. Keitz, I., Immaterielle Güter, S. 20 (Fn. 67).
[440] Vgl. Roland, H., 1980, S. 155f.
[441] Vgl. nur Schildbach, T., 1995, S. 157; Ley, U., 1987, S. 131. Einschränkend: Tiedchen, S., 1991, S. 30f.
[442] Letztlich ist dies auf zerschlagungsstatische Überlegungen zurückzuführen: Im Fall der Insolvenz des Bilanzierenden können mit einiger Sicherheit nur einzelveräußerbare Vorteile der Gläubigerbefriedigung dienen. Vgl. Knobbe-Keuk, 1993, S. 77; Coenenberg, A. G., 2003, S. 78.
[443] Nicht sonderrechtsfähig i.S.v. § 93 BGB sind beispielsweise Gebäude.

beziehungen, Produktions- und Absatzorganisation etc.: Das Kriterium der Einzelveräußerbarkeit wäre bei diesen wirtschaftlichen Vorteilen, die grundsätzlich veräußerbar sind, kein Objektivierungshindernis.[444] Um diese Schwierigkeiten zu vermeiden, müsste auf eine „abstrakte selbstständige Verwertbarkeit" zurückgegriffen werden, die aber mit den gleichen Zweifeln behaftet wäre wie die abstrakte Verkehrsfähigkeit.[445]

Während die vorgenannten Argumente eher gegen das Kriterium der konkreten Einzelveräußerbarkeit sprechen, ist auch die Voraussetzung abstrakter Einzelveräußerbarkeit zweifelbehaftet: Das Kriterium der abstrakten Einzelveräußerbarkeit vermeidet zwar einige der Schwierigkeiten, die die konkrete Einzelveräußerbarkeit mit sich bringt. Gegen das Kriterium der abstrakten Einzelveräußerbarkeit lässt sich allerdings ebenfalls die mangelnde Trennschärfe einwenden: Kundenbeziehungen, Geheimrezepturen, Know-how, Organisationsstrukturen etc. sind hinsichtlich ihrer abstrakten Einzelveräußerbarkeit noch schwerer objektivierbar als sie es mittels des vorgenannten konkreten Maßstabes wären, zumal die Veräußerbarkeit abstrakt, also unter Außerachtlassung der konkreten Umstände des Einzelfalls erfolgt.[446]

cc) Selbstständige Verwertbarkeit

Im Anschluss an die Diskussion um die Verkehrsfähigkeit von Gütern als Voraussetzung für deren abstrakte Aktivierungsfähigkeit hat Lamers das Kriterium der selbstständigen Verwertbarkeit entwickelt.[447] Demnach liegt ein Vermögensgegenstand vor, wenn ein Gut außerhalb des eigenen Unternehmens konkret liquidierbar ist.[448] Dies schließt neben der Veräußerung auch die entgeltliche Einräumung von Nutzungsrechten und den bedingten Verzicht ein.[449] Das Kriterium der selbstständigen Verwertbarkeit begegnet allerdings einem Einwand: Der Bilanzierende kann Übertragbarkeit und Überlassungsfähigkeit eines Gutes vertraglich ausschließen mit der Folge, dass es nicht selbstständig verwertet werden kann.[450] Die wirtschaftliche Betrachtungsweise

---

[444] Vgl. Moxter, A., 1987, S. 1848.
[445] Vgl. Dawo, S., 2003, S. 59.
[446] Vgl. Hommel, M., 1998, S. 93f.
[447] Vgl. Lamers, A., 1981, S. 205ff.
[448] Vgl. Lamers, A., 1981, S. 205ff.
[449] Vgl. Lamers, A., 1981, S. 216.
[450] Vgl. Tiedchen, S., 1991, S. 42f.; v. Keitz, I., 1997, S. 25f.; Dawo, S., 2003, S. 58f.

widerspricht der Nichtaktivierung von Vermögensvorteilen, die allein aufgrund eines Veräußerungsverbotes[451] nicht veräußert werden können.[452]

dd) Bilanzierbarkeit

Vereinzelt wird auf die Bilanzierbarkeit als ein für die Beurteilung der Aktivierungsfähigkeit eines Vermögensgegenstandes notwendiges Kriterium abgestellt.[453] Ob sich ein Vermögensvorteil einem spezifischen Bilanzposten zuordnen lässt, kann jedoch nicht konstitutiv für dessen abstrakte Aktivierungsfähigkeit sein.[454] Nicht jeder Vermögensgegenstand muss einem bestimmten Bilanzposten zugeordnet werden können. Andernfalls wäre der Wortsinn des § 248 Abs. 2 HGB widersprüchlich, wonach (immaterielle) Vermögensgegenstände vorliegen können, deren Aktivierung mangels entgeltlichen Erwerbs zu unterbleiben habe.

ee) Entgeltlicher Erwerb als abstrakte Aktivierungsvoraussetzung

Mit der gleichen Argumentation lässt sich auch die Auffassung entkräften, dass der entgeltliche Erwerb notwendiges Kriterium für die (abstrakte) Aktivierbarkeit sei.[455] Vielmehr ist bereits vor der Übertragung – bei Vorliegen der allgemeinen Aktivierungsvoraussetzungen – ein Vermögensgegenstand vorhanden, der lediglich einem Aktivierungsverbot unterlag.[456] Aus der in § 248 Abs. 2 HGB zum Ausdruck kommenden Systematik spricht, dass der „entgeltliche Erwerb" der Frage nach dem Vorliegen eines Vermögensgegenstandes nachgeordnet ist. Zudem kann die wirtschaftliche Existenz eines vermögenswerten Vorteils nicht von der Art abhängen, auf die er erworben wird.

ff) Einzelvollstreckbarkeit als Aktivierungsvoraussetzung

Vereinzelt wird als maßgebendes Kriterium für die Einordnung als Vermögensgegenstand die Einzelvollstreckbarkeit des fraglichen Wertes verlangt.[457] Im

---

[451] Hierzu gehören z.B. vertragliche Abtretungs- oder sonstiges Veräußerungsverbote, aber auch bestimmte wirtschaftsverwaltungsrechtliche Vorschriften.

[452] Zudem können vertragliche Abreden auch gezielt aus bilanziellen Gründen getroffen werden, so dass das Kriterium der (konkreten) Einzelveräußerbarkeit zusätzlich Manipulationsgefahren mit sich bringt.

[453] Vgl. hierzu Adler, H./Düring, W./Schmaltz, K., 1998, § 246 HGB, Rn. 22 m.w.N.

[454] Vgl. Adler, H./Düring, W./Schmaltz, K., 1998, § 246, Rn. 19.

[455] Vgl. Roland, H., 1980, S. 148; vgl. auch Crezelius, G., 1987, S. 19.

[456] Vgl. nur Kupsch, P., 1977, S. 670; Tiedchen, S., 1991, S. 81f.

[457] Vgl. Tiedchen, S., 1991, S. 44ff., 82; Schulze-Osterloh, J. in: Baumbach, A./Hueck, A., 2000, § 42 GmbHG, Rn. 70.

Kern geht es dabei darum, unter dem Gesichtspunkt des Gläubigerschutzes sicherzustellen, mit den Vermögensgegenständen in der Bilanz das gesamte (sichere) Schuldendeckungspotenzial des Unternehmens präzise auszuweisen.[458] Diese Ansicht wird teilweise mit dem Zweck des Inventars, Gläubiger im Konkursfall vor dem Entzug von Schuldendeckungsmasse zu schützen, begründet.[459] Zudem sei dieses Kriterium geeignet, Zweifelsfälle sicher abzugrenzen:[460] Gegenstände, in die wegen Geldforderungen einzeln vollstreckt werden kann, sind vollstreckungsrechtlich vergleichsweise klar von nicht zur Vollstreckung geeigneten Vermögensvorteilen unterscheidbar. Jedoch verhindert das Kriterium der Einzelvollstreckbarkeit die Aktivierung von Gütern, die – zumindest zum Teil – im Gliederungsschema in § 266 Abs. 2 A. I. 1. HGB genannt sind. So kann z.B. nicht in die in § 266 Abs. 2 A. I. 1. HGB genannten ähnlichen Werte sowie in bestimmte urheberrechtliche Positionen[461] vollstreckt werden. Des Weiteren ist Zweck des Inventars nicht unmittelbar der Zweck der Erhaltung von Kapital. Aufgabe des Inventars ist es in erster Linie, Vermögen und Schulden des Unternehmens zu dokumentieren.[462] Daher kann ein aus den Zwecken des Inventars abgeleitetes abstraktes Aktivierungskriterium nicht zwingend auf den von anderen Zwecksetzungen dominierten Jahresabschluss übertragen werden.[463] Gleichwohl kann in dem Kriterium der Einzelvollstreckbarkeit eine sinnvolle Ergänzung der Verwertbarkeitskriterien gesehen werden, denn insoweit werden auch Werte erfasst, deren Übertragung im Rechtsverkehr zwar nicht gesetzlich, wohl aber vertraglich ausgeschlossen ist.[464] Kann ein Gut im Wege der Zwangsvollstreckung liquidiert werden, ist es auch

---

[458] Vgl. Schulze-Osterloh, J. in: Baumbach, A./Hueck, A. 2000, § 42 GmbHG, Rn. 70, der diese Auffassung dahingehend präzisiert, dass immaterielle Vermögensgegenstände alle Rechte und Werte sind, „(...) in die nach § 857 ZPO vollstreckt werden kann, weil sie entweder übertragbar sind oder weil ihre Ausübung einem anderen überlassen werden kann (...)".

[459] Vgl. Tiedchen, S., 1991, S. 51f.

[460] Vgl. Schulze-Osterloh, J. in: Baumbach, A./Hueck, A., 2000, § 42 GmbHG, Rn. 70 (mit Beispielen).

[461] Der Zwangsvollstreckung in Urheberrechte sind in §§ 113, 114 UrhG persönlichkeitsrechtliche Schranken gesetzt: Die Zwangsvollstreckung *gegen den Urheber* ist von dessen Einwilligung abhängig und kann sich nur auf die gem. § 31 UrhG einräumbaren Rechte erstreckt werden (§ 113 S. 1 UrhG). Zudem kann im Regelfall nicht gegen den Urheber in die ihm gehörenden Originale seiner Werke ohne seine Einwilligung vollstreckt werden (§ 114 Abs. 1 S. 1 UrhG).

[462] Vgl. Baetge, J./Kirsch, H.-J./Thiele, S., Bilanzen, 2003, S. 56f.

[463] Vgl. v. Keitz, I., 1997, S. 27.

[464] Vgl. BGH, Urt. v. 21.06.1985, V ZR 37/84, BGHZ 95, S. 100ff.; Tiedchen, S., 1991, S. 158f; Keitz, I. v., 2003, S. 28.

dann abstrakt aktivierungsfähig, wenn es im normalen Rechtsverkehr nicht übertragen und verwertet werden kann.[465]

c) Von der Rechtsprechung und Teilen des Schrifttums entwickelte Kriterien

aa) Überblick

Mit den im voranstehenden Kapitel skizzierten handelsrechtlichen Aktivierungskonzepten stimmen die Überlegungen der Finanzrechtsprechung[466] und hieran anschließend von Teilen des handels- und steuerbilanziellen Schrifttums[467] nur hinsichtlich einzelner Aspekte überein. Demnach komme es – als eine für die Fraugestellung dieser Arbeit wichtige Abweichung – nach dieser Auffassung u.a. nicht darauf an, ob ein Gut einzeln veräußert oder verwertet werden kann. Vielmehr muss es – jedenfalls zusammen mit dem Betrieb – übertragbar sein (sog. Gesamtverkehrsfähigkeit), solange es greifbar ist.[468]

Die Merkmale der Veräußerbarkeit mit dem gesamten Unternehmen und der Greifbarkeit sind nach der Rechtsprechung gleichwohl keine hinreichenden, sondern nur notwendige Kriterien, um die abstrakte Aktivierungsfähigkeit eines Bilanzobjektes zu erweisen.[469] Zur näheren Eingrenzung der sehr weiten und nur schwach objektivierenden Aktivierungsdefinition der Gesamtverkehrsfähigkeit bedient sich der BFH weiterer Merkmale.[470] Zwar können neben Sachen und Rechten u.U. auch „tatsächliche Zustände, konkrete Möglichkeiten und sämtliche Vorteile für den Betrieb"[471] aktiviert werden, solange diese bei der Ermittlung des Kaufpreises des gesamten Betriebes eine Rolle spielen.[472] Letzteres impliziert, dass sie nach der Verkehrsauffassung selbstständig bewertbar sind

---

[465] Vgl. Keitz, I. v., 2003, S. 28: Für die Bejahung der abstrakten Aktivierungsfähigkeit zwingenden Vorgang sei die Verwertbarkeit im normalen um die Verwertbarkeit im zwangsweisen Rechtsverkehr zu erweitern.

[466] Vgl. BFH, Urt. v. 18.06.1975, I R 24/73, BFHE 116, S. 474, BStBl. II 1975, S. 809; Urt. v. 09.07.1986, I R 218/82, BFHE 147, S. 412, BStBl. II 1987, S. 14; Urt. v. 26.08.1992, I R 24/91, BFHE 169, S. 165, BStBl. II 1992, S. 978f.

[467] Vgl. Beisse, H., 1980, S. 639; Moxter, A., 1999, S. 11ff.; Hommel, M., 1998, S. 97ff.; Euler, R., 1996, S. 146; vgl. auch die Darstellung bei Eibelshäuser, M., 1983, S. 162ff.

[468] BFH, Urt. vom 04.12.1991, I R 138/90, S. 383; BFH, Urt. v. 22.07.1988, III R 175/85, S. 995 – jeweils m.w.N.

[469] Vgl. auch Gruber, T., 1991, S. 127ff.

[470] Vgl. Hommel, M., 1998, S. 139.

[471] BFH, Beschl. v. 16.02.1990, III B 90/88, BStBl. II, 1990, S. 794.

[472] Vgl. BFH, Urt. v. 10.08.1989, X R 176-177/87, S. 16 m.w.N.

und über mehrere Wirtschaftsjahre nutzbringend sein werden.[473] Die entscheidenden von der Rechtsprechung entwickelten Kriterien sind das „Vermögensprinzip“[474], der „Grundsatz der Übertragbarkeit“[475], das „Greifbarkeitsprinzip“[476] und das „Prinzip selbstständiger Bewertbarkeit“[477].[478] Teilweise wird in der Rechtsprechung auch auf die Einlagefähigkeit des immateriellen Gutes abgestellt.[479]

bb) Vermögensprinzip

Das Vermögensprinzip bringt zum Ausdruck, dass nur vermögenswerte Vorteile, die einen Beitrag zum Ertragswert leisten, bilanzierbar sind.[480] Dieses – letztlich allgemeine und unscharfe – Kriterium lässt sich auf die bilanzrechtlich gebotene wirtschaftliche Betrachtungsweise zurückführen.[481] Die Bilanz im

---

473 BFH, Urt. v. 09.07.1986, I R 218/82, S. 14-16.

474 Vgl. bereits RFH, Urt. v. 21.09.1927, VI A 282/27, StuW 1927 II, S. 803; BFH, Urt. v. 28.01.1954, IV 255/53 U, BFHE 58, 516, BStBl. III 1954, S. 110; Urt. v. 23.05.1984, I R 266/81, BFHE 141, S. 261, BStBl. II 1984, S. 725; Urt. v. 09.07.1986, I R 218/82, BFHE 147, S. 412, BStBl. II 1987, S. 14.

475 Gemeint ist die Übertragbarkeit einzeln oder zusammen mit dem gesamten Unternehmen, vgl. RFH, Urt. v. 27.03.1928, I A 470/27, RStBl. 1928, S. 260, StuW II 1928, S. 709; Urt. v. 27.01.1932, VI A 1495/31, StuW II 1932, S. 525; Urt. v. 22.01.1936, VI A 911/34, StuW II 1936, S. 520; BFH, Urt. v. 26.05.1982, I R 180/80, BFHE 136, S. 222, BStBl. II 1982, S. 696; vgl. auch Urt. v. 10.03.1993, I R 116/91, BFH/NV 1993, S. 597.

476 Vgl. RFH, Urt. v. 26.09.1939, I 422/38, RFHE 47, S. 302, RStBl. 1940, S. 34; BFH, Urt. v. 09.10.1962, I 167/62 U, BFHE 76, S. 16, BStBl. III 1963, S. 7; Urt. v. 18.06.1975, I R 24/73, BFHE 116, S. 478, BStBl. II 1975, S. 811; Urt. v. 31.03.1976, I R 85/74, BFHE 118, S. 456, BStBl. II 1976, S. 475; Beschl. v. 26.10.1986, GrS 2/86, BFHE 151, S. 523, BStBl. II 1988, S. 348; Urt. v. 04.11.1986, VIII R 322/83, BFHE 148, S. 513, BStBl. II 1987, S. 333.

477 Vgl. BFH, Urt. v. 28.05.1979, I R 1/76, BFHE 128, S. 367, BStBl. II 1979, S. 734; Urt. v. 14.03.1979, I R 37/75, BFHE 127, S. 386, BStBl. II 1979, S. 470; Urt. v. 14.02.1973, I R 89/71, BFHE 109, S. 222, BStBl. II 1973, 580; Urt. v. 25.11.1981, I R 54/77, BFHE 134, S. 434, BStBl. II 1982, S. 189; Urt. v. 10.03.1993, I R 116/91, BFH/NV 1993, S. 595; Urt. v. 26.11.1993, III R 58/89, BFHE 173, S. 115, BStBl. II 1994, S. 293; Urt. v. 04.09.1997, IV R 88/96, BFH/NV 1998, S. 517.

478 Vgl. BFH, Urt. v. 28.05.1979, I R 1/76, BFHE 128, S. 367, BStBl. II 1979, S. 737: Die Existenz eines Wirtschaftsguts und seine Bilanzierungsfähigkeit seien „insbesondere davon abhängig, ob ein wirtschaftlicher Wert vorliegt, eine selbständige Bewertung möglich und ein greifbarer längerfristiger Nutzen gegeben ist.“

479 Vgl. BFH, Urt. v. 20.08.1986, I R 41/82 BStBl. II 1987, S. 69.

480 Vgl. Moxter, A., 1982a, S. 13; Ballwieser, W., 1985, S. 1042; vgl. auch RFH, Urt. v. 21.09.1927, VI A 383/27, StuW 1927 II, S. 803; BFH, Urt. v. 03.08.1993, VIII R 37/92, BFHE 174, S. 36, BStBl. II 1994, S. 446. Zum Ertragswertbezug dieses Aktivierungskriteriums bzw. des *future economic benefit* im Zusammenhang mit der kapitalmarktorientierten Bilanzierung nach IAS/IFRS und US-GAAP vgl. Hommel, M., 1998, S. 55f. Vgl. auch F.49(a), IAS 38.8 und 38.17.

481 Vgl. BFH, Urt. v. 06.12.1978, I R 35/78, BFHE 126, S. 549, BStBl. II 1979, S. 263.

Rechtssinn hat zum Ziel, aus wirtschaftlicher Sicht informativ zu sein und über den ausschüttungsfähigen Gewinn zu unterrichten.[482] Um zunächst alle wirtschaftlich relevanten Vermögensvorteile vorurteilslos einzubeziehen, wird die Menge aller potentiellen Vermögensgegenstände mit diesem Kriterium zunächst eher weit gefasst.[483] Grundsätzlich aktivierbar sind demzufolge „auch tatsächliche Zustände, konkrete Möglichkeiten und Vorteile für den Betrieb“[484], mithin alles, was geeignet ist, einen Vermögensvorteil zu bilden.[485] Das Nutzenpotenzial ist dabei nicht notwendig in dem Sinn marktbezogen zu bestimmen, dass ein Dritter Nutzenvorteile aus dem potenziellen Vermögensgegenstand ziehen könnte. Einschränkend sind Bilanzobjekte dann kein Vermögensvorteil, wenn letztlich nur eine Ausgabe, nicht aber ein für diese Ausgabe erlangter Gegenwert aktiviert werden kann.[486]

Die Rechtsprechung schränkt das Vermögenswertprinzip in zeitlicher Hinsicht ein und verlangt „einen über mehrere Wirtschaftsjahre sich erstreckenden greifbaren Nutzen“.[487] Auch das Schrifttum stimmt teilweise mit der Rechtsprechung überein, dass ein über den jeweiligen Abrechnungszeitraum hinausreichender Vorteil vorliegen muss.[488] Für diese zeitliche Einschränkung dieses Aktivierungskriteriums gibt es jedoch keine bilanzrechtlich stichhaltige Ableitung.[489] Aufgabe der Bilanz im Rechtssinn ist die Abbildung des unternehmerischen Vermögens an einem bestimmten Bilanzstichtag. Es kann daher allein darauf ankommen, ob der fragliche Vermögensvorteil überhaupt einen Ertragswertbeitrag[490] leistet, nicht aber, ob die Ertragswirkung über einen

---

[482] Vgl. nur Euler, R., 1989, S. 63ff.
[483] Vgl. Roland, H., 1980, S. 143; Tiedchen, S. 1991, S. 9.
[484] BFH, Urt. v. 29.04.1965, IV 403/62 U, BFHE 82, S. 464, BStBl. III 1965, S. 415.
[485] Vor diesem Hintergrund darf auch die Ertragswertbezogenheit und der Bezug auf einen zukünftigen Nutzen nicht als „dynamisch“ oder „anglo-amerikanisch“ missverstanden werden. Unter dem Gesichtspunkt des Gläubigerschutzes unterscheiden sich „dynamische“ und „statische“ Bilanzen insoweit nicht, denn Nonvaleurs, also Bilanzobjekte, die keinen wirtschaftlichen Nutzen mehr versprechen, dürfen nach beiden Bilanzkonzeptionen nicht aktiviert werden. Vgl. Hommel, M., 1998, S. 57f.
[486] Vgl. RFH, Urt. v. 21.09.1927, VI A 383/27, StuW 1927 II, S. 803.
[487] BFH, Urt. v. 28.05.1979, I R 1/76, BFHE 128, S. 367, BStBl. II 1979, S. 737; Urt. v. 06.12.1990, IV R 3/89, BStBl. II 1991, S. 346, BFHE 163, S. 126.
[488] Vgl. nur Dawo, S., 2003, 2003, S. 52f.
[489] Vgl. nur Ley, U., 1987, S. 103; Eibelshäuser, M., 1983, S. 170; Pfeiffer, T., 1984, S. 336.
[490] Die Konkretisierung dieses Unterkriteriums des Vermögensgegenstandsbegriffs stößt in der Literatur auf Widerspruch. Durch die Anknüpfung an zukünftige Netto-Einnahmepotenziale werde eine prospektive und dynamische Sichtweise eingenommen, die der statischen Vermögensermittlung, die den handelsrechtlichen GoB zugrunde liege,

längeren Zeitraum fortbesteht, solange sie nicht flüchtig und gänzlich vorübergehend ist. Auch ein vermögenswerter Vorteil von kurzer Dauer erfüllt daher das Kriterium, wenn er zumindest ein Wirtschaftsjahr lang vorlag.[491]

Für den mit dieser Untersuchung problematisierten Fall eines Erwerbs von Rechts- und Vermögensgesamtheiten im Wege der Gesamtrechtsnachfolge stellt sich die Frage, inwieweit das Vermögenswertprinzip eine Aktivierung immaterieller Anlagewerte ausschließt, wenn die Individualisierung des zukünftigen Nutzenbeitrags zweifelhaft ist. Die Anforderungen dürfen insoweit jedoch nicht überspannt werden, sonst wäre eine Aktivierung regelmäßig ausgeschlossen. Ein Potenzial zum Ertragswert beizutragen wird daher immer dann anzunehmen sein, wenn der fragliche Vermögensvorteil im betrieblichen Leistungsprozess zweckentsprechend eingesetzt wird und es sich nicht um eine Fehlinvestition handelt.[492]

cc) Grundsatz der Übertragbarkeit

Der Rechtsprechung lässt sich des Weiteren das Aktivierungskriterium der Übertragbarkeit entnehmen.[493] Übertragbarkeit versteht der BFH jedoch nicht im Sinne der vorab geschilderten Stimmen im Schrifttum als Einzelübertragbarkeit oder Einzelveräußerbarkeit[494], sondern stellt für die Bestimmung des Kriteriums der Übertragbarkeit[495] auf die Veräußerbarkeit mit dem gesamten

---

zuwiderlaufe. Vgl. Lutz, G., 1994, S. 86; Stapperfend, T. 1993, S. 527 (Fn. 20). Dem ist allerdings entgegenzuhalten, dass der Gesetzgeber durch die Regelung des Going-Concern-Prinzips sich gegen ein zerschlagungsstatisches und für ein auf die Unternehmensfortführung bezogenes Kriterium entschieden hat und damit gerade auch eine zukunftsbezogene Bilanzierung ermöglichen wollte. Vgl. nur Kußmaul, H., 1989, S. 257.

491 Vereinzelt greift der BFH auf die Teilwertdefinition zurück, um das Vermögensprinzip näher zu bestimmen: Eine Ausgabe führe dann zu einem Wirtschaftsgut, wenn bei einem fiktiven Unternehmenserwerb der Erwerber das fragliche Bilanzobjekt gesondert entgelten würde. Vgl. BFH, Beschl. v. 02.03.1970, GrS 1/69, BFHE 98, 360, BStBl. II 1970, S. 383. Aber auch dieses Kriterium führt letztlich zu keinem objektiven Maßstab, denn die Erwerberfiktion ist ihrerseits mit Beurteilungsspielräumen behaftet, denn sie setzt voraus, dass der Bilanzierende oder ein Dritter die gedankliche Operation des fiktiven Erwerbs durchführt. Vgl. Eibelshäuser, M., 1983, S. 160f., 241; Freericks, W., 1976, S. 321.

492 Vgl. Dawo, S., 2003, S. 53.

493 Vgl. BFH, Urt. v. 14.12.1988, I R 44/83, BFHE 155, S. 368, BStBl. II 1989, S. 323; Urt. v. 09.07.1986, I R 218/82, BFHE 147, S. 412, BStBl. II 1987, S. 14.

494 S.o.

495 Nach Moxter handelt es sich bei dem Übertragbarkeitsprinzip um eine Ausprägung des Greifbarkeitsprinzips, vgl. Moxter, A., 1999, S. 12.

Unternehmen ab:[496] Einzelveräußerbarkeit bilde „kein Begriffsmerkmal des „Wirtschaftsguts" i.S.d. §§ 4ff. EStG"[497]. Diese – gegenüber Teilen des (handelsrechtlichen) Schrifttums – erweiterte Auffassung begründet der BFH mit der wirtschaftlichen Betrachtungsweise und hat dabei Vermögensvorteile im Sinn, die sich nicht vom Betrieb trennen lassen: Es „widerspräche (...) der wirtschaftlichen Wirklichkeit, ihnen die Eigenschaft eines Vermögensgegenstandes abzusprechen"[498]. Auf dem Weg zur Bestimmung eines Gutes als Vermögensgegenstand kommt es daher nicht auf eine konkret nachzuweisende Einzelbeschaffbarkeit oder -veräußerbarkeit an. Vielmehr genügt die Eignung des fraglichen Vermögensvorteils, im Zuge eines fiktiven Verkaufs des gesamten Unternehmens mitveräußert zu werden.[499] Als Wirtschaftsgut zählen folglich „(...) neben Gegenständen im Sinne des bürgerlichen Rechts alle vermögenswerten Vorteile des Betriebes, einschließlich tatsächlicher Zustände und konkreter Möglichkeiten, sofern ihnen im Geschäftsverkehr ein selbstständiger Wert beigelegt wird und sie – allein oder mit dem Betrieb – verkehrsfähig sind (...)"[500].

Die Erweiterung des Aktivierungskreises durch die Rechtsprechung durch das Kriterium der Übertragbarkeit mit dem gesamten Unternehmen und ihre Herleitung aus der wirtschaftlichen Betrachtungsweise lässt sich noch genauer nachzeichnen. Die weite Fassung dieses Aktivierungskriteriums berücksichtigt, dass sich nicht nur im Fall der externen Veräußerung oder Verwertung der Wert eines wirtschaftlichen Vorteils erweist. Vielmehr kann grundsätzlich bereits der Einsatz im Betrieb die Werthaltigkeit von wirtschaftlichen Vorteilen begründen.[501] Allerdings muss ein nachvollziehbares Verhältnis zwischen der Höhe der Erwerbspreise für das gesamte Unternehmen und der Existenz eines im-

---

[496] Vgl. BFH, Urt. v. 26.08.1992, I R 24/91, BFHE 169, S. 165, BStBl. II 1992, S. 978f.; Urt. v. 04.12.1991, I R 148/90, BFHE 166, S. 474, BStBl. II 1992, S. 383; Urt. v. 23.11.1988, II R 209/82, BStBl. II 1989, S. 83; Urt. v. 26.02.1975, I R 72/73, BFHE 115, S. 245; Urt. v. 13.03.1956, I 209/55 U, BFHE 62, S. 403.

[497] BFH, Urt. v. 04.12.1991, I R 148/90, BFHE 166, S. 472, BStBl. II 1992, S. 384.

[498] BFH, Urt. v. 26.02.1975, I R 72/73, BFHE 115, S. 243f., BStBl. II 1976, S. 14.

[499] Vgl. BFH, Urt. v. 13.03.1956, I 209/55 U, BFHE 62, S. 403, BStBl. III 1956, S. 149; vgl. erstmals ausdrücklich zum Kriterium des Gesamtveräußerbarkeit: RFH, Urt. v. 21.10.1931, VI A 2002/29, RFHE 30, S. 142, RStBl. 1932, S. 307 unter Berufung auf Becker, E., 1929, Sp. 157.

[500] BFH, Urt. v. 03.08.1993, VIII R 37/92, BFHE 174, S. 31ff., BStBl. II 1994, S. 444ff.

[501] Vgl. BFH, Urt. v. 03.08.1993, VIII R 37/92, BFHE 174, S. 31, BStBl. II 1994, S. 446.

materiellen Vermögensvorteils feststellbar sein.[502] Ein fiktiver Erwerber müsste den Wert im Fortführungsfall also bei der Bemessung des Kaufpreises berücksichtigen.[503]

Das Kriterium der Übertragbarkeit mit dem Unternehmensganzen schließt zugleich bestimmte Vermögensvorteile von der Aktivierbarkeit aus. Höchstpersönliche wirtschaftliche Vorteile eines Kaufmanns im Sinne besonderer wissenschaftlicher oder seltener, durch Erfahrung begründeter Fähigkeiten sind ebenso wenig – einzeln oder zusammen mit dem Unternehmensganzen – übertragbar[504] wie seine Kreditwürdigkeit oder sonstige persönliche Vertrauensgesichtspunkte[505]. Nicht einzeln oder mit dem gesamten Betrieb übertragbar ist ein Zuschuss zum Bau von Straßen, wenn diese im Allgemeingebrauch stehen.[506] Letztlich stellt der BFH zur Beurteilung der Übertragbarkeit im Zusammenhang mit Zuschuss und Beitragsfällen, aber auch für die Beurteilung von Mietereinbauten auf das Merkmal des Allgemeingebrauchs ab: Ist der fragliche wirtschaftliche Vorteil der Öffentlichkeit frei zugänglich, wie z.B. Straßen und Wege, kann der Bilanzierende nicht über den Wert verfügen.[507] Anders ist der Fall zu beurteilen, dass der durch die Aufwendungen entstandene wirtschaftliche Vorteil in „einem besonderen Nutzungs- und Funktionszusammenhang“[508] zu dem bilanzierenden Unternehmen steht. Dann könne unter dem Gesichtspunkt der wirtschaftlichen Betrachtungsweise eine Aktivierung in Betracht kommen.[509]

Uneinheitlich wird von der Rechtsprechung die Übertragbarkeit mit dem gesamten Unternehmen in formalrechtlicher Hinsicht beurteilt. Höchstpersönliche

---

[502] Vgl. BFH, Urt. v. 10.08.1989, X R 176-177/87, BFHE 158, S. 53, BStBl. II 1990, S. 16.
[503] Vgl. BFH, Urt. v. 18.06.1975, I R 24/73, BFHE 116, S. 474, BStBl. II 1975, S. 811.
[504] Vgl. BFH, Urt. v. 10.03.1993, I R 116/91, BFH/NV 1993, S. 597.
[505] Vgl. BFH, Urt. v. 29.07.1982, IV R 49/78, BFHE 136, S. 272, BStBl. II 1982, S. 650.
[506] Vgl. BFH, Urt. v. 28.03.1990, II R 30/89, BFHE 160, S. 278f. BStBl. II 1990, S. 570; anders noch Urt. v. 25.05.1984, III R 30/79, BFHE 141, S. 297, BStBl. II 1984, S. 617 (allerdings ging es in dieser Entscheidung um die Sondernutzung und den Vorteil in Gestalt der Einleitungsbefugnis in eine Kläranlage, die sogar isoliert vom Betrieb übertragen werden durfte); anders auch Urt. v. 29.04.1965, IV 403/62 U, BFHE 82, S. 461, BStBl. II 1965, S. 415.
[507] Vgl. Lang, J., 1981, S. 403.
[508] Vgl. zu Mietereinbauten: BFH, Urt. v. 28.03.1990, II R 30/89, BFHE 160, S. 278, BStBl. II 1990, S. 570.
[509] Vgl. BFH, Urt. v. 28.03.1990, II R 30/89, BFHE 160, S. 278, BStBl. II 1990, S. 570.

Rechtspositionen (z.B. persönliche Schankkonzession[510]) und nicht (vollständig) übertragbare Rechtspositionen[511] werden mangels Übertragbarkeit als nicht aktivierungsfähig angesehen. Demgegenüber wird die Aktivierbarkeit nicht übertragbarer zivilrechtlicher Rechtspositionen[512] nicht angezweifelt.[513] Der BFH beruft sich darauf, dass der Begriff der Übertragbarkeit nicht abstrakt bestimmt werden kann, sondern gemäß „der Wesensart des Wirtschaftsguts (...) im wirtschaftlichen Sinne verstanden werden"[514] müsse. Die Beurteilung der Übertragbarkeit ist nach der Rechtsprechung folglich nicht streng anhand des formalen Kriteriums der Übertragbarkeit im Sinne des bürgerlichen Rechts vorzunehmen, sondern es genügt, wenn das fragliche Recht unter wirtschaftlichen Gesichtspunkten übertragbar ist.[515]

Dass personengebundene Rechtspositionen nur im Einzelfall aktivierbar sind, zeigt die ständige Rechtsprechung zur Bilanzierung von Güterfernverkehrsgenehmigungen.[516] Zwar wurden diese Konzessionen nur personengebunden erteilt, jedoch wurde in der Praxis gleichwohl mit ihnen gehandelt: Die Konzessionsinhaber konnten gegenüber der Aufsichtsbehörde unter der Bedingung auf ihre Genehmigungen verzichten, dass dem benannten Käufer eine entsprechende Fernverkehrskonzession erteilt wird.[517] Da durch die faktische Handelbarkeit und die kontingentierte Zahl behördlicher Genehmigungen die Erzielung von Gewinnen möglich war, wurden diese Vermögensvorteile unter wirtschaftlichen Gesichtspunkten als (immaterielles) Wirtschaftsgut eingestuft.[518] Unterdessen ist die Praxis des Handels mittels bedingter Verzichtserklärungen eingeschränkt worden.[519] Güterfernverkehrsgenehmigungen können

---

[510] Vgl. RFH, Urt. v. 21.10.1931, VI A 2002/29, RFHE 30, S. 142, RStBl. 1932, S. 305.
[511] Vgl. BFH, Urt. v. 06.03.1970, III R 20/66, BFHE 99, S. 50, BStBl. II 1970, S. 489. Die Entscheidung hatte u.a. die Frage zum Ausgangspunkt, ob Belieferungsverträge über Lesezirkel aktivierbar sind.
[512] Vgl. die Abtretungsverbote gem. §§ 399, 413, 1959 BGB.
[513] Vgl. BFH, Urt. v. 30.05.1984, I R 146/81, BFHE 141, S. 509, BStBl. II 1984, S. 827; Urt. v. 23.11.1988, II R 209/82, BFHE 155, S. 134, BStBl. II 1989, S. 82.
[514] BFH, Urt. v. 26.05.1982, I R 180/80, BFHE 136, S. 222f. BStBl. II 1982, S. 695f.
[515] Vgl. Herzig, N./Söffing, A., 1994, S. 603.
[516] Vgl. nur BFH, Urt. v. 15.12.1993, X R 102/92, BFH/NV 1994, S. 545 m.w.N. zur älteren Judikatur.
[517] Vgl. BFH, Urt. v. 30.05.1974, III R 75/73, BFHE 113, S. 50, BStBl. II 1974, S. 655; Urt. v. 23.06.1978, III R 22/76, BFHE 125, S. 300f. BStBl. II 1978, S. 521; Boorberg, W./Strüngmann, T./Spiess, S., 1994, S. 55.
[518] Vgl. BFH, Urt. v. 23.06.1978, III R 22/76, BFHE 125, S. 300, BStBl. II 1978, S. 522.
[519] Die Praxis des Konzessionshandels wurde durch Beschl. des BVerfG v. 14.12.1975 (1 BvL 35/70, BVerfGE 40, S. 232) und einer anschließenden Gesetzesnovelle mit der Begrün-

aber in der Praxis weiterhin übertragen werden, wenn das Güterverkehrsunternehmen als Ganzes übertragen wird.[520] Das Kriterium der Übertragbarkeit wird also beim Übergang von Rechtspositionen auch dann erfüllt, wenn zwar nur der wirtschaftliche Vorteil übertragen werden kann, die Berechtigung beim Veräußerer aber untergeht und beim Erwerber neu entsteht. Während der Veräußerer den wirtschaftlichen Vorteil und dessen rechtliche Ausgestaltung verliert, gewinnt der Erwerber (des Unternehmens) beides.[521]

Teilweise wird von der Rechtsprechung auch die Übertragbarkeit dem Wert nach anerkannt. So kann der Nießbraucher sein Nießbrauchrecht aktivieren, obwohl er seine Rechtsposition gem. § 1059 S. 1 BGB nicht wirksam auf einen Dritten übertragen kann.[522] Grund für die Aktivierbarkeit ist der wirtschaftliche Nutzungsvorteil, den der Nießbraucher in Gestalt des Nießbrauchsrechts erwirbt.[523] Dass er seine dingliche Rechtsposition nicht auf Dritte übertragen kann, steht dem nicht entgegen. Da der Nießbraucher den tatsächlichen Nutzungsvorteil innehat, kann er ihn isoliert, aber auch zusammen mit einem Unternehmen nach § 1059 S. 2 BGB durch obligatorisches Rechtsgeschäft übertragen. Aus wirtschaftlicher Sicht hat der Nießbraucher damit eine Rechtsposition inne, die einem (übertragbaren) wirtschaftlichen Vorteil gleichkommt.

Durch das Merkmal der Veräußerbarkeit mit dem gesamten Unternehmen umfasst der Kreis aktivierbarer Güter auch diejenigen Vermögensvorteile, die zwar nicht selbstständig verkehrsfähig oder verwertbar sind, aber Gegenstand eines Unternehmenserwerbes in Gestalt einer übertragenden Umwandlung sein können. Hierzu gehören neben den bereits diskutierten Rechtspositionen z.B. auch Beschränkungen der Übertragbarkeit urheberrechtlicher Positionen, die im Fall von Unternehmenserwerben nach Ansicht des BFH bei der Einordnung von Vermögensvorteilen als Vermögensgegenstände keine Rolle spielen.[524] Gleiches

---

dung eingeschränkt, dass neuen Interessenten an Genehmigungen der Marktzugang erschwert werde. Infolgedessen war der Konzessionshandel nicht nur rechtlich, sondern auch tatsächlich nur mehr eingeschränkt möglich (vgl. § 10 Abs. 3 und 4 GüKG).

[520] Vgl. BFH, Urt. v. 22.03.1989, II R 15/86, BFHE 157, S. 211, BStBl. II 1989, S. 645; vgl. auch Urt. v. 04.12.1991, I R 148/90, BFHE 166, S. 475, BStBl. II 1992, S. 383; Urt. v. 10.05.1990, IV/R 41/89, BFH/NV 1991, S. 586.

[521] Vgl. Hommel, M., 1998, S. 121.

[522] Vgl. BFH, Urt. v. 20.02.1974, IV R 60/69, BFHE 112, S. 257, BStBl. II 1974, S. 482; Urt. v. 26.03.1974, VIII R 210/72, BFHE 112, S. 165, BStBl. II 1975, S. 6.

[523] Vgl. nur Tiedchen, S., 1991, S. 113ff.

[524] Vgl. BFH, Urt. v. 08.02.1996, III R 76/90, BFH/NV 1996, S. 644.

gilt für gewerbliche Schutzrechte, die einem Übertragbarkeitsverbot unterliegen können, das nur im Fall der Universalsukzession nicht greift. Auch Wettbewerbsverbote können somit abstrakt aktivierbar sein. Folgt man mithin der Auffassung der Rechtsprechung, ist der Kreis abstrakt aktivierungsfähiger Güter weiter zu ziehen. Der aufgrund abgesenkter abstrakter Ansatzobjektivierungserfordernisse erweiterte Kreis aktivierungsfähiger Vermögensvorteile erstreckt sich infolgedessen gerade auch auf solche Rechtspositionen, deren Übertragbarkeit gerade von der Übertragungsform der Gesamtrechtsnachfolge abhängt.

dd) Greifbarkeit

Das Vermögenswertprinzip bildet für sich genommen kein trennscharfes Abgrenzungskriterium, die Vermögensgegenstandsqualität eines Gutes zu erweisen. Der Grundsatz der Übertragbarkeit wird – wie aufgezeigt – durch die Rechtsprechung über einzeln verwertbare oder einzeln veräußerbare Vorteile hinaus erstreckt auf Werte, die (nur) gemeinsam mit dem gesamten Unternehmen übertragen werden können. Auch beide Kriterien zusammengenommen räumen dem Bilanzierenden noch erhebliche Spielräume ein und bergen die Gefahr von Manipulationen. Um die Vermögensgegenstands-Eigenschaft nachzuweisen und zu objektivieren, bedient sich die Rechtsprechung daher zusätzlich des Kriteriums der Greifbarkeit:[525] Zwar gebe kein Kaufmann Geld aus, ohne einen Gegenwert zu erhalten, jedoch entbinde diese Regel nicht von der einzelfallbezogenen Feststellung, ob der Gegenwert hinreichend konkret ist, um einen Aktivposten anzusetzen.[526] Der wirtschaftliche Vorteil müsse, so der BFH, „als greifbarer Vorteil (...) in Erscheinung“ [527] treten.[528]

---

[525] Vgl. BFH, Urt. v. 18.06.1975, I R 24/73, BFHE 116, S. 474, BStBl. II 1975, S. 811.

[526] Vgl. BFH, Urt. v. 09.07.1969, I R 38/66, BFHE 96, S. 559, BStBl. II 1969, S. 744.

[527] BFH, Urt. v. 10.05.1990, IV R 41/89, BFH/NV 1991, S. 586.

[528] Das Aktivierungsverbot des § 248 Abs. 2 HGB und des § 5 Abs. 2 EStG wird von der Rechtsprechung grundsätzlich nicht als Normierung eines abstrakten Aktivierungsmerkmals angesehen. Vgl. nur BFH, Urt. v. 26.02.1975, I R 72/73, BFHE 115, S. 243, BStBl. II 1976, S. 13; Urt. v. 18.01.1989, X R 10/86, BFHE 156, S. 110, BStBl. II 1989, S. 549; Urt. v. 01.06.1989, IV R 64/88, BFHE 157, S. 185, BStBl. II 1989, S. 830. Gleichwohl lassen sich der Rechtsprechung Tendenzen entnehmen, dem Kriterium des entgeltlichen Erwerbs zuweilen auch für den Wirtschaftgutbegriff konstitutive Bedeutung beizumessen. Das Kriterium des entgeltlichen Erwerbs in den Rang eines abstrakten Aktivierungsmerkmals zu heben, unternimmt der BFH u.a. beim Kundenstamm und bei Konzeptionskosten. Zum Kundenstamm vgl. BFH, Urt. v. 25.11.1981, I R 54/77, BFHE 134, S. 436, BStBl. II 1982, S. 190; zu Konzeptionskosten vgl. BFH, Urt. v. 10.12.1992, XI R 45/88, BFHE 170, S. 495f., BStBl. II 1993, S. 538. Der bis zum Anschaffungsvorgang unselbstständige Bestandteil des Geschäfts- oder Firmenwertes müsse danach isoliert Gegenstand eines Verkehrsgeschäftes sein. Vgl. BFH, Urt. v. 25.11.1981, I R 54/77, BFHE 134, S. 436, BStBl. II 1982, S. 190; Urt. v.

Ein Gut ist jedenfalls immer dann greifbar, wenn es sich um ein Einzelrecht handelt.[529] Insoweit geht der BFH also von dem Gegenstandsbegriff des bürgerlichen Rechts (§ 90 BGB) aus.[530] Eine Bestimmung des Begriffs „Gegenstand“ enthält das BGB zwar auch in § 90 BGB nicht, jedoch werden Sachen als körperliche Gegenstände definiert und damit vorausgesetzt, dass es nach bürgerlichem Recht auch unkörperliche Gegenstände gibt. Nach h.M. im Zivilrecht ist ein – körperlicher oder unkörperlicher – Gegenstand ein Gut, das Beziehungspunkt und Schutzgegenstand der Rechtsordnung ist.[531] Der BFH belässt es jedoch nicht bei einer zivilrechtlichen Typisierung, sondern bezieht auch „tatsächliche Zustände, konkrete Möglichkeiten und sämtliche Vorteile für den Betrieb, deren Erlangung der Kaufmann sich etwas kosten läßt“[532] ein. Mithin sind nicht allein Rechtsgüter (Gegenstände i.S.d. Zivilrechts), sondern auch sonstige wirtschaftliche Werte, die sich nicht als Rechtsgut greifen lassen, grundsätzlich aktivierbar.[533] Die Rechtsprechung geht also von einem eher weit zu fassenden Greifbarkeitskriterium aus. Hintergrund für diesen weiten Greifbarkeitsbegriff ist die in handels- und steuerbilanzrechtlichen Fragen zugrunde zu legende wirtschaftliche Betrachtungsweise: Der vermögenswerte Vorteil muss nicht zwingend rechtlich konkretisiert werden, vielmehr genügt ein „gesicherter“[534] wirtschaftlicher Vorteil.

Das Kriterium der Greifbarkeit ist nicht gleichzusetzen mit dem Grundsatz selbstständiger Bewertbarkeit oder der Bewertbarkeit des fraglichen Vorteils

---

28.10.1987, II R 224/82, BFHE 151, S. 201, BStBl. II 1988, S. 51. Demgegenüber genüge es nicht, wenn der unselbstständige Bestandteil des Geschäfts- oder Firmenwertes im Zuge eines Unternehmenswerbers, also gemeinsam mit einer einem betrieblichen Zweck unterworfenen Vermögensgesamtheit (ganzer Betrieb oder Teilbetrieb) erworben werde. Vgl. BFH, Urt. v. 17.03.1977, IV R 218/72, BFHE 122, S. 70, BStBl. II 1977, S. 595; vgl. auch Urt. v. 01.08.1990, II R 17/87, BFHE 161, S. 171, BStBl. II 1990, S. 879; Urt. v. 11.11.1983, III R 25/77, BFHE 140, S. 294, BStBl. II 1984, S. 189.

[529] Vgl. BFH, Urt. v. 18.01.1967, I 77/64, BFHE 88, S. 198, BStBl. III, 1967, S. 335; Urt. v. 17.03.1977, IV R 218/72, BFHE 122, S. 70, BStBl. II 1977, 596; Beschl. v. 26.10.1987, GrS 2/86, BFHE 151, S. 523, BStBl. II 1988, S. 353f. Zum vergleichbaren *contractual legal criterion* nach IAS/IFRS vgl. unten Kap. E.III.3.

[530] Vgl. Moxter, A., 1999, S. 11.

[531] Vgl. Jickeli, J./Stieper, M., in: Staudinger, J., 2004, Vorbem. zu § 90ff. BGB, Rn. 3f m.w.N.

[532] Vgl. BFH, Beschl. v. 16.02.1990, III B 90/88, BFHE 160, S. 364, BStBl. II 1990, S. 794; vgl. auch Urt. v. 29.04.1965, IV 403/62 U, BFHE 82, S. 461, BStBl. III 1965, S. 415.

[533] Vgl. BFH, Urt. v. 09.02.1978, IV R 201/74, BFHE 124, S. 520, BStBl. II 1978, S. 371.

[534] BFH, Urt. v. 08.03.1989, X R 9/86, BFHE 156, S. 443, BStBl. II 1989, S. 716.

überhaupt.[535] Die Rechtsprechung neigt insoweit dazu, das Kriterium der Greifbarkeit dahingehend näher zu bestimmen, dass es für einen Zeitraum von gewisser Dauer nicht entzogen werden könne.[536] Dies sei, so der BFH, auch bei schwebenden Vertragsverhältnissen der Fall, insoweit es sich nicht lediglich um Rahmenverträge handele.[537] Z.B. müssen nach dieser Rechtsprechung Gewinnchancen aus schwebenden Rechtsgeschäften[538] und vergleichbare nicht bilanziell ausgewiesene Werte „ggfs. selbstständig aktiviert werden, um nicht fälschlicherweise in dem anders gearteten und steuerlich anders behandelten Geschäftswert aufzugehen“[539]. „Greifbar“ ist nach alledem also im Einzelfall bereits eine Gewinnchance, die aus einem schwebenden Vertrag herrührt. Die vertragliche Absicherung der „bloßen“ Chance führt zu einer rechtsähnlichen Position und einer hinsichtlich ihrer Greifbarkeit vergleichbaren Verdichtung des Vorteils,[540] solange die Vertragsparteien dieser Gewinnchance in Form des Auftragsbestandes „eine besondere wirtschaftliche Bedeutung beigemessen haben“[541]. Diesen Rechtsgütern vergleichbare Position ist zudem auch hinsichtlich der Möglichkeit, zur Durchsetzung der Gewinnchancen aus dem Vertrag Rechtsschutz zu begehren, rechtsgutähnlich (mittelbar) abgesichert.[542]

---

[535] Vgl. BFH, Urt. v. 16.11.1977, I R 83/75, BFHE 124, S. 501, BStBl. II 1978, S. 387.

[536] Vgl. BFH, Urt. v. 16.11.1977, I R 83/75, BFHE 124, S. 501, BStBl. II 1978, S. 387.

[537] Vgl. BFH, Urt. v. 01.02.1989, VIII R 361/83, BFH/NV 1989, S. 779; Urt. v. 09.07.1958, I 207/57 U, BFHE 67, S. 307, BStBl. III 1958, S. 416.

[538] Für schwebende Geschäfte gibt es im Wesentlichen zwei Definitionen: Zum einen kann ein schwebendes Geschäft angenommen werden, wenn die Gegenleistung erbracht wurde. Zum anderen kann ein schwebendes Rechtsgeschäft angenommen werden, wenn die Sachleistung erbracht ist.

[539] BFH, Urt. v. 20.11.1962, I 266/61 U, BFHE 76, S. 164, BStBl. III, 1963, S. 60. Zur vergleichbaren aktuellen Problematik der Abgrenzung immaterieller Anlagewerte bei Unternehmenserwerben, die das IASB zur Verabschiedung des IFRS 3 und zur Überarbeitung des IAS 38 geführt haben, vgl. Kap. E III.3.

[540] Vgl. BFH, Urt. v. 18.01.1989, X R 10/86, BFHE 156, S. 110, BStBl. II 1989, S. 550.

[541] BFH, Urt. v. 01.02.1989, VIII R 361/83, BFH/NV 1989, S. 779.

[542] Vgl. hierzu auch BFH, Urt. v. 01.02.1989, VIII R 361/83, BFH/NV 1989, S. 779. Gleichwohl geht der BFH hinsichtlich der Aktivierungsfähigkeit über dieses Greifbarkeitskriterium der mittelbaren rechtlichen Absicherung hinaus und hält nicht nur technisches Know-how im (rechtlich geschützten) Sinn, sondern darüber hinaus auch – z.B. kaufmännisches – Erfahrungs-Know-how für aktivierbar: vgl. BFH, Urt. v. 23.11.1988, II R 209/82, BFHE 155, S. 132, BStBl. II 1989, S. 83; Urt. v. 08.03.1989, X R 9/86, BFHE 156, S. 443, BStBl. II 1989, S. 716.

ee) Selbstständige Bewertbarkeit

Die Rechtsprechung sieht in dem Grundsatz selbstständiger Bewertbarkeit ein weiteres „wesentliches Merkmal für die Annahme eines Wirtschaftsguts“[543]. Die selbstständige Bewertungsfähigkeit ermögliche die Einzelbewertung und sei „erforderliches“[544] sowie „innewohnende(s) Merkmal“[545] des Wirtschaftsgutbegriffs, so dass Bewertungsrecht und Ertragsteuerrecht übereinstimmen.[546] Der BFH scheidet damit bereits auf Ebene der abstrakten Aktivierungsfähigkeit all jene vermögenswerten Vorteile aus, die sich nur gemeinsam mit dem Geschäfts- oder Firmenwert bewerten lassen.[547] Es kommen also bereits im Rahmen der gesetzes- und tatbestandssystematisch vorgelagerten Frage nach der Vermögensgegenstandseigenschaft Bewertungsgesichtspunkte zum Tragen: Für den (greifbaren) Vermögensvorteil muss „auch ein besonderes Entgelt angesetzt werden“[548] können. Auch im Schrifttum wird verbreitet der selbstständigen Bewer-tungsfähigkeit eine Objektivierungsaufgabe im Hinblick auf die abstrakte Aktivierungsfähigkeit zuerkannt.[549]

Die Anforderungen der Rechtsprechung an Abgrenzbarkeit und Zurechenbarkeit von Werten sind nicht sehr streng. *Nonvaleurs* werden gleichwohl nicht aktivierbar: Ihre Aktivierung scheitert bereits am Vermögenswertprinzip. Selbstständige Bewertbarkeit liegt demnach nicht nur vor, wenn sich anhand klarer objektiver Kriterien die Zugangs- und Folgebewertung sicher bestimmen lässt. Vielmehr genügt es, wenn der Wert „an und für sich einer besonderen Bewertung zugänglich“[550] ist. Die ihm zuzurechnenden Aufwendungen müssen

---

[543] BFH, Urt. v. 10.05.1990, IV R 41/89, BFH/NV 1991, S. 586.

[544] BFH, Urt. v. 10.05.1990, IV R 41/89, BFH/NV 1991, S. 585.

[545] BFH, Urt. v. 28.02.1961, I 13/61 U, BFHE 73, S. 318, BStBl. III 1961, S. 384.

[546] Vgl. BFH, Urt. v. 28.02.1961, I 13/61 U, BFHE 73, S. 318, BStBl. III 1961, S. 384; Urt. v. 10.08.1989, X R 176-177/87, BFHE 158, 54f. BStBl. II 1990, S. 17.

[547] Gleichwohl unterscheiden sich Greifbarkeit und selbstständige Bewertbarkeit, denn „das, was als Sache oder Recht greifbar ist, muß sich nicht abgrenzbar bewerten lassen“ (Moxter, A., 1999, S. 13). A.A. Tiedchen, S., 1991, S. 63; Pfeiffer, T., 1984, S. 335; Müller-Dahl, F. P., 1979, S. 906. Die abweichende Ansicht verkennt jedoch, dass das Bewertungsobjekt und sein Wert zwar in engem Zusammenhang stehen, gleichwohl aber unterschiedliche, konstitutive Merkmale eines abstrakt aktivierungsfähigen Gutes bilden können (vgl. hierzu auch Hommel, M., 1998, S. 212f.).

[548] BFH, Urt. v. 10.05.1990, IV R 41/89, BFH/NV 1991, S. 586; vgl. auch Urt. v. 09.07.1986, I R 218/82, BFHE 147, S. 412, BStBl. II 1987, S. 14.

[549] Vgl. Knobbe-Keuk, B., 1993, S. 88f.; Freericks, W., 1976, S. 149ff.; Dawo, S., 2003, S. 53f.; Moxter; A., 1999, S. 13f.; Hommel, M., 1998, S. 206ff.; Kronner, 1995, S. 15.

[550] RFH, Urt. v. 27.03.1928, I A 470/27, StuW 1928 II, S. 705, RStBl. 1928, S. 260; vgl. auch Döllerer, G., 1990, S. 191.

sich zwar klar und eindeutig von anderen, insbesondere laufenden Aufwendungen abgrenzen lassen, wobei aber Anhaltspunkte, die eine konkretisierende Wertbestimmung grundsätzlich und mit „einiger Sicherheit“[551] ermöglichen, ausreichen.[552] Der Bilanzierende darf sich insoweit mit Schätzungen behelfen, solange die Schätzung „griffweise und mit Annäherungswerten“[553] durchführbar ist und „anerkannte Schätzgrundsätze, die Denkgesetze und allgemeine Erfahrungssätze beachtet“[554] werden können.[555] Auf Ebene einer Klärung der abstrakten Aktivierbarkeit geht es mithin um die (grundsätzliche) Bewertbarkeit[556] und Konkretisierbarkeit[557] des potenziellen Wirtschaftsgutes. Eine konkrete Bewertung muss noch nicht vorgenommen werden; sie muss aber grundsätzlich möglich und durchführbar sein. Fehlt es jedoch „an jeglichem Anhaltspunkt für die Bemessung“[558], darf der Wert nicht geschätzt und folglich auch nicht aktiviert werden. Gehören zu einem Bündel von Leistungen, die ein bilanzierendes Unternehmen erwirbt, auch immaterielle wirtschaftliche Vorteile, so fehlt diesen Vorteilen dann die selbstständige Bewertungsfähigkeit, wenn der auf sie entfallende Entgeltanteil nur mit Willkür ermittelt werden kann.[559]

Die Rechtsprechung geht grundsätzlich davon aus, dass die vom Bilanzierenden (für einen potenziellen Vermögensvorteil) erbrachten Ausgaben als Gegenleistung für einen entsprechenden, gleichwertigen Vorteil getätigt werden.[560] Gradmesser für die Ansatzobjektivierung ist mithin nicht unmittelbar das zugehende Gut bzw. dessen Wert, sondern – mittelbar – eine korrespondierende geldwerte Leistung.[561] Wird von einem Bilanzierenden ein Aufwand getätigt, so indiziere dies nach Ansicht der Rechtsprechung im Regelfall, dass ein Aufwand

---

[551] BFH, Urt. v. 28.05.1979, I R 1/76, BFHE 128, S. 374, BStBl. II 1979, S. 737.
[552] Vgl. aus jüngerer Zeit: BFH, Beschl. v. 16.02.1990, III B 90/88, BFHE 160, S. 366f. m.w.N. zur älteren Rechtsprechung, BStBl. II 1990, S. 794ff.; Urt. v. 26.08.1992, I R 24/91, BFHE 169, S. 166f., BStBl. II 1992, S. 977f..
[553] BFH, Urt. v. 28.03.1966, VI 320/64, BFHE 85, S. 437, BStBl. III 1966, S. 456.
[554] BFH, Urt. v. 18.01.1989, X R 1086, BFHE 156, S. 113, BStBl. II 1989, S. 549.
[555] Vgl. zum Ganzen Dawo, S., 2003, S. 55; Hommel, M., 1998, S. 214f.
[556] Vgl. BFH, Urt. v. 13.03.1991, X R 81/89, BFH/NV 1991, S. 529.
[557] Vgl. BFH, Urt. v. 28.05.1979, I R 1/76, BFHE 128, S. 374, BStBl. II 1979, S. 737.
[558] BFH, Urt. v. 04.04.1968, IV 210/61, BFHE 92, S. 15, BStBl. II 1968, S. 412.
[559] Vgl. BFH, Urt. v. 28.05.1979, I R 1/76, BFHE 128, S. 374, BStBl. II 1979, S. 734: „Der Entgeltanteil dafür ist vielmehr unbestimmt und nicht konkretisierbar“.
[560] Vgl. BFH, Urt. v. 25.05.1984, III R 30/79, BFHE 141, S. 297, BStBl. II 1984, S. 617; Gutachten v. 05.05.1953, I D 2/53 S, BFHE 57, S. 585, BStBl. III 1953, S. 224; Urt. v. 15.04.1958, I 27/57 U, BFHE 66, S. 677, BStBl. III 1958, S. 260; Urt. v. 29.04.1965, IV 403/62 U, BFHE 82, S. 461, BStBl. II 1965, S. 415.
[561] Vgl. hierzu auch Kußmaul, H., 1989, S. 256.

zur Erlangung eines Wirtschaftsguts vorliegt.[562] Es müssen aber „einmalige, eindeutig und klar abgrenzbare"[563] Ausgaben vorliegen.[564]

Bei den im Rahmen dieser Arbeit zu erörternden Unternehmenserwerbsformen und den damit einhergehenden Objektivierungsforderungen bei der Aufteilung der Anschaffungskosten bereitet das Kriterium selbstständiger Bewertbarkeit besondere Schwierigkeiten. Diese Schwierigkeiten sind – wie bei der Einlage – grundsätzlich durch Rückgriff auf die Zeitwerte der einzelnen übergehenden Vermögensgegenstände und Schulden zu überwinden und die Gesamterwerbskosten im Verhältnis dieser Werte aufzuteilen.[565] Das Kriterium selbstständiger Bewertbarkeit ist somit erwerbsformspezifisch zu formulieren. Die einzelnen Zugangsarten, insbesondere Kauf und Tausch einzelner Güter sowie der Erwerb von Vermögensgesamtheiten, bringen jeweils Bewertungsinformationen mit sich, die auf unterschiedliche Weise zu einer Wertobjektivierung herangezogen werden können.[566] Diese Problematik bedarf einer genaueren Analyse des Einzelbewertungsgrundsatzes i.S.e. (auch) ansatzrelevanten GoB, die einem gesonderten Abschnitt vorbehalten ist.[567]

ff) Einlagefähigkeit des immateriellen Vermögensvorteils

Teilweise wird in der Rechtsprechung für die Beurteilung der abstrakten Aktivierungsfähigkeit auf die Einlagefähigkeit des Vermögensvorteils abgestellt.[568] Der BFH geht davon aus, dass nur abstrakt aktivierungsfähige Güter

---

562 Vgl. BFH, Urt. v. 18.03.1965, IV 116/64 U, BFHE 82, S. 119, BStBl. III 1965, S. 289; Urt. v. 23.04.1975, I R 236/72, BFHE 116, S. 16, BStBl. II 1975, S. 877. Erlangt der Bilanzierende einen Vermögensvorteil unentgeltlich, so müsste eine Aktivierung in Anwendung dieses Kriteriums unterbleiben. Ein ähnliches Problem bringen Einlagen mit sich. Auch bei einem Einlagenvorgang werden keine unmittelbaren Ausgaben zur Erlangung des eingelegten Gutes getätigt. Einzelheiten s.u. D. III.2.

563 Vgl. BFH, Urt. v. 29.10.1969, I 93/64, BFHE 97, S. 350, BStBl. 1970, S. 180.

564 Anhand dieser Kriterien verneint der BFH die Aktivierung u.a. von Werbeaufwendungen oder von (Ausgaben für) Vertriebsprovisionen für nachgewiesene Vertragsabschlüsse, da diese nicht hinreichend eindeutige und klar abgrenzbar seien. Vgl. nur BFH, Urt. v. 03.08.1993, VIII R 37/92, BFHE 174, S. 31, BStBl. II 1994, S. 444; Urt. v. 29.10.1969, I 93/64, BFHE 97, S. 350, BStBl. II 1970, S. 180.

565 Vgl. Ellrott, H./Schmidt-Wendt, D., in: Beck'scher Bilanzkommentar, 2003, § 255 HGB, Rn. 80.

566 Vgl. Dawo, S., 2003, S. 54f.

567 S.u. Kap. D.I.2.e).

568 Vgl. BFH, Urt. v. 20.08.1986, I R 41/82 BStBl. II 1987, S. 69.

Gegenstand einer (Sach-)Einlage sein können.[569] Um die abstrakte Aktivierbarkeit festzustellen, müsste danach in einer gedanklichen Operation die Eignung zur (Sach-)Einlage überprüft werden. Die Argumentation des BFH ist jedoch unschlüssig und verkehrt Ursache und Wirkung: Die Frage nach der abstrakten Aktivierungsfähigkeit ist der Frage nach der Einlagefähigkeit logisch vorgelagert. Nur wenn ein Vermögensgegenstand/Wirtschaftsgut vorliegt, kann sich die Einlage- und Bilanzierungsfähigkeit einstellen.[570] Zudem dienen die Regeln über die (Sach-)Einlage steuerlich der Abgrenzung der betrieblichen von der privaten Sphäre und gesellschaftsrechtlich der Trennung von Kapital und Gewinn. Sie sind nur vor diesem Hintergrund erklärbar und geben daher keinen geeigneten Maßstab für die Beurteilung der abstrakten Aktivierungsfähigkeit ab. Das Kriterium der Einlagefähigkeit hat allenfalls Indizcharakter.

d) Beurteilung des Meinungsstreits um den Vermögensgegenstandsbegriff

Die vorab skizzierten vier Kriterien – Vermögensprinzip, Grundsatz der Übertragbarkeit, Greifbarkeit, selbstständige Bewertbarkeit – wurden von der Rechtsprechung im Wechselspiel mit Teilen des handels- und steuerbilanzrechtlichen Schrifttums entwickelt. Zwar sprechen gute Argumente für die Auffassung derjenigen Teile des Schrifttums, deren Vermögensgegenstandskriterien sich überwiegend an der Schuldendeckungsfähigkeit wirtschaftlicher Werte orientieren. Jedoch genügt die von Rechtsprechung und Teilen im Schrifttum entwickelte Auffassung nicht nur steuerlichen Zwecksetzungen, sondern fügt sich aufgrund ihrer Entwicklung aus den maßgeblichen handelsrechtlichen Vorschriften auch besser in die handelsbilanzrechtlichen Vorgaben ein. Für diese (vier) Kriterien spricht zudem ihre Erprobtheit durch die steuerbilanzielle Praxis; sie sind geltendes und praktiziertes Recht um dessen theoretische Analyse es in dieser Untersuchung geht.

Die nachgezeichnete Diskussion um die Kriterien der abstrakten Aktivierungsfähigkeit behandelt im Kern die Frage, in welchem Grad und wie „vorsichtig" die Fähigkeit zur Schuldendeckung objektiviert werden muss. Nach im Schrifttum verbreiteter Ansicht bedarf es der Fähigkeit zur unmittelbaren Teilnahme am wirtschaftlichen Verkehr, um ein Gut als Vermögensgegenstand

---

569 Vgl. BFH, Urt. v. 20.08.1986, I R 41/82 BStBl. II 1987, S. 69; vgl. zur Erläuterung dieses Aktivierungskriteriums Adler, H./Düring, W./Schmaltz, K., 1998, § 246 HGB, Rn. 23.

570 Vgl. Kußmaul, H., 1987b, S. 2061.

einzustufen.[571] Nur für den Fall der Verkehrsfähigkeit, ggfs. in einem weiteren Sinn, sei die Schuldendeckungsfähigkeit mit hinreichender Vorsicht gewährleistet. Nach Ansicht der Rechtsprechung darf der Bilanzierende ungeachtet der Vorsichts- und Objektivierungsbeschränkungen nicht entgegen „der wirtschaftlichen Wirklichkeit“[572] Vermögensgegenstände von einer Aktivierung ausschließen. Die stärkere Gewichtung der wirtschaftlichen Betrachtungsweise durch die Rechtsprechung führt im Ergebnis zu einem dynamischen, verstärkt am Grundsatz periodengerechter Erfolgsermittlung orientierten Verständnis des Wirtschaftsgutbegriffs.[573]

Nach der skizzierten Auffassung im handelsrechtlichen Schrifttum ist die selbstständige Bewertbarkeit eines Guts keine zweckdienliche Voraussetzung.[574] Nicht jedes selbstständig bewertbare Gut sei auch verkehrsfähig in dem Sinn, dass es zum Zweck der Schuldenfähigkeit realisiert (verwertet) werden kann.[575] Dies zeigt das Beispiel der an einen Dritten geleisteten Ausgaben für ein Wettbewerbsverbot, die steuerlich aktivierbar sind.[576] Auch das ergänzende Kriterium bilanzieller Greifbarkeit führe nach dieser Ansicht nicht zu hinreichender begrifflicher Schärfe: Unterschiede ergeben sich im Einzelfall insbesondere beim derivativen Geschäfts- oder Firmenwert, aber auch bei entgeltlich erworbenen Wettbewerbsverboten. Beide immateriellen Güter sind von der Finanzrechtsprechung als abstrakt aktivierungsfähig eingestuft worden.[577] Da im handelsrechtlichen Schrifttum verbreitet von der Fähigkeit zur Deckung der Schulden eines fortzuführenden Unternehmens als entscheidendem Maßstab der Abgrenzungskriterien ausgegangen wird, könne nach dieser Auffassung die von der Rechtsprechung und daran anknüpfend u.a. von Moxter formulierten

---

[571] Vgl. nur Ley, U., 1987, S. 131; v. Keitz, I., 1997, S. 18ff., 28ff.

[572] Vgl. BFH, Urt. v. 26.02.1975, I R 72/73, BFHE 115, S. 243, BStBl. II 1976, S. 14.

[573] Vgl. Tiedchen, S., 1991, S. 39.

[574] Vgl. Adler, H./Düring, W./Schmaltz, K., 1998, § 246 HGB, Rn 29. Dies folgt letztlich aus dem das Handelsrecht dominierenden Gesichtspunkt der Schuldendeckung im Gegensatz zu – teilweise auch fiskalisch motivierten – Vorrangstellung des Gewinnermittlungszwecks im Steuerrecht. Ebd. Rn. 13; vgl. auch Kußmaul, H., 1987b, 2053ff.

[575] Vgl. Adler, H./Düring, W./Schmaltz, K., 1998, § 246 HGB, Rn. 29f.; Baetge, J./Kirsch, H.-J./Thiele, S., 2003, S. 146; Baumbach, A./Hopt, K. J., 2003, § 246 HGB, Rn. 6.

[576] Vgl. BFH, Urt. v. 25.01.1979, IV R 21/75, BFHE 127, S. 180, BStBl. II 1979, S. 369.

[577] Vgl. für das Wettbewerbsverbot BFH, Urt. v. 25.01.1979, IV R 21/75, BFHE 127, S. 180, BStBl. II 1979, S. 369 und vom 14.02.1973, I R 89/71, S. 580; vgl. auch Moxter, A., 1999, S. 23; - für den derivativen Geschäfts- oder Firmenwert vgl. BFH, Urt. v. 24.03.1987, I R 202/83, S. 705 und Urt. v. 14.02.1978 VIII R 158/73, BFHE 124, S. 447, BStBl II 1979, S. 99 sowie im Schrifttum Moxter, A., 1999, S. 25f.

Kriterien nicht für die handelsrechtliche Bilanzierung übernommen werden. Sonst – so wird argumentiert – könne die Aktivierung von nicht zur Schuldendeckung geeigneten Vermögensvorteilen – wie z.B. Wettbewerbsverbote oder ein (derivativer) Geschäfts- oder Firmenwert – zum Ausweis eines unzutreffend hohen Schuldendeckungspotenzials führen.

Moxter führt die selbstständige Bewertbarkeit in Anlehnung an die Finanzrechtsprechung als maßgebendes Kriterium der abstrakten Bilanzierungsfähigkeit an:[578] Das Erfordernis der selbstständigen Bewertbarkeit folge aus dem handelsrechtlichen Prinzip der Einzelbewertung gem. 252 Abs. 2 Nr. 3 HGB.[579] Es sei auch nicht im Kriterium der selbstständigen Verwertbarkeit[580] enthalten.[581] Es müsse – wie gezeigt – um das Prinzip der bilanziellen Greifbarkeit und um die Voraussetzung, dass es sich um einen Vermögensvorteil[582] handelt, ergänzt werden.[583] Das Übertragbarkeitsprinzip sei letztlich eine Ausprägung des Greifbarkeitsprinzips.[584] Nach Moxter entsprechen sich handelsrechtlich und bilanzsteuerrechtlich die für die abstrakte Aktivierungsfähigkeit tragenden Typisierungserfordernisse.[585] Die unterschiedliche Bezeichnung als Vermögensgegenstand und Wirtschaftsgut ist historisch zu verstehen und führe - jedenfalls seit der Novellierung des EStG im Jahr 1969 - wegen des Maßgeblichkeitsgrundsatzes gem. § 5 Abs. 1 S. 1 EStG zu deckungsgleichen Aktivierungserfordernissen im Handels- und Steuerbilanzrecht.[586]

Hintergrund der vorgenannten Diskussion um den Grundsatz selbstständiger Bewertbarkeit als Bestandteil des Vermögensgegenstandsbegriffs ist vor allem auch die unterschiedliche Interpretation des Grundsatzes der Fortführung der Unternehmenstätigkeit (§ 252 Abs. 1 Nr. 2 HGB). Nach h.M. ist das Going-

[578] Moxter, A., 1999, S. 13f.
[579] Moxter, A., 1999, S. 11ff. Einzelheiten zum Einzelbewertungsgrundsatz s.u. Kap. D.I.2.e).
[580] So aber v. Keitz, I., 1997, S. 31.
[581] Vgl. Hommel, M., 1998, S. 226.
[582] Das zu aktivierende Gut muss selber einen wirtschaftlichen Vorteil bilden, da das Gesetz nicht generell Ausgaben, sondern den Gegenwert dieser Ausgaben aktiviert wissen möchte, Moxter, A., 1999, S. 11; RFH, Urt. v. 21.09.1927, VI A 383/27, StuW 1927 II, S. 803.
[583] Vgl. Moxter, A., 1999, S. 11ff. in Anlehnung u.a. an BFH, Urt. vom 18.06.1975, I R 24/73, BFHE 116, S. 474, BStBl. II 1975, S. 809 und RFH, Urt. v. 21.09.1927 VI A 383/27, StuW 1927 II, S. 803.
[584] Vgl. Moxter, 1999, S. 12.
[585] Vgl. Moxter, A., 1999, S. 12.; zur grundsätzlichen Einheit von Handels- und Steuerbilanz vgl. auch Beisse, H., 1989, S. 298.
[586] Vgl. Moxter, A., 1999, S. 12f.

Concern-Prinzip als GoB auch auf Ansatzfragen anzuwenden.[587] An diese Prämisse knüpft für die unterschiedlichen Beurteilungen der abstrakten Aktivierbarkeit die Frage an, ob der Fortführungsgrundsatz in einem weiteren oder in einem engeren Sinn zu verstehen ist. Im Schrifttum wird verbreitet eine eher enge Sichtweise des Fortführungsgrundsatzes vertreten mit der Folge einer zerschlagungsorientierten Interpretation der Schuldendeckungsfähigkeit.[588] Nach dieser Ansicht hätte ein Ansatz von Werten zu unterbleiben, wenn sich diese – ungeachtet der Frage, ob ein Insolvenzverfahren droht oder durchgeführt wird – nicht „im normalen oder zwangsweisen Rechtsverkehr“[589] verwerten ließen.

Die vorstehend beschriebene zerschlagungsorientierte Sichtweise unterschlägt jedoch die gesetzgeberische Entscheidung zugunsten eines weiten Going-Concern-Prinzips, das nur für den Fall, dass „tatsächliche oder rechtliche Gegebenheiten entgegenstehen“ (§ 252 Abs. 1 Nr. 2 HGB), nicht greift. Zudem beruht die Orientierung an einer Zerschlagung des unternehmerischen Vermögens auf einem Missverständnis über die Informationsinteressen der Gläubiger, die durch eine fortführungsbezogene Bilanz weitaus besser über die Bonität ihrer Forderungen unterrichtet werden können als durch eine zerschlagungsbezogene Rechnungslegung.[590]

Zwar spricht für die in der Literatur vertretenen Auffassungen überwiegend eine höhere bilanztheoretische Kohärenz. Wie die unterschiedliche Einordnung des gesetzlich geregelten Going-Concern-Grundsatzes aber zeigt, besteht dann die Gefahr, dass – für sich gesehen begründete – Zwecksetzungen gegenüber der „Auslegungen und Anwendung des geltenden Bilanzrechts“[591] in den Vordergrund rücken.[592]

Der Streit um die Kriterien der Einzelveräußerbarkeit und der Übertragbarkeit mit dem gesamten Unternehmen wirkt sich im Rahmen der Fragestellung dieser

---

[587] Vgl. Hommel, 1998, S. 41f. m.w.N.

[588] Die zerschlagungsorientierten Ansätze lassen sich weiter unterteilen in zerschlagungsstatisch (z.B. Ley, U., 1987, S. 123) und zerschlagungsdynamisch (z.B. v. Keitz, I., 1997, S. 31f.).

[589] Vgl. v. Keitz, I., 1997, S. 31.

[590] Vgl. Leffson, U., 1987a, S. 76ff.; Döllerer, G., 1980, S. 198f. Nicht einzelveräußerbare Werte wären erst beim Übergang von der Fortführungsprämisse zur Zerschlagungsprämisse auf den Erinnerungswert abzuschreiben. Vgl. Gruber, T., 1991, S. 71.

[591] Vgl. Knobbe-Keuk, B., 1993, S. 13.

[592] Vgl. zu dieser Problematik oben Kap. B. II.

Arbeit insbesondere auf die Bilanzierung folgender immaterieller Vermögensvorteile aus: Vertragliche Wettbewerbsverbote, behördliche Genehmigungen, in die nur eine Universal-, aber keine Singularsukzession möglich ist[593] sowie bürgerlich-rechtliche Positionen, die zwar nicht einzeln, aber mit dem Unternehmensganzen übertragen oder verwertet werden können.

Im Hinblick auf diesen Diskussionspunkt ist Moxter beizupflichten, der vor Inkrafttreten des BiRiLiG noch eine eher zerschlagungsstatische Sichtweise des Vermögensgegenstandsbegriffs vertrat, mit Blick auf § 266 Abs. 2 A.I. Nr. 1 HGB aber von dieser Position abrückte.[594] Demnach könne die Einzelveräußerbarkeit nicht (mehr) Merkmal des Vermögensgegenstandsbegriffs sein, denn einzeln veräußerbar zu sein, sei kein Merkmal einiger der in § 266 Abs. 2 A.I. Nr. 1 HGB genannten Werte.[595]

Das Kriterium der Übertragbarkeit mit dem gesamten Unternehmen kann also das Dilemma eines Großteils des Schrifttums vermeiden, den Geschäfts- oder Firmenwert trotz des eindeutigen Ausweises in § 266 Abs. 2 A. I. Nr. 2 HGB nicht als immateriellen Vermögensgegenstand einzuordnen. Die selbstständige Verkehrsfähigkeit ist nach der Rechtsprechung daher kein zwingendes Aktivierungsmerkmal. Zur Abgrenzung vom Geschäfts- oder Firmenwert bedient sich die Rechtsprechung stattdessen in Zweifelsfällen des Kriteriums der Greifbarkeit des fraglichen Aktivierungsobjektes.[596]

Gläubiger haben zudem ein weit größeres Interesse an einer Unterrichtung über das unternehmerische Fortführungsvermögen als über das bloße Zerschlagungsvermögen, denn nicht die individuelle Verwertung, sondern die Eignung zur Einnahmeerzielung sei insoweit von Interesse.[597] Das Aktivierungsmerkmal „Einzelverkehrsfähigkeit" (Einzelveräußerbarkeit) leitet sich auch nicht aus dem Einzelbewertungsgrundsatz her. Gewinnermittlung auf Grundlage einer Einzelbewertung ist bereits dann möglich, wenn eine Gesamtheit einzeln bewertbarer

---

593 Vgl. Kopp, F. O./Ramsauer, U., 2003, § 43 VwVfG, Rn. 13ff. m.w.N.
594 Vgl. Moxter, A., 1979b, S. 1106f.
595 Vgl. Moxter, A., 1987, S. 1848; vgl. auch ders., 1979b, S. 1106.
596 Vgl. bereits RFH, Urt. v. 21.10.1931, VI A 2002/29, StuW 1932, II, S. 495.
597 Vgl. Federmann, R., 1994, S. 170f.

Objekte gedanklich in seine bewertbaren Bestandteile geteilt und isoliert bewertet werden kann.[598]

e) Isolierung immaterieller Vermögensgegenstände aufgrund des Einzelbewertungsgrundsatzes

aa) Allgemeines

Wird das Wahlrecht gem. § 24 UmwG zur Buchwertfortführung nicht ausgeübt, müssen die Anschaffungskosten des übernehmenden Rechtsträgers neu auf die einzelnen bilanzierbaren Güter des übernommenen Vermögens verteilt werden. Hierbei sind die Grundsätze über den Erwerb von Vermögensinbegriffen bzw. Sach- und Rechtsgesamtheiten anzuwenden.[599] Der Gesamtpreis ist aufzuteilen und den einzelnen Vermögensgegenständen in einem angemessenen Verhältnis zuzurechnen (Anschaffungskostenallokation).[600] Leitend für die Frage der Verteilung der Anschaffungskosten beim Erwerb von Vermögensinbegriffen ist der Einzelbewertungsgrundsatz i.S.v. § 252 Abs. 1 Nr. 3 HGB.[601] Der Einzelbewertungsgrundsatz wird im Folgenden als allgemeiner GoB angesprochen, der auch für den Ansatz und dabei insbesondere auch für das Kriterium der selbstständigen Bewertbarkeit eine Rolle spielt.[602] Selbstständige Bewertbarkeit heißt insoweit auch, dass einem Vermögensvorteil einzeln und damit unabhängig vom Gesamtwert des Unternehmens ein Wert beigemessen werden kann.[603]

Der Einzelbewertungsgrundsatz bestimmt die Aufteilung der Gesamtheit von Aktiva und Passiva, die einem Unternehmen gewidmet sind. Er entspricht insoweit dem Grundsatz über die Aufstellung des Inventars nach § 240 Abs. 1 HGB.[604] Letztlich ermöglicht erst die Einzelbewertung individualisierbarer Bilanzgegenstände eine objektivierbare, durch Dritte nachprüfbare Ermittlung

---

[598] Vgl. Jüttner, U., 1993, S. 120f. Ähnlich IAS 38.36ff., vgl. unten E. III.3.b)

[599] Vgl. Bula, T./Schlösser, J., in: Sagasser, B./Bula, T./Brünger, T. R., 2002, S. 351.

[600] Vgl. Großfeld, B., 1997a, S. 74f.

[601] Nach § 6 Abs. 1 EStG gilt der Einzelbewertungsgrundsatz auch steuerbilanziell. Vgl. Tipke, K./Lang, J., 2002, S. 327; Hense, B./Geißler, H., in: Beck´scher Bilanzkommentar, 2003, § 252 HGB, Rn. 22.

[602] So die ganz h.M., vgl. zur Ableitbarkeit des Vermögensgegenstandskriteriums "selbstständige Bewertbarkeit" aus dem Einzelbewertungsgrundsatz nur v. Keitz, I., 1997, S. 29; Hommel, M. 1998, S. 44f., beide m.w.N.

[603] Vgl. Kählert, J.-P., 1994, S. 88f.

[604] Vgl. Adler, H./Düring, W./Schmaltz, K., 1995, § 252 HGB, Rn. 48.

des zu bilanzierenden Vermögens.[605] Zugleich wird das buchmäßige Vermögen von nicht hinreichend objektivierbaren zukünftigen Ertragserwartungen, die im Geschäfts- oder Firmenwert aufgehen, abgegrenzt. Dadurch wird auch nicht die Frage eines Bilanzansatzes von der Bewertung abhängig gemacht, sondern von der Bewertbarkeit. Es wird lediglich die – selbstverständliche – Aufgabe des Einzelbewertungsgrundsatzes angesprochen, dass Posten, die einzeln gar keiner Bewertung zugänglich sind, auch nicht angesetzt werden können.[606] Es handelt sich mithin um eine dem Problemkreis einer einzelwertbezogenen Bilanzierung der Höhe nach vorgelagerte Frage.

Werden im Zuge einer Verschmelzung oder Spaltung für das übergehende Vermögen beim übernehmenden Rechtsträger die Zeitwerte des übergehenden Vermögens oder ein Zwischenwert zwischen dem Buchwert des übertragenden Rechtsträgers und den Zeitwerten des übergehenden Vermögens angesetzt, kommt es regelmäßig zu Abgrenzungsschwierigkeiten zwischen den – ggfs. erstmals – aktivierbaren immateriellen Vermögensgegenständen und dem Geschäfts- oder Firmenwert. Sind sämtliche aktivierbaren und passivierbaren Bilanzpositionen angesetzt und – maximal zu ihren Zeitwerten – bewertet, bildet der ggfs. positive Unterschiedsbetrag den Geschäfts- oder Firmenwert. Im Anlagespiegel ist über die den einzelnen Vermögensgegenständen zugeordneten Anschaffungskosten als Zugangswerte zu informieren.[607] Die Bilanzposition gem. § 266 Abs. 2 A.I. 2. HGB ("Geschäfts- oder Firmenwert") wird durch eine Negativabgrenzung gewonnen.[608] Maßgeblich für die Abgrenzung dieser Bilanzposition ist auf Ebene der zunächst zu klärenden abstrakten Aktivierungsfähigkeit insbesondere die Konkretisierung des Einzelbewertungsgrundsatzes in Gestalt der selbstständigen Bewertbarkeit materieller und immaterieller Vermögensgegenstände.[609]

Fragen der Einzelbewertung interessieren im Rahmen der Ansatzobjektivierung für die Frage nach der Aktivierungsfähigkeit immaterieller Vermögensvorteile. Der Einzelbewertungsgrundsatz wurde durch das BiRiLiG mit der Bewertungsvorschrift des § 252 Abs. 1 Nr. 3 HGB ausdrücklich geregelt. Gleichwohl

605 Vgl. Hommel, M., 1998, S. 26 m.w.N.
606 Vgl. Kählert, J.-P., 1994, S. 102.
607 Vgl. IDW, 1997, S. 23f. (Ziff. 3222).
608 S.u. D.I.3.
609 Vgl. Arnold, H.-J., 1997, S. 60; Euler, R., 1996, S. 61.

spielt dieser Grundsatz vermittels des abstrakten Aktivierungskriteriums „selbstständige Bewertbarkeit“ eine Rolle bereits für die Frage der Bilanzierung dem Grunde nach.[610] Nur (selbstständig) bewertbare Vorteile sind aktivierungsfähig. Selbstständig bewertbar ist ein wirtschaftlicher Vorteil, wenn ihm – ggfs. im Wege der Schätzung – Anschaffungs- oder Herstellungskosten individuell zugerechnet werden können.[611]

Durch die Identifizierung der einzeln zu bilanzierenden Objekte werden diese einzeln erfasst („Einzelbilanzierung“) und die Einzelbewertung durch eine Wertbestimmung der individualisierten Objekte ermöglicht.[612] Beim Unternehmenserwerb i.S.v. § 255 Abs. 4 HGB wird der Erwerbspreis nach Maßgabe fiktiver Einzelanschaffungskosten auf die einzelnen Vermögensgegenstände und Schulden verteilt. Die fiktiven Anschaffungskosten bestimmen sich grundsätzlich nach den Wiederbeschaffungskosten im Zeitpunkt des Erwerbes.[613]

Für den Einzelbewertungsgrundsatz können im Rahmen der hier interessierenden Frage einer Konkretisierung des Merkmals „selbstständige Bewertungsfähigkeit“ zwei Aspekte unterschieden werden: Zum einen ist Einzelbewertbarkeit i.S.d. Einzelerfassung[614] positives Merkmal eines (potenziellen) Bilanzobjektes, d.h. durch das nicht hinreichende, aber notwendige Merkmal „selbstständige Bewertbarkeit“ wird festgelegt, was den wirtschaftlichen Vorteil zum Vermögensgegenstand macht.[615] Zum anderen ermöglicht es u.U. auch eine Antwort auf die Frage, was ein Bilanzobjekt dem Wert nach von einem anderen Bilanzobjekt unterscheidet.[616] Insoweit lässt sich formulieren, dass Vermögensgegenstand „nur ein solcher Vermögensbestandteil sein kann, der sich abgrenzbar bewerten lässt.“[617]

---

[610] Vgl. Moxter, A., 1999, S. 13; Westerfelhaus, H., 1995, S. 886.
[611] Vgl. hierzu aus der Rechtsprechung: BFH, Urt. v. 25.11.1981, I R 54/77, BFHE 134, S. 434, BStBl. II 1982, S. 189; Urt. v. 28.05.1979, I R 1/76, BFHE 128, S. 367, BStBl. II 1979, S. 734; Urt. v. 14.03.1979, I R 37/75, BFHE 127, S. 386, BStBl. II 1979, S. 470; Urt. v. 14.02.1973, I R 89/71, BFHE 109, S. 222, BStBl. II 1973, S. 580. Vgl. auch oben, Kapitel D.I.2.c)ee).
[612] Vgl. Selchert, F.W., 1984, S. 1403.
[613] Vgl. Moxter, A., 1999, S. 17.
[614] Zum Begriff der Einzelerfassung vgl. Jüttner, U., 1993, S. 121 m.w.N.
[615] Vgl. nur Moxter, A., 1999, S. 13.
[616] Vgl. Ballwieser, W., 2002, S. 6f. (Rn. 21ff.).
[617] Moxter, A., 1999, S. 13 (auch im Original teilweise kursiv).

Während es sich bei dem Geschäfts- oder Firmenwert um eine Residualgröße handelt, wird das übrige Vermögen einschließlich der Schulden aufgrund des Einzelbewertungsgrundsatzes dem Wert nach additiv ermittelt (additive Reinvermögensermittlung[618]).[619] Eine Ermittlung des Geschäfts- oder Firmenwertes durch Einzelbewertung ist demgegenüber nicht möglich.[620] Das Ergebnis dieser additiven Ermittlung des Reinvermögens wird folglich nur selten mit dem ertragswertbezogenen Gesamtwert des fraglichen Unternehmens übereinstimmen, der regelmäßig auch der Ermittlung der Umtauschrelation zugrunde liegt. Im Anwendungsbereich des Einzelbewertungsgrundsatzes ist somit nicht der Ertragsbeitrag des bilanziellen Vermögens maßgebend. Vielmehr sind alle isolierbaren positiven und negativen Wertbeiträge einzeln, sozusagen „von unten her"[621] zu addieren.[622] Die Abbildung von Verbundeffekten und Synergien wird dabei naturgemäß durch den Einzelbewertungsgrundsatz erschwert. Sie gehen im Geschäfts- oder Firmenwert auf.[623]

bb) Zusammenhang des Einzelbewertungsgrundsatzes mit anderen GoB

Der Einzelbewertungsgrundsatz steht in Zusammenhang mit verschiedenen anderen GoB:[624]

- Der Einzelbewertungsgrundsatz leitet sich aus dem Realisationsprinzip ab:[625] Er verhindert durch das Verbot einer Zusammenfassung verschiedener einzeln bewertbarer Positionen, dass drohende Verluste und unrealisierte Ge-

---

[618] Dabei wird das bilanzielle Reinvermögen wie folgt ermittelt:

Vermögensgegenstände
+ Aktive Rechnungsabgrenzungsposten
./. Schulden
./. Passive Rechnungsabgrenzungsposten
= Reinvermögen

[619] Vgl. Gruber, T., 1991, S. 66 (Fn. 2).

[620] Vgl. Söffing, G., 1988, S. 603

[621] Vgl. BFH, Urt. v. 12.07.1968, III 181/64, BFHE 93, 323, BStBl. II 1968, S. 795.

[622] Die Abbildung des Fortführungsvermögens ist daher nur eingeschränkt möglich. Vgl. Böcking, H.-J., 1994, S. 19.

[623] Einzelheiten zum Geschäfts- oder Firmenwert s.u. D.I.3.

[624] Nachfolgend soll keine Entscheidung zu Gunsten der einen oder anderen Stellung in eine GoB-Hierarchie getroffen werden, sondern Zusammenhänge und Interdependenzen aufgezeigt werden, um die grundsätzliche Stellung des Einzelbewertungsgrundsatzes zu klären.

[625] Vgl. Jüttner, U., 1993, S. 124ff. Für ein umgekehrtes Verhältnis von Einzelbewertungsgrundsatz und Realisationsprinzip: Gruber, T., 1991, S. 66f.

winne verrechnet werden.[626] Die Aggregation einzeln bewertbarer Einheiten würde das Realisationsprinzip verletzen.[627]

- Das Verrechnungsverbot nach § 246 Abs. 2 HGB hängt zusammen mit dem Einzelbewertungsgrundsatz nach § 252 Abs. 1 Nr. 3 HGB: Werden einzeln bewertbare Bilanzobjekte zusammen erfasst, ermöglicht dies unzulässige Saldierungen zwischen den gemeinsam erfassten Posten.[628]

- Der Einzelbewertungsgrundsatz konkretisiert das Imparitätsprinzip:[629] Durch den Einzelbewertungsgrundsatz wird eine Saldierung aktiver und passiver Positionen verhindert.[630] Die einzelnen Bewertungsobjekte werden voneinander abgegrenzt, so dass die den einzelnen Aktiv- und Passivpositionen zurechenbaren negativen Erfolgsbeiträge individuell und hinreichend zuverlässig antizipiert werden können.[631]

- Durch die Einzelbewertung wird die Ermittlung des unternehmerischen Erfolges objektiviert.[632] Eine reine Ermittlung des unternehmerischen Gesamtvermögens durch eine ertragswertbezogene Methode ließe demgegenüber zu viel – intersubjektiv nicht nachprüfbaren – Spielraum bei der Ermittlung des Ergebnisses.[633]

- Einzelne Positionen zu bilanzieren ist auch ein Gebot des Vorsichtsgrundsatzes. Der Vorsichtsgrundsatz wird daher ebenfalls als Quelle des Einzelbewertungsgrundsatzes genannt.[634]

- Die Forderung nach einer einzelnen Bewertung der verschiedenen Bilanzpositionen folgt zudem aus den Grundsätzen der Wahrheit und Klarheit.[635]

---

[626] Vgl. Kupsch, P., 1992, S. 339, 341.
[627] Vgl. Ballwieser, W., 1999, S.16 (Rn. 50).
[628] Vgl. Wiedmann, H., 1994, S. 458f. A.A. Jüttner, U., 1993, S. 123 m.w.N. in Fn. 23.
[629] Vgl. Jüttner, U., 1993, S. 133ff.
[630] Vgl. Adler, H./Düring, W./Schmaltz, K, 1995, § 252 HGB, Rn. 48.
[631] Vgl. Kupsch, P., 1992, S. 341f.
[632] Vgl. Ballwieser, W., 1999, S. 16 (Rn. 50); Jüttner, U., 1993, S. 137ff.; Gruber, T., 1991, S. 66 m.w.N.
[633] Vgl. Gruber, T., 1991, S. 66; Moxter, A., 1984a, S. 164; Hommel, M., 1998, S. 26.
[634] Vgl. Hense, B./Geißler, H., in: Beck´scher Bilanzkommentar, § 252 HGB, Rn. 22; Knobbe-Keuk, B., 1993, S. 156; Moxter, A., 1999, S. 31 u. 221.
[635] Vgl. Glanegger, P., in: Schmidt, L., 2004, § 6 EStG, Rn. 36; Körner, W., 1976, S. 430.

cc) Kriterien der Einzelbewertbarkeit

(1) Von Schrifttum und Rechtsprechung entwickelte Vorgehensweise bei der Einzelbewertung

Für die hier in Rede stehenden Aspekte der selbstständigen Bewertbarkeit immaterieller Anlagegüter im Rahmen übertragender Umwandlungen sind die Grundsätze über die Aufteilung von Anschaffungskosten beim Erwerb ganzer Unternehmen anzuwenden.[636] Um die Gesamtanschaffungskosten beim Erwerb ganzer Unternehmen aufzuteilen, müssen nach h.M. im Schrifttum zunächst die Zeitwerte der einzelnen Gegenstände des erworbenen Vermögensinbegriffs – ggfs. im Wege der Schätzung – ermittelt werden.[637] Dabei kann auf vertragliche Bestimmungen zurückgegriffen werden, wenn der Vertrag individuelle, auf einzelne Objekte bezogene Werte nennt.[638] Allerdings sind diese Wertbestimmungen anhand objektiver Kriterien (Zeitwerte) zu überprüfen.[639]

Als objektives Kriterium zur Begründung oder Überprüfung des Wertansatzes kann regelmäßig der Marktpreis identischer oder zumindest vergleichbarer immaterieller Vermögensgegenstände dienen.[640] Allerdings fehlt es oft an verlässlichen Marktpreisen für immaterielle Anlagewerte, so dass ggfs. auf Schätzungen zurückgegriffen werden muss. Die Schätzung des Wertes ist anhand rationaler Kriterien zu begründen und hat nach anerkannten betriebswirtschaftlichen Methoden zu erfolgen.[641]

Die Aufteilung auf einzelne Vorteile bereitet besondere Schwierigkeiten, wenn sich – wie es regelmäßig bei Verschmelzung und Spaltung der Fall sein wird – die Summe der Zeitwerte aller einzeln bewertbarer Objekte nicht mit den Gesamtanschaffungskosten der Vermögensgesamtheit deckt. Bei der Lösung dieses

---

[636] Vgl. Ellrott, H./Schmidt-Wendt, D., in: Beck´scher Bilanzkommentar, 2003, § 255 HGB, Rn. 81f.

[637] Vgl. Ellrott, H./Schmidt-Wendt, D., in: Beck´scher Bilanzkommentar, 2003, § 255 HGB, Rn. 81f.; Wohlgemuth, M., 1999, S. 65f. (Rn. 91); Adler, H./Düring, W./Schmaltz, K., 1995, § 255 HGB, Rn. 105; Moxter, A., 1999, S. 174f.; vgl. auch BFH, Urt. v. 05.08.1970, I R 180/66, BStBl. II 1970, S. 804.

[638] Vgl. Adler, H./Düring, W./Schmaltz, K., 1995, § 255 HGB, Rn. 105. Wohlgemuth, M., 1999, S. 65f. (Rn. 91).

[639] Vgl. Ellrott, H./Schmidt-Wendt, D., in: Beck´scher Bilanzkommentar, 2003, § 255 HGB, Rn. 82; Winnefeld, R., 2002, S. 785; Adler, H./Düring, W./Schmaltz, K., 1995, § 255 HGB, Rn. 105. Vgl. auch BFH, Urt. v. 07.11.1985, IV R 7/73, BStBl. II 1986, S. 177.

[640] Vgl. Dawo, S., 2003, S. 103. Wegen der Parallelen zum *market approach* bei der *fair value* Bewertung nach IAS/IFRS s.u. Kap. E.III.2.b)

[641] Vgl. Döllerer, G., 1990, S. 191; Winnefeld, R., 2002, S. 785f.

Problems ist danach zu unterscheiden, ob die Summe der Zeitwerte höher oder niedriger ist als der Betrag der Gesamtanschaffungskosten. Übersteigen die Anschaffungskosten der Verschmelzung oder Spaltung die Summe der Zeitwerte des übernommenen Vermögens, kann in Höhe eines positiven Differenzbetrages ein Geschäfts- oder Firmenwert aktiviert werden.[642] Gemäß dem Wahlrecht des § 255 Abs. 4 S. 1 HGB kann eine Aktivierung auch unterbleiben. Eine Aufteilung des in diesem Fall nicht aktivierten Geschäfts- oder Firmenwertes auf die einzeln zu bewertenden Objekte bleibt außer Betracht.[643]

(2) Besonderheiten bei der Abgrenzung immaterieller Anlagewerte vom Geschäfts- oder Firmenwert

Neben seiner Bedeutung für die Beantwortung der Frage nach der abstrakten Bilanzierungsfähigkeit im Rahmen der Beurteilung der selbständigen Bewertbarkeit[644] spielt der Einzelbewertungsgrundsatz auch eine besondere Rolle für den im Rahmen der Ansatzobjektivierung besonders interessierenden Fragenkreis der Abgrenzung immaterieller Anlagewerte vom Geschäfts- oder Firmenwert.[645] Im Ergebnis bildet der Grundsatz der Einzelbewertung die Voraussetzung für die individuelle Abschreibung zusammen erworbener Objekte, wenn diese über unterschiedliche Zeiträume oder/und nach unterschiedlichen Verfahren abgeschrieben werden.[646]

Besondere Bedeutung erlangt dieser Fragenkreis aber auch vor dem Hintergrund des Steuerbilanzrechts: Der Geschäfts- oder Firmenwert wird steuerbilanziell über eine betriebsgewöhnlichen Nutzungsdauer von 15 Jahren abgeschrieben (§ 7 Abs. 1 S. 3 EStG). Demgegenüber kann die Abschreibungsdauer einzelner immaterieller Wirtschaftsgüter individuell variieren: Einzelwirtschaftsgüter sind entsprechend der ihnen je eigenen betriebsgewöhnlichen Nutzungsdauer abzuschreiben. Bis 1987 war diese Frage mangels Abschreibbarkeit des Geschäfts- oder Firmenwertes von besonderem Interesse. Der Geschäfts- oder Firmenwert

---

[642] Zur Behandlung eines negativen Unterschiedsbetrages vgl. Kap. D.I.3.
[643] Vgl. Wohlgemuth, M., 1999, S. 67 (Rn. 93).
[644] S.o. Kap. D. I.2.c)ee).
[645] Vgl. Arnold, H.-J., 1997, S. 45 m.w.N.
[646] Vgl. Wohlgemuth, M., 1999 S. 65f. (Rn. 91f.); Moxter, A., 1991, S. 31; Curtius-Hartung, H., 1970, S. 327; Plückebaum, R., 1964, S. 1; Littmann, E., 1963, S. 104. So war es gerade auch die Frage unterschiedlicher Abschreibungsfristen für Goodwill und einzelne immaterielle Vermögenswerte die das IASB veranlasst haben, ausführliche Regelungen zur Verringerung der Abgrenzungsschwierigkeiten zu erlassen. Vgl. IFRS 3.BC88f. Einzelheiten hierzu in Kap. E.

konnte bis dahin nicht planmäßig abgeschrieben werden, sondern war nur einer Teilwertabschreibung zugänglich. Die Rechtsprechung betreffend den Zeitraum bis 1987 wurde bereits im Rahmen der Analyse des Kriteriums selbstständiger Bewertbarkeit ausführlich erörtert.

Auf Ebene der abstrakten Aktivierungsfähigkeit bildet der Grundsatz der Einzelbewertung in seiner Ausprägung als Prinzip selbstständiger Bewertbarkeit ein also auch vor dem Hintergrund des Wertansatzes in den Folgeperioden wichtiges Objektivierungserfordernis. Der Ansatz bewertbarer Vermögensgegenstände führt dabei in Abgrenzung dieser Positionen zum Geschäfts- oder Firmenwert zu einer Partialvermögenserfassung.[647] Diese im Regelfall lediglich teilweise Erfassung des unternehmerischen Vermögens wird im Fall eines Unternehmenserwerbes i.S.d. § 255 Abs. 4 HGB durch die Aktivierbarkeit des Geschäfts- oder Firmenwertes ggfs. vervollständigt.[648] Dabei spielt zugleich das Kriterium des entgeltlichen Erwerbs eine besondere Rolle: Im Zuge von umwandlungsbedingten Vermögensübertragungen kann es zum erstmaligen Ansatz vormals nicht aktivierbarer immaterieller Anlagewerte beim übernehmenden Rechtsträger kommen, da beim übertragenden Rechtsträger ein Ansatz an § 248 Abs. 2 HGB scheitert.[649] Dabei ist der Einzelbewertungsgrundsatz in seiner auf den Bilanzansatz bezogenen Ausprägung zu berücksichtigen. Sämtliche immaterielle Positionen müssen angesetzt werden, insoweit sie (einzeln) bewertet werden können.

(3) Objektivierbarkeit von Einzelwerten beim Unternehmenserwerb

Anschaffungskosten entfallen auf konkrete immaterielle Vermögensgegenstände, wenn sie sich nach ihrem wirtschaftlichen Zweck und angesichts eines ggfs. verlautbarten Willens der Vertragsparteien auf ein bestimmtes Gut beziehen.[650] Dieses subjektive Kriterium muss ggfs. „aus den objektiv erkennbaren Umständen des Einzelfalles abgeleitet werden“[651]. Zur Beurteilung der Frage, ob selbstständige wirtschaftliche Positionen vorliegen, kann dabei auch auf die

---

[647] Vgl. Moxter, A., 1987, S. 1847.
[648] Vgl. unten Kap. D.I.3.a).
[649] Vgl. Arnold, H.-J., 1997, S. 46 m.w.N.; BFH, Urt. v. 05.08.1970, I R 180/66, BStBl. II 1970, S. 805.
[650] Vgl. BFH, Urt. v. 07.06.1984, IV R 79/82, BStBl. II 1984, S. 586; Urt. v. 13.10.1983, I V R 160/78, BFHE 139, S. 275, BStBl. II 1984, S. 101.
[651] Vgl. BFH, Urt. v. 07.06.1984, IV R 79/82, BStBl. II 1984, S. 586.

Verkehrsanschauung zurückgegriffen werden.[652] Im Idealfall wird die selbstständige Bewertbarkeit also durch eine dokumentierte und rational nachvollziehbare Preisfindung der Vertragsparteien indiziert.[653] Die Existenz eines vom Geschäfts- oder Firmenwert abgrenzbaren Vermögensgegenstandes oder Wirtschaftsguts hängt gleichwohl nicht vom Willen der beteiligten Vertragsparteien ab, sondern von objektiven Kriterien.[654] Ein Ansatz in der Bilanz muss unterbleiben, wenn das fragliche Gut objektiv weder nach der Verkehrsanschauung noch aufgrund der besondern Umstände des Einzelfalles einzeln bewertet werden kann.[655]

An einer selbstständigen Bewertbarkeit fehlt es immer dann, wenn sich ein Gesamtbetrag an Aufwendungen nicht aufteilen lässt, weil der auf die einzelnen Bewertungsobjekte entfallende Entgeltanteil unter keinem der vorgenannten Gesichtpunkte bestimmbar und konkretisierbar ist.[656] Diese Schwierigkeiten treten regelmäßig auf, wenn bei Übernahme eines ganzen Unternehmens zwischen dem Entgeltanteil auf der einen und dem erworbenen immateriellen Gut auf der anderen Seite keine unmittelbare und hinreichend klare Beziehung besteht.[657] In diesen Fällen muss ein Ansatz einzelner Werte unterbleiben und es ist insoweit ein Geschäfts- oder Firmenwert anzusetzen.[658] Es handelt sich um Schwierigkeiten bei jeder übertragenden Umwandlung, an der bislang wegen § 248 Abs. 2 HGB nicht aktivierte immaterielle Anlagewerte beteiligt sind. Diese Schwierigkeiten finden sich bei der verschmelzungstypischen Gesamtrechtsnachfolge noch potenziert. Den Ertragswerten der beteiligten Rechtsträger stehen u.U. bislang nicht bilanzierte immaterielle Vermögensgegenstände gegenüber, die beim übertragenden Rechtsträger bestenfalls inventarisiert waren.

Die Rechtsprechung hat sich in der Vergangenheit wiederholt zu der Frage der Einzelbewertbarkeit im Zusammenhang mit der Abgrenzung des Geschäfts- oder Firmenwertes von den einzelnen aktivierungsfähigen (immateriellen) Wirt-

---

[652] Vgl. BFH, Urt. v. 07.11.1985, BStBl. II 1986, S. 176.
[653] Vgl. BFH, Urt. v. 07.11.1985, BStBl. II 1986, S. 176.
[654] Vgl. Arnold, H.-J., 1997, S. 47 m.w.N.
[655] Vgl. BFH, Urt. v. 05.08.1970, I R 180/66, BStBl. 1970, S. 805.
[656] Vgl. BFH, Urt. v. 28.05.1979, I R 1/76, BFHE 128, S. 367, BStBl. II 1979, S. 734; Urt. v. 25.11.1981, I R 54/77, BStBl. II 1971, S. 190.
[657] Vgl. Curtius-Hartung, H., 1970, S. 337 u. 339.
[658] Vgl. Gruber, T., 1991, S. 121.

schaftsgütern geäußert. Danach ist grundsätzlich zunächst von dem von den Vertragsbeteiligten Gewollten auszugehen.[659] Entscheidend sei „die Zweckrichtung der Aufwendungen, also ein finales (und damit subjektives) Element, dessen Vorhandensein oder Nichtvorhandensein allerdings aus den objektiv erkennbaren Umständen des Einzelfalles abgeleitet werden muß.“[660]

Bestehen Zweifel über die Einzelbewertbarkeit, kann eine von den Vertragspartnern im Zuge der Preisfindung durchgeführte Einzelbewertung den jeweiligen Einzelwert indizieren, wenn die Preisfindung rationaler Überprüfung standhält.[661] Sind die Wertfestsetzungen der Vertragsparteien nicht objektiv nachvollziehbar und ist auch keine andere Wertaufteilung ersichtlich, die dieser Hürde intersubjektiver Nachprüfbarkeit genügt, gilt folgendes: Die Anschaffungskosten werden nicht durch Ansatz selbstständiger Wirtschaftsgüter neutralisiert, sondern durch Ansatz eines Geschäfts- oder Firmenwertes in Höhe der Aufwendungen, die keinem davon abgrenzbaren Einzelwert zugeteilt werden konnten, alloziert.

Die Wertbemessung muss nach alledem nicht nur final-subjektiven, sondern auch objektiven Kriterien genügen.[662] Die Interessenlage des Erwerbers unter Berücksichtigung der tatsächlichen und rechtlichen Verhältnisse des Unternehmens muss ggfs. mitberücksichtigt werden.[663] Zudem wird – steuerbilanziell – oft auf Schätzungen des Teilwertes des jeweiligen Einzelwertes zurückzugreifen sein.[664] Die Teilwerte sind – ggfs. unter Rückgriff auf die jeweiligen

---

[659] Vgl. BFH, Urt. v. 31.01.1973, I R 197/70, BStBl. II 1973, S. 393 (hinsichtlich der Aufteilung und Buchung der jeweiligen Anschaffungskosten gilt *prima facie* Beweis zugunsten der Angaben des Erwerbers); zur Beweislastverteilung vgl. auch BFH v. 07.11.1985, IV R 7/83, BStBl. II 1986, S. 176; einschränkend: BFH, Urt. v. 05.08.1970, I R 180/66, BStBl. II 1970, S. 805.

[660] Vgl. BFH, Urt. v. 07.06.1984, IV R 79/82, BStBl. II 1984, S. 586. Vgl. auch BFH, Urt. v. 13.10.1983, IV R 160/78, BFHE 139, S. 275, BStBl. II 1984, S. 101.

[661] Vgl. BFH, Urt. v. 07.11.1985, IV R 7/83, BFHE 145, S. 196, BStBl. II 1986, S. 176f.

[662] Vgl. BFH, Urt. v. 19.12.1972, VIII R 124/69, BStBl. II 1973, S. 296; vgl. auch BFH, Urt. v. 07.11.1985, IV R 7/83, BFHE 145, S. 196, BStBl. II 1986, S. 176ff.

[663] Vgl. BFH, Urt. v. 16.12.1981, I R 131/78, BStBl. II 1982, S. 321; vgl. auch BFH, Urt. v. 07.11.1985, IV R 7/83, BStBl. II 1986, S. 176ff.

[664] Vgl. BFH, Urt. v. 28.03.1966, VI 320/64, BStBl. III 1966, S. 458; Urt. v. 19.12.1972, VIII R 124/69, BStBl. II 1973, S. 296.

Verkehrswerte (gemeine Werte) – zueinander in ein Verhältnis zu setzen und die Anschaffungskosten entsprechend aufzuteilen.[665]

(4) Abgrenzung von Bewertungseinheiten

Die Einzelbewertung setzt voraus, dass einzelne Bewertungseinheiten isoliert werden und eine Bewertungsmethode gewählt wird.[666] Der Begriff der Bewertungseinheit wird bei der Bilanzierung der Höhe nach im Rahmen des Anwendungsbereichs von § 252 Abs. 1 Nr. 3 HGB in dem Sinn verwendet, dass verschiedene selbstständige Vermögensgegenstände vorliegen und sich die Frage stellt, ob zusammenhängende Vermögensgegenstände gemeinsam als Einheit und nicht einzeln zu bilanzieren sind.[667] Die Bewertungseinheit i.S.d. Einzelbewertungsgrundsatzes als Bewertungsprinzip muss von der Frage abstrakter Aktivierungsfähigkeit unterschieden werden, d.h. von der Einordnung, was überhaupt als Vermögensgegenstand oder Schuld anzusehen ist.[668] Für die Beurteilung der Einheit „Vermögensgegenstand" i.S.d abstrakten Aktivierungsfähigkeit ist nicht zuletzt die Verkehrsanschauung maßgebend.[669] Während sich auf der Ebene des Ansatzes die Frage stellt, ob ein Vermögensgegenstand vorliegt, muss auf Bewertungsebene darüber entschieden werden, was bei einer Mehrzahl bewertbarer Positionen Bewertungsobjekt ist.[670]

Für die Ebene des Bilanzansatzes bewirkt der Einzelbewertungsgrundsatz, dass nur solche positiven und negativen Effektivvermögensbeiträge aktiviert und passiviert werden, die intersubjektiv nachvollzogen werden können.[671] Bei der

---

[665] Vgl. BFH, Beschl. v. 12.06.1978, GrS 1/77, BFHE 125, 526f. m.w.N.; Urt. v. 19.12.1972, VIII R 124/69, BStBl. II 1973, S. 296f. m.w.N. zur älteren Rechtsprechung; Urt. v. 16.12.1981, I R 131/78, BStBl. II 1982, S. 321; Urt. v. 06.07.1995, IV R 30/93, BStBl. II 1995, S. 832. Vgl. auch OLG München, Urt. v. 12.11.1993, 7 U 3165/93, AG 1994, S. 375.

[666] Vgl. Ballwieser, W., 1999, S. 16 (Rn. 51).

[667] Vgl. Wiedmann, H., 1994, S. 456 m.w.N. Eine Ausnahme vom Einzelbewertungsgrundsatz bilden die nach §§ 240 Abs. 3 und 4, 256 HGB aus Gründen der Vereinfachung zugelassenen Verfahren: Festbewertung, Gruppenbewertung, Verbrauchsfolgeverfahren. Eine Durchbrechung des Einzelbewertungsgrundsatzes bildet zudem die Möglichkeit, bestimmte Risiken zu bündeln und einheitlich zu bewerten (Bewertung von Pensions- und Garantierückstellungen, Forderungsbewertung, vgl. BFH, Urt. v. 24.01.1990, I R 157/86, BFHE 159, S. 494, BStBl. II 1990, S. 639; Urt. v. 17.02.1993, X R 60/89, BFHE 170, 397, BStBl. II 1993, S. 437).

[668] Vgl. Moxter, A., 1999, S. 31.

[669] Vgl. BFH, Urt. v. 28.09.1990, II R 178/86, BFHE 162, S. 177, BStBl. II 1991, S. 187; Urt. v. 15.10.1997, I R 16/97, BStBl. II 1998, S. 249; Wagner, S., 2003, S. 784 m.w.N.

[670] Vgl. Körner, W., 1976, S. 431.

[671] Vgl. Moxter, A., 1987, S. 1847; Euler, R., 1998, S. 18.

Bildung von Bewertungseinheiten ist demgegenüber ggfs. eine „funktionale Betrachtungsweise“ anzustrengen: Die Bewertungseinheit ist grundsätzlich Funktionseinheit.[672] Einzelposten sind bei wirtschaftlicher Betrachtungsweise in ihrem betrieblichen Nutzungs- und Funktionszusammenhang zu erfassen.[673] Der Einzelbewertungsgrundsatz nach § 252 Abs. 1 Nr. 3 HGB enthält keine Aussage zur anwendbaren Bewertungsmethode.[674]

(dd) Besonderheiten der Einzelbewertung bei der (teilweisen) Gesamtrechtsnachfolge

(1) Allgemeine Aspekte

Während die vom übertragenden Rechtsträger vor Verschmelzung oder Spaltung entgeltlich erworbenen immateriellen Anlagewerte bereits zu einem früheren Zeitpunkt im Hinblick auf eine grundsätzliche Aktivierungsfähigkeit eine anschaffungsbedingte Objektivierung[675] erfahren haben, kann dies für die entsprechenden originären Werte nicht angenommen werden. Bei der Übernahme von Vermögensinbegriffen mit nicht bilanzierten immateriellen Vermögensbestandteilen muss daher eine individuelle Beurteilung erfolgen. Die Beurteilung der selbstständigen Bewertbarkeit und der dabei zugrunde zu legende Objektivierungs- und Bewertungsmaßstab folgt regelmäßig auch der jeweiligen Zugangsform.[676] Vor dem Hintergrund der vorstehend beschriebenen Meinung in Rechtsprechung und Schrifttum muss letztlich einzelfallbezogen beurteilt werden, ob ein Wert hinreichend isoliert und objektiviert werden kann, um ihn einzeln zu bewerten. Für jeden einzelnen immateriellen Vermögensvorteil, der erstmals aktiviert werden soll, muss gefragt werden, ob er Gegenstand einer isolierten Beurteilung durch die an der übertragenden Umwandlung beteiligten Parteien war. Dabei ist entscheidend, ob bei der Beurteilung des Substanzwertes oder der Ertragsfähigkeit originäre immaterielle

---

[672] Vgl. Körner, W., 1976, S. 436; vgl. auch BFH, Beschl. v. 26.11.1973, GrS 5/71, BStBl. II 1974, S. 135.

[673] Vgl. Hense, B./Geißler, H., Beck'scher Bilanzkommentar, 2003, § 252 HGB, Rn. 23; Kupsch, P., 1992, S. 343f.. Nach IAS 38.36ff. kann dies im Rahmen der IAS/IFRS-Rechnungslegung zu einer Frage der Definition und Anerkennung immaterieller Vermögenswerte werden.

[674] Vgl. Kupsch, P., 1992, S. 357.

[675] Für die Durchführung der Bewertung dieser Werte stellen sich beim übernehmenden Rechtsträger gleichwohl ähnliche Fragen wie für die Bewertung originärer immaterieller Anlagewerte, die vom übertragenden Rechtsträger selbst erstellt wurden.

[676] Vgl. Dawo, S., 2003, S. 54.

Anlagewerte isoliert und selbstständig bewertet wurden.[677] Zudem fragt sich, ob zu Zwecken der Objektivierung auf vertragliche Bestimmungen zurückgegriffen werden kann und der Vertrag oder sonstige die Verschmelzung oder Spaltung begleitende Unterlagen individuelle, auf einzelne Objekte bezogene Werte nennt.[678]

Bei übertragenden Umwandlungsvorgängen ist das Verhältnis, zu dem die Beteiligungen an den betroffenen Rechtsträgern getauscht werden, die für den Entscheidungskalkül der jeweiligen Unternehmenseigner maßgebende Größe. Zur Bestimmung der Umtauschrelation wird regelmäßig der Ertragswert der beteiligten Rechtsträger zugrunde gelegt („Effektivvermögen" = Barwert zukünftiger Einzahlungsüberschüsse).[679] Dieser zukunftsorientierte, ertragsabhängige Gesamtwert, muss aufgrund seines Charakters als Zukunftserfolgswert zu Zwecken der objektivierenden Rechnungslegung i.S.v. § 252 Abs. 1 Nr. 3 HGB in einzeln bilanzierbare Positionen aufgeschlüsselt werden (Bilanzvermögen). Das „Entgelt" für die Anschaffung des Vermögens eines übertragenden Rechtsträgers bereitet dabei unter Objektivitätsgesichtspunkten zweierlei Schwierigkeiten: Als Effektivvermögen bezieht es sich nicht auf einzelne Werte; zudem wird es nicht vergangenheits-, sondern zukunftsorientiert ermittelt. Für die Bilanzierung übertragender Umwandlungen bestehen also immer zwei Bezugspunkte: Einmal das Unternehmensganze, an das die an einer ertragsbezogenen Gesamtbewertung orientierte Investitionsentscheidung anknüpft, zum anderen einzelne Bilanzpositionen. Mithin liegt bei Verschmelzung und Spaltung und überhaupt beim Unternehmenserwerben infolge der auf das gesamte Unternehmen bezogenen Effektivvermögenswertermittlung ein „logischer Bruch" zwischen der gesamtbewertungsorientierten Investitionsentscheidung und der durch die Einzelwerterfassung bestimmte Abbildung der Umwandlung in der Bilanz.[680]

Für die Frage des Ansatzes und des entgeltlichen Erwerbs des originären immateriellen Anlagewertes spielt es zunächst keine Rolle, ob der Wert im Rahmen einer Einzelwertermittlung oder einer gesamtwertbezogenen Ertrags-

---

[677] Curtius-Hartung, H., 1970, S. 339.

[678] Vgl. allgemein zu diesen Anforderungen Adler, H./Düring, W./Schmaltz, K., 1995, § 255 HGB, Rn. 105.

[679] Vgl. Heurung, R., 1997, S. 888.

[680] Vgl. Möhrle, M., 1999, S. 3; Moxter, A., 2003, S. 23.

wertermittlung erwähnt wird. Entscheidend ist vielmehr, ob sich widerstreitende Interessen in einem Preisbildungsprozess auf einen Preis geeinigt haben. Hieran anknüpfend fragt sich, ob dabei überhaupt ein individueller Wert des fraglichen Gutes isoliert ins Auge gefasst werden muss.[681] Die verschiedenen Bewertungsmöglichkeiten können sich allerdings auf die Werthöhe des immateriellen Anlagewertes auswirken:[682] Die marktpreisbezogene Einzelbewertung berücksichtigt keine auf das Unternehmensganze bezogenen Kombinationseffekte.[683] Demgegenüber wird bei der Ermittlung der Umtauschrelation regelmäßig der Ertragswert des gesamten Unternehmens zugrunde gelegt.[684]

(2) Spezifische Objektivierungsbedingungen der Einzelbewertbarkeit bei Umwandlungen

Nach Auffassung des BFH hängt die Abgrenzung einzelner immaterieller Wirtschaftsgüter vom Geschäfts- oder Firmenwert gerade auch davon ab, „ob die Vertragsparteien bei oder vor Vertragsabschluß im Rahmen der Preisfindung eine rational nachvollziehbare Einzelbewertung bestimmter tatsächlicher oder rechtlicher Verhältnisse des Unternehmens vorgenommen und damit deren selbstständige Bewertbarkeit indiziert haben.“[685]

Für die hier zu untersuchenden Fälle übertragender Umwandlungen stellt sich vor diesem Hintergrund regelmäßig die Frage, wie unter umwandlungsspezifi-

---

[681] Einzelheiten im Zusammenhang mit der Erörterung der Frage, ob der entgeltliche Erwerb sich auf individuelle Vermögensgegenstände bezogen haben muss s.u. Kap. D.III.1.b).

[682] Diese hier für das Handelsrecht formulierte Fragestellung der Aufteilung (ertragswertbezogener) Gesamtanschaffungskosten auf einzelne Vermögensgegenstände ähnelt der steuerlichen Teilwertproblematik. Vgl. nur Moxter, A., 1999, S. 247ff. m.w.N.

[683] Die – marktbezogene – Einzelbewertung vernachlässigt Kombinationseffekte und führt i.d.R nicht zu einer zutreffenden Ermittlung der voraussichtlichen Beiträge eines einzelnen Vermögensgegenstandes hinsichtlich zukünftiger finanzieller Überschüsse. Vgl. Möhrle, M., 1999, S. 34.

[684] Der Gesamtwert des Unternehmens kann auch durch Addition marktpreis- oder ertragsbezogener Elemente ermittelt werden. Vgl. zu den verschiedenen Bewertungsmöglichkeiten: Wöhe, G., 1980, S. 90.

[685] BFH, Urt. v. 07.11.1985, IV R 7/83, BFHE 145, 194, 196, BStBl. II 1986, S. 177. Dieses BFH-Urteil geht von der Frage aus, ob einzelne immaterielle Wirtschaftsgüter oder lediglich ein Geschäfts- oder Firmenwert in der Ergänzungsbilanz anzusetzen seien, wenn ein Anteil an einer Personengesellschaft angeschafft wird. Diese Sachverhaltsgestaltung ist auf den hier in Rede stehenden Fall des Erwerbs von Vermögensinbegriffen übertragbar. Auch beim Erwerb von Anteilen an Personengesellschaften ist einkommensteuerlich Gegenstand der Anschaffung nicht der Geschäftsanteil, sondern unmittelbar die „einzelnen materiellen und immateriellen, bilanzierten und nicht bilanzierten“ Wirtschaftsgüter (BFH, ebd., S. 176 m.w.N.).

schen Bedingungen der (teilweisen) Gesamtrechtsnachfolge eine Einzelbewertung indiziert werden kann. Hinsichtlich der rationalen Nachvollziehbarkeit von Einzelwertzumessungen gelten grundsätzlich keine von den allgemeinen Grundsätzen zur Aufteilung von Gesamtanschaffungskosten beim Erwerb von Vermögensinbegriffen abweichenden Regeln. Die tatsächliche Aufteilung und Bezeichnung durch die Vertragsparteien unterliegt möglicher Weise besonderen Bedingungen bezüglich ihrer allgemeinen Nachprüfbarkeit. Den Vereinbarungen und Beschlüssen im Zuge von Umwandlungsvorgängen liegen hierfür u.U. spezifische Materialien zugrunde, deren Status im Hinblick auf die im Zusammenhang mit der Einzelbewertung aufgeworfenen Fragen zu klären ist.

Angesichts des für die umwandlungsspezifische Gesamtrechtsnachfolge typischen Fehlens von vertraglichen Bestimmungen betreffend einzelne Vermögensgegenstände und Schulden steht die objektivierende Einzelbewertung vor besonderen Schwierigkeiten. Dabei ist nicht allein auf den Vertrag (§§ 4ff., 125f. UmwG) abzustellen, der von den Vertretungsorganen der beteiligten Rechtsträger abgeschlossen wird.[686] Zur Plausibilisierung ist vielmehr auch auf die sonstigen, die vertragliche Preisfindung begleitenden und der Beschlussfassung über Verschmelzung und Spaltung als Entscheidungsgrundlage vorhergehenden Umstände, wie z.B. Sachverständigengutachten, abzustellen.[687] Es ist nach alledem auch auf Materialien, die den Gesellschafterbeschlüssen zugrunde liegen, zurückzugreifen. Entscheidend ist dabei jeweils, so der BFH, ob eine „nachvollziebare Relation zwischen dem Vorhandensein des immateriellen Wirtschaftsguts und der Höhe des Kaufpreises" besteht.[688]

Besondere Bedeutung kann vor allem folgenden Unterlagen, die bei der Bilanzierung und Prüfung des Einzelabschlusses beim übernehmenden Rechtsträger ggfs. herangezogen werden können, zukommen:

- Inventare der beteiligten Rechtsträger und die dazugehörigen Aufzeichnungen, Unterlagen und Bestandsnachweise;
- zusätzlich erstellte „Umwandlungsbilanz";

---

[686] Vgl. Ellrott, H./ Schmidt-Wendt, D., Beck´scher Bilanzkommentar, § 255 HGB, Rn. 80f.
[687] Vgl. Dawo, S., 2003, S. 103.
[688] BFH v. 10.08.1989, XR 176-177/87, BFHE 158, S. 53, BStBl. II 1990, S. 15f.

- Verschmelzungs-, Spaltungs- und Ausgliederungsbericht der Vertretungsorgane beteiligter Rechtsträger gem. §§ 8, 127, 162, 169 UmwG;
- Prüfungsbericht der Verschmelzungs- und Spaltungsprüfer gem. §§ 12, 125 UmwG;
- Angaben über die Bezeichnung und Aufteilung der Gegenstände des Aktiv- und Passivvermögens im (Anhang zum) Spaltungs- und Übernahmevertrag nach §§ 126 Abs. 1 Nr. 9 UmwG;
- Sachgründungsbericht gem. §§ 58 Abs. 1, 125 UmwG i.V.m. § 5 Abs. 4 GmbHG bei Verschmelzung und Spaltung auf eine neu gegründete GmbH;
- Gründungsbericht und Gründungsprüfung gem. §§ 75, 78, 125 UmwG i.V.m. §§ 32, 33f. AktG bei Verschmelzung und Spaltung auf eine neu gegründete AG oder KGaA.

Inventare werden regelmäßig nur als Indiz für das Vorhandensein eines Gutes dienen können. Sie sollen das Vermögen und die Schulden des Bilanzierenden vollständig erfassen. Bei dieser vollständigen Erfassung steht jedoch der Gläubigerschutz durch Selbstkontrolle im Vordergrund. Es geht um ein Bestandsverzeichnis. Die Wertobjektivierung sowie wertbezogene Aspekte einer Ansatzobjektivierung spielen keine Rolle.[689]

Wird zu Zwecken der Information interessierter Kreise eine zusätzliche Umwandlungsbilanz (Verschmelzungsbilanz, Spaltungsbilanz) aufgestellt, so können hieraus hinreichende objektive Anhaltspunkte für eine selbstständige Bewertungsfähigkeit des darin aufgeführten Vermögens und der darin aufgeführten Schulden abgeleitet werden. Umwandlungsbilanzen sind Vermögens- bzw. Statusbilanzen, d.h. sie knüpfen nicht an die historischen Anschaffungs- oder Herstellungskosten an.[690] Liegt bei Beschlussfassung über eine Verschmelzung oder Spaltung eine Umwandlungsbilanz des übertragenden Rechtsträgers als Beurteilungs- und Entscheidungsgrundlage vor, kann bei Abwesenheit abweichender Hinweise davon ausgegangen werden, dass über die Werthaltigkeit und grundsätzliche Bewertbarkeit der darin aufgeführten immateriellen Vermögensgegenstände ein hinreichender von Interessengegensätzen getragener Konsens zwischen den Eignern des übertragenden und des übernehmenden Rechtsträgers erzielt wurde.

---

[689] Vgl. zur Einordnung des Inventars Hüffer, U., in: Staub, H., 2002, § 240 HGB, Rn. 1f.
[690] Vgl. o. Kap. C. II.

Aus Verschmelzungs-, Spaltungs- und Ausgliederungsbericht sowie anhand von Prüfberichten lassen sich ggfs. auch Anhaltspunkte für eine Bewertbarkeit – jedenfalls der darin erwähnten wichtigeren (z.B. Patente, Marken, Konzessionen) – Gegenstände herleiten. Der Verschmelzungs-, Spaltungs- und Ausgliederungsbericht muss v.a. den betroffenen Gesellschaftern des jeweils anderen Rechtsträgern ein Bild u.a von Tätigkeitsfeld, Marktanteil, marktspezifische Besonderheiten, wesentliche Elemente der Vermögens- und Ertragsstruktur etc. vermitteln.[691] Die Anhaltspunkte müssen zwar keine konkreten Wertangaben enthalten, jedoch müssen sie, um im Rahmen der Beurteilung der selbstständigen Bewertungsfähigkeit Relevanz zu entfalten, zumindest als Anhaltspunkt bei einer Schätzung dienen können.

Die Angaben über Bezeichnung und Aufteilung der Gegenstände des Aktiv- und Passivvermögens im Spaltungs- und Übernahmevertrag beseitigen zwar i.d.R. die Schwierigkeiten der sachenrechtlichen Bestimmtheit bei der verschmelzungstypischen Gesamtrechtsnachfolge.[692] Gleichwohl geht ihr Aussagegehalt im Hinblick auf eine Beurteilung der selbstständigen Bewertbarkeit einzelner Güter nicht über den eines Inventars hinaus. Mithin wird dieser Aufstellung – wie dem Inventar des übertragenden Rechtsträgers – kein Aussagegehalt im Hinblick auf eine Bewertbarkeit entnommen werden können, sondern lediglich über den Bestand Auskunft geben.

Sachgründungsbericht, Gründungsbericht und Gründungsprüfung können objektive Anhaltspunkte auch bezüglich einzelner Güter enthalten. Diese Anhaltspunkte wären zur Beurteilung der Bewertungsfähigkeit im Rahmen der Einbuchung beim übernehmenden Rechtsträger heranzuziehen.

(3) Rückgriff auf Schätzungen und Zeitwerte

Fehlt es an den genannten umwandlungsspezifischen nachprüfbaren Anhaltspunkten, die eine Zuordnung der Anschaffungskosten zu Zwecken der Bewertung ermöglichen, müssen zur Beurteilung der Bewertbarkeit andere Gesichtspunkte herangezogen werden. Damit wird der Anschaffungskostenbe-

---

[691] Vgl. Lutter, M./Drygala, T., in: Lutter, M., 2004, § 8 UmwG, Rn. 16; Stratz, R.-C., in: Schmitt, J./Hörtnagl, R./Stratz, R.-C., 2001, § 8 UmwG, Rn. 11.

[692] Dies ist der entscheidende Unterschied. Die "reguläre" Verschmelzung bildet eine Ausnahme vom sachenrechtlichen Bestimmtheitsgrundsatz. Bei Aufspaltung, Abspaltung und Ausgliederung bedarf es angesichts der Aufstellung nach § 126 Abs. 1 Nr. 9 UmwG keiner Ausnahme von diesen sachenrechtlichen Regeln.

zug weiter gelockert, denn die Bewertungsfähigkeit kann dann nur noch mittelbar aus Bewertungstechniken oder Schätzungen hergeleitet werden. Wird die Bewertbarkeit von der Zuordenbarkeit von Einzelanschaffungskosten abhängig gemacht, spielt in die Beurteilung der Bewertbarkeit auch die Frage nach dem anwendbaren Schlüssel für die Verteilung der Anschaffungskosten hinein, denn mit dem Kriterium der Bewertbarkeit soll nicht nur über die Bewertbarkeit bei Zugang, sondern auch in den Folgeperioden beurteilt werden.[693] Bewertungsfähigkeit bedeutet somit immer auch intersubjektiv nachprüfbare Verteilbarkeit von Anschaffungskosten. Die Genauigkeit der heranzuziehenden Bewertungsmaßstäbe ist auf Ansatzebene zwar naturgemäß geringer als auf Ebene der Bilanzierung der Höhe nach.[694] Die grundsätzliche Ermittelbarkeit von Einzelanschaffungskosten ist aber gleichwohl Voraussetzung der Bewertbarkeit.[695] Ist die Bewertbarkeit zu verneinen, kann es zu einem höheren Wertansatz anderer Vermögensgegenstände sowie zu einer Erhöhung des Geschäfts- oder Firmenwertes kommen: Werden die stillen Reserven bis zur Höhe der Gesamtanschaffungskosten aufgedeckt und zugeordnet, so ist dies zwar zunächst erfolgsneutral. Werden diese Posten in den Folgeperioden dann aber aufgelöst, kann es je nach Verteilungsschlüssel zu unterschiedlichen Erfolgswirkungen kommen.

Zur Einhaltung des Grundsatzes der Einzelbewertung sind die Gesamtanschaffungskosten, die in der Umtauschrelation und den ihnen zugrunde liegenden Unternehmensbewertungen zum Ausdruck gelangt sind, aufzuteilen.[696] Dieses Zuordnungsproblem gleicht der Frage nach dem Verteilungsschlüssel für die Zuordnung stiller Reserven bei der Kapitalkonsolidierung.[697] Ausgangspunkt der Aufteilung kann nach überwiegender Ansicht jedes sachgerechte Verteilungsverfahren sein.[698] Die Zuordnung der Differenz zwischen Anschaffungskosten und Buchwerten des übernommenen Vermögens im Verhältnis ihrer Zeitwerte ist eine verbreitete Auffassung zur Lösung des Allo-

---

[693] Vgl. Dawo, S., 2003, S. 55; Hommel, M., 1998, S. 214ff.
[694] Vgl. oben Kap. D.I.2.c)ee).
[695] Vgl. BFH, Urt. v. 13.03.1959, I 209/55 U, BStBl. III 1959, S. 150, BFHE 62, S. 403.
[696] Vgl. Wohlgemuth, M., 1999, S. 65 (Rn. 91); Hügel, H., 1993, S. 328f.
[697] Vgl. Dusemond, M./Weber, C.-P./Zündorf, H., in: Küting, K./Weber, C.-P., 1998, S. 1229.
[698] Vgl. IDW, 1997, S. 23 (Ziff. 3222); Müller, W., in: Kallmayer, H., 2001, § 24 UmwG, Rn. 32. Die eingebuchten Gegenstände sind nach § 268 Abs. 2 HGB im Anlagespiegel als Zugang auszuweisen, das Verfahren der Verteilung muss gem. § 284 Abs. 2 Nr. 1 HGB erläutert werden. Für den Konzernanhang gilt dies nicht. Die Verteilungsmethode, die das Mutterunternehmen der Erstkonsolidierung zugrundelegt, ist nicht zu erläutern.

kationsproblems.[699] Teilweise wird angenommen, dabei seien die jeweiligen Wiederbeschaffungszeitwerte zugrunde zu legen.[700] Als geeignete Methoden zur Ermittlung der jeweiligen Zeitwerte werden mangels einschränkender gesetzlicher Regelungen aber auch eine Zuordnung nach Bedeutung der stillen Reserven, nach dem Bestimmtheitsgrad des Vorhandenseins stiller Reserven, nach der Rentabilität oder der Liquidierbarkeit der Vermögensgegengegenstände sowie eine proportionale Zuordnung nach Buchwerten, Zeitwerten oder stillen Reserven für zulässig gehalten.[701] Grundsätzlich gilt also ein Methodenpluralismus.[702]

Da die Anschaffungskosten bei Verschmelzung und Spaltung – fehlt es an Anhaltspunkten – keine unmittelbare einzelwertbezogene Ansatzobjektivierung ermöglichen, muss im Rahmen der Beurteilung der selbstständigen (Einzel-) Bewertbarkeit und damit auch Zuordenbarkeit von Anschaffungskosten auf mittelbare Objektivierungsmaßstäbe zurückgegriffen werden. Letztlich wird also bereits zu Zwecken der Ansatzobjektivierung auf einen unmittelbaren Anschaffungskostenbezug verzichtet. Zurückgegriffen wird stattdessen – in der Terminologie des Kapitels B.III.1. dieser Untersuchung – auf Techniken mittelbarer Marktobjektivierung. Auffallend ist nach alledem der Bezug auf Zeitwertgesichtspunkte zu Zwecken der Ansatzobjektivierung im Rahmen des abstrakten Aktivierungskriteriums der selbstständigen Bewertbarkeit. Ein interessanter Aspekt ist dabei, ob durch klarere Vorgaben hinsichtlich der Zeitwertermittlung und eine strenge Hierarchie bei den in Frage kommenden markt- und modellabhängigen Bewertungstechniken ein höherer Objektivierungsgrad erreicht werden kann.[703]

---

[699] Vgl. Adler, H./Düring, W./Schmaltz, K., 1995, § 255 HGB, Rn. 105; Ellrott, H./Schmidt-Wendt, D., Beck'scher Bilanzkommentar, 2003, § 255 HGB, Rn. 82. Für eine proportionale Zuordnung auch BFH, Urt. V. 21.04.1994, IV R 70/92,

[700] Vgl. Hannappel, H.-A., in: Goutier, K./Knopf, R./Tulloch, A., 1996, § 24, Rn. 40ff., 44; Wohlgemuth, M., 1999, S. 66 (Rn. 91).

[701] Vgl. die umfassende Übersicht m.w.N. zu den einzelnen Methoden bei Dusemond, M./Weber, C.-P./Zündorf, H., in: Küting, K./Weber, C.-P., 1998, S. 1229ff.; Kraft, E.-K., in: Staub, H., 2002, § 301 HGB, Rn. 63 u. 99ff.

[702] Vgl. Kraft, E.-K., in: Staub, H., 2002, § 301 HGB, Rn. 100.

[703] Vgl. zum Objektivierungsgrad beizulegender Zeitwerte Kümmel, J., 2002, S. 90ff. Einzelheiten s.u. Kap. E.III.

3. Geschäfts- oder Firmenwert (Goodwill)

a) Begriff

Die übertragende Umwandlung nach dem UmwG bildet – ebenso wie der *asset deal* und anders als der *share deal* – eine Unternehmensübernahme i.S.v. § 255 Abs. 4 HGB.[704] Wird bei der Übernahme eines Unternehmens, d.h. eines Betriebs oder eines Betriebsteils[705], eine Gegenleistung bewirkt, deren Wert über dem der einzelnen Vermögensgegenstände liegt, so wird diese Differenz handels- und steuerbilanziell als Geschäfts- oder Firmenwert[706] (Firmenwert, Goodwill)[707] bezeichnet. Aus bilanzieller Sicht handelt es sich damit um den Residualbetrag, der sich als Differenz zwischen dem Kaufpreis oder einem anderen Entgelt und dem im Anschluss an den Erwerbsvorgang auszuweisenden Reinvermögen einschließlich der aufgedeckten stillen Reserven und Lasten ergibt. Mit der Vorschrift des § 255 Abs. 4 HGB kann eine Unterbilanz in der Rechnungsperiode, in welche die Unternehmensübernahme fällt, vermieden und dadurch eine periodengerechte Aufwandsverrechnung ermöglicht werden.[708] Die Unterscheidung von den sonstigen immateriellen Vermögensgegenständen erfolgt durch eine Negativabgrenzung: Erfüllt ein Gut nicht die genannten abstrakten und konkreten Aktivierungsvoraussetzungen, geht es im Geschäfts- oder Firmenwert auf.

In Schrifttum und Rechtsprechung werden verschiedene, in aller Regel nur geringfügig nuancierte Definitionen des Geschäfts- oder Firmenwertes vertreten. Der Geschäfts- oder Firmenwert lässt sich nach wohl überwiegender Ansicht in der Literatur beschreiben als Unterschiedsbetrag zwischen dem aufgewendeten Entgelt (d.h. der Gegenleistung, die bei Übernahme eines Unternehmens bewirkt wurde) und dem Substanzwert des Unternehmens

[704] Adler, H./Düring, W./Schmaltz, K., 1995, § 255 HGB, Rn. 293; Kleindiek, D., in: Staub, 2002, § 255, Rn. 45.

[705] Zum Begriff des Unternehmens i.S.v. § 255 Abs. 4 HGB s.o. Kap C.I.1.a) (erste Fn.).

[706] Der im Bereich freiberuflicher Tätigkeiten sog. Praxiswert wird nachfolgend nicht erörtert. Der Praxiswert ist ausschließlich personenbezogen und ist für die Handelsbilanz und im Rahmen von Umwandlungsvorgängen praktisch kaum relevant.

[707] Bei den drei Begriffen handelt es sich um Synonyme, vgl. Söffing, G., 1988, S. 593; Wöhe, G., 1980, S. 89, Fn. 1. Nach a.A. handelt es sich bei dem Geschäftswert um den Oberbegriff, dem der Firmenwert, d.h. der Wert des Namens eines Handelsgeschäftes i.S.d. §§ 17ff. HGB, übergeordnet ist. Vgl. Arnold, H.-J., 1997, S. 33. Angesichts des eindeutigen Gesetzeswortlauts (§ 255 Abs. 4 S. 1 und S. 3, 266 Abs. 2, A., I. 2. HGB, § 7 Abs. 1 S. 3 EStG), dessen Begrifflichkeit in dieser Untersuchung übernommen wird, muss diese terminologische Frage nicht vertieft werden.

[708] Vgl. Söffing, G., 1988, S. 599.

(Summe der Vermögensgegenstände abzüglich Schulden).[709] Aus ökonomischer Sicht wird der Geschäfts- oder Firmenwert aus dem Unterschied zwischen dem Ertragswert des Unternehmens, d.h. der Summe der diskontierten zukünftigen Zahlungsströme (ertragsabhängiger und zukunftsbezogener Unternehmenswert), und dem Substanzwert des Unternehmens (zu Zeitwerten bewertete Vermögensgegenstände abzüglich Schulden, d.h. vergangenheitsbezogen zu Einzelwerten ermittelter Teilreproduktionswert) ermittelt.[710] Ein (positiver) Geschäfts- oder Firmenwert tritt somit immer dann auf, wenn der Ertragswert den Substanzwert übersteigt. In dem Unterschiedsbetrag nach § 255 Abs. 4 S. 1 HGB spiegelt sich mithin die quantitative Abweichung einer ertragsorientierten Gesamtbewertung[711] eines Unternehmens als Grundlage der Entgeltbemessung und einer rekonstruktionsorientierten Einzelbewertung der vom Erwerber bilanzierten Aktiven und Passiven wider.[712]

Unter dem Gesichtspunkt der Unternehmensbewertung lässt sich der Geschäfts- oder Firmenwert als Summe aller wertbildenden Faktoren im Unternehmen beschreiben, die zur Erzielung des Gesamtertrages beitragen und nicht bereits in den bilanzierungsfähigen Vermögensgegenständen enthalten sind, die zu Wiederbeschaffungskosten bewertet und im Teilreproduktionswert enthalten sind.[713] Dabei ist zu beachten, dass der Teilreproduktionswert bzw. Substanzwert zwar Vergleichs- und Basiswert bei der Berechnung des Geschäfts- oder

---

[709] Vgl. z.B. Söffing, G., 1988, S. 595; Adler, H./Düring, W./Schmaltz, K., 1995, § 255, Rn. 257; Arnold, H.-J., 1997, S. 35. Die steuerliche Rechtsprechung versteht unter Geschäfts- oder Firmenwert den Mehrwert eines lebenden Unternehmens über den Substanzwert der einzelnen Vermögensgegenstände abzüglich Schulden hinaus. Im Geschäfts- oder Firmenwert kommen diejenigen Gewinnaussichten eines Unternehmens zum Ausdruck, die sich nicht (allein) auf einzelne Wirtschaftsgüter zurückführen lassen. Vgl. BFH, Urt. v. 16.03.1996, BStBl. II, S. 576. Steuerlich sind die einzelnen – materiellen und immateriellen – Wirtschaftsgüter mit ihren Teilwerten anzusetzen, so dass der Substanzwert des Unternehmens mit der Summe dieser Teilwerte gleichzusetzen ist. Vgl. BFH, Urt. v. 08.12.1976, I R 215/73, BFHE 121, S. 402, BStBl. II 1977, S. 409.

[710] Vgl. Moxter, A., 1979a, 743; ders., 1993b, S. 853.

[711] Die überwiegende Meinung in der betriebswirtschaftlichen Theorie und in der wirtschaftsprüfenden Praxis nimmt an, dass der „richtige“ Unternehmenswert der Ertragswert als Barwert der zukünftigen Erfolge ist.

[712] Vgl. Möhrle, M., 1999, S. 25ff., 52 (Im Rekonstruktionswert sind „additiv“ die einzelnen bilanzierungsfähigen Wertbestandteile eines Unternehmens summiert. Er wäre im Fall einer Umwandlung vollständig, wenn sämtliche konkret bilanzierungsfähigen Vermögensgegenstände und Schulden angesetzt worden wären und sämtliche Ansatzwahlrecht sowie das Wahlrecht nach § 24 UmwG zugunsten eines (vollständigen) Ansatzes ausgeübt worden wären.).

[713] Vgl. Wöhe, G., 1980, S. 91.

Firmenwertes ist, jedoch – ebenso wie die Verfahren zur Ermittlung des Gesamtwertes von Unternehmen – nur mit Einschränkungen zuverlässig bewertet werden kann: Je mehr stille Reserven in den einzelnen Vermögensgegenständen enthalten sind und je schwieriger ihre genaue Bestimmung ist, desto ungenauer ist bereits die Basisgröße.[714]

Für die Wertdifferenz „Geschäfts- oder Firmenwert" kommen unterschiedliche wertbildende Faktoren in Frage, die sich einzeln nicht zuverlässig ermitteln lassen und die wie folgt gruppiert werden können:[715]

- Zum einen lässt sich annehmen, die Wertdifferenz setze sich (ganz oder teilweise) aus Wertbestandteilen zusammen, die nicht die Schwelle zur abstrakten Aktivierbarkeit überschritten haben (sog. adjunktive Güter[716])[717];

- des Weiteren kann im Geschäfts- oder Firmenwert der Kapitalisierungsmehrwert[718] als Teil der Summe diskontierter zukünftiger Einnahmeüberschüsse (Ertragswert) enthalten sein, insoweit die Summe der Zeitwerte der bilanzierbaren Vermögensgegenstände, vermindert um die Schulden des übernommenen Unternehmens und vermehrt um die vorgenannten nicht bilanzierungsfähigen immateriellen Werte, überstiegen wird und nicht *à fonds perdu* geleistet wurde.[719]

---

[714] Vgl. Moxter, A., 1979a, S. 742; Wöhe, G., 1980, S. 93.

[715] Vgl. Küppers, C., 1986, S. 1633ff.; Wöhe, StuW 1980, S. 92 u. 99; Ludz, C., 1997, S. 31ff.; Stengel, P.-P., 200, S. 17; Möhrle, M., 1999, S. 31ff. (mit Beispielen auf S. 39ff.).

[716] Der Begriff der „adjunktiven Vermögensgegenstände" geht auf Kosiol zurück, vgl. Kosiol, E., 1949, S. 145f.

[717] Insoweit sind sämtliche Vermögensvorteile angesprochen, die bei der Ertragserzielung mitwirken, aber nicht bilanzierungsfähig sind. vgl. Wöhe, G., 1980, S. 89f., 92. Ohne die adjunktiven Güter wäre das Unternehmen ein „totes Skelett", das nicht arbeitsfähig wäre, vgl. Moxter, A., 1979a, S. 741ff. Gleichwohl sind aus Sicht der Unternehmensbewertung die Rekonstruktionskosten nicht bestimmbar, vgl. Möhrle, S. 34.

[718] Der Begriff „Kapitalisierungsmehrwert" geht auf Eugen Schmalenbach zurück, vgl. Schmalenbach, E., 1966, S. 69.

[719] Vgl. Wöhe, G., 1980, S. 92. Diese Komponente des Geschäfts- oder Firmenwertes lässt sich auch damit begründen, dass eine Einzelbewertung der Substanzbestandteile, die an einer (Teil-) Rekonstruktion orientiert ist, nicht der Ertragskraft dieser Bestandteile im Unternehmensganzen und in Kombination mit anderen Produktionsfaktoren entspricht. Der Kapitalisierungsmehrwert kompensiert also die Außerachtlassung von Kombinationseffekten, die mit der Einzelbewertung einhergeht.

- Als dritte Komponente kann der Geschäfts- oder Firmenwert darüber hinaus auch Zahlungen enthalten, die ohne Gegenleistung *à fonds perdu* erbracht wurden, wie z.B. aufgrund von nicht monetären Erwägungen einer oder beider Vertragsparteien oder auf Grund eines Lästigenzuschlags.[720]

Während die adjunktiven Güter, also die nicht bilanzierungsfähigen immateriellen Elemente des Firmenwertes, keinen Wert unter null annehmen können, kann der Wert der Kapitalisierung ein Mehrwert oder, wenn der Ertragswert unter dem Reproduktionswert liegt, auch ein Minderwert sein.[721] Liegt die Ertragserwartung unter dem Reproduktionswert, bildet der Unterschiedsbetrag den sog. negativen Geschäftswert.[722]

Der Geschäftswert kann mithin im Wesentlichen beschrieben werden als Konglomerat von Ertragserwartungen und von einzelnen Vermögensvorteilen, die die Aktivierungsschwelle nicht überschreiten und die im Auffang-Posten Goodwill aufgehen. Gleichwohl ist die Unterscheidung adjunktiver Güter vom Kapitalisierungsmehrwert rein theoretischer Natur und ist praktisch nicht durchführbar:[723] Die einzelnen nicht aktivierbaren immateriellen Güter lassen sich ebenfalls nicht zuverlässig von dem ihnen gegenüber bei der Ermittlung des Geschäfts- oder Firmenwerts verbleibenden Restbetrag „Kapitalisierungsmehrwert" abgrenzen. Zudem beeinflussen sich adjunktive Güter[724] und Kapitalisierungsmehrwert wechselseitig.[725]

---

[720] Vgl. Küppers, C., 1986, S. 1635; Wöhe, G., 1980, S. 99; Ludz, C., 1997, S. 34 m.w.N. Neben der Untrennbarkeit vom Unternehmen und der Tatsache, dass sich einzelne Werte noch nicht zu Vermögensgegenständen bzw. Wirtschaftsgütern kristallisiert haben, bestehen die weiteren Schwierigkeiten, dass der Geschäfts- oder Firmenwert bei jedem Unternehmen andersartig ist und oftmals nur in der Vorstellung und Hoffnungen des Erwerbers existiert, vgl. Söffing, G., 1988, S. 594.

[721] Vgl. Wöhe, G., 1980, S. 89, 92.

[722] Zum negativen Geschäfts- oder Firmenwert vgl. Heurung, R., 1995, S. 385ff.

[723] Vgl. Wöhe, G., 1980, S. 92 u. 99.

[724] Im Hinblick auf die mit der vorliegenden Arbeit problematisierte, erstmalige Aktivierung immaterieller Anlagewerte und deren Unterscheidung vom Geschäfts- oder Firmenwert, interessieren insbesondere die adjunktiven Güter, wie z.B. technische und kaufmännische Ausbildung, Qualität und Erfahrung der Unternehmensführung, technische und kaufmännische Ausbildung, Qualität und Erfahrung der Mitarbeiter; Betriebsklima; Wert/ Qualität der betrieblichen Organisation, Synergieeffekte, Beschaffungs- und Vertriebsorganisation und -strukturen, eingerichtete Verfahrens- und Fertigungstechniken, Positionierung bei Forschung und Entwicklung, Standortvorteile, örtliche Lage des Unternehmens, Marktzugang (Arbeitsmarkt, Absatzmarkt, Einkaufsmarkt, Finanzmarkt), erschlossener Absatzmarkt, langfristige Miet- und Pachtverträge, Marktstellung, Kreditwürdigkeit, Auftragsbestand,

Die Regelung des § 255 Abs. 4 HGB betrifft den derivativen Geschäfts- oder Firmenwert. Der selbst geschaffene, sogenannte originäre Geschäfts- oder Firmenwert bleibt von § 255 Abs. 4 HGB unberührt. Zwar wenden Unternehmen für die vorstehend aufgelisteten Werte oftmals erhebliche Beträge auf, jedoch kann das Aufgewendete regelmäßig nicht hinreichend sicher ermittelt und zugeordnet werden. Insbesondere lässt sich für Zwecke der Bilanzbewertung der jeweilige Zeitwert nicht hinreichend sicher beziffern.[726] Zudem kann ein Geschäfts- oder Firmenwert nicht isoliert, sondern nur gemeinsam mit einem Betrieb oder Betriebsteil übertragen oder entnommen werden. Die kaufmännische Übung, der auch die gesetzliche Ausgestaltung im HGB entspricht, verbietet folglich den Ausweis eines originären, nicht entgeltlich erworbenen Geschäfts- oder Firmenwertes. Handels- und steuerbilanziell wird der Geschäftswert als ein wirtschaftlicher Vorteil ohne objektiven Marktwert angesehen, der am Unternehmen haftet und weder selbstständig verfügbar noch einzeln veräußerbar ist.[727] Erst durch den entgeltlichen Erwerb lässt sich der Geschäfts- oder Firmenwert von den im Zuge des Erwerbsvorganges einzeln aktivierbaren Vermögensgegenständen unterscheiden. Erst zu diesem Zeitpunkt wird der Geschäftswert objektiviert.

Geschäftsbeziehungen, Ruf der Firma, Ruf der Produkte, Qualität der Produkte, Kundenstamm und -beziehungen (erschöpft sich der Geschäfts- oder Firmenwert im Kundenstamm oder in den Geschäftsbeziehungen, liegt nach der Rechtsprechung ein selbstständiges immaterielles Wirtschaftsgut vor), Beziehungen zu Parteien, Vereinen und Verbänden. Vgl. zum Ganzen: Knobbe-Keuk, B., 1993, S. 95; Wöhe, G., 1980, S. 89 f.; Baetge, J./Kirsch, H.-J./Thiele, S., 2003, S. 273f.; Adler, H./Düring, W./Schmaltz, K., 1995, § 255 Rn. 257; Heinlein, A., 1983, S. 109ff,; Söffing, G., 1988, S. 593, 594f.; BFH, Urt. v. 16.09.1970, I R 196/67, BFHE 101, 76, BStBl. II 1971, S. 175 m.w.N.; Urt. v. 29.07.1982, IV R 49/78, BFHE 136, S. 270, BStBl. II 1982, S. 650; Urt. v. 03.10.1984, I R 116/81, BFHE 142, S. 141, BStBl. II 1985, S. 131; BFH, Urt. v. 16.03.1996, BStBl. II, S. 576. Die genannten Faktoren lassen sich noch systematisieren, z. B. in unternehmensinterne und unternehmensexterne Faktoren. Die unternehmensinternen Faktoren lassen sich weiter untergliedern in personalbezogene, organisationsbezogene und verfahrensbezogene Faktoren – die unternehmensexternen Faktoren in standortbezogene, marktbezogene, qualitätsbezogene und kundenbezogene Faktoren. Zu dieser Systematisierung vgl. Arnold, H.-J., S. 39ff. Zu weiteren Sytematisierungsversuchen vgl. Deubner, P., 1971. S. 18ff.

[725] Vgl. Meyer, H., 1991, S. 34.

[726] Vgl. Adler, H./Düring, W./Schmaltz, K., 1995, § 255 HGB, Rn. 257.

[727] Vgl. Stengel, P.-P., 2000, S. 18; Littmann, E., 1963, S. 88.

Um den Unterschiedsbetrag i.S.v. § 255 Abs. 4 S. 1 HGB zu ermitteln, müssen vier Prüfungsschritte vorhergehen:[728]

1. Sämtliche materiellen und immateriellen Vermögensgegenstände, die auf den Erwerber übergehen, werden identifiziert[729];
2. Es sind die Zeitwerte der Vermögensgegenstände sowie aktiven Abgrenzungsposten im Zeitpunkt des Übertragungsvorganges festzustellen;
3. Von dem gesamten Zeitwert der Aktiva ist der Zeitwert der Schulden und passiven Abgrenzungsposten abzuziehen, um den Substanzwert des Unternehmens zu ermitteln;
4. Von dem für die Übernahme des Unternehmens Geleisteten ist der ermittelte Substanzwert abzuziehen mit der Folge eines positiven oder negativen Unterschiedsbetrages i.S.v. § 255 Abs. 4 S. 1 HGB (= positiver oder negativer Geschäfts- oder Firmenwert).[730]

Der Geschäfts- oder Firmenwert wird dabei der Höhe nach also einerseits durch die zur Unternehmensbewertung und andererseits durch die zur Ermittlung der Zeitwerte der Vermögensgegenstände gewählte(n) Methode(n) bestimmt.[731] Für den bilanziellen Ausweis räumt § 255 Abs. 4 S. 1 HGB dem Bilanzierenden die Wahlmöglichkeit[732] ein, für den Fall der Übernahme eines anderen

---

[728] Vgl. zur Vorgehensweise bei der Ermittlung des Unterschiedsbetrages: Söffing, G., 1988 , S. 604; Ellrott, H./Schmidt-Wendt, D., in: Beck'scher Bilanzkommentar, 2003, § 255 HGB, Rn. 512.

[729] Bislang beim übertragenden Rechtsträger gem. § 248 Abs. 2 HGB nicht angesetzte Aktiva sowie nicht angesetzte Passiva (z.B. Pensionsverpflichtungen) sind einzubeziehen. Steuerrechtlich galt bis zum Inkrafttreten des Bilanzrichtliniengesetzes der derivative, entgeltlich erworbene Geschäfts- oder Firmenwert als nicht abnutzbares Wirtschaftsgut gem § 6 Abs. 1 Nr. 2 EStG. Die Frage, ob bestimmte Aufwendungen als Geschäfts- oder Firmenwert, oder aber für ein – abschreibbares – immaterielles Wirtschaftsgut angesetzt werden konnten, hatte daher besondere Bedeutung. Vgl. Plückebaum, R., 1964, S. 1, 6ff. Zur Aktualität dieser Frage ungeachtet der Gesetzesänderung und der Möglichkeit zur Abschreibung gem. § 7 Abs. 1 S. 3 EStG vgl. Flies, R., 1996, S. 846ff.

[730] Zur Problematik des negativen Geschäfts- oder Firmenwertes vgl. Heurung, R., 1995, S. 385ff.

[731] Vgl. Knobbe-Keuk, B., 1993, S. 95.

[732] Obwohl die Vorschrift des § 255 Abs. 4 S. 1 HGB unter den Bewertungsvorschriften des Dritten Titels geführt wird, räumt sie dem Bilanzierenden ein Aktivierungswahlrecht ein, betrifft also zunächst die Frage des Ansatzes, nicht aber der Bewertung. § 255 Abs. 4 HGB sieht ein Wahlrecht vor. Der Übernehmer eines Unternehmens kann nach § 255 Abs. 4 S. 1 HGB den Geschäfts- oder Firmenwert sofort als Aufwand erfassen oder den Unterschiedsbetrag aktivieren. Im Fall der Aktivierung hat er wiederum ein Wahlrecht. Er kann nach § 255 Abs. 4 S. 2 HGB den aktivierten Geschäfts- oder Firmenwert in den folgenden

Unternehmens den Betrag zu aktivieren, um den der für die Übernahme geleisteten Anschaffungskosten den Wert der einzelnen Vermögensgegenstände des übernommenen Unternehmens abzüglich dessen Schulden übersteigt.

b) Streit um die Rechtsnatur des Geschäfts- oder Firmenwertes

aa) Übersicht

Über die Rechtsnatur des Geschäfts- oder Firmenwertes herrscht Streit. Weder der Bilanzrichtlinie noch § 255 Abs. 4 HGB lässt sich Eindeutiges entnehmen. Im Wesentlichen werden vier Meinungen vertreten, wonach der Geschäfts- oder Firmenwert als Bilanzierungshilfe[733], als Rechnungsabgrenzungsposten[734], als Wert eigener Art[735] oder als Vermögensgegenstand[736], zu behandeln sei.[737] Die Antwort auf die Frage nach der Rechtsnatur des Geschäfts- oder Firmenwertes klärt letztlich, wovon immaterielle Vermögensgegenstände im Zuge der umwandlungsspezifischen Vermögensnachfolge bilanziell abgegrenzt werden müssen. Während die Einordnung des Geschäfts- oder Firmenwertes als Rechnungsabgrenzungsposten jedenfalls durch Einführung der Regelung des § 250 Abs. 1 S. 1 HGB, dass transitorische Rechnungsabgrenzungsposten nur ausgewiesen werden dürfen, insoweit sie Aufwand für eine „bestimmte Zeit" nach dem Abschlussstichtag darstellen, nicht mehr haltbar ist, gilt dies nicht für die anderen Einordnungsversuche.[738]

Geschäftsjahren um je ein Viertel oder gem. § 255 Abs. 4 S. 3 HGB planmäßig über die voraussichtliche Nutzungsdauer abschreiben.

733 Vgl. nur Adler, H./Düring, W./Schmaltz, K., 1995, § 255 HGB, Rn. 271.

734 Vor allem vor Geltung des Bilanzrichtlinien-Gesetzes ordneten vereinzelte Stimmen im Schrifttum den Geschäfts- oder Firmenwert als Rechnungsabgrenzungsposten ein. Vgl. Deubner, P., 1971, S. 39f.; Müller-Dahl, F.-P., 1981, S. 282.

735 Vgl. Adler, H./Düring, W./Schmaltz, K., 1995, § 255, Rn. 272; Baetge, J./Kirsch, H.-J./Thiele, S., 2003, S. 275f.; Meyer, H., 1991, S. 52; Krolak, T., 2000, S. 16.

736 Vgl. Ellrott, H./Schmidt-Wendt, D., in: Beck'scher Bilanzkommentar, 2003, § 247, Rn. 400, § 255, Rn. 511; Biener, H./Berneke, W., 1986, S. 116f.; Moxter, A., 1993b, S. 860f.; zur Interpretation des Geschäfts- oder Firmenwertes als Vermögensgegenstand im Konzernabschluss nach IAS/IFRS, US-GAAP und DRS vgl. Lachnit, L./Müller, S., 2003, S. 542f.

737 Die Diskussion um die Rechtsnatur des Geschäfts- oder Firmenwert ist nicht ohne praktische Relevanz. Ordnet man den Geschäfts- oder Firmenwert als Vermögensgegenstand ein, stellt sich die Frage, ob Kapitalgesellschaften bei Wegfall von außerplanmäßigen Abschreibungsvoraussetzungen Zuschreibungen nach § 280 Abs. 1 HGB vornehmen können oder müssen. Des Weiteren können wohl nur Vermögensgegenstände Gegenstand einer Sacheinlage sein (vgl. Watermeyer, H. J., 1991, S. 74).

738 Die verschiedenartigen Werte, die im Geschäfts- oder Firmenwert zusammengefasst sind, lassen sich – selbst bei weiter Auslegung dieses unbestimmten Rechtsbegriffs – nicht als auf eine „bestimmte Zeit" bezogen ansehen und über eine hinreichend sicher ermittelbare Nutzungsdauer hinweg abschreiben.

bb) Geschäfts- oder Firmenwert als Bilanzierungshilfe

Die Einordnung als Bilanzierungshilfe wird gestützt durch das Fehlen einer Aktivierungspflicht und der Einräumung eines bloßen Aktivierungswahlrechts gem. § 255 Abs. 4 S. 1 HGB, der pauschalen Abschreibungsmöglichkeit in § 255 Abs. 4 S. 2 HGB (mindestens 25 % p.a.)[739] sowie der fehlenden Einzelverkehrsfähigkeit und Einzelbewertbarkeit.[740] Jedenfalls soweit der Unterschiedsbetrag i.S.d. § 255 Abs. 4 S. 1 HGB nicht auf Vermögensvorteile, sondern auf einen Kapitalisierungsmehrwert zurückzuführen ist, erscheint die Einordnung als Bilanzierungshilfe sinnvoll: Die Auszahlung einer Periode wird als Aufwand in mehreren nachfolgenden Perioden belastet. Gleiches gilt für Zahlungen *à fonds perdu*, weil diese Leistungen, z.B. um sich eines Konkurrenzbetriebes zu entledigen, zwar die Marktsituation des Unternehmens des Erwerbers verbessern (und dessen originären Geschäfts- oder Firmenwert erhöhen), aber kein Entgelt für einen besonderen Wert des übernommenen Unternehmens widerspiegeln.[741]

Allerdings fehlt im Rahmen der Regelungen des § 255 Abs. 4 HGB eine gesetzliche Ausschüttungssperre[742], wie sie der Gesetzgeber für die beiden Bilanzierungshilfen gemäß § 269 S. 2 HGB (Aufwendungen für die Ingangsetzung und Erweiterung des Geschäftsbetriebes) und § 274 Abs. 2 S. 3 HGB (aktivische latente Steuern) angeordnet hat. Mangels Regelung einer zwingenden Ausschüttungssperre kann der Geschäfts- oder Firmenwert jedoch nicht als Bilanzierungshilfe eingestuft werden.[743] Gegen eine Einordnung als Bilanzierungshilfe spricht zudem, dass der Unterschiedsbetrag gem. § 255 Abs. 4 S. 1 HGB nicht nur aus einem Kapitalisierungsmehrwert, sondern sich oftmals auch aus adjunktiven, also immateriellen, nicht bilanzierungsfähigen Gütern zusammensetzt. Die Existenz von nicht aktivierungsfähigen immateriellen Vermögensvorteilen spricht dafür, den Geschäfts- oder Firmenwert – zumindest insoweit – als Vermögensgegenstand (Wirtschaftsgut) einzustufen.[744]

---

[739] Zeitlich klar festgelegte Abschreibungsvorschriften regelt das HGB bei Bilanzierungshilfen: z.B. § 282 HGB für Ingangsetzungs- und Erweiterungsaufwendungen.

[740] Vgl. die Zusammenfassung der Argumente dieser Position bei Adler, H./Düring, W./Schmaltz, K., 1995, § 255 HGB, Rn. 271 und bei Baetge, J./Kirsch, H.-J./Thiele, S., 2003, S. 274ff.; Söffing, G., 1988, S. 597f.

[741] Vgl. Wöhe, G., 1980, S. 99.

[742] Vgl. Moxter, A., 1993b, S. 855.

[743] Baetge, J./Kirsch, H.-J./Thiele, S., 2003, S. 275; Moxter, A., 1993b, S. 854f.; Krolak, T., 2000, S. 13.

[744] Vgl. Wöhe, G., 1980, S. 98.

cc) Geschäfts- oder Firmenwert als Wert eigener Art

Die unterschiedlichen Charakterzüge der handelsrechtlichen Ausgestaltung des (derivativen) Geschäfts- oder Firmenwertes veranlassen Teile des Schrifttums, den Geschäfts- oder Firmenwert hinsichtlich seiner Rechtsnatur als einen Wert *sui generis* anzusehen.[745] Der Geschäfts- oder Firmenwert kann nicht sauber als Bilanzierungshilfe oder als Vermögensgegenstand eingeordnet werden. Hierfür sprechen bereits die vorstehend angeführten Argumente: Nicht nur fehlt es für die Einordnung als Bilanzierungshilfe an einer Ausschüttungssperre, sondern für die Annahme eines Vermögensgegenstandes an einer Aktivierungspflicht sowie an der selbstständigen Verkehrsfähigkeit.

dd) Geschäfts- oder Firmenwert als Vermögensgegenstand

Für die Einordnung als Vermögensgegenstand sprechen die Gliederungsvorschrift des § 266 Abs. 2 A I. 2. HGB[746] (immaterieller Vermögensgegenstand des Anlagevermögens), die Möglichkeit, den Geschäfts- oder Firmenwert gemäß § 255 Abs. 4 S. 3 HGB planmäßig über die voraussichtliche Nutzungsdauer abzuschreiben sowie das Fehlen einer Ausschüttungssperre.[747] Für die Vertreter dieser Ansicht erstreckt sich der Anwendungsbereich von § 248 Abs. 2 HGB auch auf die konkrete Aktivierbarkeit des originären Geschäfts- oder Firmenwertes aus.[748]

Für die Annahme eines Wirtschaftsgutes sprechen sich die Finanzrechtsprechung[749] und hieran anknüpfend insbesondere Moxter[750] aus. Zwar gebe es Schwierigkeiten, den übergegangenen Goodwill zu ermitteln, jedoch komme es

---

[745] Vgl. Adler, H./Düring, W./Schmaltz, K., 1995, § 255 HGB, Rn. 271; Baetge, J./Kirsch, H.-J./Thiele, S., 2003, S. 276; Krolak, T., 2000, S. 16.

[746] Die Gliederungsvorschrift geht auf Art. 9 Aktiva C.I.3. der Vierten EG-Richtlinie zurück, in der der Geschäfts- oder Firmenwert ebenfalls als Vermögensgegenstand des Anlagevermögens (immaterieller Anlagewert) angeführt wird. Auf die Gliederungsvorschrift des § 266 Abs. 2 A I. 2. HGB verweist auch § 298 Abs. 1 HGB für die Gliederung der Konzernbilanz im Konzernabschluss.

[747] Ausschüttungssperre für Bilanzierungshilfen sind in §§ 269 S. 2 und 274 Abs. 2 S. 3 HGB vorgesehen. Mit Blick auf § 309 HGB und DRS 4 wird zusätzlich ins Feld geführt, dass nur bei Einordnung als Vermögensgegenstand „bei Erstansatz und in jedem folgenden Geschäftsjahr die Werthaltigkeit und die erwartete Nutzungsdauer zu überprüfen sind." Vgl. Lachnit, L./Müller, S., 2003, S. 542.

[748] Vgl. zu dieser Konsequenz Knobbe-Keuk, B., 1993, S. 97; Moxter, A., 1993b, S. 853f.

[749] Vgl. nur BFH, Urt. v. 20.08.1986, I R 150/82, BFHE 149, S. 25, BStBl. II 1987, S. 455; Urt. v. 24.03.1987 I R 202/83, BFHE 149, S. 542, BStBl. II 1987, S. 705.

[750] Vgl. Moxter, A., 1999, S. 26f.; ders., 1993b, S. 854f.

im Einzelfall „allein darauf an, ob (...) die Bewertung durchführbar ist“.[751] Dabei setze die Bestätigung am Markt nicht zwingend „eine objektiv feststellbare Gegenleistung in Form effektiver Anschaffungskosten“ voraus, sondern auch bei Einlagevorgängen handele es sich um einen derivativen Erwerb i.S.d. Handelsrechts.[752] Allerdings konzediert Moxter, dass mit der Einordnung des derivativen Geschäfts- oder Firmenwertes „die äußerste Grenze eines möglichen Verständnisses selbstständiger Bewertbarkeit“ berührt sei.[753] Für eine Einordnung als Vermögensgegenstand spricht auch, dass in dem Unterschiedsbetrag nach § 255 Abs. 4 S. 1 HGB regelmäßig nicht bilanzierungsfähige, immaterielle Werte enthalten sind (sog. adjunktive Güter), die frühere Auszahlungen widerspiegeln, die beim übertragenden Rechtsträger vormals als sofortiger Aufwand verrechnet werden mussten. Dass der Übernehmer diesen Betrag aktivieren und – über mehrere Perioden verteilt – abschreiben darf, ist gerade auch vor diesem Hintergrund plausibel. Da zudem für einen Vermögensgegenstand nicht dessen selbstständige Verkehrsfähigkeit vorauszusetzen ist, sprechen wohl die besseren Gründe für eine Einordnung als Geschäfts- oder Firmenwert.

4. Zusammenfassung wesentlicher Untersuchungsschritte

Zur Beurteilung der ersten bilanziellen „Objektivierungsstufe“, also der Frage, ob ein wirtschaftliches Gut als Vermögensgegenstand anzusehen ist, müssen umwandlungsspezifische Aspekte berücksichtigt werden. Die umwandlungstypische Vermögensübertragung in Gestalt der (teilweisen) Gesamtrechtsnachfolge erweist sich als ein bestimmender Faktor im Hinblick auf das Kriterium der Übertragbarkeit mit dem Unternehmensganzen. Zudem zeigen sich Fragen der selbstständigen (Einzel-) Bewertbarkeit als von der umwandlungsspezifischen Übertragungsform und deren Rahmenbedingungen determiniert.

Zum einen wird der Streit um das Übertragbarkeitskriterium (Einzelveräußerbarkeit versus Übertragbarkeit mit dem gesamten Unternehmen) bedeutsam. Je nachdem, welche Aktivierbarkeitskriterien für hinreichend objektivierend gehalten werden, unterscheidet sich auch der Umfang der für aktivierungsfähig gehaltenen immateriellen Güter. Der Streit um den Vermögensgegenstandsbegriff

---

751 Vgl. BFH, Urt. v. 20.08.1986, I R 150/82, BFHE 149, S. 25, BStBl. II 1987, S. 455.

752 Vgl. BFH, Urt. v. 24.03.1987 I R 202/83, BFHE 149, S. 542, BStBl. II 1987, S. 705; Moxter, A., 1999, S. 27.

753 Vgl. Moxter, A., 1999, S. 861.

ist für die Beurteilung des Kreises abstrakt aktivierungsfähiger immaterieller Vermögensgegenstände bei Umwandlungen in den geschilderten Konstellationen also gerade nicht lediglich akademischer Natur. Die Argumente zugunsten der „Übertragbarkeit mit dem gesamten Unternehmen" erwiesen sich aufgrund einer sachgerechten Gewichtung des Grundsatzes der Unternehmensfortführung und bei wirtschaftlicher Betrachtungsweise als überzeugender. Damit sind bei übertragenden Umwandlungen z.B. auch vertragliche Wettbewerbsverbote, behördliche Genehmigungen, in die nur eine Universal-, aber keine Singularsukzession möglich ist sowie bürgerlich-rechtliche Positionen, die aufgrund gesetzlicher oder vertraglicher Vorgaben zwar nicht einzeln, aber mit dem Unternehmensganzen übertragen oder verwertet werden können, aktivierbar.

Zum anderen führte die Ableitung des hier mit der Rechtsprechung und Teilen des Schrifttums für maßgebend gehaltenen abstrakten Aktivierungskriteriums der selbstständigen Bewertbarkeit aus dem Einzelbewertungsgrundsatz i.S.e. allgemeinen auch ansatzrelevanten GoB wiederum zu spezifischen Fragen übertragender Umwandlungsvorgänge und der Objektivierbarkeit immaterieller Güter bei der umwandlungstypischen Gesamtrechtsnachfolge. Bei der genaueren Analyse des Einzelbewertungsgrundsatzes wurde deutlich, dass sich Schwierigkeiten der selbstständigen Bewertungsfähigkeit und damit auch der Möglichkeiten einer Wertaufteilung sich, so vorhanden, über die der Verschmelzung oder Spaltung zugrunde liegenden Materialien lösen lassen, ansonsten aber zuverlässig nur über Schätzungen und dabei letztlich nur durch Rückgriff auf die Zeitwerte des bilanzierten Vermögens zuverlässig bewältigen lassen. Nach welchen Methoden hier im Einzelnen eine Objektivierung zu erfolgen hat, lassen Rechtsprechung und Schrifttum (bislang) freilich offen. Es herrscht Methodenpluralität. Mangels klarer Vorgaben über und mangels Hierarchien unter den verschiedenen Bewertungsmethoden legt die handelsbilanzrechtliche Praxis hier einen eher „niedrigen" Objektivierungsmaßstab an, was sich bei der Beurteilung der selbstständigen Bewertbarkeit bereits auf Ebene der Bilanzierung dem Grunde nach auswirkt. Bei der Objektivierung des Verteilungsschlüssels für die Anschaffungskosten und damit zugleich auch fehlender eindeutiger Vorgaben für die Beurteilung der selbstständigen Bewertbarkeit bestehen erhebliche Beurteilungs- und Ermessensspielräume für den Bilanzierenden. Wird nahezu jede Methode für zulässig gehalten, senkt dies zugleich auch die Anforderungen an die selbstständige Bewertbarkeit als abstraktem

Aktivierungskriterium: Aus irgendeiner Methode wird sich die Bewertbarkeit fast immer herleiten lassen.

Entscheidend ist nach alledem, dass im Rahmen der Bilanzierung dem Grunde nach auf Bewertungskonzepte zurückgegriffen werden muss. Die Ansatzobjektivierung kommt mithin handelsbilanzrechtlich bei der Übertragung von Sach- und Rechtsinbegriffen nicht ohne Bewertungskategorien aus. Insoweit hierbei Zeit- bzw. Vergleichswerte herangezogen werden, handelt es sich nach der in Kap. B.III.1.b)cc) entwickelten Terminologie um einen indirekten Marktbezug. Zugleich wird der Bezug auf die Gesamtanschaffungskosten als Bezugsgröße nicht aufgegeben.

Fehlt es an konkreten, auf den umwandlungsspezifischen Anschaffungsvorgang bezogenen Materialien und ist auch auf anderem Weg kein Wert ermittelbar, fehlt es auch an einer selbstständigen Bewertbarkeit. Die abstrakte Aktivierungsfähigkeit ist für diesen Fall – wie für den Fall fehlender Übertragbarkeit mit dem gesamten Unternehmen oder der beiden anderen Merkmale des Vermögensgegenstandsbegriffs – zu verneinen. Die Anschaffungskosten müssen insoweit im Geschäfts- oder Firmenwert aufgehen, bei dem es sich um eine Residualgröße handelt, die sich beim (entgeltlichen) Unternehmenserwerb zu einem Vermögensgegenstand konkretisiert. Angesichts der Wahlmöglichkeiten in § 255 Abs. 4 HGB gefährdet die Erfassung als adjunktives Gut, d.h. als unselbstständiger Bestandteil des Geschäfts- oder Firmenwertes die periodengerechte Erfolgsermittlung.

II. Konkrete Aktivierungsfähigkeit immaterieller Vermögensgegenstände durch entgeltlichen Erwerb

1. Grundsätzliches

Für selbsterstellte immaterielle Vermögensgegenstände des Anlagevermögens bestimmt § 248 Abs. 2 HGB als Ausnahme zum Vollständigkeitsgebot des § 246 Abs. 1 S. 1 HGB[754] ein Aktivierungsverbot, soweit diese Güter nicht entgeltlich erworben wurden.[755] Damit hat der Gesetzgeber von der den Mitgliedstaaten in Art. 9 Aktiva C I Nr. 1 JaR der eingeräumten Möglichkeit, den Ansatz selbst geschaffener immaterieller Vermögensgegenstände zu ermöglichen, keinen Gebrauch gemacht.[756] Das Aktivierungsverbot greift unter der weiteren Voraussetzung, dass der zu aktivierende immaterielle wirtschaftliche Wert überhaupt die Voraussetzungen abstrakter Aktivierungsfähigkeit erfüllt und es sich bei ihm um einen Vermögensgegenstand handelt. Des Weiteren muss der betreffende Wert gem. § 247 Abs. 2 HGB dem Anlagevermögen des Bilanzierenden zuzurechnen sein.

Die in Abschnitt C II. dieser Arbeit dargestellte Anschaffungskostenaktivierung bei Buchwertaufstockung gem. § 24 UmwG lässt offen, ob damit zugleich auch ein entgeltlicher Erwerb i.S.v. § 248 Abs. 2 HGB vorliegt. Die Frage wird unterschiedlich beurteilt, ohne bislang einer tieferen Analyse unterzogen worden zu sein.[757] Nicht jeder Anschaffungsvorgang i.S.v. §§ 253, 255 HGB führt

---

[754] § 246 Abs. 1 S. 1 HGB räumt die Möglichkeit einer von dem Vollständigkeitsgebot abweichenden Regelung ausdrücklich ein: „soweit gesetzlich nichts anderes bestimmt ist".

[755] Im Übrigen – also für sämtliche entgeltlich erworbenen immateriellen Vermögensgegenstände des Anlagevermögens und für immaterielle Vermögensgegenstände des Umlaufvermögens – kann von einem Aktivierungsgebot ausgegangen werden. Vgl. Baetge, J./Kirsch, H./Thiele, S., 2003, S. 146ff.

[756] Vgl. Kleindiek, D., in: Staub, H., 2002, § 255 HGB, Rn. 2.

[757] Für einen "entgeltlichen Erwerb" in den Fällen übertragender Umwandlungen sprechen sich u.a. aus: Müller, W., 1996a, S. 864; ders., 1996b, S. 256 (jedenfalls insoweit tauschähnlicher Vorgang); IDW, 1997, Ziff. 3211; Kröninger, M. T., 1997, S. 82ff.; Naumann, K.-P., 1996, S. 696f. u. 704; Kahling, D., 1999, S. 98f.; Pickhardt, N., 1998, S. 242f.; Ley, T., 1998, S. 143ff.; Hörtnagl, R., in: Schmitt, J./Hörtnagl, R./Stratz, R.-C., 2001, § 24 UmwG, Rn. 26; Förschle, G./Hoffmann, K., in: Budde, W. D./Förschle, G, 2002, S. 433; Müller, W., in: Kallmeyer, H., 2001, § 24 UmwG, Rn. 7. Einen „entgeltlichen Erwerb" verneinen u.a.: Dehmer, H., § 24 UmwG, Rn. 17; Pohl, H., 1995, S. 57ff. (Zwecksetzung des § 248 Abs. 2 HGB nicht erfüllt, weil keine eindeutige Zuordnung der Gegenleistung auf die übernommenen Vermögensgegenstände möglich, aber gleichwohl vorsichtige Aktivierung); Müller-Gatermann, G., 1996, S. 872; Martens, K.-P./Röttger, R., 1990, S. 1097ff.; Hense, B., 1993, S. 185; Hügel, H., 1993, S. 563ff.; in den überwiegenden Fällen wohl auch Curtius-Hartung, H., 1970, S. 325ff.; Merkert, H., 1968, S. 826ff.; wohl auch Schulze-Osterloh, J., 1993, S. 438; Priester, H.-J., 1992, S. 907.

zwingend auch zu einem entgeltlichen Erwerb gem. § 248 Abs. 2 HGB. Das an das Kriterium entgeltlichen Erwerbs geknüpfte Aktivierungsverbot wäre sonst überflüssig. Der Gesetzgeber hätte, wäre es ihm um einen Gleichlauf mit dem Anschaffungskostengrundsatz gegangen, lediglich eine Ausnahme zur Neutralität von Herstellungsvorgängen betreffend immaterielle Anlagewerte regeln müssen. Bei Aufdeckung stiller Reserven des übergehenden Rechtsträgers wäre das Anschaffungskostenprinzip zudem auch bei Versagung des entgeltlichen Erwerbs gewahrt: Die Anschaffungskosten könnten durch Aktivierung eines (zusätzlichen) Geschäfts- oder Firmenwertes i.H.d. Unterschiedsbetrages, der sich aus der „Weitergabe“ nichtaktivierter immaterieller Anlagewerte ergibt, bilanziell neutralisiert werden. In jedem Fall besteht also die Gefahr, dass durch die Aktivierung eines nicht werthaltigen immateriellen Anlagewertes oder Geschäfts- oder Firmenwertes künftige Erträge aus der Verwendung der Sache bilanziell ausgewiesen werden. Allerdings entfällt eine Aktivierungspflicht aufgrund des Wahlrechts nach § 255 Abs. 4 HGB im Fall der Zuordnung zum Geschäfts- oder Firmenwert.[758]

Bei der Analyse, ob in den einzelnen in Kap. C I umrissenen Verschmelzungs- und Spaltungsfällen ein entgeltlicher Erwerb i.S.d. § 248 Abs. 2 HGB zu bejahen ist, muss zunächst das Tatbestandsmerkmal "entgeltlicher Erwerb“ genauer untersucht werden.[759] Im Kern stellt sich dabei die Frage nach dem in § 248 Abs. 2 HGB normierten Mindestobjektivierungsgrad, der durch Auslegung zu ermitteln ist. Hieran anknüpfend können die einzelnen Umwandlungsarten und mit ihnen einhergehende typische Konstellationen im Hinblick auf ihre Eignung, einen Bilanzansatz jenseits des Aktivierungsverbotes des § 248 Abs. 2 HGB auszulösen, betrachtet werden. Die Untersuchung orientiert sich dabei an der Sacheinlage- und Tauschähnlichkeit der verschiedenen übertragenden Umwandlungsarten.

---

[758] Zu den verschiedenen Bilanzierungsmöglichkeiten des Geschäfts- oder Firmenwertes vgl. oben Kap. D.I.3.

[759] Ziel der Auslegung der bilanzrechtlichen Regelung des § 248 Abs. 2 HGB ist die Ermittlung ihres heute rechtlich maßgeblichen normativen Sinns. Dabei spielen Regelungsabsichten und konkrete Normvorstellungen des historischen Gesetzgebers (sogenannter Wille des Gesetzgebers) ebenso sehr eine Rolle wie „objektive“ rechtliche Zwecke und Sachzwänge, deren sich der historische Gesetzgeber nicht oder zumindest nicht vollständig bewusst war (sog. normativer Gesetzessinn). Vgl. zur Integration dieser beiden maßgebenden Auslegungsziele: Larenz, K., 1991, S. 316ff.

Wie in Kap. B ausgeführt, stellen sich bei übertragenden Umwandlungsvorgängen eine ganze Reihe von Objektivierungsfragen. Neben der Behandlung der Gesamtrechtsnachfolge, des Einzelbewertungsgrundsatzes und konzerninternen Übertragungsvorgängen interessiert gerade auch die Frage, ob der entgeltliche Erwerb eher durch Rückgriff auf formalrechtliche oder auf wirtschaftliche Kriterien zu bestimmen ist. Bei der Frage nach der konkreten Aktivierungsfähigkeit bislang nicht aktivierter immaterieller Anlagegüter beim übernehmenden Rechtsträger sind hinsichtlich der Untersuchung des § 248 Abs. 2 HGB insbesondere folgende Bereiche von besonderem Interesse:

- Kommt es bei der übertragenden Umwandlung zu einem entgeltlichen Erwerb?
- Macht es einen Unterschied, ob es sich bei dem jeweiligen Umwandlungsvorgang um einen tauschähnlichen oder einen sacheinlageähnlichen Vorgang handelt?
- Wie bestimmt sich das Verhältnis zum Anschaffungskostengrundsatz?
- Scheidet ein Ansatz auch dann aus, wenn die Gegenleistung keinen *bestimmten* Bezug zum fraglichen immateriellen Anlagewert herstellt?
- Scheidet ein Ansatz aus, wenn es an einem von gegensätzlichen Interessen geprägten *Marktbezug* fehlt, also bei konzerninternen Umwandlungsvorgängen?

2. Auslegung des Tatbestandsmerkmals "entgeltlicher Erwerb"

a) Übersicht

Die Frage nach der Qualität des Vermögensüberganges bei Verschmelzung und Spaltung im Hinblick auf § 248 Abs. 2 HGB ist, insbesondere hinsichtlich konzerninterner Umstrukturierungen, nach aktuellem Stand im Schrifttum nicht klar zu beantworten. In aller Regel wird eher pauschal auf eine Tausch- oder Sacheinlageähnlichkeit des Umwandlungsvorganges verwiesen, eine Aktivierbarkeit bejaht oder das Problem konzerninterner Übertragungen immaterieller Anlagewerte ausgespart.[760] Eine genauere Analyse der Struktur des Vermögensüberganges bei übertragenden Umwandlungen sowie eine Erörterung der spezifischen Schwierigkeiten, die eine Gesamtrechtsnachfolge, bei der ganze Sach- und Rechtsgesamtheiten, nicht aber einzelne Vermögensgegenstände übergehen, wird nicht vorgenommen.

[760] Vgl. nur Haritz, D., in: Semler, J./Stengel, A., 2003, § 24 UmwG, Rn. 22; Hörtnagl, R., in: Schmitt, J./Hörtnagl, R./Stratz, R.-C., 2001, § 24 UmwG, Rn. 26; Priester, H.-J., in: Lutter, M., 2004, § 24 UmwG, Rn. 35 u. 37.

Zur sachgerechten Lösung der Fragestellung muss daher zunächst das Tatbestandsmerkmal "entgeltlicher Erwerb" ausgelegt werden. Da es sich bei der Frage nach dem mit § 248 Abs. 2 HGB bei Umwandlungen zugrunde zu legenden Objektivierungsgrad handelsbilanzrechtlich um eine auslegungsbedürftige Zweifelsfrage handelt und die Regelung (auch) auf die JaR zurückzuführen ist, muss besonderes Augenmerk auf die richtlinienkonforme Auslegung dieser Vorschrift gelegt werden. Erst im Anschluss an diese "Vorarbeit", bei der insbesondere die für einen entgeltlichen Erwerb bestimmenden Objektivierungsgesichtspunkte herauszuarbeiten sind, kann eine genauere Analyse der umwandlungstypischen Übertragungsarten erfolgen. Zwar handelt es sich bei "entgeltlich" und "Erwerb" um zwei Tatbestandsmerkmale und nicht nur um eines. Gleichwohl wird das Begriffspaar nachstehend gemeinsam erörtert, da sich die maßgebenden Überlegungen regelmäßig auf beide Merkmale beziehen.

b) Wortsinn des Tatbestandsmerkmals „entgeltlicher Erwerb"

Unter "Erwerb" ist dem Wortsinn[761] nach ein Vorgang zu verstehen, bei dem ein Gegenstand neu zugeordnet wird und aus dem Vermögen einer Person in das Vermögen eines anderen wechselt, der nunmehr über den Gegenstand verfügt und dessen Verfügungsmacht auf den für ihn neuen Gegenstand erweitert.[762] Der immaterielle Gegenstand muss also aus dem Vermögen eines Dritten in das Vermögen des Rechnungslegungspflichtigen übergehen.[763] Dem Wortsinn nach kommen als Erwerbsvorgänge nicht nur Kauf, Tausch und Schenkung, sondern auch gesellschafts- bzw. organisationsrechtliche Vorgänge in Betracht, solange die Verfügungsmacht in einer diesen schuldrechtlichen Verkehrsvorgängen ähnlichen Weise erweitert wird. Aber nicht nur Anschaffungsvorgänge i.w.S., sondern auch Herstellungsvorgänge begründen – originär – die Verfügungsgewalt. Vom Wortsinn sind also nicht nur die abgeleitete (derivative), sondern auch die ursprüngliche (originäre) Erlangung einer rechtlich relevanten Stellung erfasst.[764]

---

[761] Unter dem Auslegungskriterium Wortsinn wird die Bedeutung eines Ausdrucks oder einer Wortverbindung im Allgemeinen – und ggfs. auch besonderen juristisch-terminologischen – Sprachgebrauch verstanden. Vgl. Larenz, K., 1991, S. 320.
[762] Döllerer, G., 1969, S. 502; Ballwieser, W., Beck'sches HdR, 2002, S. 9f. (Rn. 32f.).
[763] Vgl. Kleindiek, D., in: Staub, H., 2002, § 248 HGB, Rn. 13.
[764] Vgl. v. Keitz, I., 1997, S. 34 m.w.N.

Der Erwerbsvorgang steht dem Wortlaut des § 248 Abs. 2 HGB folgend unter der Einschränkung der Entgeltlichkeit. Entgeltlichkeit heißt im juristischen Kontext, dass eine geldwerte Gegenleistung vorausgesetzt wird. Es muss also eine vermögenswerte Leistung aus dem Vermögen des Erwerbers oder eines Dritten (Drittaufwand) zum Erwerb geführt haben. Erwerb und Leistung des Entgelts müssen miteinander verbunden sein. Schenkungen und von Todes wegen zugewendete immaterielle Güter sind – weil unentgeltlich – bereits dem Wortsinn nach auszuschließen.[765]

Ein immaterieller Vermögensgegenstand des Anlagevermögens ist also dem Wortsinn des § 248 Abs. 2 (i.V.m. § 246 Abs. 1 S. 1) HGB nach zu aktivieren, wenn ihm abgrenzbare Anschaffungs- oder Herstellungsausgaben zugerechnet werden können.[766] Der Wortsinn des Tatbestandsmerkmals ‚entgeltlicher Erwerb' ist angesichts dieses weiten Wortsinns gegenüber § 253 Abs. 1 HGB "inhaltsleer"[767] und muss anhand weiterer Auslegungskriterien eingeschränkt werden.

c) Regelungsabsicht und Normvorstellung des historischen Gesetzgebers

Das Aktivierungsverbot in § 248 Abs. 2 HGB wurde gemeinsam mit der Umsetzung der JaR in den §§ 238ff. HGB in das Handelsrecht aufgenommen. Die Bilanzrichtlinie enthält auch Bestimmungen über die Aktivierung immaterieller Anlagewerte und zählt in Art. 9 Aktiva C I einzelne immaterielle Anlagewerte auf.[768] Die Richtlinie überlässt es den Mitgliedstaaten, den Umfang der Aktivierung näher zu bestimmen.[769] Die Aktivierung entgeltlich erworbener immaterieller Anlagewerte ist nach der Bilanzrichtlinie aber zwingend zu regeln. Das Wahlrecht für die Aktivierung entgeltlich erworbener immaterieller Vermögensgegenstände des Anlagevermögens gem. § 153 Abs. 3 AktG 1965 war daher aufzuheben. Der Gesetzesbegründung zu § 248 Abs. 2 HGB ist nicht zu entnehmen, warum der Gesetzgeber ein Aktivierungsverbot für nicht

---

765 Zur Unentgeltlichkeit als Schenkungsvoraussetzung i.S.d. § 516 Abs. 1 BGB vgl. Crezelius, G., 1987, S. 19 m.w.N.

766 Vgl. Reuleaux, S., 1987, S. 33.

767 Vgl. Keitz, I., 1997, S. 34.

768 Art. 9 C I nennt Forschungs- und Entwicklungskosten, Konzessionen, Patente, Lizenzen, Warenzeichen sowie ähnliche Rechte und Werte. Des Weiteren werden als immaterieller Anlagewert auch der entgeltlich erworbene Geschäfts- oder Firmenwert sowie geleistete Anzahlungen genannt.

769 Vgl. Art. 9 A.I. 1. und 2. lit. b JaR.

entgeltlich erworbene immaterielle Vermögensgegenstände des Anlagevermögens vorsieht. Ihr kann aber entnommen werden, dass der Gesetzgeber von dem Wahlrecht der Mitgliedstaaten in der 4. EG-Richtlinie, eine Aktivierbarkeit zu bejahen, keinen Gebrauch machen wollte.[770] Zu der dem Wortlaut des späteren § 248 Abs. 2 HGB nach identischen Formulierung zu § 242 Abs. 2 HGB-E findet sich der Hinweis, dass das Aktivierungsverbot geltendem Recht (§ 153 Abs. 3 S. 1 AktG) entspreche.[771] Letztlich kodifizierte das gesamte BiRiLiG bereits geltendes Recht.[772]

In den Materialien zu § 248 Abs. 2 HGB finden sich keine weiteren Hinweise auf Sinn und Zweck des Aktivierungsverbotes. Das Aktiengesetz 1965 enthielt in § 153 Abs. 3 AktG 1965 bereits[773] ein Aktivierungsverbot für nicht entgeltlich erworbene immaterielle Vermögensgegenstände des Anlagevermögens.[774] Die Regelung in § 153 Abs. 3 AktG 1965 enthielt zugleich nach herrschender Meinung im Schrifttum ein Aktivierungswahlrecht für entgeltlich erworbene immaterielle Anlagewerte.[775] Der Begründung des Regierungsentwurfes zum Aktiengesetz 1965 ist zu entnehmen, dass eine bewährte kaufmännische Übung gesichert werden solle.[776] Immaterielle Anlagewerte seien ohne eine Bestätigung durch den Markt unsichere und flüchtige Posten mit schwer schätzbarem Wert.[777] Eine Bestätigung könne nur durch entgeltliche Rechtsgeschäfte erfolgen.[778]

---

[770] Vgl. Begr RegE zu § 248 HGB, abgedr. bei Biener, H./Berneke, W., 1986, S. 76.
[771] Vgl. Begr RegE zu § 248 HGB, abgedr. bei Biener, H./Berneke, W., 1986, S. 76.
[772] Vgl. Beschlussempfehlung Rechtsausschuss des Bundestages zum BiRiLiG, abgedr. bei Biener, H./Berneke, W., 1986, S. 1.
[773] Das AktG 1937 bestimmt in §§ 133 Nr. 2 i.V.m. 131 Abs. 1 A II. Nr. 5 AktG für immaterielle Anlagewerte, dass sie „höchstens zu den Anschaffungskosten angesetzt werden" durften und Herstellungskosten unerwähnt blieben. Teile des Schrifttums schlossen aus diesem Umstand, dass ausschließlich durch Anschaffung erworbene immaterielle Anlagewerte aktivierungsfähig seien. Vgl. Kropff, B., in: Geßler, E., u.a., 1973, § 153 AktG, Rn. 40 m.w.N. zur früheren Rechtslage und zur Diskussion um die Auslegung des § 133 Nr. 2 AktG 1937; Döllerer, G., 1957, S. 983 m.w.N.
[774] Der Wortlaut des § 153 Abs. 3 AktG 1965 lautet: „Für immaterielle Anlagewerte darf ein Aktivposten nur angesetzt werden, wenn sie entgeltlich erworben wurden."
[775] Vgl. Claussen, C.-P., in: Kölner Kommentar zum AktG, 1985, § 153, Rn. 30; a.A. Maul, K.-H., 1973, S. 16ff.
[776] Begründung zum Regierungsentwurf eines AktG, BT-Drucks. IV/171, S. 177.
[777] Vgl. Begründung zum Regierungsentwurf eines AktG, BT-Drucks. IV/171, S. 177; Adler, H./Düring, W./Schmaltz, K., 1995, § 248 HGB, Rn. 14.
[778] Begründung zum Regierungsentwurf eines AktG, BT-Drucks. IV/171, S. 177.

d) Bilanzrechtlicher Bedeutungszusammenhang

Die Frage nach dem gesetzlichen Bedeutungszusammenhang lässt sich nicht losgelöst von den übrigen Auslegungskriterien beantworten: Nur wenn die Zwecke der Regelung beachtet werden, erschließen sich der Bedeutungszusammenhang des Gesetzes und die ihm zugrunde liegende begriffliche Systematik.[779] Die äußere Systematik bietet dabei aber einen Hinweis auf die sachliche Zusammengehörigkeit.[780] § 248 Abs. 2 HGB findet sich in den für alle Kaufleute geltenden Vorschriften des HGB unter den ‚Ansatzvorschriften' des zweiten Titels des Zweiten Unterabschnitts über Eröffnungsbilanz und Jahresabschluss und steht damit zwischen den Allgemeinen Vorschriften des ersten Titels (§§ 242-245 HGB) und den Bewertungsvorschriften des Dritten Titels (§§ 252 – 256 HGB). Die Vorschrift des § 248 HGB schließt neben bestimmten immateriellen Vermögensgegenständen (Abs. 2) weitere Kosten des Unternehmens von einem Ansatz in der Bilanz aus: Aufwendungen für die Gründung des Unternehmens und die Beschaffung des Eigenkapitals (Abs. 1) sowie die Aufwendungen für den Abschluss von Versicherungsverträgen (Abs. 3). Im Zusammenspiel mit § 246 Abs. 1 S. 1 HGB gelten die Aktivierungsverbote des § 248 HGB als gesetzlich geregelte Ausnahmefälle zum Vollständigkeitsgebot. Aus der systematischen Stellung kann mithin darauf geschlossen werden, dass das Tatbestandsmerkmal des entgeltlichen Erwerbs der Objektivierung beim Ansatz immaterieller Anlagewerte dient.[781]

e) Teleologische Auslegung

aa) Allgemeines

Das Bilanzrechtssystem besteht auch im Anschluss an die Umsetzung der Bilanzrichtlinie nicht allein aus positivierten Regelungen, sondern weist eine Vielzahl ungeschriebener, aus der Übung der Kaufleute und der Rechtsprechung gewachsener Prinzipien auf (§ 238 Abs. 1 S. 1 HGB).[782] Die Gesamtheit dieser Prinzipien und Normen bildet das System der handelsrechtlichen GoB, bei dem

---

[779] Vgl. Larenz, K., 1991, S. 324f.
[780] Vgl. Larenz, K., 1991, S. 325.
[781] Vgl. Lamers, A., 1981, S. 228; Freericks, W., 1976, S. 206.
[782] Objektiv-teleologischer Art sind Auslegungskriterien, die tatsächliche Sachzwänge ("Natur der Sache") und hinter der Regelung stehende rechtsethische Prinzipien widerspiegeln. Der Gesetzgeber muss sich dieser Kriterien nicht oder nicht vollständig bewusst gewesen sein, d.h. die Norm kann insoweit ein von der ursprünglichen Absicht des Gesetzgebers "abgelöstes" Eigenleben entwickeln. Vgl. Larenz, K., 1991, S. 333ff.

es sich um ein offenes und bewegliches System handelt.[783] Zu ihrer Ermittlung müssen teleologische Zielsetzungen und Kriterien einschließlich der – wirtschaftlichen – "Natur der Sache" zur Auslegung herangezogen werden.[784] Der bilanzrechtliche Zweckzusammenhang einer Vorschrift lässt sich nach alledem nicht allein durch Bezug auf positives Recht dogmatisch bewältigen. Will der Bilanzierende Vermögen und Gewinn ermitteln, muss vielmehr auf ungeschriebene GoB, aber auch auf wirtschaftliche Erkenntnisse zurückgegriffen werden und zusätzlich der Standpunkt sogenannter wirtschaftlicher Betrachtungsweise eingenommen werden.[785] Aus diesen Gründen kann nur die Gesamtschau von formalem Recht, ungeschriebenen Rechtsgrundsätzen und Gesichtpunkten der wirtschaftlichen Betrachtungsweise zu einer sachgerechten teleologischen Auslegung des Kriteriums ‚entgeltlicher Erwerb' führen.[786]

bb) Wertobjektivierung durch Interessengegensätze am Markt

Mit dem Kriterium des entgeltlichen Erwerbs wird eine bestimmte Form der Wertobjektivierung zu einer Ansatzvoraussetzung.[787] Nach überwiegender Auffassung im Schrifttum schränkt das Aktivierungsverbot nach § 248 Abs. 2 HGB subjektive Wertungen ein und begrenzt Manipulationen.[788] Da es bei immateriellen Gütern an einem gegenständlichen Ausgabengegenwert fehlt, lässt sich nur schwer beurteilen, ob Ausgaben für diese Werte auch tatsächlich auf künftige Umsätze bezogen sind.[789] In der Regel liegen keine sachlichen Kriterien vor, den Wert objektiv zu ermitteln, so dass die Gefahr besteht, dass sogenannte *Nonvaleurs* aktiviert werden.[790] Die wertobjektivierende Eigenschaft ausgehandelter Marktpreise[791] kompensiert die Schwierigkeiten bei der sicheren

---

[783] Vgl. Moxter, A., 1999, S. 5.
[784] Vgl. oben Kap. B.II.
[785] Zur formalrechtlichen und wirtschaftlichen Betrachtungsweise s.o. Kap. B II.
[786] Vgl. Leffson, U., 1987a, S. 31ff.
[787] Vgl. Coenenberg, A. G., 2003, S. 141.
[788] Vgl. nur Knobbe-Keuk, B., 1993, S. 90; Coenenberg, A. G., 2003, S. 141; Großfeld, B., 1997a, Rn. 287f.; Baumbach, K. J./Hopt, A., § 248 HGB, Rn. 3; Kropff, B., in: Geßler, E., u.a., 1973, § 153 AktG, Rn. 46; Pfeiffer, T., 1984, S. 337f.; Crezelius, G., 1987, S. 1, 18; in diesem Sinn auch die Rechtsprechung: BFH, Urt. v. 26.02.1975, I R 72/73, BStBl. II 1976, S. 13f.; Urt. v. 20.08.1986, I R 150/82, BStBl. II 1987, S. 457; Urt. v. 26.08.1992, I R 24/91, BStBl. II 1992, S. 981.
[789] Vgl. Euler, R., 1988, S. 199.
[790] Vgl. Reuleaux, S., 1987, S. 31 m.w.N.
[791] So spricht der BFH in seinem Urteil zu Transferentschädigungen im Lizenzfußball davon, dass es entscheidend darauf ankomme, ob die Beteiligten über Verhandlungsspielraum und -freiheit verfügen und die Höhe des Entgeltes dem „freien Spiel der Kräfte" überlassen ist. Vgl. BFH v. 26.08.1992, I R 24/91, BStBl. II 1992, 977ff., BFHE 1992, S. 168.

Bestimmung des Wertes zweifelhafter immaterieller Werte.[792] § 248 Abs. 2 HGB knüpft den Ansatz daher im Ergebnis an eine willkürfreie Bewertungsgrundlage und lässt immaterielle Werte bis zum Austauschvorgang noch als wertsteigernde Faktoren im originären, ebenfalls nicht aktivierbaren Geschäfts- oder Firmenwert aufgehen.[793] Regelmäßig gelten also die Anschaffungskosten als objektiver Wertmaßstab. Wendet ein Kaufmann einen Betrag in bestimmter Höhe für ein Gut auf, so kann grundsätzlich angenommen werden, dass der Kaufmann zu den günstigsten Bedingungen eingekauft hat und der Vermögensvorteil den vereinbarten Betrag wert ist.[794] Werden Marktpreise frei ausgehandelt, sorgen die gegensätzlichen Interessen des Veräußerers und des Erwerbers (Gewinn- bzw. Nutzenmaximierungsstreben) für eine objektivierende Marktbestätigung.[795] Durch den Rückgriff auf die Überlegung, dass Marktpreise durch den in ihnen sich manifestierenden Interessenausgleich Objektivität gewährleisten, wird maßgeblich auf wirtschaftliche Eigenschaften bestimmter Erwerbsvorgänge verwiesen. Zugleich müssen aber Zweifel an der Objektivität immer dann bestehen, wenn es an einem Interessengegensatz fehlt.

cc) Synallagmatischer Bedingungszusammenhang

Im Schrifttum[796] und durch die Finanzrechtsprechung[797] wird das Erfordernis des entgeltlichen Erwerbs anhand der Rechtsfigur „Synallagma" konkretisiert. Die Bezugnahme auf dieses (zusätzliche) formalrechtliche Kriterium geht auf Döllerer[798] zurück und wurde vom BFH[799] wiederholt angewendet, um eine formalrechtliche, am Vorsichtprinzip orientierte Objektivierung des „entgeltlichen Erwerbs" durch eine rechtlich klar bestimmbare „Kausalitätsbeziehung" zwischen Entgelt und Erwerb zu begründen.[800]

---

[792] Vgl. Gruber, T., 1991, S. 148ff.
[793] Vgl. Reuleaux, S., 1987, S. 32.
[794] Vgl. Kropff, B., in: Geßler, E. u.a., 1973, § 153 AktG, Rn. 3.
[795] Der Vorschrift scheinen also Überlegungen der "subjektivistischen" (neoklassischen) Wert- und Pristheorie zugrunde zu liegen. Danach sind letztlich die Nutzeneinschätzungen des Marktteilnehmers ausschlaggebend für den den allgemeinen Tauschwert. Wert- und Preisbildung werden also auf Entscheidungen individueller Marktteilnehmer zurückgeführt. Vgl. Fehl, U., 1993, S. 847ff.
[796] Vgl. nur Moxter, A., 1999, S. 29 f.; Crezelius, G., 1987, S. 19.
[797] Vgl. BFH, Urt. v. 26.02.1980, VIII R 80/77, BFHE 130, 155; BFH, Urt. v. 13.12.1984, VIII R 249/80, BFHE 143, 50.
[798] Vgl. Döllerer, G., 1969, S. 505.
[799] Vgl. BFH v. 13.05.1987, I B 179/86, BStBl. II 1987, S. 777ff. m.w.N.
[800] Vgl. Kronner, M., 1996, S. 1186.

Unter Synallagma versteht das rechtswissenschaftliche Schrifttum ein Struktur- und Organisationsprinzip von Schuldverhältnissen.[801] Bei auf einen Leistungsaustausch[802] ausgerichteten – gegenseitigen – Verträgen sind Leistung und Gegenleistung aufeinander bezogen. Der Leistungsaustausch der Vertragsparteien ist auch aus zivilrechtlichem Blickwinkel grundsätzlich dadurch gekennzeichnet, dass – in den Augen beider Parteien – die Leistungen zumindest gleichwertig sind und jede Seite für ihre eigene Leistung eine ihrer Wertschätzung nach mindestens gleichwertige Gegenleistung als Äquivalent erhält.[803] Synallagmatisch ist eine Leistungsverknüpfung, wenn der vertragscharakteristische Hauptzweck jeweils darin liegt, die Gegenleistung zu erlangen.[804] Dabei geht es nicht um die grundsätzliche Zweiseitigkeit eines Vertrags, sondern um eine finale Gegenseitigkeitsbindung als eine Art Bedingungszu-sammenhang im weitesten Sinn.[805] Beide Seiten geben, damit und weil die jeweils andere gibt,[806] wobei aufgrund des schuldrechtlichen Charakters genau genommen jede Seite sich verpflichtet, um dadurch die andere Seite zu veranlassen, sich ihrerseits zu einer Gegenleistung zu verpflichten.[807]

Im Anschluss an die Entscheidung des BFH aus dem Jahr 1992 zu Transferentschädigungen im Lizenzfußball[808] wird in der steuer- und

---

[801] Vgl. Gernhuber, J., 1989, S. 310; ders., 1974, S. 57.

[802] Unter Leistung wird im juristischen Kontext eine bewusste und zweckgerichtete Mehrung fremden Vermögens verstanden.

[803] Vgl. Larenz, K., 1987, S. 202.

[804] Vgl. Esser, J./Schmidt, E., 1995, S. 218.

[805] Vgl. Esser, J./Schmidt, E., 1995, S. 218 m.w.N. Gernhuber spricht daher auch von einem "Finalnexus", vgl. Gernhuber, J., 1974, S. 57.

[806] Dem liegt letztlich der Grundsatz des *do, ut des* (lateinisch für: ich gebe, damit du gibst) zugrunde, vgl. Larenz, K., 1987, S. 202; Esser, J./Schmidt, E., 1995, S. 218 m.w.N.

[807] Vgl. Larenz, K., 1987, S. 202.

[808] Vgl. BFH, Urt. v. 26.08.1992, I R 24/91, BFHE 169, S. 163, BStBl. II 1992, 977. Der Entscheidung lag der Sachverhalt zugrunde, dass sich zwei dem DFB angehörende Fußballvereine über eine Ablösesumme für einen Spieler geeinigt hatten, der Spieler den Verein wechselte und der DFB dem neuen Verein des Spielers eine (neue) Spielerlaubnis erteilte. Streitgegenstand war u.a. die Frage, ob die dem aufnehmenden Verein erteilte Spielerlaubnis als entgeltlich erworben angesehen und aktiviert werden könne. Der BFH entschied, dass die Entschädigungszahlung an den ‚abgebenden' Verein als Gegenleistung für das in der Spielerlaubnis verkörperte ‚Recht am Spieler' anzusehen sei. Trotz Fehlen eines Synallagmas zwischen Leistung (‚Recht am Spieler') und Gegenleistung (Zahlung der Ablösesumme) sei von einem entgeltlichen Erwerb auszugehen. Der BFH entschied zugunsten eines entgeltlichen Erwerbs, obgleich die Zahlungspflicht eigentlich auf der Erfüllung der Tatbestandsvoraussetzungen des Lizenzspielerstatuts, nicht aber die Erfüllung einer Gegenleistungspflicht für eine vom abgebenden Fußballverein geschuldete bzw. erbrachte Leistung sei (hieran ließ der BFH im vorangegangenen Eilverfahren den entgeltlichen Erwerb noch

handelsbilanziellen Literatur[809] das Kriterium einer synallagmatischen "Kausalitätsbeziehung" zwischen Entgelt und Erworbenem teilweise erweitert: Nicht nur im formalrechtlichen Sinn synallagmatische Vereinbarungen führen zu einem entgeltlichen Erwerb, sondern auch bei synallagma-äquivalenten Konkretisierungen des immateriellen Anlagewertes gilt er als entgeltlich erworben.[810] Damit greift nicht mehr nur eine formalrechtliche, sondern ggfs. auch eine wirtschaftlich-funktionelle Betrachtungsweise für das Zusammenspiel von Leistung und Gegenleistung und es kommt auf einen hinreichend engen zeitlichen und sachlichen Veranlassungszusammenhang zwischen beiden Leistungen an.[811] Er muss zudem Ausdruck eines ‚freien Spiels der Kräfte'[812] sein. Mit dieser Entscheidung hat der BFH Aktivierungsgrenzen verschoben: Einnahmepotenziale werden vollständiger erfasst und das Vermögensermittlungs- sowie das Ausgabenübertragungsprinzip gegenüber dem Vorsichts- und Objektivierungsprinzip betont.[813]

dd) Vorsichtsgrundsatz

Das Aktivierungsverbot für immaterielle Vermögensgegenstände des Anlagevermögens wird als Ausprägung des Vorsichtgrundsatzes angesehen.[814] Der Vorsichtsgrundsatz hat auch in der Bewertungsvorschrift des § 252 Abs. 1 Nr. 4 HGB Ausdruck gefunden und besagt, dass Kaufleute ihr Vermögen und ihren Gewinn in der Bilanz im Zweifel eher zu niedrig als zu hoch ausweisen sollen.[815] Das Vorsichtprinzip begrenzt dabei das Prinzip wirtschaftlicher Betrachtungsweise: Ist ein Aktivum mit gewisser Wahrscheinlichkeit wertlos, so kann es als unsicherer Vermögensvorteil vorsichtsbedingt nicht aktiviert werden.[816] Der Leitgedanke vorsichtiger Bewertung und Gewinnermittlung hat verschiedene Gesichtspunkte zum Hintergrund. Das Vorsichtsprinzip soll den Kaufmann selber davor bewahren, seine Vermögenslage zu wohlwollend

---

scheitern, vgl. BFH, Beschl. v. 13.05.1987, I B 179/86, BFHE 150, 136, BStBl. II 1987, S. 777). Vgl. zum Ganzen auch Marx, J., 1994, S. 2379ff.

809 Vgl. nur Kronner, M., 1996, S. 1185ff.

810 Vgl. Kronner, M., 1996, S. 1186; kritisch Marx, J., 1994, S. 2384f.: „deutliche Inkonsistenzen bei der Operationalisierung", ebd., S. 2386.

811 Vgl. BFH v. 26.08.1992, I R 24/91, BStBl. II 1992, S. 977ff., BFHE 1992, S. 167 u. 170; Moxter, A., 1999, S. 33f.

812 BFH v. 26.08.1992, I R 24/91, BStBl. II 1992, S. 977ff., BFHE 1992, S. 168ff.

813 Vgl. Euler, R., 1996, S. 202.

814 Vgl. nur Adler, H./Düring, W./Schmaltz, K., 1998, § 248 HGB, Rn. 14 m.w.N.

815 Vgl. nur Knobbe-Keuk, B., 1993, S. 47.

816 Vgl. Euler, R., 1996, S. 119.

darzustellen.[817] Des Weiteren dient die Regelung dem Gläubigerschutz. Der Grundsatz der Vorsicht verhindert, dass das Reinvermögen günstiger ausgewiesen wird als es ist, so dass unternehmerische Haftungsmasse dem Gläubigerzugriff nicht durch Gewinnentnahmen und Ausschüttungen entzogen wird.[818]

f) Richtlinienkonforme Auslegung des "entgeltlichen Erwerbs" und das Einblicksgebot

aa) Richtlinienkonforme Auslegung

Für die Anwendung des § 248 Abs. 2 HGB bei übertragenden Umwandlungsvorgängen besteht Interpretationsspielraum.[819] Die Rechtsprechung des BFH sieht sowohl streng formalrechtliche als auch eher wirtschaftliche Merkmale für ausschlaggebend an. Der konkret zu fordernde Objektivierungsgrad ist unklar. Dies betrifft hier weniger die bereits in Kap. D.I. diskutierten Fragen abstrakter Aktivierungsfähigkeit im Rahmen der teilweisen oder vollständigen Gesamtrechtsnachfolge und die Einordnung des Einzelbewertungsgrundsatzes. Vielmehr gewinnt im Rahmen der Beurteilung des entgeltlichen Erwerbs die Frage nach der Gewichtung fomalrechtlicher und wirtschaftlicher Gesichtspunkte bei der Objektivierung Bedeutung, insbesondere zur Vorbereitung einer Analyse der verschiedenen Übertragungstypen in Kap. D.III. sowie der sich daran anschließenden Untersuchung von konzerninternen Übertragungsvorgängen in Kap. D.IV.

Zur Konkretisierung der Objektivierungshürde des § 248 Abs. 2 HGB für den Fall übertragender Umwandlungen muss vor diesem Hintergrund untersucht werden, ob sich eine Beeinflussung der Auslegung dieser Vorschrift auch unter dem Gesichtspunkt europäischer Richtlinienvorgaben ergibt. Während für die bisherigen Auslegungsgesichtspunkte überwiegend auf existierendes Schrifttum zurückgegriffen werden konnte, gilt dies nicht gleichermaßen für die nachfolgende richtlinienkonforme Auslegung.

Bei der Auslegung des Bilanzrechts ist bereits nach allgemeinen rechtswissenschaftlichen Grundsätzen diejenige Auslegungsalternative vorzuziehen, die den

---

817 Vgl. Knobbe-Keuk, B., 1993, S. 47; Moxter, A., 2003, S. 33ff.

818 Vgl. nur Baetge, J./Kirsch, H.-J./Thiele, S., 2003, S. 126ff.; Knobbe-Keuk, B., 1993, S. 47; Hommel, M., 1992, S. 27ff.

819 S.o. Kap B.III.b)bb) und die detaillierte Analyse in Kap. D. III.

Zwecksetzungen des Gesetzgebers am nächsten kommt.[820] Nur wenn handelsbilanzrechtlich kein Interpretationsspielraum bestände, bliebe vor diesem Hintergrund eine richtlinienkonforme Auslegung für den Regelfall außer Betracht.[821] Nach allgemeiner Ansicht im Schrifttum steht die Generalnorm des § 264 Abs. 2 S. 1 HGB – unabhängig von der Frage, ob sie zur Schließung von Gesetzeslücken und/oder zur Auslegung unbestimmter Rechtsbegriffe heranzuziehen – in einem Spannungsverhältnis zum Grundsatz vorsichtiger Gewinnermittlung.[822] Die vorsichtige Gewinnermittlung läuft regelmäßig dem Ziel einer umfassenden Unterrichtung über Investitionen zuwider. Zukunftsinvestitionen werden gewinnverkürzend als Aufwand behandelt, obgleich ihr Ausweis in der Bilanz informativ wäre.[823] Während der „klassische" Auslegungskanon – Wortsinn, Systematik, Entstehungsgeschichte und Teleologie – bereits Gegenstand vieler Untersuchungen war, ist der Aspekt der bei Auslegungszweifeln gebotenen richtlinienkonformen Auslegung, die hier als Unterfall der an Sinn und Zweck orientierten Auslegungstechnik behandelt wird, vernachlässigt worden.

Wird ein unbestimmter Rechtsbegriff in einer Richtlinie verwendet, sind die obersten Bundesgerichte nur in engen Grenzen befugt, diese auslegungsbedürftigen Normelemente selbst zu konkretisieren.[824] Die Auslegung unbestimmter handelsbilanzrechtlicher Begriffe – wie z.B. das Kriterium des entgeltlichen Erwerbs – obliegt dem EuGH. Die deutschen Gerichte müssen im Geltungsbereich von europäischem Richtlinienrecht dieses Recht so interpretieren, dass die Auslegung so nah wie möglich an Wortlaut und Zweck der Richtlinie orientiert wird, damit das Ziel der Richtlinie erreicht und der Verpflichtung aus Art. 249 Abs. 3 EGV erfüllt wird.[825] Die Auslegung innerstaatlicher Vorschriften, die auf Richtlinien zurückgehen, darf nicht den Richtlinienregelungen widersprechen, sondern muss ausschließlich zu Ergebnissen führen, die mit

---

820 Vgl. Leffson, U., 1987a, S. 38.
821 Nachweise bei Groh, M., 1998, S. 816, Fn. 41; vgl. auch Art. 10 EGV.
822 Vgl. nur Baumbach, A./Hopt, K. J., 2003, § 264 HGB, Rn. 9; Adler, H./Düring, W./Schmaltz, K., 1997, § 264 HGB, Rn. 103; Moxter, A., 1986, S. 64ff.
823 Vgl. nur Streim, H., S. 400f.
824 Vgl. Wassermeyer, F., 2000, S. 1640.
825 Vgl. EuGH, Urt. v. 14.07.1994, Rs. C-91/92 (Dori), Slg. 1994, I-3347, S. 3357, Tz. 26; EuGH, Urt. v. 13.11.1990, Rs. C-106/89 (Marleasing), Slg. 1990, I-4135, S. 4158f., Tz. 8ff.; EuGH, Urt. v. 16.12.1993, Rs. C-334/92 (Wagner Miret), Slg. 1993, I-6911, S. 6913f. (Rn. 20). Da auch das UmwG auf Richtlinienrecht zurückzuführen ist, erhält die Fragestellung dieser Arbeit auch insoweit eine gemeinschaftsrechtliche Dimension.

Wortsinn und Zweck der Richtlinie übereinstimmen.[826] Die richtlinienkonforme Auslegung nationaler Vorschriften setzt die Auslegung der Richtlinie voraus.[827] Hat der Gesetzgeber Richtlinien umgesetzt, muss nach Ansicht des BGH bei der Auslegung der Ausführungsvorschriften davon ausgegangen werden, dass ihr Zweck insbesondere die Umsetzung des Richtlinienrechts ist.[828] Die richtlinienkonforme Auslegung ist wichtiges, ggfs. „sogar dominierendes Auslegungskriterium"[829]. Der Rechtsanwender hat „seine Auslegung soweit wie möglich am Wortlaut und Zweck der Richtlinie"[830] auszurichten. Es ist dasjenige Auslegungsergebnis zugrunde zu legen, das durch die Richtlinie am ehesten gedeckt ist.[831] Die richtlinienkonforme Auslegung findet ihre Grenze allein am Wortsinn der jeweilig in Frage stehenden Vorschrift: Eine Interpretation von Richtlinienrecht *contra legem* ist unzulässig. Demgegenüber kann die historische und systematische Auslegung gegenüber Gesichtspunkten der richtlinienkonformen Auslegung zurücktreten.[832]

Die gesetzlichen Regelungen der §§ 238ff. HGB gehen im Wesentlichen auf die Vierte (JaR), Siebente und Achte gesellschaftsrechtliche Richtlinie zurück. Dass die gemäß Art. 44 Abs. 2 lit. g EGV erlassenen Bilanzrechtsrichtlinien unter das europäische Gesellschaftsrecht gefasst werden, überrascht nur auf den ersten Blick: Der Begriff des Gesellschaftsrechts umgreift nach Art. 44 Abs. 2 lit. g EGV sämtliche Regelungen, die in den einzelnen Mitliedstaaten „den Gesellschaften im Sinne des Artikels 48 Absatz 2 im Interesse der Gesellschafter sowie Dritter vorgeschrieben sind".[833] Der EuGH legt die Ermächtigungsnorm

---

[826] Vgl. Schwarz, G. C., S. 156.

[827] Vgl. Lutter, M., 1992, 598ff.; Beisse, H., 1997, S. 34f.; Schwarz, G. C., 2000, S. 159f. Umfang und Auswirkungen der richtlinienkonformen Auslegung sowie deren Verhältnis zum Kanon der Auslegungsmethoden in Deutschland sind umstritten.

[828] Vgl. BGH, Beschl. v. 14.02.1974, III ZR 42/73, BGHZ 63, S. 264f.

[829] Müller, W., 1997, S. 712.

[830] EuGH, Urt. v. 12.07.1990, Rs. C-106/89, Marleasing, Slg. 1990 I 4135, S. 4159, Rn. 8. Die Passage lautet vollständig: „Daraus folgt, daß ein nationales Gericht, soweit es bei der Anwendung des nationalen Rechts – gleich, ob es sich um vor oder nach der Richtlinie erlassene Vorschriften handelt – dieses Recht auszulegen hat, seine Auslegung so weit wie möglich am Wortlaut und Zweck der Richtlinie ausrichten muß, um das mit der Richtlinie verfolgte Ziel zu erreichen und auf diese Weise Artikel 189 Absatz 3 EWG-Vertrag nachzukommen."

[831] Vgl. Lutter, M., 1992, S. 604; Schulze-Osterloh, J., 1995, S. 173.

[832] Vgl. zum Ganzen Schön, W., 1996, S. 187.

[833] Aus dem Gebiet des Gesellschaftsrechts i.S. von Art. 44 Abs. 2 lit. g EGV sind neben den sekundärrechtlichen Vorschriften drei (primärrechtliche) Verordnungen zu nennen: die IAS-Verordnung, die Verordnung über die EWIV sowie die SE-Verordnung.

des Art. 44 Abs. 2 lit. g EGV mit Blick auf einen funktionierenden Gemeinsamen Markt weit aus.[834] Gemäß Art. 44 Abs. 2 lit. g EGV sollen die Richtlinien Gesellschafter, Gläubiger und sonstige Dritte schützen. Entsprechend verortet sich die JaR in ihrer Präambel als Sekundärrecht, das „im Hinblick auf den Schutz der Gesellschafter sowie Dritter besondere Bedeutung" habe.[835] Mit der Vierten (JaR), Siebenten und Achten Richtlinie bezweckt der Richtliniengeber im Wesentlichen ein in sämtlichen Mitgliedstaaten wirksames System gleichwertiger Informationsregel, um Wettbewerbsverzerrungen und Handelshemmnisse abzubauen und den Gemeinsamen Markt zu fördern.[836] Die sekundärrechtliche Grundlage des Bilanz- und Umwandlungsrechts führt zu dem Gebot der richtlinienkonformen Auslegung in diesen Rechtsgebieten. In dem Bereich des anzugleichenden nationalen Rechts tritt dieses Gebot als wohl vorrangiges Auslegungskriterium hinzu.[837]

Bei dem Tatbestandsmerkmal „entgeltlicher Erwerb" in § 248 Abs. 2 HGB handelt es sich um einen eigenständigen, auslegungsbedürftigen Richtlinienbegriff, der in der amtlichen deutschen Fassung der Bilanzrichtlinie verwendet wird.[838] Die möglichen Auslegungsalternativen haben Konsequenzen für die Bilanzierungspraxis, die ggfs. gerichtlich überprüfbar sind. Dabei wird mit der Diskussion um die wechselseitige Reichweite und Grenzen von Vorsichtsprinzip und Einblicksgebot (§ 264 Abs. 2 S. 1 HGB) ein Fragenkreis eröffnet, der sich gerade auch in Rahmen des Auslegungsproblems von § 248 Abs. 2 HGB in den Fällen des § 24 UmwG wiederfindet: Soll bei Bewertungsschwierigkeiten und/oder fehlender formalrechtlicher Objektivierung ein Ansatz unterbleiben oder ist der Objektivierungsmaßstab abzusenken, um einen besseren Einblick zu gewähren? Dabei spielt die Zweckverbindlichkeit von EG-Richtlinien bei der stark zweckbezogenen Vorschrift des § 248 Abs. 2 HGB eine

---

[834] Vgl. EuGH, Urt. v. 09.12.1997, Rs. C-265/95, Slg. 1997, I-6859, S. 6864f., Tz. 18ff.
[835] Gemäß der Präambel der JaR müsse auch deshalb koordiniert werden, „weil die Tätigkeit der betreffenden Gesellschaften einerseits häufig über das nationale Hoheitsgebiet hinausreicht und die Gesellschaften andererseits Dritten eine Sicherheit nur durch ihr Gesellschaftsvermögen bieten."
[836] Vgl. Erwägungsgründe der JaR und der Siebenten Richtlinie. Vgl. auch Habersack, M., 2003, S. 218.
[837] Vgl. EuGH, Urt. v. 16.12.1993, Rs. C-334/92 (Wagner Miret), Slg. 1993, I-6911, Rn. 20; EuGH, Urt. v. 14.07.1994, Rs. C-91/92 (Dori), Slg. 1994, I-3347, S. 3357, Tz. 26; EuGH, Urt. v. 13.11.1990, Rs. C-106/89 (Marleasing), Slg. 1990, I-4135, S. 4158f., Tz. 8ff.; Lutter, M., 1992, S. 604ff.; Schwarz, G. C., 2000, S. 152f. u. 157ff. A.A. Beisse, G., 1998, 310ff.
[838] Vgl. Art. 9 C. I. 2. lit. a JaR.

große Rolle. Die richtlinienkonforme Auslegung wird hier als Unterfall der teleologischen Auslegung behandelt, bei der insbesondere der True-And-Fair-View-Grundsatz als oberster Auslegungsgrundsatz zum Tragen kommt. Fusions- und Spaltungsrichtlinie haben, ebenso wie die Bilanzrichtlinien, Art. 44 Abs. 2 lit. g EGV zur Grundlage, so dass sich im Zusammenhang mit § 24 UmwG ein gleichgerichtetes „normatives Umfeld" ergibt. Nachfolgend geht es also um eine Bestimmung des Objektivierungsgrades durch den entgeltlichen Erwerb in Übereinstimmung mit dem Einblicksgebot. Während ein Einzelansatz immer zu einem detaillierterem Einblick in die Vermögenslage führt, vermittelt die Aufnahme in den Residualposten des Geschäfts- oder Firmenwertes ein weniger differenziertes Bild.

Die Bedeutung der JaR und der hierzu ergangenen EuGH-Rechtsprechung bedarf einer eingehenderen Untersuchung in mehreren Schritten:

- Zunächst wird das Spektrum der Ansichten zum Verhältnis des True-And-Fair-View-Grundsatzes zum Vorsichtsprinzip geklärt, und zwar zunächst unabhängig davon, ob dieser Grundsatz auch in die Bilanzierung der Nicht-Kapitalgesellschaften einwirkt.
- In einem weiteren Schritt wird der Frage nachgegangen, ob das Verhältnis, in dem das Einblicksgebot zum Vorsichtsprinzip steht, für Kapitalgesellschaften (und Gesellschaften i.S.d. §§ 264a, 264b HGB) und Nicht-Kapitalgesellschaften gleichermaßen gilt.

bb) Vorrang des Einblicksgebots gem. Art. 2 Abs. 3 bis 5 Jahresabschlussrichtlinie

Das Einblicksgebot des § 264 Abs. 2 HGB geht auf Art. 2 Abs. 3, 4 und 5 der JaR zurück. Bei der Umsetzung dieser Vorschriften wurde Art. 2 Abs. 5 der JaR nicht in das Bilanzrichtliniengesetz aufgenommen.[839] Aus dem Verhältnis der

---

[839] Vgl. Die Regelung des True-And-Fair-View-Grundsatzes in Art. 2 Abs. 3, 4 und 5 JaR untergliedert sich in eine Grundregel und zwei Ausnahmen (Vgl. auch Adler, H./Düring, W./Schmaltz, K., 1997, § 264 HGB, Rn. 36, 37):

- Regel: Gemäß Art. 2 Abs. 3 JaR hat der Jahresabschluss der von der Richtlinie erfassten Rechtsformen ein den tatsächlichen Verhältnissen entsprechendes Bild der Vermögens-, Finanz- und Ertragslage zu vermitteln. Diese Regelung bildet einen Kompromiss zwischen dem angelsächsischen Grundsatz des *true and fair view*, also der wahrheitsgetreuen, vollständigen Abbildung wesentlicher Unternehmensdaten und dem (damit schwer in Einklang zu bringenden) "möglichst sicheren Einblick in die Vermögens- und Ertragslage der Gesellschaft" nach § 149 Abs. 1 AktG a.F., der auch eine (vorsichtsbedingte) Unterbewertung in Kauf nimmt, vgl. Ekkenga, J., 1998, S. 106.

einzelnen Regelungen des Art. 2 der JaR, insbesondere aus dem *overriding principle* des Art. 2 Abs. 5, ist zu schließen, dass es sich bei dem True-And-Fair-View-Grundsatz um die vorrangige Grundnorm des gesamten Bilanzrichtlinienrechts handelt.[840] Sie wird darüber hinaus sogar als „zentrale materielle Ordnungsregel des europäischen Unternehmensrechts“[841] eingestuft. Widerspricht die Anwendung einer Bilanzierungsvorschrift im Einzelfall dem True-And-Fair-View-Grundsatz, so greift das *overriding principle* des Art. 2 Abs. 5 der JaR und es ist zwingend im Sinn dieses übergeordneten Grundsatzes von der Anwendung der Einzelregelung abzuweichen. Der True-And-Fair-View-Grundsatz bildet die vorrangige Richtlinienbestimmung vor allen anderen Bilanzierungs- und Bewertungsgrundsätzen.[842] Sämtliche Richtlinienbestimmungen und die auf sie zurückzuführenden Umsetzungsvorschriften sind im Licht des Einblicksgebots gem. Art. 2 Abs. 4 JaR auszulegen.[843]

Weist das Bilanzrecht Zweifelsfragen auf, bietet es Spielraum für Interpretationen oder sind die Motive des nationalen Gesetzgebers mehrdeutig, kann grundsätzlich auf die Richtlinie und die Motive der Richtliniengeber zurückgegriffen werden.[844] Insoweit ist die Auffassung von Moxter zurückzuweisen, der Richtliniengeber habe nicht beabsichtigt, das Gewinnermittlungsrecht zu konkretisieren, sondern nur Informationsvorschriften regeln wollen.[845] Den Mitgliedstaaten ist das Gewinnermittlungsrecht betreffend nicht nur ein Wahlrecht eingeräumt worden: Ihnen ist gerade auch aufgegeben

---

- Ausnahme 1: Gemäß Art. 2 Abs. 3 muss der Bilanzaufsteller zusätzliche Angaben machen, wenn es dem Bilanzierenden bei bloßer Anwendung der Richtlinienvorschriften nicht gelingt, ein den tatsächlichen Verhältnissen entsprechendes Bild zu erzeugen.
- Ausnahme 2: Gelingt es bei Anwendung der einzelnen Richtlinienvorschriften nicht, der Regel des Art. 2 Abs. 3 JaR zu genügen, muss gemäß Art. 2 Abs. 5 S. 1 JaR von der betreffenden Einzelvorschrift abgewichen werden, um dem True-And-Fair-View-Grundsatz zu entsprechen. Wird gemäß Art. 2 Abs. 5 S. 1 JaR eine Richtlinienvorschrift nicht befolgt, muss die Abweichung im Anhang begründet und ihre Auswirkungen auf die Vermögens-, Finanz- und Ertragslage müssen dargelegt werden (Art. 2 Abs. 5 S. 2 JaR).

840 Vgl. Habersack, M., 2003, S. 232f.; Schwarz, G. C., 2000, 292f.; Adler, H./Düring, W./Schmaltz, K., § 264 HGB, Rn. 39; EuGH, Urt. v. 27.06.1996, Rs. C-234/94, DB 1996, S. 1400ff. (Tomberger), EuGHE 1996, I-3133; EuGH, Urt. v. 07.01.2003, Rs. C-306/99, BStBl. II, 2004, S. 144ff. (BIAO), DB 2003, S. 181ff.; a.A. Streim, H.,1994, S. 393f.; vgl. auch Art. 3 Abs. 2 IAS-VO und hierzu Schön, W, 2004, S. 767.

841 Ekkenga, J., 1998, S. 106 m.w.N.

842 Vgl. Habersack, M., 2003, S. 232f.

843 Vgl. Schwarz, G. C., 2000, S. 202f.

844 Vgl. Adler, H./Düring, W./Schmaltz, K., 1997, § 264 HGB, Rn. 51.

845 Vgl. Schulze-Osterloh, J., 1997, S. 282 m.w.N.

worden, Inhalt des Jahresabschlusses einschließlich der Bewertungsmethoden anzugleichen.[846] Die Auffassung Moxters geht an dem Regelungsgehalt der JaR vorbei: Die Richtlinie dient auch dem Schutz der Gesellschafter und nicht allein dem Schutz außen stehender Dritter, wie auch aus Art. 44 Abs. 2 lit. g EGV folgt. Den Gesellschafterschutz gewährleisten aber im Wesentlichen Vorschriften über die Gewinnermittlung: Den Umfang des verwendbaren Ergebnisses bestimmen die bilanziellen Vorschriften über die Vermögenslage, d.h. der Schutz von Minderheitsgesellschaftern vor „Aushungerung" kann letztlich nur über den bilanziellen Vermögensausweis, nicht aber durch hiervon unabhängige Information sichergestellt werden.[847] Die Auffassung Moxters missachtet folglich die Ausschüttungsinteressen der Gesellschafter und bewegt sich damit jenseits der bilanzrechtlichen Vorgaben der JaR und des BiRiLiG.[848]

Für die Bestimmung des Verhältnisses des Einblicksgebotes zu geschriebenen und ungeschriebenen Bilanzierungsvorschriften sowie im Zusammenhang mit der Frage nach Bedeutung und Grenzen des *overriding principle* ergeben sich im Wesentlichen folgende Möglichkeiten:[849]

- Zum einen könnte in Anbetracht von Art. 2 Abs. 5 JaR von der Vorrangigkeit des True-And-Fair-View-Grundsatzes auszugehen sein: Die Dominanz des True-And-Fair-View-Grundsatzes unter Relativierung von Vorsichts- und Objektivierungsgrundsätzen hätte zur Folge, dass in Kollisionsfällen handelsrechtliche GoB zurückzutreten hätten.[850] Im Ergebnis wäre immer der Norminterpretation zu folgen, die dem True-And-Fair-View-Grundsatz am ehesten entspricht. Der Regelung des § 248 Abs. 2 HGB wäre bei dieser Sichtweise ebenfalls eine niedrigere Objektivierungshürde zugrunde zu legen mit der Folge, dass die Anforderungen an das Merkmal des entgeltlichen Erwerbs sänken.[851] Diese Auffassung hätte allerdings auch zur Folge, dass der ausschüttbare Gewinn u.U. unvorsichtig,

---

[846] Vgl. EuGH, Urt. v. 27.06.1996, Rs. C-234/94, Tz. 17, DB 1996, S. 1400f. (Tomberger); Urt. v. 07.01.2003, Rs. C-306/99, BStBl. II, 2004, S. 144ff. (BIAO), DB 2003, S. 181ff.; Hennrichs, J., 1997, S. 71f.; Schulze-Osterloh, J., 1997, S. 282.
[847] Vgl. Hennrichs, J., 1997, S. 72.
[848] Vgl. Großfeld, B., 1999, S. 29.
[849] Vgl. zum Ganzen Adler, H./Düring, W./Schmaltz, K., 1997, § 264 HGB, Rn. 59.
[850] Vgl. auch Moxter, 1995a, S. 420 (im Ergebnis ablehnend). Für eine Dominanz sprechen sich aus: Claussen, C. P., 1987, S. 89ff.; Großfeld, B., 1997a, 439 m.w.N.
[851] Vgl. Moxter, A., 1995a, S. 420, der für den Fall der Dominanz des True-And-Fair-View-Grundsatzes das Beispiel zu aktivierender Entwicklungs- und Reklameaufwendungen nennt.

d.h. insbesondere ohne entsprechende objektivierende Absicherung der Werthaltigkeit des Gutes, ermittelt würde.

- Auch der umgekehrte Fall einer Dominanz des Vorsichts- und Objektivierungsgrundsatzes unter Zurücktreten des True-And-Fair-View-Gebotes, v.a. also die Dominanz des Vorsichtsprinzips, kommt in Betracht.[852] Allerdings verschleiert diese Bestimmung des Verhältnisses der beiden Grundsätze den Einblick in die Vermögens-, Finanz- und Ertragslage des bilanzierenden Unternehmens.[853] Diese Interpretation widerspräche jedoch dem Gesetzes- und Richtlinienwortlaut, der Entstehungsgeschichte und dem Zweck der Vorschrift des § 264 Abs. 2 S. 1 HGB offensichtlich und wird nachfolgend nicht vertieft.

- Des Weiteren wird die Ansicht vertreten, dass § 264 Abs. 2 HGB vornehmlich bei der Auslegung und beim Ausfüllen von Gesetzeslücken zum Tragen komme.[854] Diese – in unterschiedlichen Ausprägungen vertretene – Auffassung herrscht vor.

- Teilweise wird versucht, der Verzerrung des True-And-Fair-View-Grundsatzes sowie der Vorsichts- und Objektivierungs-GoB durch eine Verteilung dieser teilweise inkompatiblen Leitnormen auf unterschiedliche Regelungsbereiche zu begegnen:[855] Diese Lösung der Problemstellung wird als Abkopplungsthese bezeichnet.[856] Danach dominiere das Vorsichtsprinzip zum Zweck des Gläubigerschutzes auch unter Geltung des BiRiliG weiterhin dic Bilanz der Kapitalgesellschaften und der haftungsbeschränkten Personengesellschaften. Dem Informationszweck der Bilanz und damit dem True-

---

852 Für einen Vorrang des Grundsatzes vorsichtiger Bilanzierung in Zweifelsfällen vgl. nur Adler, H./Düring, W./Schmaltz, K., 1997, § 264 HGB, Rn. 103. Insoweit a.A. sind wohl auch die Vertreter der Abkopplungsthese, die den True-And-Fair-View-Grundsatz gänzlich aus der bilanziellen Darstellung der Vermögenslage verdrängt sehen wollen.

853 Vgl. Moxter, A., 1995a, S. 424.

854 Vgl. Baumbach, A./Hopt, K. J., 2003, § 264 HGB, Rn. 14; Streim, H., 1994, S. 397f.; Lutter, M./Hommelhoff, P., Anh. § 42 GmbHG, Rn. 27; Crezelius, G., in: Scholz, F., 2000, Anh. § 42a GmbHG, Rn. 39; Coenenberg, A. G., 1987, S. 71; van Hulle, K., 1995, S. 321f.

855 Vgl. Moxter, A., 1995a, S. 426ff.; Leffson, U., 1987b, S. 315, 323; Beisse, H., 1997, S. 27ff.; ders., 1998, S. 310ff.; Knobbe-Keuk, B. 1993, S. 43f.; vgl. auch Adler, H./Düring, W./Schmaltz, K., 1997, § 264 HGB, Rn. 86ff.; vgl. auch Baumbach, A./Hopt, K. J., 2003, § 264 HGB, Rn. 9.

856 Vgl. Moxter, A., 1986, S. 67f.; ders., 1994, S. 717f.

And-Fair-View-Grundsatz diene hingegen der Anhang und sei kein GoB.[857] Im Ergebnis wird mithin keinem der beiden Grundsätze der Vorrang eingeräumt und auch kein vermittelnder Weg beschritten, sondern beiden Grundsätzen ein autonomer Anwendungsbereich zugewiesen.

Die verschiedenen und teilweise älteren Auffassungen zur Einbindung des True-And-Fair-View-Grundsatzes in die handelsrechtlichen Bilanzierungsvorschriften sind vor dem Hintergrund der (jüngeren) Rechtsprechung des EuGH zu beurteilen. Die Rechtsprechung des EuGH zur JaR und zum deutschen Bilanzrecht, insbesondere die Tomberger- und die BIAO-Entscheidung, wägt den Widerspruch zwischen vorsichtiger Ausschüttungsbemessung und umfassender Unterrichtung grundsätzlich zugunsten der Bilanzwahrheit – die der EuGH mit dem True-And-Fair-View-Grundsatz gleichsetzt – ab.[858] Die Bilanzwahrheit sei danach die „Hauptzielsetzung" der JaR.[859] Auch eine weitere Entscheidung des EuGH aus dem Jahr 1999 sieht in dem Einblicksgebot und dem damit gleichgesetzten Grundsatz der Bilanzwahrheit die Hauptzielsetzung der JaR.[860] Der True-And-Fair-View-Grundsatz verfolge dabei das Ziel, das Informationsbedürfnis Dritter in möglichst geeigneter Weise zu befriedigen.[861]

Hintergrund des Streites um den Stellenwert des True-And-Fair-View-Grundsatzes ist der Zielkonflikt zwischen zwei wesentlichen Aufgaben des Jahresabschlusses. Die vorsichtige Ermittlung des ausschüttbaren Gewinns läuft oftmals der umfassenden Unterrichtung und Rechenschaftslegung zuwider.[862] Zwischen dem Informationsziel und dem Ziel vorsichtiger Ergebnisermittlung (mit dem Ziel vorsichtiger Ausschüttungsbemessung) besteht ein nicht immer lösbarer Widerspruch. Letztlich stellt das Einblicksgebot auf die Erkennbarkeit der tatsächlichen Verhältnisse ab und ist mithin eher „dynamisch" geprägt.[863] Der

---

[857] Vgl. Moxter, A., 1995a, S. 426ff.; Beisse, H., 1989, S. 295ff., 305f.

[858] Vgl. EuGH, Urt. v. 27.06.1996, Rs. C-234/94 (Tomberger) DB 1996, S. 1400f.; Herzig, N./Rieck, U., 1998, 315; Großfeld, B. 1997, S. 28f.; zur Problematik der Gleichsetzung des Grundsatzes der Bilanzwahrheit mit dem True-And-Fair-View-Grundsatz vgl. Beisse, H., 1997, S. 28f.

[859] Vgl. EuGH, Urt. v. 27.06.1996, Rs. C-234/94 (Tomberger), Tz.17, DB 1996, S. 1400; EuGH, Urt. v. 07.01.2003, Rs. C-306/99, BStBl. II, 2004, S. 144ff. (BIAO), DB 2003, S. 181ff.

[860] Vgl. EuGH, Urt. v. 14.09.1999, Rs. C-275/97 (DE+ES), DStR 1999, S. 1647, Tz. 26.

[861] Vgl. EuGH, Urt. v. 14.09.1999, Rs. C-275/97 (DE+ES), DStR 1999, S. 1647, Tz. 27.

[862] Vgl. nur Streim, H., 1994, S. 400f.

[863] Vgl. Adler, H./Düring, W./Schmaltz, K., 1997, § 264, Rn. 99 m.w.N.

Zielkonflikt zwischen umfassender Information und vorsichtiger Ergebnisermittlung spiegelt sich in der Diskussion um den Stellenwert des § 264 Abs. 2 HGB wider und beeinflusst auch die wesentlichen Argumente für die „Abkopplungsthese“.[864] Nach herkömmlicher Auffassung ist die Primäraufgabe handelsrechtlicher Rechnungslegung die vorsichtige Ermittlung der entziehbaren Mittel („Ausschüttungsstatik“).[865] Die Informationsaufgabe ist demgegenüber sekundär.[866]

Die Abkopplungsthese ist vor dem Hintergrund der Tomberger-Entscheidung nicht mehr vertretbar.[867] Auch Art. 2 Abs. 5 S. 2 der JaR zeigt, dass der True-And-Fair-View-Grundsatz sich in der Bilanz selbst niederschlägt: Abweichungen nach Art. 2 Abs. 5 S. 1 der JaR sind im Anhang zu begründen, d.h. eine Abweichung im bilanziellen Zahlenwerk führt zu einer Begründungspflicht im Anhang; der Anhang ist aber gerade nicht der Ort der Abweichung, sondern ihrer Begründung.

Das Ansatzverbot selbsterstellter immaterieller Anlagewerte führt dazu, dass anfallende Ausgaben sogleich gewinnmindernd als Aufwand verrechnet bzw. bei Unternehmenserwerben ggfs. als Geschäfts- oder Firmenwert angesetzt werden. Damit ist der Informationszweck, der im Einblicksgebot gem. § 264 Abs. 2 S. 1 HGB zum Ausdruck kommt, berührt. Der außen stehende, an Informationen interessierte Investor wird damit über die Renditemöglichkeiten bestimmter immaterieller Zukunftsinvestitionen (Werbung, Ausbildung der Mitarbeiter, Forschungstätigkeiten, etc.) im Unklaren gelassen. Vor diesem Hintergrund spricht das informationsfreundliche Einblicksgebot des § 264 Abs. 2 S. 1 HGB für eine aktivierungsfreundliche Handhabung des Kriteriums „entgeltlicher Erwerb“ und eine ggfs. niedrigerer Objektivierungsmaßstab. D.h. selbsterstellte immaterielle Anlagewerte wären auch dann noch zu aktivieren, wenn letztlich nur ein entgeltlicher Erwerb im weiteren Sinn erfolgt. Ob das Einblicksgebot aus Art. 2 JaR einen (den) dominierenden Bilanzierungsgrundsatz bildet oder „nur“ im Zweifel Auslegungsfragen entscheidet, kann

---

[864] Grundlegend zur Abkopplungsthese vgl. Moxter, A., 1995a, S. 426ff.
[865] Vgl. Moxter, A., 1993, S. 73.
[866] Vgl. Fresl, K., 2000, S. 24.
[867] Vgl. Großfeld, B., 1997a, S. 28 und 185f.; Habersack, M., 2003, S. 237; Herzig, N./Rieck, U., 1998, S. 315; Weber-Grellet, H., 1996, S. 1094; Groh, M., 1998, 815ff.; Kleindiek, D., 1998, 475ff.; Herlinghaus, A., 1997, 533f.; Hennrichs, J., 1997, S. 78ff.; Müller, W., 1997, S. 719ff.

nachfolgend offen bleiben, denn in jedem Fall greift der Grundsatz im Rahmen der hier allein interessierenden Auslegung des entgeltlichen Erwerbs.

cc) Erstreckung der richtlinienkonformen Auslegung auf die §§ 238ff. HGB

(1) Kapitalgesellschaften, Kapitalgesellschaften & Co. KG, Personengesellschaften mit beschränkt haftenden Gesellschaftern

Gemäß Art. 1 Abs. 1 S. 1 JaR erstrecken sich die Harmonisierungsvorgaben auf die AG, die KGaA und die GmbH. Nach Art. 1 Abs. 1 S. 2 lit. a JaR werden auch oHG und KG erfasst, bei denen sämtliche unbeschränkt haftenden Gesellschafter ihrerseits aufgrund ihrer Rechtsform in ihrer Haftung beschränkt sind. Auch bei GmbH & Co. KG handelt es sich regelmäßig um Kommanditgesellschaften, deren Komplementär beschränkt haftet, so dass insbesondere insoweit die Anwendbarkeit zu bejahen ist.[868] Sind diese Gesellschaftsformen an Umwandlungen beteiligt, sprechen vor dem Hintergrund der skizzierten Rechtsprechung des EuGH und angesichts der geschilderten Argumentation der h.M. gute Gründe für ein Zurücktreten des Vorsichtprinzips und damit auch für ein Absenken des von § 248 Abs. 2 HGB vorgegebenen Objektivierungsgrades. In Fragen des Handelsbilanzrechts der Kapitalgesellschaften ist mithin stets richtlinienkonform auszulegen.[869]

(2) Überschießende Umsetzung der Jahresabschlussrichtlinie - Bedeutung der Richtlinie für sonstige Rechnungslegungspflichtige i.S.d. §§ 238 bis 263 HGB

Haben die soeben angeführten Auslegungsgesichtspunkte aber auch Bedeutung, wenn nicht nur Kapitalgesellschaften oder sog. haftungsbeschränkte Personengesellschaften, also GmbH (oder AG) & Co. KG (oder OHG), an der hier interessierenden übertragenden Umwandlung beteiligt sind? Ob sich das Gebot der richtlinienkonformen Auslegung auch auf das Handelsbilanzrecht derjenigen Gesellschaften erstreckt, die nicht unter §§ 264ff. HGB fallen, und damit auf die allgemeinen Vorschriften der §§ 238ff. HGB anzuwenden ist (Einzelkaufleute, nicht haftungsbeschränkte Personengesellschaften), wird im Schrifttum nicht

---

[868] Neben Art. 1 Abs. 1 S. 2 JaR folgt dies aus der Richtlinie über Kapitalgesellschaften & Co. (90/605/EWG, v. 08.11.1990, ABlEG Nr. L 317, S. 60ff.) durch die der Anwendungsbereich der JaR und der Siebenten Richtlinie auch auf Kapitalgesellschaften & Co. erweitert wurde. Vgl. hierzu Herlinghaus, A., 1997, S. 533.

[869] Vgl. Großfeld, B., 1996, S. 98f.

einheitlich beurteilt. Dabei muss berücksichtigt werden, dass die meisten Beiträge zu dieser Frage aus der Zeit vor der geschilderten BIAO-Entscheidung des EuGH stammen. Die in diesem Judikat verdeutlichte (europäische) Sichtweise der Rechtslage konnte von daher seitens der ablehnenden Stimmen noch nicht berücksichtigt werden.

Die sog. „überschießende"[870] Umsetzung von Richtlinien, namentlich die einheitliche Regelung des gesamten deutschen Bilanzrechts durch das BiRiLiG vom 19.12.1985, birgt vor dem Hintergrund der europäischen Vorgaben Auslegungsschwierigkeiten: Das BiRiLiG kodifizierte nicht allein die aufgrund der Vierten (JaR), Siebenten und Achten Richtlinie zu regelnde Materie. Die Umsetzung des Sekundärrechts veranlasste den deutschen Gesetzgeber, über die Vorgaben der Richtlinien hinaus das Recht der Buchführung, Bilanzierung, Rechnungslegung, Prüfung und Offenlegung umfassend zu kodifizieren. In seinem ersten Abschnitt, §§ 238 bis 263 HGB, enthält die Kodifikation „Vorschriften für alle Kaufleute" und greift damit über die unmittelbaren Vorgaben der Richtlinie hinaus. Es fragt sich daher, ob die „herabgesetzte Aktivierungshürde" auch in den Fällen übertragender Umwandlungen anzuwenden ist, in denen keine Rechtsträger i.S.d. JaR beteiligt sind.

Mit den „Vorschriften für alle Kaufleute" in §§ 238 bis 263 HGB kodifizierte der Gesetzgeber Regelungen, die bis dahin über das HGB und das AktG verstreut waren oder nur als nicht kodifizierte GoB galten.[871] Einen gemeinschaftsrechtlichen Bezug weisen jedoch auch die „Vorschriften für alle Kaufleute" auf, denn es sind auch insoweit Bilanzierungsvorschriften geregelt worden, die – jedenfalls in dieser Geschlossenheit – von der JaR herrühren.[872] Zudem hat der Gesetzgeber mit Umsetzung der Bilanzrichtlinien im BiRiLiG ein Bilanzrecht für alle Kaufleute kodifiziert.[873] Ergebnis der gesetzgeberischen Tätigkeit ist eine Gemengelage von nationalem Recht und Vorschriften, die europäisches Richtlinienrecht umsetzen.[874] Insoweit die „Vorschriften für alle Kaufleute" auch in der Jahresabschlussrichtlinie erwähnt werden, müssen zwei Anwendungsbereiche unterschieden werden, zum einen die von den

[870] Vgl. zu dieser Terminologie Habersack, M., 2003, S. 36.
[871] Vgl. Moxter, A., 1999, S. 5f., Mellwig, W., 1983, S. 1613ff.
[872] Vgl. Grotherr, S., 2003, S. 514
[873] Vgl. Beisse, H., 1990, S. 2007ff.
[874] Vgl. Lutter, M., 1996, S. 26; Habersack, M., 2003, S. 225.

Rechnungslegungs-Richtlinien erfassten Rechtsformen, zum anderen diejenigen Rechtsformen, die zwar nicht von der JaR erfasst sind, jedoch unter die §§ 238 bis 263 HGB fallen. Infolge dessen stellt sich die Frage, ob auch der überschießende Geltungsbereich der nationalen Norm richtlinienkonform auszulegen ist und die Bilanzvorschrift (hier: § 248 Abs. 2 HGB) einheitlich oder „gespalten" auszulegen sind.[875] Hieran anschließend fragt sich, ob jenseits des unmittelbaren Anwendungsbereiches der Bilanzrichtlinien, d.h. im „überschießenden Bereich", der richtlinienkonformen Auslegung der gleiche Stellenwert zukommt wie im Anwendungsbereich der Richtlinie selber. Für die Problemstellung dieser Arbeit stellt sich insoweit die Frage, ob § 248 Abs. 2 HGB im Rahmen von Umwandlungskonstellationen auch dann in einer richtlinienkonformen Auslegung anzuwenden ist, in denen keine § 264ff. HGB unterfallenden Rechtsträger beteiligt sind.

Insoweit eine richtlinienkonforme Auslegung auch für den Fall der Bilanzierung durch Gesellschaften jenseits des Anwendungsbereichs der §§ 264ff. HGB bejaht wird, wird im Wesentlichen wie folgt argumentiert:[876] In den §§ 264ff. HGB hat der deutsche Gesetzgeber die speziellen Vorschriften der JaR für Kapitalgesellschaften umgesetzt. Insoweit sei eine richtlinienkonforme Auslegung offensichtlich geboten. Die §§ 238 bis 263 HGB müssen aber auch insoweit, als sie nicht auf Kapitalgesellschaften angewendet werden, richtlinienkonform ausgelegt werden: Angesichts des Prinzips einheitlicher Auslegung seien die §§ 242ff. HGB auch dann richtlinienkonform auszulegen, wenn sie keine Kapitalgesellschaften beträfen.[877] Der einheitlichen Regelung für Kapital- und Nichtkapitalgesellschaften liege die Absicht des Gesetzgebers zugrunde, das Recht des Jahresabschlusses einheitlich zu regeln und eine „gespaltene" Auslegung zu verhindern.[878] Für eine richtlinienkonforme Auslegung spreche auch die gefestigte Rechtsprechung des EuGH, dass selbst von

---

[875] Vgl. zu dieser Problematik Habersack, M./Mayer, 1999, 913ff.

[876] Vgl. nur Kropff, B., 1997, 128; Wassermeyer, F., 2000, S. 1642f.; Herzig, N./Rieck, U., 1998, S. 315; vgl. zur richtlinienkonformen Auslegung der § 238 bis 263 HGB im Zusammenhang mit der Einleitungskompetenz einzelstaatlicher Gerichte Wassermeyer, F., 2001, S. 1056.

[877] Vgl. Schulze-Osterloh, 1995, S. 177 (anders aber jetzt: ders., 1997, S. 285); Beisse, H., 1990, S. 2011; ders. StVj 1989, S. 305.

[878] Vgl. Groh, M., S. 817f.; Schulze-Osterloh, J., 1995, S. 177.

Richtlinienumsetzungen unberührte nationale Vorschriften richtlinienkonform auszulegen seien.[879]

Die im Schrifttum überwiegenden Stimmen folgen dem EuGH und legen sogar solche Vorschriften richtlinienkonform aus, die bei der Umsetzung von Richtlinien nicht geändert wurden.[880] Eine überschießende richtlinienkonforme Auslegung sei letztlich der Preis, der für den „Übereifer" des Gesetzgebers zu zahlen sei, weil dieser das Bilanzrecht für alle Kaufleute kodifiziert habe.[881] Für die (überschießende) richtlinienkonforme Auslegung sprechen Gründe des Gemeinschaftsrechts und Gründe des nationalen Rechts:[882] Die Mitgliedstaaten sind aufgrund des Gemeinschaftsrechts nicht verpflichtet, über die jeweilig festgeschriebenen Regelungsbereiche von Richtlinien hinaus nationale Vorschriften anzugleichen und anzuwenden.

Nach anderer Ansicht endet das Gebot richtlinienkonformer Auslegung, wie es sich aus dem Verbindlichkeitsgrundsatz gem. Art. 249 Abs. 3 EGV und der „Gemeinschaftstreue" gem. Art. 10 EGV ergibt, dort, wo der Anwendungsbereich der Richtlinie verlassen wird.[883] Aus europäischen Vorschriften folgt nach alledem grundsätzlich keine Verpflichtung zu richtlinienkonformer Auslegung derjenigen Vorschriften der §§ 238 bis 263 HGB, insoweit sie auf Nicht-Kapitalgesellschaften, die auch keine Personengesellschaften mit ausschließlich haftungsbeschränkten Gesellschaftern, angewendet werden. Die Gegenmeinung verneint daher für die Bilanzierung von Einzelkaufleuten und nicht haftungsbeschränkten Personengesellschaften eine Beeinflussung der Auslegung der §§ 238 bis 263 HGB durch die JaR und das Einblicksgebot des § 264 Abs. 2 S. 1 HGB.

Unabhängig von der gemeinschaftsrechtlichen Sichtweise fragt sich, ob aus Sinn und Zweck der einzelnen Vorschriften sowie aus der Systematik des BiRiLiG eine einheitliche Auslegung der §§ 238 bis 263 HGB abgeleitet werden

---

879 Vgl. nur EuGH Urt. v. 16.12.1993, Rs. C-334/92 (Wagner-Miret), EuGHE 1993, S. 6911ff. (Tz. 21); Urt. v. 20.09.1988, Rs. 31/87 (Gebr. Beentjes), EuGHE 1988, S. 4635ff.; Urt. v. 08.10.1987, Rs. 80/86 (Kolpinghuis Nijmegen), EuGHE 1987, S. 3969ff. (Tz. 13); Urt. v. 15.05.1986, Rs. 222/84 (Johnston) EuGHE 1986, S. 1651ff. (Tz. 53).

880 Vgl. Lutter, M., 1992, S. 595.

881 Vgl. Schulze Osterloh, J., 1995, S. 176f.; vgl. auch Habersack, M., 2003, S. 36f., 232ff.

882 Vgl. zum Ganzen Hennrichs, J., 1997, S. 76ff., 88.

883 Vgl. nur Kolb, F.-J., 1999, S. 377, 395ff.

kann. Kapitalgesellschaften und Personengesellschaften mit ausschließlich haftungsbeschränkten Gesellschaftern sind an die Richtlinienvorgaben einschließlich der sich hierauf beziehenden EuGH-Entscheidungen gebunden. Erstrecken sich Regelungen aus dem ersten Abschnitt „Vorschriften für alle Kaufleute" auf Kapitalgesellschaften, so sind diese Vorschriften ebenfalls auf Gesellschaften i.S.d. §§ 264ff. HGB anzuwenden. Kommt es nun aber zu einer gespaltenen oder einheitlichen Auslegung der §§ 238ff. HGB? Teilweise wird bzw. wurde ein „Rückschlagverbot"[884] vertreten, d.h. die besonderen Vorschriften der §§ 264ff. HGB strahlen nicht über den Anwendungsbereich für Kapitalgesellschaften hinaus in die Regelungsmaterie der §§ 238ff. HGB ein. Sicherlich ist die Frage der gespaltenen Anwendung ein mitgliedstaatliches Problem, gleichwohl führt diese Interpretation der Rechtslage zu abweichenden Entwicklungen für Kapitalgesellschaften und haftungsbeschränkte Personengesellschaften auf der einen und die sonstigen Rechtsformen auf der anderen Seite. Natürlich sprechen gute Gründe für eine umfassendere Information der Gläubiger bei Kapitalgesellschaften, weil den Gläubigern – im Regelfall – bei diesen Rechtsformen allein das Vermögen der Gesellschaft haftet.[885]

Nach mittlerweile wohl h.M. sowie vor dem Hintergrund der Tomberger- und der BIAO-Entscheidung des EuGH[886] ist die „gespaltene" Anwendung der §§ 238 bis 263 HGB abzulehnen.[887] Der EuGH hat zu der Frage, ob auch die §§ 238 bis 263 HGB in Übereinstimmung mit der JaR ausgelegt werden müssten, wiederholt, zuletzt im BIAO-Urteil[888] Stellung genommen. Im Tomberger-Urteil[889] bejahte der EuGH zunächst nur das Gebot der richtlinienkonformen Auslegung der §§ 238ff. HGB, insoweit sie die Bilanzierungspraxis von Kapitalgesellschaften betrifft. Die sogenannte gespaltene Auslegung erhielt dabei

---

[884] Großfeld, B., 1986, S. 956.
[885] Vgl. Großfeld, B., 1997a, S. 22.
[886] Vgl. EuGH, Urt. v. 27.06.1996, Rs. C-234/94, EuGHE 1996, I-3133 (Tomberger); Urt. v. 07.01.2003, Rs. C-306/99 (BIAO), DB 2003, S. 181.
[887] Vgl. nur Kleindiek, D., 1998, S. 475; Baumbach/Hueck, 2003, § 264 HGB, Rn. 9.
[888] Im BIAO-Urt. vom 07.01.2003 hat der EuGH einen Sachverhalt entschieden, bei dem die Bilanzierung von Rückstellungen für eine Risikounterbeteiligung bei einer Nicht-Kapitalgesellschaft streitig war. Zweifelhaft war, in welcher Höhe Rückstellungen aus den vermuteten Verlusten aus der Risikobeteiligung im Jahr 1989 gebildet werden konnten. Bei dem bilanzierenden Unternehmen handelte es sich um die deutsche Zweigniederlassung einer Bankgesellschaft französischen Rechts. Vgl. EuGH Urt. v. 07.01.2003, Rs. C-306/99 (BIAO), DB 2003, 181; Vorlagebeschluss des FG Hamburg v. 22.04.1999, IStR 1999, 639 m.Anm. = DStRE 2000, 171.
[889] EuGH, Urt. v. 27.06.1996, Rs. C-234/94, EuGHE 1996, I-3133.

keine ausdrückliche Zustimmung durch den EuGH, sondern wurde in dem Urteil offengelassen.[890] Allerdings sieht sich der EuGH regelmäßig für zuständig an, wenn bei der Umsetzung von Richtlinien innerstaatliche Vorschriften, die nicht unmittelbar aufgrund der Richtlinie zu ändern oder zu verabschieden waren, an das Gemeinschaftsrecht angepasst wurden.[891] Diese Rechtsprechung hat nicht allein Zuständigkeitsfragen zum Hintergrund:[892] Wird Gemeinschaftsrecht überschießend umgesetzt, verlangt der EuGH auch für diejenigen innerstaatlichen Regelungen, die mittelbar an das Richtlinienrecht angepasst wurden, eine einheitliche Auslegung.[893] Der EuGH sieht sich für die Auslegung von Gemeinschaftsrecht auch dann für zuständig an, wenn der nationale Gesetzgeber einerseits rein innerstaatliche Sachverhalte und andererseits Sachverhalte, die unter die Richtlinie fallen, gleich behandelt.[894] Auch unter dem Gesichtspunkt der umgekehrten Diskriminierung und um die hierdurch ermöglichten Wettbewerbsverzerrungen zu vermeiden „besteht ein klares Interesse der Gemeinschaft daran, dass die aus dem Gemeinschaftsrecht übernommenen Bestimmungen oder Begriffe unabhängig davon, unter welchen Voraussetzungen sie angewandt werden sollen, einheitlich ausgelegt werden, um künftige Auslegungsunterschiede zu verhindern.“[895]

Der EuGH weist in seiner BIAO-Entscheidung ausdrücklich darauf hin, dass es nicht darauf ankomme, ob es sich bei dem bilanzierenden Unternehmen um eine Kapitalgesellschaft handele oder nicht.[896] Es sei unbeachtlich, dass in der streitigen Rechnungsperiode die JaR nur auf Aktiengesellschaften, Kommanditgesellschaften auf Aktien und Gesellschaften mit beschränkter Haftung anwendbar war.[897] Zwar sei die JaR im streitigen Zeitraum noch nicht so um-

---

[890] Vgl. Schwarz, G. C., 293ff.

[891] Vgl. EuGH, Urt. v. 17.07.1997, Rs. C-28/95 (Leur-Bloem), IStR 1997, S. 539ff; Urt. v. 17.07.1997, Rs. C-130/95 (Giloy), IStR 1997, S. 542ff.

[892] Allerdings erstreckt sich ein großer Teil der Diskussion um die Bedeutung der bilanzrechtlichen Entscheidungen des EuGH auf die Frage der Entscheidungskompetenz, insbesondere auch in steuerbilanziellen Fragen vor dem Hintergrund der sog. Dzodzi-Rechtsprechung des EuGH (EuGH Urt. v. 18.10.1990, C-297/88 und C-197/89 (Dzodzi) Slg. 1990, I-3763, bestätigt durch das große Plenum: EuGH Urt. v. 17.07.1997, C-28/95 (Leur-Bloem), Slg. 1997, I-4161): Vgl. Bärenz, C., 2003, 492ff.

[893] Vgl. EuGH, Urt. v. 08.11.1990, Rs. C-231/89 (Gmurzynska-Bscher), Slg. 1990, I-4003; Urt. v. 18.10.1990, Rs. 297/88 und Rs. C-197/89 (Dzodzi), Slg. 1990, I-3763.

[894] Vgl. EuGH, Urt. v. 17.07.1997, Rs. C-28/95 (Leur-Bloem), 1. Leitsatz, IStR 1997, S. 539.

[895] Vgl. EuGH, Urt. v. 17.07.1997, Rs. C-28/95 (Leur-Bloem), IStR 1997, S. 541, Tz. 32.

[896] Vgl. EuGH, Urt. v. 07.01.2003, C-306/99 (BIAO), Rz. 91.

[897] Vgl. EuGH, Urt. v. 07.01.2003, C-306/99 (BIAO), Rz. 71 und Rz. 91f.

fassend umgesetzt worden, dass sie dem Wortlaut nach auf die bilanzierende Zweigniederlassung anwendbar war. Jedoch sind – so der EuGH unter Bezug auf die Stellungnahme der Bundesregierung – Zwecke, Grundsätze und Bestimmungen der Richtlinie auch auf alle anderen bilanzierenden Einheiten ohne Einschränkung anwendbar.[898] Im Ergebnis bedeutet dies, dass der EuGH unter Berufung auf die Stellungnahme der Bundesregierung den Anwendungskreis sämtlicher Zwecke, Prinzipien und Einzelregelungen auch auf Nicht-Kapitalgesellschaften erstreckt.[899] Die Vorschriften für Kapitalgesellschaften sind folglich zusammen mit den für alle Kaufleute geltenden Vorschriften einheitlich und richtlinienkonform auszulegen und anzuwenden.[900] Nach alledem gilt handelsbilanziell der True-And-Fair-View-Grundsatz (§ 264 Abs. 2 S. 1 HGB) nicht allein für Kapitalgesellschaften und Gesellschaften i.S.d. §§ 264a, 264b HGB, sondern auch für alle anderen Einzelkaufleute und Personengesellschaften.[901]

(3) Fusions- und Spaltungsrichtlinie

Auch Verschmelzungs- und Spaltungsrichtlinie widersprechen einer aktivierungsfreundlichen Auslegung nicht: Das Umwandlungsgesetz und die ihm zugrunde liegenden Richtlinien enthalten keine ausdrücklichen Aussagen zum Verhältnis von Vorsichtsgrundsatz und Einblicksgebot. Gleichwohl legen die insoweit einschlägigen Vorschriften ebenfalls eine „aktivierungsfreundliche“ Auslegung nahe: “Im Rahmen der Koordinierung ist es besonders wichtig, die Aktionäre (...) angemessen und so objektiv wie möglich zu unterrichten.“[902] Ebenso wie die JaR gehen auch die dem Umwandlungsgesetz zugrunde liegende Verschmelzungs- und Spaltungsrichtlinie auf Art. 44 Abs. 2 lit. g EGV zurück. Zweck der umwandlungsrechtlichen Vorschriften ist mithin ebenfalls die Wahrung der Unterrichtungsinteressen von Gesellschaftern und Dritten.[903]

---

[898] Vgl. EuGH, Urt. v. 07.01.2003, C-306/99 (BIAO), Rz. 92.

[899] Vgl. zu dieser Einschätzung Dziadkowski, D., 2003, S. 100.

[900] Vgl. EuGH, Urt. v. 07.01.2003, C-306/99 (BIAO), BStBl. II, 2004, S. 144ff., DB 2003, S. 181ff.; vgl. auch Grotherr, S., 2003, S. 527.

[901] Der Rechtsausschuss und die Bundesregierung haben bei Verabschiedung des Bilanzrichtliniengesetzes bewusst in Kauf genommen, „daß die Anpassung des deutschen Rechts an die Vierte Richtlinie der EG sich nicht auf Kapitalgesellschaften begrenzen läßt, weil sich Auswirkungen auf die Jahresabschlüsse der Kaufleute und Personenhandelsgesellschaften kaum vermeiden lassen.“ (BT-Drucks. 10/4268, S. 88).

[902] 4. Erwägungsgrund der Verschmelzungs- und (insoweit wortgleich) 6. Erwägungsgrund der Spaltungsrichtlinie.

[903] Vgl. Schwarz, G. C., S. 405f. m.w.N.

Zwar finden sich für die Regelung des § 24 UmwG keine unmittelbaren Vorgaben in der Verschmelzungs- oder Spaltungsrichtlinie. Gleichwohl bestätigt die Rechtsgrundlage der Richtlinie (Art. 44 Abs. 2 lit. g EGV) sowie die ähnlich lautenden Erwägungsgründe, die den Richtliniengeber zur Regelung des True-And-Fair-View-Grundsatzes bewegt haben, die vorstehend beschriebene Auslegung des unbestimmten Rechtsbegriffs „entgeltlicher Erwerb“. Auch insoweit sprechen die besseren Gründe für eine eher informationsfreundliche als eine dem Vorsichtsprinzip verpflichtete Auslegung. Letztlich legt also auch das Erfordernis einheitlicher Rahmenbedingungen für Umwandlungen eine aktivierungsfreundliche und einheitliche Auslegung von § 248 Abs. 2 HGB auch im Rahmen der §§ 238ff. HGB nahe.

(4) Aktivierungkriterium „entgeltlicher Erwerb“ in der Jahresabschlussrichtlinie

Der europäische Richtliniengeber verwendet die Aktivierungsrestriktion des „entgeltlichen Erwerbs“ in der JaR insgesamt zwei Mal. Die Aktivierungsbedingung findet sich beide Male im Zusammenhang mit der Gliederungsvorschrift in Art. 9 und 10 JaR: Zum einen in Art 9 Aktiva (Art. 10) lit. C. I. 2. lit. a JaR, zum anderen in Art. 9 Aktiva (Art. 10) lit. C. I. 3. JaR. Der Richtliniengeber unterscheidet dem Wortsinn nach insoweit nicht zwischen entgeltlich erworbenen immateriellen Anlagewerten und einem entgeltlich erworbenem Geschäfts- oder Firmenwert.

Durch die verschiedenen Mitgliedstaatenwahlrechte[904] in der JaR kommt zum Ausdruck, dass der Richtliniengeber eine gegenüber dem deutschen Handelsrecht weniger streng objektivierungsorientierte und letztlich auch weniger vorsichtige Gewinnermittlung geregelt hat.[905] Deutlich wird dies mit Blick auf die Fragestellung dieser Arbeit an dem Mitgliedstaatenwahlrecht in Art. 9 Aktiva (Art. 10) lit. C I. 2. lit. b JaR, wonach selbsterstellte immaterielle Anlagewerte angesetzt werden können. Der Richtliniengeber bringt insoweit hinsichtlich von Ansatzfragen und Vorsichtsgrundsatz eine weniger strenge Haltung zum Ausdruck als sie aus dem BiRiLiG spricht. Letztlich will der Bilanzrichtliniengeber das Vorsichtsprinzip nicht auf Ansatz-, sondern nur auf Bewertungsfragen er-

---

[904] Vgl. z.B. die Aktivierungswahlrechte in Art. 9 (Art. 10) Aktiva lit. B. und Art. 34 Abs. 1 lit. a JaR (Errichtungs- und Erweiterungsaufwendungen) sowie Art. 9 (Art. 10) lit. C. I. 1. i.V.m. Art. 37 Abs. 1 JaR (Forschungs- und Entwicklungskosten).

[905] Vgl. Fresl, K. D., 2000, S. 225f.

streckt wissen. Neben dem Wortsinn spricht also auch die Systematik der JaR gegen eine unterschiedliche Auslegung des Kriteriums „entgeltlicher Erwerb“ innerhalb der Art. 9 und 10 JaR: Um eine – über die aus der Natur der zu bilanzierenden Positionen hinausgehende – abweichende Auslegung zu rechtfertigen, müsste auf das Vorsichtsprinzip zurückgegriffen werden. Das Vorsichtsprinzip ist im Bilanzrichtlinienrecht jedoch gem. Art. 31 Abs. 1 lit. c JaR ausdrücklich auf die Bewertungsebene beschränkt worden.

Um keine unterschiedliche Bedeutung des Kriteriums des entgeltlichen Erwerbs für immaterielle Anlagewerte und den Geschäfts- oder Firmenwert in die JaR hineinzulesen, folgt auch aus der Verwendung des Kriteriums für den Geschäfts- oder Firmenwert, dass letztlich der derivative Erwerb i.S.v. § 255 Abs. 4 HGB umgesetzt wurde, ein weites Richtlinienverständnis des Kriteriums „entgeltlicher Erwerb“. Dieses weite Begriffsverständnis führt dazu, dass Umwandlungsvorgänge, die unzweifelhaft von Art. 9 Aktiva (Art. 10) lit. C. I. 3. JaR erfasst sind, in Art. 9 Aktiva (Art. 10) lit. C. I. 2. lit. a JaR den gleichen Aktivierungsanforderungen unterworfen werden und auch im Zuge von Umwandlungsvorgängen übergehende immaterielle Anlagewerte im Regelfall als „entgeltlich erworben“ i.S.v. Art. 9 Aktiva (Art. 10) lit. C. I. 2. lit. a JaR anzusehen sind. Der Richtliniengeber hat mit diesem weiten Entgeltlichkeitskriterium zugleich ein niedrigeres Mindestschutzniveau für Gläubiger vorgegeben.[906]

Daraus folgt aber, dass sich auf der Ebene der JaR keine Gründe finden, die generell gegen eine Aktivierung originärer immaterieller Anlagewerte im Anschluss an eine Verschmelzung oder Spaltung sprechen. Wortsinn, Systematik und Zweck der Jahresabschlussrichtlinie zufolge müssen beide Bilanzpositionen, der Geschäfts- oder Firmenwert und der originäre immaterielle Anlagewert, entgeltlich erworben sein. Der JaR lässt sich kein Grund für eine unterschiedliche Auslegung des Kriteriums „entgeltlicher Erwerb“ entnehmen. Vielmehr folgt aus der weiten Fassung des Kriteriums, dass nicht nur der Geschäfts- oder Firmenwert, sondern auch originäre immaterielle Anlagewerte, die im Zuge von Verschmelzung und Spaltung erfasst werden, entgeltlich erworben werden können. Eine Unterscheidung hinsichtlich der konzerninternen Umstrukturierungen und Konzentrationsmaßnahmen findet sich nicht. Es fragt

---

[906] In diese Richtung argumentiert auch Fresl, K. D., 2000, S. 231.

sich daher, ob es bei der Unternehmensumwandlung mithin regelmäßig zu einer Entgeltleistung kommt, die das Kriterium der Entgeltlichkeit des Erwerbs überwindet. Unterschiede inhaltlicher Art bestehen gleichwohl zwischen den beiden Bilanzpositionen: Insoweit einzelne Elemente eines originären Geschäfts- oder Firmenwertes als Recht oder ähnlicher Wert gem. Art. 9 (Aktiva) lit. C. I. 2. lit. a JaR aktiviert werden, greift Art. 9 (Aktiva) lit. C. I. 3. JaR nicht.

3. Zusammenfassung wesentlicher Untersuchungsschritte

Die Frage, ob die Vermögensübertragung bei Verschmelzung und Spaltung einen entgeltlichen Erwerb i.S.v. § 248 Abs. 2 bildet, ist zweifelhaft und macht die Auslegung der Vorschrift erforderlich. Ein Auslegungsbedürfnis ergibt sich für die Fragestellung dieser Arbeit gerade auch im Hinblick auf den in § 248 Abs. 2 HGB normierten Objektivierungsgrad und die damit einhergehenden Schwierigkeiten, ob der Vorschrift ein formalrechtliches und/oder ein wirtschaftliches Objektivierungskriterium i.S.d. in Kap. B.III.1.b) entwickelten Unterscheidung entnommen werden kann.

Zur Konkretisierung des von § 248 Abs. 2 HGB vorgegebenen Objektivierungsmaßstabes wird im Schrifttum insbesondere auf die formalrechtliche Figur des Synallagma, aber auch auf ökonomische Gesichtspunkte abgestellt. Letztere Stimmen stellen den Interessengegensatz zwischen unabhängig agierenden Vertragspartnern in den Vordergrund. Letztlich ist jedoch zweifelhaft, ob beide Gesichtspunkte – synallagmatische Austauschbeziehung und Interessengegensatz zwischen (unabhängigen) Marktteilnehmern – kumulativ vorliegen müssen, oder ob ggfs. das eine oder andere Kriterium letztlich ausschlaggebend ist. Während der BFH hier überwiegend auf das streng formalrechtliche Kriterium der synallagmatischen Austauschbeziehung abstellt, rückt er im sog. Transferfußballerurteil von dieser streng formal-juristischen Objektivierungsvorgabe ab. Der BFH hält insoweit auch bei Leistungen, deren unmittelbaren Rechtsgrund eine gesetzliche Anordnung bildet, einen entgeltlichen Erwerb für möglich, wenn eine – wirtschaftlich betrachtet – synallagmaähnliche Kausalitätsbeziehung zwischen den ausgetauschten Leistungen bestand. Trennscharfe Kriterien lassen sich der Entscheidung gleichwohl nicht entnehmen.

Zwar kann dem True-And-Fair-View-Grundsatz angesichts der – bezüglich der Umsetzung der Richtlinie in mitgliedstaatliches Recht – ein Wahlrecht zulassenden JaR grundsätzlich durch Aktivierung oder durch Nichtaktivierung entsprochen werden.[907] Jedoch ist das Kriterium des entgeltlichen Erwerbs in Art. 9 C. I. 2. lit. a und Art. 10 C. I. 2. lit. a der JaR audrücklich festgeschrieben. Insoweit ist eine richtlinienkonforme Auslegung möglich und geboten. Gemäß dem True-And-Fair-View-Grundsatz als oberster Leitlinie der Auslegung steht die Unterrichtung der verschiedenen Bilanzadressaten im Vordergrund einer jeden richtlinienkonformen Bilanzierung. Auch die Auslegung des § 248 Abs. 2 HGB hat sich hieran zu orientieren.

Ausgangspunkt der vorstehenden Diskussion der JaR und der EuGH-Rechtsprechung zum Bilanzrecht war die bislang im Schrifttum vernachlässigte Frage nach einem „europäischen Beitrag" zur Auslegung des § 248 Abs. 2 HGB im Zusammenhang mit Umwandlungsvorgängen. Die Generalklausel des § 264 Abs. 2 HGB hat eine interpretierende Funktion. Sie dient der Lückenfüllung und der Auslegung bei Zweifelsfragen. Dabei ist vor dem Hintergrund der erörterten Tomberger-, der DE+ES- und der BIAO-Entscheidung in Anbetracht des Einblicksgebotes von einem Zurücktreten einer vornehmlich am Vorsichtsgrundsatz orientierten Bilanzierungsweise auszugehen: Ist eine nationale Rechtsvorschrift auslegungsbedürftig, so muss sie bei einer Auswahl an Auslegungsmöglichkeiten so interpretiert werden, dass das Auslegungsergebnis mit Ziel und Zweck der Richtlinie am ehesten in Einklang gebracht werden kann. Für die einheitliche Auslegungen der §§ 238 bis 263 HGB und der §§ 264ff. HGB spricht auch das Gebot der Widerspruchsfreiheit als Leitprinzip jeder teleologischen Auslegung: Wird eine Vorschrift nach Sinn und Zweck ausgelegt, ist die widerspruchsfreie Einbettung in den Sinn- und Zweckzusammenhang anderer Teile der Rechtsordnung ein die Auslegung beherrschendes Prinzip.

Bis auf die Vertreter der „strengen" und nicht (mehr) haltbaren Abkopplungsthese ist – wie ausgeführt – die ganz überwiegende Anzahl der Stimmen aus dem Schrifttum der Ansicht, die Generalklausel könne als Leitlinie bei der Auslegung von Vorschriften des Bilanzrechts und beim Ausfüllen gesetzlicher Lücken herangezogen werden. Im Ergebnis spricht die richtlinienkonforme Auslegung unter Berücksichtigung der EuGH-Rechtsprechung zur Bilanz-

---

[907] Vgl. Art. 9 C. I. 2. lit. b und Art. 10 C. I. 2. lit. b JaR.

richtlinie für eine eher an ökonomischen Tatsachen als an der Erfüllung formalrechtlicher Voraussetzungen geknüpften Sichtweise des entgeltlichen Erwerbs. Zudem folgt aus dem Einblicksgebot, dass im Zweifel zugunsten einer gegenüber dem Geschäfts- oder Firmenwert separaten Bilanzierung immaterieller Anlagewerte zu entscheiden wäre, um die Vermögenslage differenziert darzustellen. In den Folgeperioden führt diese Einzelerfassung aufgrund individueller Abschreibungsverläufe zudem zu einem genaueren Bild der Ertragslage. Die periodengerechte Erfolgsermittlung wird genauer, weil sie sich an individuellen Abschreibungsverläufen orientieren muss. Selbst der bilanziellen Vorsicht ist aus diesem Grund im Ergebnis gedient, denn der Einzelansatz „schützt" den Gläubiger vor den Wahlmöglichkeiten des § 255 Abs. 4 HGB.

Hinzu kommt, dass die JaR für immaterielle Anlagewerte auch für den derivativen Geschäfts- oder Firmenwert einen entgeltlichen Einzelerwerb fordert. Aus der Perspektive der JaR scheint sich für Umwandlungen als Unterfall des Unternehmenserwerbs und für den derivativen Erwerb immaterieller Anlagewerte kein Unterschied zu ergeben. Zugleich erscheint die Konkretisierung des „entgeltlichen Erwerbs" durch die bürgerlich-rechtliche Figur des Synallagmas jedenfalls für all jene Fälle fragwürdig, in denen bei wirtschaftlicher Betrachtungsweise eine von Interessengegensätzen geprägte Austauschbeziehung, aber keine synallagmatische Rechtsstruktur vorliegt. Zugleich wird deutlich, dass auch auf Ebene der JaR mit dem Kriterium des entgeltlichen Erwerbs über die bloße Anschaffungskostenbilanzierung hinaus ein zusätzlicher Objektivierungsmechanismus zugelassen wird.

Des Weiteren scheint aus dem Hinweis des EuGH[908], in Zweifelsfällen könne der Bilanzierende auf IAS zurückgreifen, zu folgen, dass bei Unklarheiten jedenfalls dann kein Ansatz erfolgen darf, wenn auch nach IAS 38 und IFRS 3 ein Ansatz zu unterbleiben hätte.[909] Der Hinweis auf die IAS/IFRS lässt sich zudem auch dahingehend interpretieren, dass die der Objektivierung dienende formalrechtliche Betrachtung einer stärker wirtschaftlich orientierten Betrachtungsweise zu weichen habe.[910]

---

[908] Vgl. hierzu Scheffler, W., 2003, S. 298ff.

[909] Zur Behandlung selbsterstellter immaterieller Anlagewerte im Rahmen von Business Combinations nach IAS 38.27. bis 38.32 s.u. Kap. E. III.

[910] Vgl. Scheffler, W., 2003, S. 302.

Nach alledem lässt sich der Rechtsprechung des EuGH zum Bilanzrichtlinienrecht eine klare Tendenz hin zu eher wirtschaftlichen als formalrechtlichen Objektivierungbedingungen entnehmen. Ökonomische und damit Gesichtspunkte objektivierenden Marktbezugs rücken in den Vordergrund. Ob eine ökonomisch ausgerichtete Kriterienbildung einen hinreichend sicheren Objektivierungsmaßstab für die hier ins Auge gefassten Umwandlungsfälle begründen kann, wird in den nachfolgenden Kapiteln D.III. und D.IV. erörtert.

III. Entgeltlicher Erwerb bei Konzentrationsverschmelzung und -spaltung

1. Universalsukzession als Sonderfall entgeltlichen Erwerbs

a) Allgemeines

Immaterielle Vermögensgegenstände gehen in den Fällen übertragender Umwandlungen eines Unternehmens nicht einzeln, sondern im Rahmen der umwandlungstypischen Universalsukzession als Teil einer Sach- und Rechtsgesamtheit auf den übernehmenden Rechtsträger über. Das Entgelt für die einzelnen Vermögensgegenstände und Schulden wird sich oft nicht genau beziffern lassen. Einerseits kann dem einzelnen immateriellen Vermögensgegenstand u.U. kein bestimmter Entgeltanteil zugeordnet werden, weil er sich weder aus einem Marktpreis noch aufgrund von sonstigen Anhaltspunkten (wie z.B. ausdrückliche Vereinbarungen und Festlegungen) ergibt.[911] Andererseits unterliegt der Wert der Gesamtanschaffungskosten in Form von Anteilen am übernehmenden Rechtsträger – zumindest wenn kein Börsenkurs herangezogen werden kann – den Unwägbarkeiten der Unternehmensbewertung. Der absolute Wert der Anschaffungskosten unterliegt zudem keiner vergleichbar intensiven richterlichen Äquivalenzprüfung wie die Umtauschrelation.[912]

b) Isolierter entgeltlicher Erwerb immaterieller Anlagewerte

Die Einzelerfassung immaterieller Anlagewerte wird im Kontext der mit dieser Arbeit aufgeworfenen Fragestellung – der Aktivierbarkeit immaterieller Anlagewerte im Anschluss an die umwandlungsbedingte Neuzuordnung unternehmerischen Vermögens – vereinzelt auch im Zusammenhang mit § 248 Abs. 2 HGB angesprochen.[913] Obwohl bei Konzentrationsverschmelzungen und -spaltungen ein Interessengegensatz zwischen unabhängigen Marktteilnehmern zu einer Umtauschvereinbarung über einen *in toto* entgeltlichen Erwerbsvorgang geführt hat, erscheint einigen Stimmen in der Literatur eine Aktivierungspflicht aufgrund entgeltlichen Erwerbs aufgrund der Schätzunsicherheiten betreffend die einzelnen immateriellen Vermögensgegenstände beim Erwerb von Sach-

---

[911] Vgl. Dehmer, H., 1996, § 24 UmwG, Rn. 5; Pohl, H., 1995, S. 57f.

[912] Das Umtauschverhältnis ist im Hinblick auf die in ihm zum Ausdruck kommende Relation im Fokus der richterlichen Beurteilung, nicht aber die absoluten Werte.

[913] Vgl. Pohl, H., 1995, S. 58, der darauf hinweist, dass sich in diesen Fällen die „Gegenleistung der Übernehmerin [...] nicht einzelnen Vermögensgegenständen zuordnen" lässt.

und Rechtsinbegriffen zweifelhaft.[914] Insoweit § 248 Abs. 2 HGB auf das Vorsichtsprinzip zurückzuführen ist und immaterielle Anlagegüter wegen ihrer schweren Schätzbarkeit unsichere Werte sind, macht ein Aktivierungsverbot auf den ersten Blick Sinn. Jedoch spielt der Einzelbewertungsgrundsatz in erster Linie im Rahmen der Bewertung und bei Ansatzfragen bei Beurteilung der selbstständigen Bewertbarkeit eine Rolle.

Ein Ansatzverbot aufgrund von Schwierigkeiten der Einzelwertbemessung widerspräche letztlich sogar dem Einzelbewertungsgrundsatz gem. § 252 Abs. 1 Nr. 3 HGB und im Ergebnis auch dem darin zum Ausdruck kommenden Vorsichtsprinzip.[915] Aktiviert man das aus der Perspektive des übergehenden Vermögens originäre immaterielle Gut in diesen Fällen nicht als einzelnen Anlagewert i.S.d. § 266 Abs. 2 A. I. 1. HGB, greift das Wahlrecht des § 255 Abs. 4 HGB. Eine Aktivierung käme also unabhängig von der Anwendbarkeit des § 248 Abs. 2 HGB in Betracht, insoweit von dem Wahlrecht zur Aktivierung des derivativen Geschäfts- oder Firmenwertes nach § 255 Abs. 4 HGB Gebrauch gemacht wird. Eine Aktivierung im Rahmen des § 255 Abs. 4 HGB widerspräche jedoch dem – in § 248 Abs. 2 HGB zum Ausdruck kom-menden – Vorsichtsprinzip, denn die Entwicklung der Werte einzelner imma-terieller Anlagegüter wäre nicht mehr einzelwertbezogen abgebildet, obwohl sie aktiviert werden (können). Ohne die individuelle Wertentwicklung zu berück-sichtigen, unterläge der immaterielle Vermögensgegenstand zudem den nicht weiter differenzierenden Abschreibungsregelungen des § 255 Abs. 4 HGB.[916] Beides widerspräche dem Grundsatz vollständiger Einzelerfassung, demzufolge jeder einzelne Vermögensgegenstand für sich gesondert und nicht etwa als Teil einer Gesamtheit von Vermögensgegenständen zu bilanzieren ist.[917] Für diese Sichtweise spricht zudem auch die im vorhergehenden Kapitel herausgearbeitete Bedeutung des Einblicksgebotes.

---

[914] Vgl. Pohl, H., 1995, S. 57f.; Marx, F.-J., 1994, S. 2384; Dehmer, H., 1996, § 24 UmwG, Rn. 57; in diesem Sinn für den in dieser Hinsicht mit § 248 Abs. 2 HGB vergleichbaren § 153 Abs. 3 AktG a.F.: Kropff, B., in : Geßler, E., 1973, § 153 AktG, Rn. 44. Vgl. auch Roland, H., 1980, S. 176f. m.w.N. zum älteren Schrifttum.

[915] Vgl. Moxter, A., 1999, S. 31; Adler, H./Düring, W./Schmaltz, K., 1998, § 248 HGB, Rn. 20; Kupsch, P., in: Hofbauer, M./Kupsch, P., 2005, § 248 HGB, Rn. 22.

[916] Vgl. Pohl, H., 1995, S. 58f.

[917] Vgl. nur Adler, H./Düring, W./Schmaltz, K., 1995, § 252 HGB, Rn. 48 m.w.N.

Bevor also immaterielle Vermögensgegenstände als Bestandteil des Geschäfts- oder Firmenwertes gemäß der nicht weiter differenzierenden Regelung des § 255 Abs. 4 HGB aktiviert und abgeschrieben werden, gebietet das Vorsichtsprinzip eine individuelle Behandlung aufgrund des Einzelbewertungsgrundsatzes und des Prinzips entgeltlichen Erwerbs.[918] Hinzu kommt, dass der grundsätzlich fehlende Verteilungsschlüssel für die Zurechnung der im Zuge der Umwandlung erbrachten Gegenleistung des übernehmenden Rechtsträgers durch die Fiktion eines Nexus zwischen Gegenleistung und den einzelnen Vermögensgegenständen ersetzt wird.[919] Damit wird, wie bei der Erstkonsolidierung im Konzernabschluss, eine Einzelanschaffung fingiert.

Im Regelfall wird der immaterielle Anlagewert des übertragenden Rechtsträgers auch als Bestandteil des lebenden Unternehmens im Rahmen der Unternehmensbewertung berücksichtigt worden sein.[920] Der Wert des einzelnen Anlagewertes fließt also im Rahmen des Interessenausgleichs zwischen den beteiligten Rechtsträgern bzw. ihrer Organe und Gesellschafter in die Bestimmung des Umtauschverhältnisses ein. Der einzige „Marktwert" bei Verschmelzungen und Spaltungen ist das von den Beteiligten vereinbarte Umtauschverhältnis.[921] Auch ohne expliziten Bezug auf einen einzelnen Wert kann daher – jedenfalls bei wirtschaftlicher Betrachtungsweise – ein entgeltlicher Erwerb vorliegen. Wirtschaftlich gesehen handelt es sich dabei auch um eine Haupt-, nicht aber um eine bloße Nebenleistung, denn der immaterielle Vermögensgegenstand war Bestandteil der Unternehmensmasse, die der umwandlungstypischen Gegenleistung gegenüberstand und deren Höhe bei der kaufmännischen Abwägung mitbestimmte.[922]

c) Gegenleistung und entgeltlicher Erwerb

Verschmelzungen und Spaltungen sind Anschaffungsvorgänge, bei denen fraglich ist, ob sie auch einen entgeltlichen Erwerbsvorgang bilden. Wie in Kap. C. II gezeigt, lassen sich übertragende Umwandlungen mit Blick auf die jeweils

---

[918] Vgl. zum Zusammenhang des Einzelbewertungsgrundsatzes mit dem Vorsichtsprinzip und dem Prinzip des entgeltlichen Erwerbs unter zerschlagungsstatischer und dynamischer GoB-Begründung: Euler, R., 1996, S. 33 und S. 88f.

[919] Vgl. Möhrle, M., 1999, S. 157.

[920] In diesem Sinn wohl auch Roland, H., 1980, S. 179f.

[921] Vgl. Pohl, H., 1995, S. 77.

[922] Vgl. zur Abwägung zwischen Leistung und Gegenleistung und in diesem Zusammenhang zur Unterscheidung zwischen Haupt- und Nebenleistung: Großfeld, B., 1997a, S. 108 m.w.N.

zu erbringende Gegenleistung des übernehmenden Rechtsträgers, wie folgt typisieren:[923]

- Der übernehmende Rechtsträger gibt durch Kapitalerhöhung oder durch Neugründung neu geschaffenes Kapital an die Anteilseigner des übertragenden Rechtsträgers aus.
- Der übernehmende Rechtsträger gewährt den Anteilseignern des übertragenden Rechtsträgers eigene Anteile.
- Eine bestehende Beteiligung des übernehmenden Rechtsträgers am übertragenden Rechtsträger geht unter.
- Der übernehmende Rechtsträger leistet – zwecks Spitzenausgleichs – bare Zuzahlungen.

Bei diesen verschiedenen Formen umwandlungsrechtlich zulässiger Gegenleistungen lassen sich einlage- und tauschähnliche Strukturen unterscheiden. Insoweit bei Verschmelzung, Ab- und Aufspaltung neue Anteile ausgegeben werden, kommt ein einlageähnlicher Vorgang in Betracht.[924] Wird Vermögen ausgegliedert oder wird bei einer Vermögensübertragung das Kapital der Übernehmerin nicht erhöht[925], stellt sich die Frage nach der Tauschähnlichkeit. Es ist daher zunächst zu untersuchen, inwiefern Umwandlungsvorgänge als Einlage- und Tauschvorgänge einzustufen sind.

2. Entgeltlichkeit von Einlagevorgängen

a) Allgemeines

Wird neues Kapital aus einer Neugründung oder einer Kapitalerhöhung zur „Abfindung" der Eigner des übertragenden Rechtsträgers hingegeben, wird überwiegend befürwortet, die allgemeinen Grundsätze über die Bilanzierung

---

[923] Vgl. oben C.II.3.d)aa).

[924] Als „Einlage" werden im Gesellschaftsrecht (vgl. §§ 707, 733 Abs. 2 und 3, 734, 735 S. 1, 739 BGB) Vorteilszuwendungen angesehen, die ein Gesellschafter in seine Gesellschaft geleistet hat. Als „Beitrag" (vgl. §§ 705, 706, 708, 735 S. 2 BGB) werden noch ausstehende Leistungen des Gesellschafters verstanden. Vgl. Sprau, H., in: Palandt, H., 2005, § 706 BGB, Rn. 1. Nach der Ansicht von K. Schmidt umfasst der Begriff „Beitrag" hingegen sämtliche Gesellschafterleistungen in die Gesellschaft, solange sie eine vom Mitglied geschuldete Zweckförderung darstellen. Einlage ist – demgegenüber enger – ein zur Eigenkapitalbildung in das Gesellschaftsvermögen zu leistender Beitrag, der die Haftungsmasse mehrt. Vgl. hierzu Schmidt, K., 2002, S. 567.

[925] Ist die übertragende an der übernehmenden Kapitalgesellschaft mit vollständig eingezahlten Anteilen beteiligt oder hält der übernehmende Rechtsträger eigene Anteile, räumt das UmwG der Übernehmerin ein Wahlrecht ein, ob sie ihr Kapital erhöhen will oder nicht (§§ 54 Abs. 1 S. 2 Nr. 1 u. Nr. 2, 68 Abs. 1 S. 2 Nr. 1 und Nr. 2 UmwG).

von (offenen[926]) Sacheinlagen heranzuziehen.[927] Das Vermögen des übertragenden Rechtsträgers wird danach im Wege der Gesamtrechtsnachfolge in den übernehmenden Rechtsträger eingelegt.[928] Die Erwerber der neuen Anteile am übernehmenden Rechtsträger bringen mangels Rechtszuständigkeit das Vermögen nicht selber ein, jedoch erfolgt die Übertragung wirtschaftlich betrachtet mittelbar – „für Rechnung"[929] – der Gesellschafter des übertragenden Rechtsträgers.[930] Es handelt sich mithin um keinen nur betrieblichen, sondern um einen gesellschaftsrechtlichen Vorgang.[931] Wie im einzelnen Sacheinlagen anzusetzen und zu bewerten sind, ist umstritten, insbesondere ist fraglich, ob es sich überhaupt um einen Anschaffungs- und Realisationsvorgang handelt: Teilweise werden Tauschgrundsätze für anwendbar gehalten.[932]

Bei der bilanziellen Behandlung von Sacheinlagen ist zwischen Sacheinlagen in Kapitalgesellschaften und Sacheinlagen in Personengesellschaften zu unterscheiden. Die Sacheinlage in Kapitalgesellschaften ist für AG in §§ 27 Abs. 1, 183 Abs. 1 AktG, für GmbH in §§ 5 Abs. 4, 56 Abs. 1 GmbHG formalrechtlich geregelt. Bei der Sacheinlage in Kapitalgesellschaften werden als Anschaffungskosten grundsätzlich die für die Begebung der Anteile der im Gesellschaftsvertrag oder Kapitalerhöhungsbeschluss bestimmten Ausgabebeträge angesetzt.[933] Im Gesellschaftsvertrag oder im Kapitalerhöhungsbeschluss kann auch

---

[926] Einlagevorgänge werden danach unterschieden, ob es sich um eine sogenannte gesellschaftsrechtliche Einlage handelt, bei der der Einlegende originär geschaffene Mitgliedschaftsrechte für seine Leistung erhält, oder ob die Einlage „verdeckt" – sozusagen als Schenkung causa societatis - erfolgt, also ohne Gegenleistung seitens der Gesellschaft. Bei der verdeckten Einlage entreichert sich der einlegende Gesellschafter nur insoweit, als seine Mitgliedschaftsrechte (Vermögens- und Gewinnbeteiligung) aufgrund der Einlage nicht quotal im Wert steigen. Die (umstrittene) Behandlung der verdeckten Einlage im Zusammenhang mit der Erörterungen von Umwandlungsvorgängen interessiert hier nicht, da es sich hierbei regelmäßig um „offene", nicht aber um „verdeckte" Vermögensverschiebungen handelt. Vgl. zu dieser Frage Adler, H./Düring, W./Schmaltz, K., 1998, § 248, Rn. 21 m.w.N.; Döllerer, G., 1986, S. 1860.

[927] Vgl. Müller, W., 1996a, S. 863; Müller, W., 1996b, S. 246f.; Naumann, K.-P., S. 690f.; Schulze-Osterloh, J., 1993, 428ff.

[928] Vgl. Hense, B., 1993, S. 184; Angermayer, B., 1995, S. 683.

[929] Schulze-Osterloh, ZGR 1993, 428; vgl. auch Welf Müller, FS Clemm 1996, S. 249.

[930] Vgl. Schulze-Osterloh, J., 1993, S. 428ff.

[931] Vgl. Müller, W., 1996b, S. 247.

[932] Vgl. Adler, H./Düring, W./Schmaltz, K., 1995, § 253 HGB, Rn. 44.

[933] Vgl. Delmas, B., 1997, S. 11ff.; a.A.: Schulze-Osterloh, J., 1993, S. 429ff.: Bewertung zum Zeitwert zwingend.

ein Agio bestimmt werden. Anschaffungskosten bildet in diesem Fall der Nennbetrag zuzüglich Agio.[934]

Liegt der Zeitwert der eingelegten Objekte unter dem Ausgabebetrag, haftet der Inferent der Gesellschaft i.H.d. Differenz, so dass eine Ausgleichsforderung gegen ihn zu aktivieren ist. Ist der Zeitwert der Einlagegegenstände höher als der Ausgabebetrag, wird nach verbreiteter Auffassung die Bildung stiller Reserven überwiegend für zulässig gehalten.[935] Es bestehe insoweit aber ein Wahlrecht zum Ansatz der Sacheinlage zu deren Zeitwert unter gleichzeitiger Gegenbuchung einer Kapitalrücklage nach § 272 Abs. 2 Nr. 1 HGB i.H. der Differenz zwischen Ausgabebetrag und Zeitwert.[936] Nach anderer Ansicht besteht kein Wahlrecht und es komme – da auch keine entsprechende Kapitalrücklage gebildet werden dürfe – in diesem Fall zwingend zur Bildung stiller Reserven.[937]

Die voranstehend beschriebenen Grundsätze über die Sacheinlage in Kapitalgesellschaften gelten entsprechend für die Sacheinlage in Personengesellschaften: Besonderheiten ergeben sich insoweit, als es keine festen Nennbeträge für Anteile an Personengesellschaften gibt. Zudem muss bei Personengesellschaften zwischen den verschiedenen Kapitalkonten der Gesellschafter unterschieden werden: Kapitalkonto I (Einlagenkonto), Kapitalkonto II, Rücklagenkonto und Darlehenskonto. Insofern der Zeitwert der Sacheinlage in eine Personengesellschaft den auf dem Einlagenkonto verbuchten Wert übersteigt, kommt eine Passivierung des Differenzbetrages auf einem der Konten mit Ausnahme des Darlehenskontos in Betracht.[938]

Für Sacheinlagen gelten nach h.M. folgende Bewertungsmaßstäbe:[939]

- Die Sacheinlage kann zum Zeitwert angesetzt werden. Der Zeitwert muss mindestens den Nennwert der einzuräumenden Anteile betragen. Ist der Zeitwert der eingelegten Güter höher als der Nennbetrag der gewährten

---

[934] Vgl. nur Müller, W., 1996b, S. 249.

[935] Gegen eine Bildung stiller Reserven im Zuge der Sacheinlage: Schulze-Osterloh, J., in: Baumbach, A./Hueck, A., § 42 GmbHG, Rn. 281 m.w.N.

[936] Vgl. Adler, H./Düring, W./Schmaltz, K., 1995, § 255 HGB, Rn. 97.

[937] Vgl. Müller, W., 1996a, S. 864; Schulze-Osterloh, J., 1993, S. 432.

[938] Vgl. zur Vorgehensweise bei Personengesellschaften: Ellrott, H./Schmidt-Wendt, D., Beck'scher Bilanzkommentar, 2003, § 255 HGB, Rn. 158.

[939] Zu den folgenden Bewertungsgrundsätzen für Sacheinlagen vgl. nur Adler, H./Düring, W./Schmaltz, K., 1995, § 255 HGB, Rn. 96f.; Knop, W./Küting, K., 1995, S. 1024.

Anteile, muss die Differenz in die Kapitalrücklage eingestellt werden. Ein Nennwert über dem Zeitwert der eingelegten Sachgüter ist unzulässig.

- Der Wert der Sacheinlage kann durch den Nennwert der für die übertragenen Güter überlassenen Anteile bestimmt werden. Eine Kapitalrücklage i.H. des Unterschiedsbetrages zum Zeitwert der eingelegten Güter muss nicht dotiert werden. Die Bildung stiller Reserven ist insoweit zulässig.
- Wird ein über dem Nennwert liegender Ausgabebetrag für die zu gewährenden Anteile ausdrücklich beschlossen, ist i.H.d. Differenz zwischen Nennwert und Ausgabebetrag eine Kapitalrücklage zu dotieren.

b) Entgelt

aa) Entgeltlichkeit von Einlagevorgängen

Bei der Gründung oder bei der Kapitalerhöhung einer Gesellschaft wendet der Gesellschafter Mittel auf, um im Gegenzug Mitgliedschaftsrechte an der Gesellschaft zu erhalten. In einem weiteren Sinn lässt sich von einer Austauschbeziehung zwischen hingegebenem Einlagegegenstand und Gewährung von Mitgliedschaftsrechten sprechen.

Gehen immaterielle Vermögensgegenstände des Anlagevermögens einem Unternehmen aufgrund einer offenen Einlage zu, so liegt nach teilweise vertretener Ansicht[940] ein entgeltlicher Erwerb i.S.d. § 248 Abs. 2 HGB oder aber – so eine andere Meinung – jedenfalls eine zulässige Ausnahme[941] vom Aktivierungsverbot vor. Überwiegend wird im Schrifttum aber darauf hingewiesen, dass die Gründe für das Aktivierungsverbot, also die Unsicherheit über das Vorliegen eines dauerhaften Wertes und die Unsicherheit über die Wertbestimmung gerade auch dann bestehen, wenn das immaterielle Gut aus dem Privatvermögen in das Betriebsvermögen überführt wird.[942]

Das Aktienrecht regelt in § 27 Abs. 2 AktG rechtsformübergreifend für Kapitalgesellschaften[943] die Kriterien für dasjenige, was als Sacheinlage in Betracht kommt: „Sacheinlagen oder Sachübernahmen können nur Vermögensgegenstände sein, deren wirtschaftlicher Wert feststellbar ist". Diese Regelung ist im

---

[940] Marx, F.-J., 1994, S. 2386.
[941] Vgl. Moxter, A., 1999, S. 30.
[942] Vgl. Knobbe-Keuk, B., 1993, S. 289.
[943] Nach ganz h.M. ist die Vorschrift auch für die Einlage in eine GmbH beachtlich, vgl. nur Ulmer, P., in: Hachenburg, GmbHG, § 5, Rn. 30.

Zusammenhang mit dem Prinzip der Kapitalaufbringung und dem Verbot der Unterpariemission zu sehen.[944] Die von Rechtsprechung und Teilen des Schrifttums in den Fällen der Sacheinlage abgesenkte Aktivierungsgrenze ist darauf zurückzuführen, dass in das Betriebsvermögen eingelegte Güter nicht mit Ausgaben korrespondieren, die zu einer Gefährdung von Gläubigern führen könnten.[945] Die Vermögenslage des Unternehmens verschlechtert sich nicht durch den eingelegten Gegenstand, weil das Unternehmen für diesen Gegenstand keine Ausgaben ohne äquivalenten Gegenwert realisiert hat, sondern es sich lediglich um eine Kapitalzufuhr handelt, die nicht ausgeschüttet und dem Gläubigerzugriff entzogen werden könne.[946]

Die Überlegungen zum Gläubiger- und Gesellschafterschutz bei der im Zusammenhang mit Einlagevorgängen vorzunehmenden Abgrenzung des privaten und des betrieblichen Bereichs müssen vor dem Hintergrund von Vermögensermittlungs- und Gewinnermittlungsprinzip gesehen werden. Bei den haftungsbeschränkten Kapitalgesellschaften sind die Regelungen gem. § 27 Abs. 2 AktG und § 5 Abs. 4 GmbHG Ausdruck der gesetzlichen Bemühungen, die Werthaltigkeit einzulegender Vermögensgegenstände abzusichern. Und auch beim Einzelkaufmann und bei Personengesellschaften ist die Information über die Vermögens- und Kapitalausstattung im Zusammenhang mit Einlagen für den Schutz vor gläubigergefährdenden Selbst- und Fremdtäuschungen des Kaufmanns bedeutsam.[947] Die Aktivierung einer Einlage führt jedoch nicht zu einem überhöhten Ansatz des entziehbaren Gewinns, sondern nur zu einem erhöhten Ausweis des Vermögens.[948] Letztlich – so ließe sich argumentieren – kann das Prinzip entgeltlichen Erwerbs als Ausdruck des Vorsichtsprinzips aufgrund der Bedeutung der Abgrenzung der betrieblichen von der privaten Sphäre im Zusammenhang mit Gläubiger- und Gesellschafterschutz zurücktreten, wenn nicht mehr die Ermittlung des entziehbaren Gewinns, sondern lediglich die Ermittlung des Vermögens betroffen ist. Diese Auffassung verkennt allerdings, dass der Gläubiger gleichwohl über die Möglichkeiten eines Haftungszugriffs mit bilanzrechtlichen Mitteln getäuscht werden könnte und im „Ernstfall"

---

[944] Vgl. Hüffer, U., 2004, § 27 AktG, Rn. 1.
[945] Vgl. Euler, R., 1996, S. 212.
[946] Vgl. Moxter, A., 1999, S. 31.
[947] Vgl. Euler, R., 1996, S. 127.
[948] Vgl. Knobbe-Keuk, B., 1993, S. 288f.

angesichts der fehlenden Werthaltigkeit des Eingelegten mit seinen Forderungen ausfällt.

Der Annahme eines Tauschvorganges und eines entgeltlichen Erwerbes gem. § 248 Abs. 2 HGB widerspricht jedoch der Natur des Rechtsverhältnisses zwischen dem Inferenten und der Gesellschaft. Bei der Kapitalerhöhung werden die neuen Kapitalanteile, die das „Entgelt" für die eingelegten Werte bilden, durch den Einlagevorgang erstmals geschaffen. Die Gesellschaft, in die eingelegt wird, erbringt folglich bei der Ausgabe neuer Anteile kein Vermögensopfer. Der Inferent erhält von der Gesellschaft eine Leistung, deren wirtschaftlichen Voraussetzungen er selber durch die Hingabe von Einlagewerten erst geschaffen hat. Die Gesellschaft wendet keine Mittel auf, um die Einlage zu vergüten. Damit fehlt es an einem synallagmatischen Austauschverhältnis zwischen Inferent und Gesellschaft.[949]

Auch offene Sacheinlagen, die im Rahmen einer Unternehmensneugründung erbracht werden, begründen keinen entgeltlichen Erwerb i.S.v. § 248 Abs. 2 HGB. Die Gesellschaft wird bereits mit Abschluss des Gesellschaftsvertrages gegründet und in diesem Vertrag ist die zur Sacheinlage führende Beitragsverpflichtung ebenso festgeschrieben wie die Zuweisung der damit entstehenden Gesellschaftsanteile. Der Gesellschafter erwirbt die Gesellschafterposition gerade nicht erst durch die Einlage, sondern bereits mit Abschluss des Gesellschaftsvertrages.[950] In den Besitz von Anteilen gelangt der Gesellschafter schon mit Abschluss des Gesellschaftervertrages, so dass er die Einlage nicht erbringt, weil er Gesellschafter werden möchte, sondern weil er Gesellschafter geworden ist.[951] Im Verhältnis zur Gesellschaft ist der Einlagevorgang Erfüllung einer Gesellschafterpflicht, die nicht im Austauschverhältnis zur Gewährung von Beteiligungsrechten steht, die bereits mit Gesellschaftsgründung entstanden sind. Dabei auf die Beziehung der Gesellschafter untereinander zurückzugreifen, ist nicht vertretbar, denn zwischen Gesellschaftern besteht gerade kein Austauschvertrag. Vielmehr erfolgt die Leistung gegenüber

---

[949] Vgl. zu dieser Argumentation Hommel, M., 1998, S. 262; Gruber, T. 1991, S. 160.
[950] Vgl. Döllerer, G., 1971, S. 1250.
[951] Vgl. Merkert, H., 1968, S. 828.

der Gesellschaft, die die Einlageleistung vom Gesellschafter gemäß Gesellschaftsvertrag verlangen kann.[952]

Die Verneinung des entgeltlichen Erwerbs mit der vorangehend nachgezeichneten Argumentation überzeugt jedoch nur bei Rückgriff auf die streng formalrechtliche Auslegung des Entgeltlichkeitskriteriums nach § 248 Abs. 2 HGB. Nur wenn ein Synallagma im strengen Sinn eines wechselseitigen und unmittelbaren rechtlichen Austauschverhältnisses als maßgeblich für die Bestimmung des entgeltlichen Erwerbs angenommen wird, sind (offene) Einlagevorgänge nicht entgeltlich i.S.v. § 248 Abs. 2 HGB. In Anbetracht der das Bilanzrecht bestimmenden wirtschaftlichen Betrachtungsweise kann diese an formalrechtlichen Prinzipien orientierte Betrachtungsweise nicht befriedigen.[953] Zwar ist die Anteilsgewährung bei Verschmelzung, Ab- und Aufspaltung regelmäßig nicht im strengen Sinn Gegenleistung für das von der Übernehmerin erlangte Vermögen. Wirtschaftlich gesehen hat die Anteilsgewährung aber durchaus die Funktion einer Gegenleistung, die den Wert des von der Übertragerin an die Übernehmerin geleisteten Vermögens am Markt bestätigt.[954] Erforderlich ist aber dennoch ein synallagmaähnliches Austauschverhältnis, bei dem eine durch Interessengegensätze bedingte, markttypische Festlegung der Entgelthöhe stattfindet.

Fraglich ist, ob diese enge formalrechtliche Interpretation vor dem Hintergrund des bereits skizzierten BFH-Urteils zu Transferentschädigungen aufrechterhalten werden kann. Für die Bestimmung des Kriteriums „entgeltlicher Erwerb“ bedarf es der vertraglichen Übereinkunft zweier Parteien mit widerstreitenden Interessen.[955] Für die Anerkennung eines vertraglichen Interessenausgleichs als „entgeltlich“ i.S. von § 248 Abs. 2 HGB genügt es im Anschluss an das Urteil zu Transferentschädigungen aufgrund des DFB-Lizenzspielerstatuts, wenn Leistung und Gegenleistung zwar nicht in einem formalrechtlichen, wohl aber in einem wirtschaftlichen Sinn im Leistungs-Gegenleistungsverhältnis stehen.[956] Entgeltlich erworben werden danach auch Ver-

---

[952] Vgl. Hommel, M., 1998, S. 261f. m.w.N.; vgl. auch Döllerer, G., 1971, S. 1250; a.A. Marx, F.-J., 1994, S. 2386.

[953] Zum Verhältnis der wirtschaftlichen zur formalrechtlichen Betrachtungsweise vgl. Kap. B. II.

[954] Vgl. BFH, Urt. v. 26.08.1992, I R 24/91, BFHE 169, 163, BStBl. II 1992, S. 981.

[955] Vgl. BFH, Urt. v. 18.02.1977, III R 83/72, BFHE 122, S. 148, 149, BStBl. II 1977, S. 501.

[956] Vgl. BFH, Urt. v. 26.08.1992, I R 24/91, BFHE 169, S. 168f., BStBl. II 1992, S. 977, 981.

mögensgegenstände, wenn ihrem Erwerb eine synallagmaähnliche Austauschbeziehung zugrunde liegt.[957] Entscheidend ist demnach, dass bei der Bestimmung des Verhältnisses von Leistung und Gegenleistung im Rahmen eines Verhandlungs- und Einigungsspielraums durch das freie Spiel von Marktkräften ein Preis gefunden wurde.[958] Der Marktpreis wird dabei durch die Wertschätzung beider Parteien bestimmt.[959]

Eine synallagmaähnliche, markttypische Preisfindung findet aber im Regelfall auch bei Einlagevorgängen statt. Bei der gesellschaftsrechtlichen Einlage kommt es zu einem Interessenausgleich. Das Verhältnis zwischen Sacheinlage und Anteilshöhe bildet regelmäßig die Resultante der widerstreitenden Interessen beim Einlagevorgang: Der Inferent ist an einer möglichst hohen Anteilszumessung interessiert; die (übrigen) Gesellschafter an einer möglichst geringen Beeinträchtigung ihrer Quote.[960] Entscheidend ist mithin, dass zwar nicht aus formalrechtlichem, wohl aber aus wirtschaftlichem Blickwinkel Leistung und Gegenleistung in einer Kausalbeziehung i.w.S. stehen, die Marktqualität hat.[961]

Schwierigkeiten bereitet aber gleichwohl der Fall fehlender Interessengegensätze zwischen dem Einlegenden und der aufnehmenden Gesellschaft. An einem Interessengegensatz und damit an einem objektivierenden Markt fehlt es, wenn der Inferent Alleingesellschafter ist, z.B. bei der sog. Einmann-GmbH. An einem wertobjektivierenden Rahmen fehlt es auch, wenn er die Gesellschaft aufgrund der Mehrheitsverhältnisse tatsächlich oder aus sonstigen Gründen faktisch beherrscht. Leistungen konzerngebundener Unternehmen unterliegen dem Dilemma, dass sie dem formalrechtlichen Rahmen nach abgewickelt werden wie Rechtsgeschäfte bzw. Einlageregeln zwischen unabhängigen Dritten, eine Objektivierung des Einlagegegenstandes aber gerade nicht zwingend ist.[962]

---

[957] Vgl. Kronner, M., 1995, S. 51f.
[958] Vgl. BFH, Urt. v. 26.08.1992, I R 24/91, BFHE 169, S. 168f., BStBl. II 1992, S. 977, 981.
[959] Vgl. BFH, Urt. v. 26.08.1992, I R 24/91, BFHE 169, S. 169, BStBl. II 1992, S. 977, 981.
[960] Der Inferent tritt dabei der Gesellschaft, in die er einlegt, wie ein fremder Dritter gegenüber, vgl. BFH, Urt. v. 15.07.1976, I R 17/74, BFHE 119, S. 288, BStBl. II 1976, S. 749.
[961] Vgl. zum Ganzen Hommel, M., 1998, S. 264; Penné, G., 1984, S. 116; Döllerer, G., 1988, S. 49.
[962] Vgl. Roland, H., 1980, S. 173. Einzelheiten zur Wertobjektivierung innerhalb der Unternehmensgruppe vgl. unten Kapitel. D.IV.

bb) Entgeltlichkeit bei einlageähnlichen Verschmelzungs- und Spaltungsvorgängen

Werden die Gesellschafter der übertragenden Gesellschaft mit Anteilen abgefunden, die aus einer Kapitalerhöhung des übernehmenden Rechtsträgers gewonnen worden sind, ist für die Bilanzierung die Anwendung der für Ansatz und Bewertung von Sacheinlagen üblichen Regeln in Betracht zu ziehen.[963] Aus der Perspektive der Übernehmerin wird Vermögen um den „Preis" der Ausgabe neuer Anteile erworben. Insoweit bestehen also die bereits vorab skizzierten Schwierigkeiten bei der Beurteilung, ob ein entgeltlicher Erwerb vorliegt oder nicht.

Aus dem Blickwinkel des übertragenden Rechtsträgers und dessen Anteilseignern unterscheidet sich die Verschmelzung deutlich von der Sacheinlage. Die Gesellschafter der Überträgerin erwerben zwar Anteile an der Übernehmerin, jedoch bringen sie nicht „ihr" Vermögen ein. Es fehlt ihnen an der Rechtszuständigkeit für das übergehende Vermögen des übertragenden Rechtsträgers, an dem sie lediglich beteiligt sind.[964] Vermögensübertragung und Anteilseinräumung erfolgen aufgrund gesetzlicher Anordnung gem. § 20 Abs. 1 Nr. 1 und Nr. 3 UmwG als Wirkung der registergerichtlichen Eintragung der Verschmelzung. Für die Gleichstellung mit der Sacheinlage spricht, dass das Vermögen wirtschaftlich gesehen für Rechnung der Gesellschafter der übertragenden Gesellschaft übergeht, die im Gegenzug dafür Anteile an der übernehmenden Gesellschaft erhalten.[965]

Die Schwierigkeiten bei der Bestimmung des Entgeltlichkeitskriteriums für den Fall der Sacheinlage pflanzen sich somit bei der Bilanzierung von Verschmelzungs- und Spaltungsvorgängen fort. Der wesentliche Unterschied zwischen Verschmelzung, Abspaltung und Aufspaltung auf der einen und der Sacheinlage auf der anderen Seite besteht nach alledem – neben den ohnehin bestehenden Schwierigkeiten bei der Sacheinlage – formal in zweierlei: Zum einen darin, dass die Anteilsinhaber des übertragenden Rechtsträgers das Vermögen des übertragenden Rechtsträgers aufgrund fehlender Rechtszuständigkeit nicht selbst einbringen, zum anderen darin, dass der Vermö-

---

[963] Vgl. Schulze-Osterloh, J., 1993, S. 428.
[964] Vgl. Pohl, H., 1995, S. 70f.
[965] Vgl. Schulze-Osterloh, J., 1993, S. 428 m.w.N.

gensübergang und Anteilsgewährung von Gesetzes wegen erfolgt.[966] Da der Vermögensübergang aber für Rechnung der Anteilseigner erfolgt, d.h. aus deren Sphäre herrührt, wird teilweise aus diesem Grund eine Sacheinlageähnlichkeit angenommen.[967] Es darf dabei allerdings nicht übersehen werden, dass ein weiteres wesentliches Merkmal der Sacheinlage fehlt: Eine Differenzhaftung, die für den Fall der Überbewertung des übergehenden Vermögens die Anteilseigner des übertragenden Rechtsträger treffen müsste, gibt es nicht.[968]

Insoweit der Verschmelzungsvertrag als teilweise schuldrechtliche Vereinbarung das Rechtsverhältnis zwischen den zu vereinigenden Rechtsträgern regelt, besteht eine Austauschbeziehung lediglich zwischen diesen beiden Rechtsträgern. Der Verschmelzungsvertrag gestaltet das Außenverhältnis, das sich erst durch Beschlüsse der Anteilsinhaber gem. § 13 UmwG auf das Innenverhältnis und damit auf die Anteilsinhaber auswirkt.[969] Der vertragliche Bedingungszusammenhang dehnt sich also hinsichtlich des Außenverhältnisses nicht auf die an dem übergehenden Rechtsträger Beteiligten aus. Der Verschmelzungsvertrag gilt nach h.M. nicht als Vertrag zugunsten der an dem übernehmenden Rechtsträger zukünftig Beteiligten i.S. eines Vertrages zugunsten Dritter nach § 328 BGB.[970] Den Anteilsinhabern der Übertragerin stehen also keine *unmittelbaren* Ansprüche[971] gegen die Übernehmerin auf Übertragung von Anteilen zu. Die Anteilsinhaber des übertragenden Rechtsträgers erhalten zwar aufgrund des Verschmelzungsvertrages gem. § 5 Abs. 1 Nr. 2 UmwG Anteile oder Mitgliedschaftsrechte an dem übernehmenden Rechtsträger, jedoch werden sie nicht selbst Forderungsberechtigte gegenüber dem übernehmenden Rechtsträger.

Der Erwerb der Mitgliedschaftsrechte am übernehmenden Rechtsträger erfolgt kraft Gesetzes gem. § 20 Abs. 1 Nr. 3 UmwG.[972] Der Verschmelzungsvertrag ist also unmittelbar kein Leistungsaustauschvertrag, bei dem der Erwerb des

---

966 Eine Sonderstellung nimmt der Up-Stream-Merger ein, bei dem die Anteilseigner des übertragenden Rechtsträgers mit dem übernehmenden Rechtsträger identisch sind.
967 Vgl. nur Schulze-Osterloh, J., 1993, S. 427ff.
968 Vgl. Pohl, H., 1995, S. 71.
969 Vgl. Stratz, R.-C., in: Schmitt, J./Hörtnagl, R./Stratz, R.-C., 2001, § 4 UmwG, Rn. 4.
970 Vgl. nur Mayer, R., in: Widmann, S./Mayer, R., 2005, § 4 UmwG Rn. 21 m.w.N.
971 Vgl. zur Entstehung unmittelbarer Ansprüche des aus dem Vertrag zugunsten Dritter gem. § 328 BGB Berechtigten: Larenz, K., 1987, S. 217ff.
972 Vgl. nur Grunewald, B., in: Lutter, M., 2004, § 20 UmwG, Rn. 57 m.w.N.

Vermögens des übertragenden Rechträgers durch die Übernehmerin im Gegenseitigkeitsverhältnis mit dem Anteilserwerb durch die (vormals) an der Übertragerin Beteiligten steht: Das Vermögen geht *ipso jure* durch Gesamtrechtsnachfolge über. Der Verschmelzungsvertrag ist im Wesentlichen Organisationsakt und hat nicht zum Zweck, einzelnen Anteilsinhabern klagbare Ansprüche zu vermitteln.[973] Die Anteilsinhaber der am Verschmelzungsvorgang beteiligten Rechtsträger können deren Vertretungsorgane zur Erfüllung des Vertrages anhalten.[974] Für die GmbH folgt dies aus der Weisungsgebundenheit der Geschäftsführer gem. § 37 GmbHG. Für die Aktiengesellschaft kann zwar nicht von einer Weisungsgebundenheit ausgegangen werden (§ 76 Abs. 1 AktG). Jedoch läuft der Vorstand Gefahr, im Fall seiner Untätigkeit abberufen zu werden (§ 54 Abs. 3 AktG).

Insoweit zum Zweck der Durchführung der Kapitalerhöhung die bisherigen Gesellschafter der Übernehmerin auf ihre Anteile an den bereits im Gesellschaftsvermögen befindlichen Vermögensgegenstände verzichten, um den umwandlungsbedingt neu hinzutretenden Gesellschaftern Gesellschaftsrechte zuzuwenden, kann darin kein synallagmatisches Austauschverhältnis gesehen werden.[975] Aber auch in diesem Fall hat die das Vermögen übernehmende Gesellschaft keine Anschaffungskosten aufgewendet und so fehlt es auch im Rahmen dieser Konstruktion an einem synallagmatischen Austauschverhältnis zwischen der Übernehmerin und den Gesellschaftern des übertragenden Rechtsträgers.[976] Von einer – für sich genommen hinsichtlich des entgeltlichen Erwerbs ohnehin problematischen – Sacheinlage kann nach alledem allenfalls bei großzügiger wirtschaftlicher Betrachtungsweise gesprochen werden.[977]

3. Entgeltlichkeit des Tauschs und tauschähnlicher Umwandlungsvorgänge

a) Allgemeines

Hält der übernehmende Rechtsträger eigene Anteile und überträgt er diese den Eignern des übergehenden Rechtsträgers, greifen nach h.M. Tauschgrund-

[973] Vgl. OLG München, Urt. v. 12.05.1993, 27 U 459/92, BB 1993, 2040f.; Mayer, R., in: Widmann, S./Mayer, R., 2005, § 4 UmwG, Rn. 23 f.

[974] Vgl. Mayer, R., in: Widmann, S./Mayer, R., § 4 UmwG, Rn. 61.

[975] So aber FG Berlin, Urt. v. 27.01.1982, II 153/81, EFG 1982, 506.

[976] Vgl. Hommel, M., 1998, S. 262

[977] Vgl. zur Frage der eher entfernten Sacheinlageähnlichkeit: Pohl, H., 1995, S. 71.

sätze.[978] Gleiches soll für den Fall gelten, dass im Zuge der umwandlungsrechtlichen Vermögensübertragung eine Beteiligung untergeht, die der übernehmende am übertragenden Rechtsträger hält.[979] Im Austauschverhältnis stehen demnach auf der einen Seite das übergehende Vermögen des übertragenden Rechtsträgers, auf der anderen Seite die zu übertragenden oder untergehenden[980] Anteile des übernehmenden Rechtsträgers. Die Grundsätze über die Sacheinlage können in diesen Fällen nicht greifen, weil kein neues Kapital – aus einer Kapitalerhöhung oder einer Neugründung – ausgegeben wird. Es handelt sich bei diesen Vermögensübertragungen um lediglich vermögensumschichtende und somit tauschähnliche Vorgänge.

§ 24 UmwG ermöglicht auch für diese Fälle eine Buchwertfortführung und stellt so die Erfolgsneutralität – ebenso wie bei Neugründung oder Kapitalerhöhung – sicher.[981] Das Wahlrecht ermöglicht aber auch die Entstehung von Gewinnen und Verlusten. Ein Verschmelzungs- oder Spaltungsgewinn entsteht, wenn das Wahlrecht zugunsten des Zeitwertes der über- oder untergehenden Anteile ausgeübt wird und der Buchwert dieser Anteile unter ihrem Zeitwert gelegen hat. Ein Verschmelzungs- oder Spaltungsverlust ergibt sich im umgekehrten Fall, wenn der Zeitwert der Anteile unter ihrem Buchwert gelegen hat.

Für den Fall der Verschmelzung oder Spaltung, bei der die Beteiligung des übernehmenden am übertragenden Rechtsträger untergeht, wird die Annahme eines Tauschvorganges teilweise bestritten.[982] Fraglich ist dabei insbesondere der Up-Stream-Merger einer 100%igen Tochtergesellschaft auf das Mutterunternehmen, bei dem es aus der Perspektive des übernehmenden Rechtsträgers zu einem bloßen Aktivtausch kommt. Es handelt sich genau genommen dabei um eine umgekehrte Ausgliederung: Die Beteiligung wird ausgebucht; im

---

[978] Vgl. Priester, H.-J., in: Lutter, M., 2004, § 24 UmwG, Rn. 53; Knop, W./Küting, K., 1995, S. 1025; Schulze-Osterloh, J., 1993, S. 435f.; Müller, W., 1996, S. 255; Naumann, K.-P., 1996, S. 691f.

[979] Vgl. Schulze-Osterloh, J., 1993, S. 437ff.; Müller, W., 1996b, S. 255; Priester, H.-J., in: Lutter, M., 2004, § 24 UmwG, Rn. 55; allerdings wird vereinzelt bestritten, dass bei konzerninternen Umwandlungsmaßnahmen das Wahlrecht des § 24 UmwG zu etwas anderem als der Buchwertfortführung genutzt werden könne, vgl. Fischer, M., 1995, S. 489.

[980] Die übertragende Umwandlung gegen Untergang der Beteiligung kann auch als *actus contrarius* zur Ausgliederung beschrieben werden. Beide Vorgänge seien vermögensumschichtender und betrieblicher Art, die grundsätzlich gleich zu behandeln seien. Vgl. Müller, W., 1996b, S. 255.

[981] Vgl. Müller, W., 1996a, S. 863.

[982] Vgl. Bula, T./Schlösser, J., in: Sagasser, B./Bula, T./Brünger, T. R., 2002, S. 343f.

Gegenzug werden die übergehenden Aktiva und Passiva eingebucht.[983] Eine erfolgsneutrale Behandlung der Umwandlung sei dieser Literaturmeinung zufolge davon abhängig, dass das übernommene Vermögen mit dem Buchwert der untergehenden Anteile bewertet werde.[984] In einer Verschmelzung oder Spaltung ohne Kapitalerhöhung ist aus dem Blickwinkel des übernehmenden Rechtsträgers kein Umsatzakt zu sehen.[985] Vermittelt durch den übertragenden Rechtsträger „gehören" der Übernehmerin bereits vor der Umwandlung die übergehenden Vermögensgegenstände und Schulden. Letztlich kann allein von einem Anschaffungsvorgang nach § 24 UmwG, nicht aber von einem Umsatzakt am Markt gesprochen werden. Das übergehende Vermögen wäre folglich in Höhe der historischen Anschaffungskosten der untergehenden Beteiligung, also deren Buchwert am Umwandlungsstichtag, anzusetzen.[986]

Der Tausch wird zivilrechtlich dem Kauf gleichgestellt (§ 515 BGB) und lässt sich als ein gegenseitiges Beschaffungs- und Absatzgeschäft einordnen. Es handelt sich nach h.M. um ein Umsatzgeschäft mit Marktbezug.[987] Nachfolgend werden die allgemeinen GoB für Tauschgeschäfte mit Blick auf ihre Bedeutung für die Frage des Anschaffungsvorganges bei der übertragenden Umwandlung, insbesondere aber auch im Hinblick auf das Kriterium des entgeltlichen Erwerbes gem. § 248 Abs. 2 HGB hin untersucht.

b) Bilanzierung von Tauschvorgängen

Die Bilanzierung des Erwerbs von Vermögensgegenständen durch Tausch ist handelsbilanzrechtlich nicht ausdrücklich geregelt. Die Rechtsprechung[988] sowie das überwiegende Schrifttum[989] sprechen sich grundsätzlich zur Bemessung des Erfolgsmaßstabes für eine Bewertung des eingetauschten Vermögensgegenstandes mit dem Zeitwert des zu Tauschzwecken Hingegebenen aus. Handelsrechtlich werden gleichwohl die Buchwertfortführung, die Gewinn-

---

[983] Demgegenüber wird bei der Ausgliederung das übergehende Vermögen bei dem ausgliedernden Rechtsträger ausgebucht und im Gegenzug hierzu die Beteiligung am übernehmenden Rechtsträger aktiviert.

[984] Vgl. Bula, T./Schlösser, J., in: Sagasser, B./Bula, T./Brünger, T. R., 2002, S. 343f.

[985] Vgl. Schulze-Osterloh, J., 1993, S. 438.

[986] Vgl. Bula, T./Schlösser, J., in: Sagasser, B./Bula, T./Brünger, T. R., 2002, S. 344 u. 354f.

[987] Vgl. nur Knop, W./Küting, K., in: Küting, K./Weber, C.-P., 2004, § 255 HGB, Rn. 109ff.; Einschränkend für den Tausch immaterieller Anlagwerte: Kronner, M., 1995, S. 218ff.

[988] Vgl. nur BFH v. 20.12.1972, I R 73/71, BFHE 108, 125, BStBl. II 1973, S. 266; v. 14.12.1982, VIII R 53/81, BFHE 137, 339, BStBl. II 1983, S. 303.

[989] Vgl. nur Knobbe-Keuk, B., 1993, S. 262f.

realisierung sowie der Ansatz eines Zwischenwertes als zulässig angesehen (Bewertungswahlrecht).[990] Demgegenüber ist steuerlich nach § 6 Abs. 6 S. 1 EStG zwingend mit dem gemeinen Wert der jeweiligen Gegenleistung anzusetzen.[991]

Handelsrechtlich kann nur eine der drei Bewertungsmöglichkeiten, nicht aber ein Zwischenwert gewählt werden. Bei der Buchwertfortführung ist der bisherige Buchwert des aufgrund des Tauschgeschäftes abgehenden Vermögensgegenstandes maßgebend für den Wert, mit dem der zugehende Vermögensgegenstand anzusetzen ist. Wird die Gewinnrealisierung gewählt, ist der eingetauschte Vermögensgegenstand mit dem Zeitwert des hingegebenen Vermögensgegenstandes zu aktivieren. Die ergebnisneutrale Behandlung bewertet grundsätzlich zum Buchwert, korrigiert diesen Wertansatz aber um eine Gewinnrealisierung, insoweit dies zur ertragsteuerlichen Neutralisierung des Tausches erforderlich wird.[992]

c) Entgelt

aa) Entgeltlichkeit und Tausch

Auch Tauschvorgänge sind entgeltliche Umsatzgeschäfte i.S. von § 248 Abs. 2 HGB.[993] Da der Tausch in ein Absatz- und ein Beschaffungsgeschäft unterteilt werden kann, ist die Frage nach der Entgeltlichkeit grundsätzlich für beide Geschäfte – Absatz- und Beschaffungsgeschäft – zu klären. Bei beiden Geschäften können immaterielle Anlagewerte beteiligt sein. Für die hier näher zu untersuchenden Fälle übertragender Umwandlungen stellt sich die Frage nach der Entgeltlichkeit einzig aus der Perspektive des übernehmenden Rechtsträgers für die „Beschaffung" der übergehenden Vermögensgegenstände.

---

[990] Vgl. nur Adler, H./Düring, W./Schmaltz, K., 1995, § 255 HGB, Rn. 89; vgl. auch Schulze-Osterloh, J., 1993, 435f., der sich allerdings im Fall der Verschmelzung für einen Zeitwertansatz ausspricht (ebd., S. 436).

[991] Bis zur Verabschiedung des § 6 Abs. 6 EStG durch das StEntlG 1999/2000/2002 galt das sog. Tausch-Gutachten des BFH v. 16.12.1958, I D 1/57 S, BStBl. III 1959, S. 30-39, BFHE 68, S. 78. Auf der Grundlage des sog. Tausch-Gutachtens war bei einem Tausch wert-, art- und funktionsgleicher Kapitalgesellschaftsanteile ausnahmsweise eine steuerlich erfolgsneutrale Bilanzierung zulässig (privilegierter Anteilstausch). Vgl. Weber-Grellet, H., in: Schmidt, L., 2004, § 5 EStG, Rn. 634.

[992] Vgl. Adler, H./Düring, W./Schmaltz, K., 1995, § 255 HGB, Rn. 92.

[993] H.M., vgl. nur BFH, Urt. v. 27.05.1970, IV R 222/69, BStBl. II 1970, S. 743; Urt. v. 13.07.1971, VIII 15/65, BStBl. II 1971, S. 731ff.

bb) Entgeltlichkeit von tauschähnlichen Verschmelzungs- und Spaltungsvorgängen

Verschmelzungs- und Spaltungsvorgänge, bei denen der übernehmende Rechtsträger eigene Anteile ausgibt oder eine Beteiligung am übertragenden Rechtsträger untergeht, können – wie soeben ausgeführt – als tauschähnliche Anschaffungsvorgänge beschrieben werden. Sie sind lediglich tausch*ähnlich*, weil der Vermögensübergang nicht kraft Rechtsgeschäfts erfolgt und die Anteilseigner des übertragenden Rechtsträgers, nicht aber dieser selbst die für das übergehende Vermögen „eingetauschten" Anteile erhält. In einem weiteren Sinn werden also bei den vorbeschriebenen Verschmelzungs- und Spaltungsvorgängen auch selbsterstellte immaterielle Anlagewerte des untergehenden Rechtsträgers gegen Anteile am übernehmenden Rechtsträger eingetauscht.

Jedoch besteht in den genannten Fällen – wie überhaupt bei Verschmelzung und Spaltung – kein Leistungsaustauschvertrag zwischen übertragendem und übernehmendem Rechtsträger. Die Anteilsinhaber des übertragenden Rechtsträgers erbringen selber gar keine Leistung, die formalrechtlich in einem synallagmatischen Nexus mit den zu gewährenden Anteilen gesehen werden könnten. Die Beteiligung des übernehmenden am übertragenden Rechtsträger wird an niemanden geleistet, sondern erlischt aufgrund gesetzlicher Anordnung. Die eigenen Anteile des übertragenden Rechtsträgers werden zudem nicht an die neu zu beteiligenden Anteilsinhaber übertragen, sondern gehen ebenfalls *ex lege* über. Im Übrigen sei zur Vermeidung von Wiederholungen auf die Ausführungen zur Sacheinlage und sacheinlageähnlichen Umwandlungsstrukturen verwiesen.

4. Barabfindung

Bei Abfindungen zu Zwecken eines eventuell erforderlichen Spitzenausgleichs erhalten die Eigner des untergehenden Rechtsträgers Barmittel und keine Anteile am übernehmenden Rechtsträger. Angesichts der insoweit eindeutigen Werthöhe stellen sich die vorstehend beleuchteten Objektivierungsfragen in erster Linie im Hinblick auf die Allokationsschwierigkeiten sowie hinsichtlich der Rechtszuständigkeit.

5. Zusammenfassung wesentlicher Untersuchungsschritte

Der fehlende Bezug auf einzelne immaterielle Vermögensgegenstände stellt sich bei der gebotenen wirtschaftlichen Betrachtung des entgeltlichen Erwerbs nicht als Hinderungsgrund für eine Aktivierung dar. Dies folgt letztlich aus der richtlinienkonformen Auslegung des § 248 Abs. 2 HGB und aus dem Aspekt, dass es sonst insoweit ohnehin zum Ansatz eines derivativen Geschäfts- oder Firmenwerts käme.

Bei genauerer Analyse der verschiedenen Verschmelzungs- und Spaltungsformen erwies sich deren Einlage- und Tauschähnlichkeit. Parallelen zu Sacheinlage und Tausch ließen sich jedoch nur bei wirtschaftlicher Betrachtungsweise ziehen. Bei formalrechtlicher Betrachungsweise fehlt es an einem entgeltlichen Erwerb. Die Objektivierung durch Rückgriff auf die rechtliche Figur des Synallagma versagt. Ein Synallagma liegt insbesondere deshalb nicht vor, weil Vermögensübergang und Anteilsgewährung aufgrund Gesetzes erfol-gen und die Anteilseigner des übertragenden Rechtsträgers keine Leistung erbringen.

Nur wenn wirtschaftliche Gesichtspunkte stärker in den Vordergrund gerückt werden, kann von einer synallagma-ähnlichen Austauschbeziehung gesprochen werden. Für eine wirtschaftliche Sichtweise (und damit auch für einen entgeltlichen Erwerb) spricht aber die vom BFH im Transferfußballer-Urteil vorgenommene Erweiterung des entgeltlichen Erwerbs auf ökonomisch vergleichbare Fälle sowie die gebotene richtlinienkonforme Auslegung. Im Transferfußballer-Urteil war gerade der auch hier interessierende Fall Streitgegenstand, dass sich Leistungs- bzw. Gegenleistungsverpflichtungen letztlich aus dem Gesetz ergaben, gleichwohl aber bei wirtschaftlicher Betrachtungsweise ein synallagma-ähnliche Struktur erkennbar war. Bei wirtschaftlicher Betrachtung hat die Anteilsgewährung bzw. Barabfindung also die Funktion einer Gegenleistung und der Wert des von der Übertragerin an die Übernehmerin geleisteten Vermögens wird durch einen Marktvorgang bestätigt. Im Fall der untergehenden Beteiligung (Up-Stream-Merger) fehlt es jedoch gänzlich an einer Gegenleistung.

Erforderlich ist nach alledem gleichwohl ein synallagma-ähnliches Austauschverhältnis, das eine von Interessengegensätzen geprägt, „marktmäßige" Festlegung der Entgelthöhe aufweist. Um § 248 Abs. 2 HGB gleichwohl nicht leer laufen zu lassen, muss der Vorschrift jedoch ein Mindestobjektivierungsmaß zugesprochen werden. Damit zeichnet sich allerdings zugleich das Problem fehlender Interessengegensätze bei Umwandlungen im Konzern ab, was Gegenstand des nachfolgenden Kapitels ist.

IV. Konkrete Aktivierungsfähigkeit immaterieller Anlagewerte bei konzerninternen Umwandlungen

1. Grundsätzliches

Der Gesetzgeber geht bei der Regelung von Umwandlungen überwiegend davon aus, dass sich nicht in Konzernen zusammengeschlossene Rechtsträger zusammenschließen und trifft nur vereinzelt Unterscheidungen im Hinblick auf die Struktur der Anteilseigner.[994] Beteiligen sich nicht konzerngebundene Unternehmen an übertragenden Umwandlungen, spricht man von Konzentrationsumwandlungen.[995] Die Interessen der Anteilseigner und i.d.R. auch der Organe eines Rechtsträgers widerstreiten den Interessen der Anteilseigner und Organe des übernehmenden Rechtsträgers. Unangemessene Umwandlungsbedingungen sind unwahrscheinlich. Die beteiligten Rechtsträger, deren Organe und Eigner folgen dem „subjektiven Äquivalenzprinzip "[996]. In der Praxis häufiger als Konzentrationsumwandlungen sind jedoch Umwandlungen zwischen konzerngebundenen Unternehmen mit – mittelbar oder unmittelbar – überwiegend oder ausschließlich identischen Anteilseignern (Konzernverschmelzung).[997] Der unter Objektivierungsgesichtspunkten maßgebliche Interessengegensatz ist in diesen Fällen häufig abgeschwächt oder fehlt ganz. Trotz formalrechtlicher Eigenständigkeit der beteiligten Rechtsträger droht aus wirtschaftlichem Blickwinkel ein entgeltlicher Erwerb zu scheitern. Es fehlt an einem freien Preisbildungsprozess. Die Umtauschrelation spiegelt keinen von Gewinn- bzw. Nutzenmaximierungsinteressen geprägten Ausgleich wider. Der einzige Marktwert, das Umtauschverhältnis, ist u.U. keines.[998]

Die Bewertung des übergehenden Vermögens und der Ansatz von Verschmelzungs- und Spaltungsdifferenzen wird maßgeblich von dem Vorliegen oder Nichtvorliegen einer unverzerrten Preisbildung beeinflusst. Diese Wirkung ist im Ergebnis wichtig für die handels- und steuerbilanziell sowie gesell-

---

[994] Eine Ausnahme bilden v.a. die Sondervorschriften betreffend Verschmelzungs-/Spaltungsbericht und die Prüfung von Verschmelzung und Spaltung, §§ 8 Abs. 3 und 9 Abs. 2 UmwG. Allerdings weist die Gesetzesbegründung auf den großen Anteil von konzerninternen Umwandlungen hin, war sich also grundsätzlich der Fragestellung bewusst, vgl. BegrRegE, abgedr. bei Ganske, J., 1995, S. 20.

[995] Vgl. Bermel, A., in: Goutier, K./Knopf, R./Tulloch, A., 1996, § 2 UmwG, Rn. 3; Fischer, M., 1995, S. 485, 486.

[996] Wiedemann, H., 1978, S. 490.

[997] Vgl. Schwarz, G. C., 2000, 423f.; Bermel, A., in: Goutier, K./Knopf, R./Tulloch, A., 1996, § 2 UmwG, Rn. 4f.; Hügel, H., 1993, S. 511; Knott, H., 1996, S. 2423.

[998] Vgl. Pohl, H., 1995, S. 77.

schaftsrechtlich so bedeutsame Unterscheidung zwischen (gebundenem) Kapital und dem erwirtschafteten und ggfs. ausschüttbaren Ergebnis. Nur den im Unternehmen erwirtschafteten Gewinn auszuschütten und im Übrigen Haftungsmasse zu erhalten, ist v.a. ein Gebot des Gläubigerschutzes. Vergleichbar einer durch die Konzernmachtverhältnisse beeinflussten Festlegung des Wertansatzes für eine Einlage kann auch eine entsprechende Umwandlung konzerngebundener Rechtsträger zu einer unter Kapitalerhaltungsgesichtspunkten – d.h. in Anbetracht der Garantiefunktion von Grund- und Stammkapital unter Objektivierungsgesichtspunkten problematischen – Entgeltbestimmung führen.

Im Schrifttum wird vereinzelt angenommen, dass bei Bestehen eines Abhängigkeitsverhältnisses oder eines Beherrschungsvertrages zwischen den beteiligten Rechtsträgern keine Weisungen im Hinblick auf Vertrag und Durchführung der Umwandlung erteilt werden dürfen.[999] Das Wertverhältnis zwischen untergehenden und ggfs. neu zu gewährenden Anteilen resultiert aber gleichwohl regelmäßig nicht allein aus der Bewertung des/der übertragenden und übernehmenden Rechtsträger(s).[1000] Auch die kontingenten Verhandlungsumstände können die Umtauschrelation beeinflussen. Dabei können die Machtverhältnisse im Konzern den Interessenausgleich stören. Das festgelegte Umtauschverhältnis weicht u.U. von der aufgrund der Bewertung der beteiligten Unternehmen ermittelten bzw. ermittelbaren[1001] Wertrelation ab und der Preisbil-dungsprozess ist nicht allein von dem Ergebnis der Unternehmensbewertung abhängig. Entscheidende Determinante des Umtauschverhältnisses und der entstehenden Verschmelzungs- und Spaltungsdifferenzen ist dann neben der Unternehmensbewertung auch die Machtposition eines oder mehrerer Beteiligter des Umwandlungsvorganges.[1002]

Kennzeichen von konzerninternen Umwandlungsvorgängen ist – formalrechtlich gesehen – die Neuzuordnung von bilanziertem und unbilanziertem Vermögen sowie von Schulden. Unter wirtschaftlichem Blickwinkel verschiebt sich die Verfügungsmacht über diese Vermögensvorteile und Schulden jedoch

---

[999] Vgl. Henn, G., 1994, S. 619.
[1000] Zu Umtauschverhältnisses bei Verschmelzung und Spaltung vgl. Heurung, R.,1997a, S. 837ff.
[1001] In den Fällen der §§ 8 Abs. 3 und 9 Abs. 2 UmwG muss über die Umwandlungsmaßnahme nicht berichtet werden und eine Prüfungspflicht besteht ebenfalls nicht.
[1002] Vgl. Paschos, N., 2003, S. 1023.

nicht.[1003] Der wirtschaftliche Verbund „Konzern“ verändert sich lediglich organisationsrechtlich, wobei die Konzernleitung die Umstrukturierung anordnet und durchsetzt.[1004] Auf das Konzernganze bezogen bleibt der Inhaber dieser Güter gleich. Eine Marktobjektivierung i.S.v. § 248 Abs. 2 HGB ist daher bereits im Hinblick auf das Gesamtentgelt[1005] zweifelhaft. Die Anschaffungskosten werden bei konzerninternen Übertragungen möglicherweise nicht durch einen von gegensätzlichen Interessen bestimmten Marktvorgang festgelegt. Werden nicht lediglich die Buchwerte des übertragenden Rechtsträgers fortgeführt, sondern die Wertansätze teilweise oder vollständig aufgestockt, besteht bei konzerninternen Umwandlungen die Gefahr von „(...) Bilanzfrisuren (...), indem niedrig zu Buch stehende Werte auf eine andere Gesellschaft übertragen und dann mit höheren Werten angesetzt“[1006] werden mit der Folge, dass das Vermögen des übernehmenden Rechtsträgers zu hoch ausgewiesen wird. Auch der unter informatorischen Gesichtspunkten nicht minder problematische umgekehrte Fall eines zu niedrigen Ansatzes beim übernehmenden Rechtsträger ist hier zu nennen. Konzernverschmelzung oder -spaltung laufen also Gefahr, keine Veräußerungs- und Verkehrsvorgänge, bei denen es mit hinreichender Sicherheit zu einer Preisobjektivierung kommt, sondern „bloße“ Organisationsvorgänge zu sein.[1007]

In den Fällen konzerninterner Verschmelzungen und Spaltungen fehlt es damit nicht nur, wie für sämtliche übertragenden Umwandlungsvarianten dargelegt, an einem Synallagma in einem engen, zivilrechtlichen Sinn mit der Folge, dass eine formalrechtliche Objektivierung zweifelhaft ist. Es fehlt zudem aus wirtschaftlichem Blickwinkel möglicherweise an einem objektivierenden Marktbezug. Es fragt sich, ob dies für sämtliche in Kapitel C.I.3. dargestellten Fälle von Konzernumwandlungen – reine Konzernverschmelzung und -spaltung, gemischte konzerninterne Konzentrationsverschmelzung und -spaltung i.e.S. und i.w.S. – gilt oder ob hinsichtlich des gebotenen und durch Auslegung des § 248 Abs. 2 HGB ermittelten Objektivierungsgrades weiter unterschieden werden muss. Des Weiteren stellt sich die Frage, inwieweit durch

---

1003 Vgl. Hügel, H., 1993, S. 3.
1004 Vgl. Thume, A., 2000, S. 4.
1005 Im Zusammenhang mit der Erörterung des Einzelbewertungsgrundsatzes stellt sich in erster Linie die Frage nach der Objektivierung des Wertes einzelner immaterieller Anlagegüter, vgl. oben, Kap. D. I.2.e).
1006 Meilicke, H., in: Böttcher, C./Meilicke, H., 1958, § 242 AktG, Rn. 1.
1007 Vgl. Flume, W., 1968, S. 93.

Rückgriff auf Bewertungstechniken eine Objektivierung mittelbar ermöglicht oder überprüft werden kann.

2. Aktivierung bei konzerninterner Übertragung einzelner Vermögensgegenstände

a) Objektivierung trotz fehlendem Interessengegensatz

Das Problem fehlender Interessengegensätze bei konzerninternen Umwandlungsvorgängen stellt sich bereits bei Einzelübertragungen selbsterstellter immaterieller Güter zwischen konzerngebundenen Unternehmen. Mangels wirtschaftlicher Unabhängigkeit besteht in diesen Fällen die Gefahr einer willkürlichen Entgeltbemessung. Wird die Entgelthöhe willkürlich festgesetzt, läuft das Regulativ des „entgeltlichen Erwerbs" leer, denn die Entgelthöhe wird nicht oder jedenfalls nur abgeschwächt durch gegenläufige Interessen objektiviert.[1008]

Zu dieser Frage werden für die Einzelübertragung im Wesentlichen vier Grundpositionen vertreten:[1009]

- formalrechtliche Betrachtungsweise, bei der Objektivierungsschwierigkeiten im Regelfall auf der Bewertungsebene berücksichtigt werden;
- differenzierende Betrachtungsweise nach Art der jeweiligen Konzernstruktur, bei grundsätzlicher Aktivierbarkeit und vorsichtiger Bewertung;
- teleologische Reduktion des Wortlauts von § 248 Abs. 2 HGB mit der Folge, konzerninterne Übertragungen (im Regelfall) nicht als entgeltliche Erwerbsvorgänge einzustufen;
- widerlegbare Vermutung für fehlende Interessengegensätze.

b) Formalrechtliche Betrachtungsweise

Nach verbreiteter Ansicht spricht ein fehlender oder abgeschwächter Interessengegensatz nicht automatisch für ein (konkretes) Aktivierungsverbot:[1010] Auch in Konzernen gebundene Unternehmen seien danach eigen-

---

[1008] Vgl. Kupsch, P., in: Hofbauer, M. A./Kupsch, P., § 248 HGB, Rn. 29; Großfeld, B., 1997a, S. 109; FG Berlin, Urt. v. 27.01.1982, II 153/81 (rkr.), EFG 1982, S. 506.

[1009] Vgl. Löcke, H., 1998, S. 415.

[1010] Vgl. Adler, H./Düring, W./Schmaltz, K., 1998, § 248 HGB, Rn. 15; Förschle, G., Beck'scher Bilanzkommentar, § 248 Rn. 9; Kupsch, P., in: Hofbauer, M. A./Kupsch, P., § 248 HGB, Rn. 29; Ballwieser, W., in: Münchener Kommentar zum HGB, § 248 HGB, Rn. 16; Selchert, F., 1971, 1267ff.

ständige Personen und können selbstständig Vertragssubjekte werden.[1011] Der Willkür bei der Festlegung des Entgelts könne durch höhere Anforderungen an die Bestätigung der Werthaltigkeit einer (immateriellen) Leistung, d.h. durch eine „besonders sorgfältige Prüfung des Wertansatzes"[1012] begegnet werden.[1013] Muss die Werthaltigkeit des Vermögensgegenstandes bezweifelt werden, ist keine Bestätigung des Wertes durch den Markt gegeben.[1014] Dabei kann insbesondere auch auf die Kriterien des Drittvergleichs (*arm's length principle*) zurückgegriffen werden.[1015] Grundsätzlich bestehe aber auch innerhalb von Konzernen ein Markt, wenn auch kein „echter Markt", sondern ein „Quasimarkt"[1016]. Um über die Defizite dieses „Quasimarktes" Rechenschaft ablegen zu lassen, habe der Gesetzgeber die Vorschriften über die Konzernbilanz erlassen; für die rechtlichen Verhältnisse bei Gesellschaft und Gesellschafter sei aber die einzelne Konzerngesellschaft maßgebende Einheit.[1017]

c) Typisierende Unterscheidung nach Art des Konzernaufbaus

Kropff orientiert sich im Ergebnis ebenfalls an formalrechtlichen Gesichtspunkten und spricht sich dafür aus, nach den jeweiligen Konzernstrukturen der Vertragsparteien zu unterscheiden.[1018] Demnach sei beim Erwerb zwischen Unternehmen, die Parteien von Beherrschungs- und/oder Gewinnabführungsverträgen sind, eine (konkrete) Aktivierungsfähigkeit zu versagen.[1019] Eine „wertobjektivierende" Interessenwahrnehmung sei im Vertragskonzern nicht gewährleistet.[1020] Unternehmensverbindungen, die keinen Vertragskonzern bilden (z.B. faktische Konzerne i.S.d. §§ 311ff. AktG), verhindern demgegen-

---

[1011] Vgl. Döllerer, G., JbFSt 1983/1984, S. 367 (Diskussionsbeitrag); Schreiber, J., in: Blümich, 2004, § 5 EStG, Rn. 538.
[1012] Döllerer, JbFSt 1983/1984, S. 311, 367 (Diskussionsbeitrag).
[1013] Vgl. Schulze-Osterloh, J., in: Baumbach, A./Hueck, A., 2000, § 42 GmbHG, Rn. 71.
[1014] Vgl. Ballwieser, W., in: Münchener Kommentar zum HGB, § 248 HGB, Rn. 16.
[1015] Vgl. Baumbach, A./Hopt, K. J., 2003, § 248 HGB, Rn. 3; Treiber, K., 1993, S. 889; Großfeld, B., 1997a, S. 109; Schulze-Osterloh, J., in: Baumbach, A./Hueck, A., § 42 GmbHG, Rn. 71; Schreiber, J., in: Blümich, 2004, § 5 EStG, Rn. 538, m.w.N. zum steuerrechtlichen Schrifttum.
[1016] Beide Zitate: Döllerer, JbFSt 1983/84, S. 327 (Diskussionsbeitrag).
[1017] Vgl. Döllerer, G., 1984, S. 327 (Diskussionsbeitrag).
[1018] Vgl. Kropff, B., in: Geßler, E., u.a.,1973, § 153 AktG, Rn. 47ff.
[1019] Vgl. Kropff, B., in: Geßler, E., u.a.,1973, § 153 AktG, Rn. 48.
[1020] Vgl. Kropff, B., in: Geßler, E., u.a., § 153 AktG, Rn. 48. Kropff ist später wohl von dieser Position abgerückt und scheint nun eher der Position Moxters zuzuneigen, generell bei allen Konzernverhältnissen eine Aktivierungsfähigkeit zu verneinen, vgl. Kropff, B., 1993, S. 61. Vgl. auch Nonnenmacher, R., 1993, S. 1235.

über nicht grundsätzlich eine Wertobjektivierung i.S.v. § 248 Abs. 2 HGB. Hintergrund für diese Annahme sei die Pflicht zur Aufstellung eines geprüften Abhängigkeitsberichts (§§ 312ff. AktG). Der Abschlussprüfer habe dabei zu klären, ob das Entgelt für den erworbenen immateriellen Anlagewert wirklich ausgehandelt wurde.[1021] Damit kommt bei Kropff der Fremdvergleich zur Überprüfung der Werthaltigkeit ins Spiel.[1022]

Kropff begründet seine Position weniger mit dem Argument der rechtlichen Selbstständigkeit als mit dem Umstand, dass auch im Konzern die einzelnen Gesellschaften rechtlich zur Wahrung ihrer individuellen Interessen verpflichtet bleiben.[1023] Als maßgebende Regelungen, die für einen – abgeschwächten – Interessengegensatz sprechen, seien demnach anzuführen:

- Haftung von Geschäftsführung oder Vorstand sowie des Aufsichtsichtsrates bei interessewidrigem Handeln (z.B. §§ 93, 117 AktG, § 42 GmbHG);
- Haftung des herrschenden Unternehmens und seiner gesetzlichen Vertreter bei Veranlassung der abhängigen Gesellschaft zu nachteiligem Handeln (§§ 311, 317f. AktG);
- bei Aktiengesellschaften der geprüfte Abhängigkeitsbericht (§§ 312ff. AktG);
- bei der GmbH die Einsichts- und Auskunftspflichten gegenüber Minderheitsgesellschaftern nach § 51a GmbHG.[1024]

d) Teleologische Reduktion des „entgeltlichen Erwerbs“ bei konzerninternen Übertragungsvorgängen

Ein Teil des Schrifttums spricht sich in Anbetracht von Sinn und Zweck des § 248 Abs. 2 HGB generell gegen die konkrete Aktivierungsfähigkeit immaterieller Anlagewerte bei konzerninternen Übertragungen aus.[1025] Es fehle insoweit an unabhängigen Vertragspartnern.[1026] Als Begründung wird damit der – wirtschaftliche – Zweck des § 248 Abs. 2 HGB herangezogen: Die (subjektive) Einschätzung des Bilanzierenden soll aufgrund dieser Vorschrift

[1021] Vgl. Kropff, B., in: Geßler, E., u.a.,1973, § 153 AktG, Rn. 48.
[1022] Vgl. zu dieser Einschätzung Löcke H., 1998, S. 417.
[1023] Vgl. Kropff, B., 1993, S. 41, 59.
[1024] Vgl. Kropff, B., in: Geßler, E., u.a. 1973, § 153 AktG, Rn. 48.
[1025] Vgl. Moxter, A., 1989, S. 238; Löcke, H., 1998, S. 416 u. 418f.; Kählert, J.-P., 1995, S. 122ff.; Böcking, H.-J., 1994, S. 10 (Fn. 38); in diesem Sinne wohl mittlerweile auch Kropff, B., 1993, S. 41, 61.
[1026] Vgl. Moxter, A., 1999, S. 34; Gruber, T., 1991, S. 161f.

durch die marktbezogene Wertbemessung des immateriellen Vermögensgegenstandes objektiviert und so der Manipulationsgefahr begegnet werden.[1027] Bei Orientierung allein an den Vorgaben des Zivilrechts sei zwar größere Rechtssicherheit erreicht, jedoch sei das Aktivierungsverbot bei dieser Interpretation „nahezu entbehrlich“[1028]. Ab welchem Grad der Verbundenheit die objektivierende Kraft verloren geht, lassen die Vertreter dieser Ansicht allerdings offen.[1029]

Zusätzlich verweist diese Meinung auf die schwierigen und oft nicht gewährleisteten Vergleichsmöglichkeiten für immaterielle Güter.[1030] Teilweise wird insoweit auch ausnahmsweise eine (konkrete) Aktivierungsfähigkeit bejaht, wenn das zwischen den konzerngebundenen Unternehmen vereinbarte Entgelt zweifelsfrei dem Marktpreis für das übertragene immaterielle Gut entspricht.[1031] Insoweit wird also eine mittelbare Marktobjektivierung teilweise für ausreichend gehalten.

e) Widerlegliche Vermutung für fehlende Interessengegensätze

Kessler ist der Ansicht, dass das Fehlen marktähnlich objektivierender Interessengegensätze als grundsätzlich entkräftet angesehen werden müsse.[1032] Dem Bilanzierenden könne aber „die objektive Beweislast für eine erfolgte Wertkonkretisierung“[1033] übertragen werden. Gelingt es ihm, die Werthaltigkeit beweiskräftig zu belegen, kann der fragliche immaterielle Wert angesetzt werden. Im Kern geht es also darum nachzuweisen, dass kein offensichtlich überhöhtes Entgelt für einen bislang nicht aktivierten immateriellen Vermögensgegenstand gezahlt wurde. Die Werthaltigkeit kann auf zwei Wegen nachgewiesen werden: zum einen – unmittelbar oder mittelbar – beschaffungsorientiert, zum anderen absatzorientiert.

Für einen unmittelbaren beschaffungsorientierten Werthaltigkeitsnachweis bedarf es eines Vergleichs mit beim Veräußerer ggfs. zuvor angefallenen Anschaffungskosten für den Erwerb des immateriellen Vermögensgegenstandes,

---

1027 Vgl. Moxter, A., 1989, S. 238.
1028 Vgl. Moxter, A., 1989, S. 240.
1029 Vgl. Löcke, H., 1998, S. 415ff.; Moxter, A., 1989, S. 232ff.
1030 Vgl. Kropff, B., 1993, S. 61.
1031 Vgl. Kronner, M., 1995, S. 64; wohl auch Hommel, M., 1998, S. 269
1032 Vgl. Kessler, H., 1994, S. 18.
1033 Vgl. Kessler, H., 1994, S. 18.

mit „einem am Markt feststellbaren Zeitwert des Immaterialguts" oder „mit den „Konditionen, zu denen ein rechtlich und wirtschaftlich selbstständiger Dritter das Geschäft abgeschlossen hätte"[1034]. Eine Marktbestätigung sei in diesen Fällen offensichtlich gegeben, wobei diese Objektivierungsbedingungen gerade für immaterielle Vermögensgegenstände nur selten vorliegen dürften.[1035]

Neben den drei vorgenannten unmittelbaren beschaffungsorientierten Wegen zu einer beweiskräftigen Wertobjektivierung hält Kessler auch eine mittelbare „Ausgewogenheitsprüfung"[1036] für zulässig. Hierzu muss der Kompromisscharakter des ausgehandelten Preises anhand objektiver Gegebenheiten wie Verwendbarkeit beim Erwerber und seine sonstige Motivlage dargelegt werden.[1037]

Während die vorab skizzierten Objektivierungsmethoden nach den konkreten Bedingungen der Beschaffung des immateriellen Vermögensgegenstandes beim Veräußerer oder beim Erwerber fragen, hält *Kessler* zudem auch eine absatzorientierte Objektivierung in Einzelfällen für möglich: Die externe Verwertung, also ein hinreichend wahrscheinlicher Ertrag aus Veräußerung oder sonstiger Verwertung (Nutzungsüberlassung), wäre insofern als Vergleichsmaßstab heranzuziehen.[1038]

f) Kritische Stellungnahme

Die Vertreter einer teleologischen Reduktion des „entgeltlichen Erwerbs" können sich nur bedingt auf eine wirtschaftliche Betrachtungsweise berufen. Zwar trifft es zu, dass das Entgeltlichkeitserfordernis nach § 248 Abs. 2 HGB eine Objektivierung immaterieller Anlagewerte am Markt bezweckt. Jedoch ist damit noch nichts über die Intensität der erforderlichen Interessengegensätze ausgesagt. Wird ein strenger Objektivierungsmaßstab angesetzt, erweist sich ihre Sichtweise als begründet. Die Vertreter dieser Auffassung verkennen jedoch, dass auch zwischen den rechtlich selbstständigen Einheiten einer Unternehmensgruppe Interessengegensätze, wenn auch oftmals in abgeschwächter Form, bestehen. Die generelle Versagung der (konkreten) Aktivierungsfähig-

---

[1034] Kessler, H., 1994, S. 18 (beide Zitate).
[1035] Vgl. Kessler, H., 1994, S. 18.
[1036] Kessler, H., 1994, S. 19.
[1037] Vgl. Kessler, H., 1994, S. 19.
[1038] Vgl. Kessler, H., 1994, S. 19.

keit schießt somit über das Ziel einer rechtssicheren Objektivierung konzernintern erworbener immaterieller Anlagewerte hinaus.[1039] Bereits vor dem Hintergrund des Vollständigkeitsgebotes ist daher eine „aktivierungsfreundlichere" wirtschaftliche Betrachtungsweise auch ohne desobjektivierende „Überbetonung der Zivilrechtsstruktur"[1040] geboten. Die – der Stoßrichtung nach zutreffend – zweckorientierte Betrachtungsweise verengt den Anwendungsbereich des „entgeltlichen Erwerbs" in sachlich nicht gerechtfertigter Weise.

Gegen eine rein formalrechtliche Sichtweise in ihren beiden Varianten spricht, dass es bei wirtschaftlicher Betrachtung ggfs. gar nicht zu einer Preisbildung aufgrund eines Marktvorganges kommt. Diese Gefahr besteht jedenfalls bei Übertragungsvorgängen zwischen rechtlich oder faktisch beherrschten (und ggfs. beherrschenden) Konzerngliedern. Manipulationen an der Höhe des vereinbarten Entgelts sind möglich, womit dem Normzweck des § 248 Abs. 2 HGB widersprochen wird.[1041]

Auch die Sichtweise *Kesslers* unterliegt Bedenken: Zum einen kann ohne konkrete Anhaltspunkte die Regel, dass es grundsätzlich zu keiner Wertobjektivierung komme, nicht aufgestellt werden.[1042] Zum anderen erhält der Erwerber auf diese Weise faktisch ein Aktivierungswahlrecht, insoweit die dargelegten Beweisanforderungen erfüllt werden können.[1043] Besteht – z.B. aus steuerlichen Gründen – ein Interesse an einer Aufwandsverrechnung, könnte der Erwerber geneigt sein, von einer Darlegung der Wertobjektivierung abzusehen. Umgekehrt – z.B. in weniger erfolgreichen Rechnungsperioden – wird die Motivation zur Darlegung eines objektiven Wertes demgegenüber größer sein. Zudem fördern die von *Kessler* vorgeschlagenen Methoden der Ersatzobjektivierung subjektive Wertungen.[1044]

[1039] Vgl. Kessler, H., 1994, S. 17.
[1040] Löcke, H., 1998, S. 416.
[1041] Vgl. Moxter, A., 1989, S. 240.
[1042] Vgl. Kleindiek, D., in: Staub, H., 2002, § 248 HGB, Rn. 16.
[1043] Vgl. zu diesem Kritikpunkt Löcke, H., 1998, S. 417.
[1044] Vgl. Löcke, H., 1998, S. 417.

3. Möglichkeiten der Objektivierung des Entgelts bei konzerninternen Umwandlungen

a) Allgemeines

Vor dem Hintergrund der gebotenen „aktivierungsfreundlichen“ Auslegung des § 248 Abs. 2 HGB werden nachstehend die verschiedenen in der Literatur erörterten Aspekte und Maßnahmen untersucht, die eine bei konzerninternen Umwandlungen abgeschwächte Objektivierungskraft (teilweise) kompensieren können. Dabei spielen umwandlungsspezifische Möglichkeiten und Bedingungen einer Wertobjektivierung immateriellen Anlagevermögens eine besondere Rolle. Die verschiedenen Möglichkeiten, die abgeschwächte Objektivierungskraft auszugleichen, wird anhand der in Kapitel C.I.3. aufgeführten Umwandlungsstrukturen – reine Konzernverschmelzung und -spaltung, gemischte konzerninterne Konzentrationsverschmelzung und -spaltung i.e.S. und i.w.S. – untersucht.

Im Gegensatz zu den vorab geschilderten Fällen konzerninterner Einzelübertragungen sind zwei Gesichtspunkte herauszuheben: Im Rahmen der Ermittlung einer Umtauschrelation kann bereits bei geringer Beteiligung von Minderheitsgesellschaftern ein stärkerer, wenn auch nur gesamtwertbezogener Objektivierungsgrad erreicht werden, als es bei Einzelveräußerungen trotz Prüfung des Konzernabschlusses und der Aufstellung und Prüfung eines Abhängigkeitsberichtes möglich wäre.[1045] Hinzu tritt jedoch die bereits erörterte Problematik der Einzelerfassung. Letztlich kommt es zu einer Verlagerung der Objektivierungsschwierigkeiten. Auch der Minderheitsgesellschafter, der aufgrund seiner geringen Beteiligung den Zusammenschluss nicht verhindern kann, wird im Hinblick auf den Gesamtwert des Unternehmens und der hiervon abhängenden Umtauschrelation ein größeres Interesse als an der Beobachtung von einzelnen Geschäftsvorfällen, bei denen es sich im Regelfall nicht um vergleichbar einschneidende und fortwirkende Ereignisse handelt.

Sind die Berichts- und Prüfungspflichten gem. §§ 8ff. UmwG erfüllt, beginnt die Beschlussphase. Der Beschluss bedarf von Gesetzes wegen unterschiedlicher, oft auch rechtsformabhängiger Mehrheiten, die – in Grenzen – dispositiv

---

[1045] Zur Rolle von Verrechnungspreismethoden bei der gesellschaftsrechtlichen Frage nach der Angemessenheit von Lieferungs- und Dienstleistungsbeziehungen vgl. Vögele, A./Collardin, M./v. Jesche, L., in: Vögele, A. u.a., 2004, S. 789ff.

sind.[1046] Ohne Zustimmungsbeschlüsse wird der Verschmelzungs- oder Spaltungsvertrag nicht gem. § 13 Abs. 1 UmwG wirksam. Die Mehrheiten bewegen sich grundsätzlich für sämtliche Rechtsformen in der Bandbreite zwischen 75% und 100%, wobei in Abhängigkeit von der jeweiligen Rechtsform unterschiedliche Regelmehrheiten vorgeschrieben sind (AG, KGaA, GmbH, Gen, e.V. und VVaG: 75%; oHG, KG und PartG: 100%). Die Regelmehrheiten sind jedoch dispositiv in dem genannten Spektrum zwischen 75% und 100%. Letztlich ist bei umwandlungsfähigen Körperschaften ein 75%-Quorum ausreichend, das bis 100% „aufgestockt" werden kann, während bei umwandlungsfähigen Personengesellschaften eine Zustimmung sämtlicher Gesellschafter erforderlich ist, wenn nicht im Gesellschaftsvertrag eine niedrigere Mehrheit vereinbart wurde. Die 75%-Grenze darf gleichwohl nicht unterschritten werden.

Handelt es sich bei der Übernehmerin um eine AG und ist diese zu mindestens 90% an dem übertragenden Rechtsträger beteiligt, bedarf es gem. § 62 Abs. 1 UmwG keines Beschlusses der übernehmenden AG, es sei denn, 5% der Aktionäre verlangen gem. § 62 Abs. 2 UmwG eine Beschlussfassung in einer Hauptversammlung. Die Inhaber von Sonderrechten (stimmrechtslose Vorzugsaktien, Wandelschuldverschreibungen etc.) müssen im Regelfall individuell zustimmen.[1047] Ihre Rechtsposition ist „mehrheitsfest". Gem. § 78 S. 3 UmwG muss i.d.R. bei der KGaA jeder persönlich haftende Gesellschafter zustimmen. Muss zur Durchführung der Umwandlung Kapital erhöht werden, bedarf es auch hierzu eines mit entsprechenden Mehrheiten ausgestatteten Kapitalerhöhungsbeschlusses.

b) Festlegung der Gegenleistung in einem Preisbildungsprozess

Es ist fraglich, ob es auch bei konzerninternen Umwandlungen zu einem Preisbildungsprozess kommt. Bei reinen Konzentrationsvorgängen sorgen die gegenläufigen Interessen der beteiligten Rechtsträger und ihrer Eigner für eine Preisbildung, die – wie bei nicht organisationsrechtlichen Vertragsschlüssen – die alternativen Erwerbs- oder Absatzmöglichkeiten berücksichtigt. Auch wenn man Zweifel an der Existenz eines „echten" Marktes für Unternehmen hegt,[1048] kommt es auch bei Umstrukturierungsmaßnahmen nicht konzerngebundener

---

[1046] Vgl. die Tabelle in Kap. C.I.3.c)dd).
[1047] Vgl. Priester, H.-J., 1990, S. 439f.
[1048] Vgl. Moxter, A., 1983, S. 132ff.

Rechtsträger zu einem Interessenausgleich und infolgedessen zu einer zumindest marktähnlichen Preisbildung.

Der Preisbildungsprozess bei Umstrukturierungen kann jedoch auch stärker von subjektiven Faktoren bestimmt sein als eine auf einzelne Güter bezogene Austauschbeziehung.[1049] Neben der Selbsteinschätzung und Selbstüberschätzung des Managements, erwarteten Synergiewirkungen, erhofften Vorteilen durch Ausschalten eines Wettbewerbers, Erweiterung der Beschaffungs-, Produktions- und Absatzmöglichkeiten etc. sind auch die prognosebedingten Spielräume bei der Ermittlung der zukünftigen Erträge und des maßgeblichen Kapitalisierungszinssatzes als entobjektivierende Faktoren zu nennen. Grenzpreis- bzw. Grenznutzenüberlegungen dürften auf Seiten der Beteiligten regelmäßig eine große Rolle spielen.

c) Interessengegensätze aufgrund asymmetrischer Beteiligungsstrukturen

Bei entsprechend niedrigen Beteiligungsquoten haben einzelne Anteilseigner oder Anteilseignergruppen u.U. keine unmittelbare Handhabe, einen Umwandlungsvorgang zu blockieren, wenn der oder die übrigen Anteilseigner die Maßnahmen beschließen. Solange auch nur ein Gesellschafter oder eine Gesellschaftergruppe existiert, die nicht mit den dominierenden Eignern der Übernehmerin identisch sind und sich wirksam den tragenden Beschlüssen entgegenstemmen kann, ist dies für alle Minderheitsgesellschafter ungefährlich. Ihre Interessen werden insoweit regelmäßig übereinstimmen. Anders gelagert ist jedoch der Fall, dass die Entscheidung über die Umwandlung und die anschließende Durchsetzung der Umstrukturierungsmaßnahme vom Willen alleine eines Eigners abhängen. Das vom Gesetzgeber vorgestellte Vertragsmodell kann mangels Vereitelungsmöglichkeit des oder der Minderheitsgesellschafter(s) in diesen Fällen u.U. nicht verhindern, dass die Umwandlung trotz unangemessener Bedingungen durchgeführt wird.[1050] Es fragt sich, ob in diesen Fällen der Wert der übergehenden Vermögensmassen hinreichend objektiviert werden und ob ein geringfügig beteiligter Gesellschafter – gerade auch aufgrund der Rechtsschutzmöglichkeiten im Rahmen des Spruchverfahrens – eine objektivierende Beurteilung der Unternehmenswerte, ggfs. im Wege des gerichtlichen Rechtsschutzes, durchsetzen kann.

[1049] Vgl. Bühner, R., ZfbF 1990, S. 295f.
[1050] Vgl. Wiedemann, H., 1978, S. 490.

Bei Umwandlungen wird i.d.R. ein Entgelt in Form von Anteilsgewährungen gezahlt, dass auf zum Ausgleich gebrachten Interessengegensätzen beruht. Bestätigt wird diese Sicht durch den Äquivalenzgedanken, der nicht zuletzt im Spruchverfahren zum Ausdruck kommt. Die Gleichwertigkeit des übergehenden Vermögens und der übergehenden Schulden auf der einen und die entsprechenden „Gegenleistungen" des übernehmenden Rechtsträgers auf der anderen Seite sind im Spruchverfahren justitiabel. „Stärker kann (...) der Gedanke der Entgeltlichkeit nicht zum Ausdruck gebracht werden (...)."[1051] Die Gleichwertigkeit der ausgetauschten Leistungen wird durch ein gesondertes Verfahren, das Spruchverfahren, gesetzlich gewährleistet. Die Gefahr, im Spruchverfahren belangt zu werden, dürfte den Mehrheitsgesellschafter, auch wenn er seinen Willen gegen die Stimmen des oder der Minderheitsgesellschafter(s) durchgesetzt hat, zu einer Antizipation der Interessengegensätze und zu deren Ausgleich veranlassen, zumal eine Prüfung vorgenommen werden kann.

Auch aus der Diskussion um die Entgeltlichkeit der Sacheinlage lassen sich Parallelen zu der Frage der Objektivierungskraft asymmetrischer Beteiligungsverhältnisse zwischen übertragendem(n) und übernehmenden Rechtsträger(n) ziehen: Der Objektivierungsmechanismus widerstreitender Interessen bei entgeltlichen Anschaffungsvorgängen tritt auch zwischen einzelnen Gesellschaftern auf.[1052] Interessengegensätze zwischen Gesellschaftern sind grundsätzlich geeignet, den Wert immaterieller Güter zu objektivieren.[1053] Der Wert des immateriellen Vermögensgegenstandes erhärtet sich dabei durch den erforderlichen Verzicht, den Gesellschafter des übernehmenden Rechtsträgers zugunsten der am übertragenden Rechtsträger beteiligten Gesellschafter erbringen müssen. Der Wert des Gutes erweist sich durch die Einschätzung der Gesellschafter, die Einbußen ihrer Beteiligungsquote hinnehmen müssen.[1054] Die Gesellschafter der Übernehmerin müssen über die Verringerung ihrer Beteiligungsquote hinaus eine Verwässerung des Wertes ihrer Beteiligung befürchten. Den neu an der Übernehmerin zu beteiligenden Eignern droht demgegenüber eine Vermögenseinbuße. Der Interessenausgleich führt zu einer marktähnlichen Nutzenmaximierung der Beteiligten. Verfolgen die Gesell-

---

[1051] Hahn, H., 1998, S. 564 (Fn. 40).
[1052] Vgl. Dawo, S., 2003, S. 89, 104.
[1053] Dies wird vornehmlich für die Sacheinlage diskutiert, vgl. Hommel, M., 1998, S. 264, 269; Dawo, S., 2003, S. 88f., 104, jew. m.w.N.; Groh, M., 1990a, S. 381; vgl. auch Kählert, J.-P., 1995, S.122f.
[1054] Vgl. FG Berlin, Urt. v. 27.01.1982, II 153/81, rkr., EFG 1982, S.506.

schafter keine gegenläufigen Interessen, z.B. aufgrund rechtlicher oder faktischer Beherrschung, ist eine Objektivierung jedoch fraglich.[1055]

Auf eine marktähnliche Interessenlage zwischen Anteilseignern kann allerdings dann nicht zurückgegriffen werden, wenn 100%ige Schwestergesellschaften verschmolzen oder gespalten werden oder eine reine Up-Stream- oder Down-Stream-Verschmelzung bzw. -Spaltung durchgeführt wird. Auch die Ausgliederung zur Neugründung sowie zur Aufnahme in eine 100%ige Konzerngesellschaft weist durch die Beteiligung des Überträgers und nicht der Anteilseigner keine objektivierenden Interessengegensätze auf. Entsprechendes ist für Strukturen anzunehmen, bei denen übereinstimmende Beteiligungsverhältnisse an übertragendem und übernehmendem Rechtsträger bestehen. Gleiches gilt für mittelbare tatsächliche oder faktische Beherrschungsverhältnisse. Es treten somit in all diesen Fällen ähnliche Objektivierungsprobleme auf. In diesen Fällen kommt es, wirtschaftlich gesehen, nicht zu einem von gegensätzlichen Interessen geprägten Austausch. Vielmehr hängt der Umwandlungsvorgang allein von dem Willen der Muttergesellschaft ab, die über das Unternehmen unverändert – unmittelbar oder mediatisiert – verfügt.[1056] Das Vermögen des Mutterunternehmens wird lediglich umgeschichtet.[1057]

Eine übertragende Umwandlung kommt jedoch einem unter fremden Dritten abgeschlossenen Verkehrsgeschäft nahe, wenn ein oder mehrere Gesellschafter die Möglichkeit haben, die Umstrukturierungsmaßnahme zu verhindern. In diesem Fall wird nicht nur der Wert der abzufindenden Beteiligung, sondern zugleich auch der Wert der ggfs. untergehenden Beteiligung der Obergesellschaft objektiviert. Ein gesamtwertbezogener Wertmaßstab ist mithin vorhanden.

Es lassen sich in Anlehnung an die in Kap. C.I.3. skizzierte Kategorisierung folgende Grundstrukturen von Interessengegensätzen unterscheiden:

- Der/Die Minderheitsgesellschafter kann/können durch seine/ihre Beteiligungsquote aufgrund der gesetzlichen oder statuarischen Mehrheits-

---

[1055] Vgl. Hommel, M., 1998, S. 264; Kropff, B., 1993, S. 59.

[1056] Vgl. Thume, A., 2000, S. 48.

[1057] Zu den Kriterien, nach denen in mehrstufigen Konzernen auch mittelbare Beteiligungen und sonstige Leitungs- und Kontrollverhältnisse i.S.v. § 290 Abs. 1 und 2 HGB eine Rolle spielen vgl. oben Kap. C.I.3.d).

erfordernisse oder ggfs. aufgrund von Sonderrechten eine Umwandlung verhindern (Konzentrationsverschmelzung oder -spaltung).

- Die Beteiligungsquote des/der Minderheitsgesellschafter(s) reicht aus, eine Umwandlung und eine ggfs. hierfür erforderliche Kapitalerhöhung zu verhindern oder es bestehen zumindest Sonderrechte von Minderheitsgesellschaftern, durch die eine entsprechende Beschlussfassung verhindert werden kann (gemischte Konzern- und Konzentrationsverschmelzung/-spaltung i.w.S.).
- Die Beteiligungsquote des/der Minderheitsgesellschafter(s) reicht nicht aus, eine Umwandlung und eine ggfs. hierfür erforderliche Kapitalerhöhung zu verhindern und es fehlt an Sonderrechten, durch die eine entsprechende Beschlussfassung verhindert werden könnte (gemischte Konzern- und Konzentrationsverschmelzung/-spaltung i.e.S.).
- Es gibt keine(n) Minderheitsgesellschafter, deren/dessen Interessenverfolgung eine marktmäßige Objektivierung bewirken könnte (reine konzerninterne Verschmelzung und Spaltung).

Während im ersten Fall klar ein für die Annahme eines entgeltlichen Erwerbs hinreichender Interessengegensatz vorliegt, fehlt es im letzten Fall ebenso eindeutig an einem Interessengegensatz. Ein entgeltlicher Erwerb ist in dieser zuletzt genannten Konstellation (Umwandlung bei 100%igen Beteiligungsverhältnissen) mithin zu verneinen. Die beteiligten Rechtsträger sind lediglich formalrechtlich, nicht aber wirtschaftlich unabhängig. Im Folgenden problematisch ist jedoch Fall 2 und 3, bei dem ein oder mehrere Minderheitsgesellschafter zwar vorhanden sind, jedoch den Umwandlungsbeschluss nicht verhindern können. Es stellt sich die Frage, ob die im UmwG vorgesehenen flankierenden Maßnahmen geeignet sind, eine hinreichende Objektivierung zu gewährleisten, so dass ein Ansatz gerechtfertigt erscheint.

d) Anhaltspunkte in Verschmelzungs- und Spaltungsbericht

Von den Vertretungsorganen der an Verschmelzung und Spaltung beteiligten Gesellschaften ist i.d.R. ein schriftlicher Bericht nach §§ 8, 125 S. 1 UmwG zu erstellen. Er dient dem Schutz der Anteilsinhaber durch Information über die wesentlichen Umstände der Umwandlung und ermöglicht eine Plausibilitätskontrolle.[1058] Der Verschmelzungs- oder Spaltungsbericht hat u.a. über das

[1058] Vgl. Lutter, M./Drygala, T., in: Lutter, M., 2004, § 8 UmwG, Rn. 5.

Umtauschverhältnis, Angaben über die Art der zu gewährenden Anteile oder Mitgliedschaften, eventuell zu zahlende Barabfindungen sowie Schwierigkeiten der Bewertung und die daraus folgenden Auswirkungen aufzuklären. Besonderheiten gelten gem. § 8 Abs. 1 S. 3 UmwG für den Fall, dass verbundene Rechtsträger i.S.v. § 15 AktG an der Umwandlung beteiligt sind: Es ist über alle für die Umwandlung „wesentlichen Angelegenheiten der anderen verbunden Unternehmen" zu berichten.

Nach § 8 Abs. 3 S. 1 Alt. 1 UmwG muss ein Verschmelzungsbericht nicht erstellt werden, wenn sämtliche Anteilsinhaber aller beteiligten Rechtsträger den Verzicht erklären.[1059] Gleiches gilt gem. § 8 Abs. 3 S. 1 Alt. 2 UmwG, wenn alle Anteile des übertragenden Rechtsträgers vom übernehmenden Rechtsträger gehalten werden: Auch dann sind Verschmelzungsbericht und folglich auch dessen Prüfung entbehrlich. Diese Regelungen gelten entsprechend für die Spaltung. Keine automatischen Erleichterungen gelten hingegen für den Fall, dass (auch 100%ige) Schwestergesellschaften verschmolzen oder gespalten werden.

Durch die Berichtspflicht wird jedoch grundsätzlich keine hinreichende Objektivierung einzelner (immaterieller) Güter erreicht. Darzustellen sind vielmehr die Risiken und Chancen, die aus dem Konzernverhältnis mit den an der Umwandlung beteiligten Rechtsträgern erwachsen.[1060] Unternehmensverträge und ihre wirtschaftliche Bedeutung müssen erläutert werden.[1061] Auch faktische Abhängigkeitsverhältnisse können mithin überprüft werden.

e) Wertobjektivierung durch Prüfung

Im Schrifttum wird verbreitet angenommen, die Prüfung von Jahres- und Konzernabschlüssen könne Vermögensgegenstände und die jeweiligen Wertansätze objektivieren.[1062] Teilweise wird einschränkend angenommen, dass ein Ansatz nur dann in Betracht komme, wenn der Prüfer feststellen kann, dass das Entgelt nach den vorhandenen Anhaltspunkten wirklich ausgehandelt ist.[1063] Bei

---

[1059] Die Erklärung bedarf der notariellen Form (§ 8 Abs. 3 S. 2 UmwG)

[1060] Vgl. Lutter, M./Drygala, T., in: Lutter, M., 2004, § 8 UmwG, Rn. 13ff. u. 38ff.

[1061] Vgl. Bula, T./Schlösser, J., in: Sagasser, B./Bula, T./Brünger, T. R., 2002, S. 192f.

[1062] Vgl. Schulze-Osterloh, J., 1993, S. 438f.; Kropff, B., in: Geßler u.a., § 153 AktG, Rn. 28, 48; Groh, M., 1990a, S. 381; Leffson, U., 1987a, S. 127; Hommel, M., 1998, S. 267; Dawo, S., 2003, S. 88.

[1063] Vgl. Kropff, B., in: Geßler u.a., § 153 AktG, Rn. 48.

Verschmelzung und Spaltung wird i.d.R. nach §§ 8 Abs. 1, 125 S. 1 UmwG das Umtauschverhältnis der beteiligten Rechtsträger und ihrer Organe rechtlich und wirtschaftlich erläutert und begründet. Die Wertrelation und die ihr zugrunde liegende Unternehmensbewertung ist als Bestandteil des Verschmelzungs- oder Spaltungsvertrages zu prüfen, wenn eine AG (§ 60 UmwG) an der Umwandlung beteiligt ist oder ein Gesellschafter einer beteiligten GmbH dies verlangt (§ 48 UmwG). Zweck der Prüfung ist der Schutz von Interessen der Anteilsinhaber.[1064] Die Prüfer sind gem. § 10 Abs. 1 UmwG vom Gericht zu bestellen. Der von den Prüfern zu erstellende Prüfungsbericht kann gem. § 12 Abs. 1 S. 1 UmwG getrennt oder gem. § 12 Abs. 1 S. 2 UmwG auch gemeinsam erstellt werden. Der Prüfungsbericht hat eine ausdrückliche Erklärung darüber zu enthalten, ob das Umtauschverhältnis der Anteile, ggfs. unter Berücksichtigung barer Zuzahlungen, angemessen ist.[1065]

Angaben im Verschmelzungsvertrag, insbesondere über die Festlegung des Umtauschverhältnisses, können gem. § 5 Abs. 2 UmwG entfallen, wenn der übernehmende Rechtsträger vor der Verschmelzung zu 100% an dem übertragenden Rechtsträger beteiligt war (reiner Up-Stream-Merger). Gem. § 9 Abs. 2 UmwG muss die Verschmelzung in diesem Fall zudem nicht geprüft werden. Eine Prüfung kann gem. § 9 Abs. 3 i.V.m. § 8 Abs. 3 UmwG zudem im Fall des Verzichts sämtlicher Anteilsinhaber entfallen. Auch bei der Ausgliederung zur Neugründung bedarf es gem. § 125 S. 2 UmwG keiner Prüfung gem. §§ 9-12 UmwG.[1066] § 9 Abs. 2 UmwG gilt allerdings nicht im Fall der Auf- und Abspaltung (§ 125 S. 1 UmwG). Bei Umwandlungsvorgängen ist eine Befreiung von der Berichts- und Prüfungspflicht letztlich nur in bestimmten, tatbestandlich scharf umrissenen Fällen zulässig. Folglich läge es nahe, eine Objektivierungswirkung wenigstens in all jenen Fällen anzunehmen, in denen eine Prüfung vorgeschrieben war und/oder tatsächlich durchgeführt wurde.

1064 Vgl. Lutter, M./Drygala, T., in: Lutter, M., 2004, § 8 UmwG, Rn. 3f.

1065 Vgl. nur Heurung, R., 1997, S. 837.

1066 Dem Wortlaut nach findet § 125 S. 2 zwar auch auf die Ausgliederung zur Aufnahme Anwendung, jedoch ist die Interessenlage in diesen Fällen eher einer Abspaltung vergleichbar. Der Gesetzgeber hat die Ausgliederung zur Aufnahme und die dabei auftretenden Interessengegensätze, die eine Prüfung gem. §§ 9-12 UmwG zwingend erscheinen lassen, wohl übersehen. Vgl. Hörtnagl, R., in: Schmitt, J./Hörtnagl, R./Stratz, R.-C., 2001, § 125 UmwG, Rn. 11.

Auch der Haftung von Prüfern könnte eine objektivierende Wirkung beigemessen werden. Allerdings führt die Gefahr einer Haftung des Prüfers nicht zu einer durch Verhandlung von Interessengegensätzen zwischen unabhängigen Marktteilnehmern vergleichbaren Objektivierungswirkung.[1067] Die Vermeidung von Haftungsrisiken diszipliniert die beteiligten Vertretungsorgane, einen ggfs. vorhandenen Aufsichtsrat sowie die Prüfer i.S.e. wahrheitsgemäßen Berichterstattung; ein Marktvorgang i.S.v. § 248 Abs. 2 HGB wird hierdurch gleichwohl nicht hergestellt. Interessen der Haftungsvermeidung können nicht mit Interessengegensätzen zwischen Marktteilnehmern gleichgesetzt werden. Während drohende Haftungsszenarien allein zu einem risikoaversen Verhalten führen, geht es bei dem interessengeleiteten Kalkül eines Marktteilnehmers immer auch um die Abwägung von Risiken und Chancen.

Die Prüfung dient damit weit eher der Vorbeugung und Korrektur als einer originären Objektivierung.[1068] Hinzu kommt, dass der Prüfer regelmäßig auf Planungsdaten der Geschäftsleitung zurückgreifen muss und insoweit gar nicht autonom zu einer Bewertung bzw. Preisfindung gelangt. Nach alledem muss der Prüfung gleichwohl eine objektivierende Wirkung abgesprochen werden.

f) Registergerichtliche Wertkontrolle

Bei Kapitalgesellschaften kommt es zu einer registergerichtlichen Kontrolle von Einlage- und Kapitalerhöhungsvorgängen, die auch für Verschmelzung, Spaltung und Formwechsel gelten.[1069] Teilweise wird im Schrifttum der registergerichtlichen Wertkontrolle eine objektivierende Funktion zugesprochen.[1070] Zwar trifft es zu, dass das Registergericht bei der Beurteilung von Sacheinlagen den objektiven Zeitwert des Einlagegegenstandes zu überprüfen hat.[1071] Gleichwohl ersetzt die registergerichtliche Wertkontrolle kein gewinnrealisierendes Austauschgeschäft, bei dem unabhängige Vertragspartner frei an einem Preisbildungsprozess mitwirken.[1072]

[1067] Vgl. Mujkanovic, R., 2002, S. 350ff.
[1068] Vgl. Heukamp, W., 2000, S. 23ff.
[1069] Vgl. nur Winter, H., in: Scholz, F., § 9c GmbHG, Rn. 3.
[1070] Vgl. Groh, M., 1990a, S. 381.
[1071] Vgl. OLG Köln, Urt. v. 25.04.1997, 19 U 167/96, GmbHR 1998, S. 42f.
[1072] Vgl. Seifried, M., 1990, S. 1475.

Letztlich tritt das subjektive Werturteil des Registerrichters an die Stelle des subjektiven Werturteils des herrschenden Konzernunternehmens.[1073] Eine Objektivierung i.S.e. Marktbezuges fehlt mithin. Zudem kommt es bei einer GmbH nur in Ausnahmefällen zu tiefer gehenden Wertermittlungshandlungen und Sachverhaltsprüfungen.[1074] Für die registergerichtliche Prüfung gilt nichts anderes als für die Prüfung durch einen Wirtschaftsprüfer. Ebenso wie der unabhängige Prüfer steht der Registerrichter letztlich vor der Schwierigkeit, dass auch das von ihm ermittelte Entgelt einen aufgrund einseitiger Ertragserwartungen bestimmten, nicht aber aus der Übereinstimmung widerstreitender Interessen geborenen Preis bildet.

g) Fremdvergleich zu Zwecken der Wert- und Ansatzobjektivierung

Im Schrifttum wird zu Zwecken der Objektivierung bei konzerninternen Übertragungen auch im Rahmen des handelsrechtlichen Jahresabschlusses die Anwendung von Verrechnungspreismethoden empfohlen.[1075] Teilweise wird ausdrücklich auf § 1 Abs. 1 AStG verwiesen.[1076] Im Ergebnis wäre nach dieser Auffassung ein entgeltlicher Erwerb dann zu bejahen, wenn der anzusetzende Wert des immateriellen Anlagegutes einem (hypothetischen) Fremdvergleich standhält. Im außensteuerlichen Zusammenhang gelten Verrechnungspreismethoden als rationale Kriterien, anhand derer die subjektiven Angaben und Übereinkünfte (Zweckrichtung, erklärter Wille) der Parteien überprüft werden können.[1077] Die Frage nach der „Objektivierungskraft" von Verrechnungspreismethoden stellt sich hieran anknüpfend wegen fehlender Interessengegensätze mit der Folge einer u.U. fehlenden Marktbestätigung des Umtauschverhältnisses auch handelsrechtlich bei konzerninternen Umwandlungsvorgängen.

[1073] Vgl. Ulmer, P., in: Hachenburg, M./Ulmer, P., 1992, § 9c GmbHG, Rn. 34ff.; Winter, H., in: Scholz, F., 2000, § 9c GmbHG, Rn. 34.

[1074] Vgl. Raiser, T., 2001, S. 421.

[1075] Vgl. Treiber, K., 1993, S. 889; Großfeld, B., 1997a, S. 109. Zur parallelen Problematik bei der steuerlichen Beurteilung von verdeckten Gewinnausschüttungen vgl. Lang, J., 1985, S. 532f.

[1076] Vgl. Großfeld, B., 1997a, S. 109.

[1077] Vgl. BFH, Urt. v. 07.11.1985, IV R 7/83, BFHE 145, S. 196. Der Anwendungsbereich von Verrechnungspreismethoden beschränkt sich jedoch nicht auf das Steuerrecht und das externe Rechnungswesen. Verrechnungspreise können darüber hinaus auch Bestandteil eines Kostenrechnungssystems fungieren. Im ersteren Fall dienen sie der Einkommensverteilungs- und Erfolgsermittlungsfunktion. Im Bereich der internen Rechnungslegung dienen sie im Wesentlichen der Vereinfachung, Lenkung, Kontrolle und Erfolgsverteilung. Vgl. zum Ganzen Bauer, M., 2000, S. 53f.

Verrechnungspreismethoden dienen allgemein der „Bewertung von Leistungsbeziehungen zwischen wirtschaftlichen Leistungseinheiten“[1078]. Dabei sollen sie u.a. der Korrektur von unangemessenen Preisfestlegungen dienen. Kein Zweck der Verrechnungspreistechniken ist jedoch die originäre Ermittlung von Marktpreisen als Ergebnis eines Anpassungsprozesses von Angebot und Nachfrage zwischen voneinander unabhängigen Dritten.[1079] Damit stellt sich die Frage, ob durch Verrechnungspreismethoden ein Wertobjektivierungsgrad erzielt werden kann, der den Anforderungen an die Ansatzobjektivierung des „entgeltlichen Erwerbes“ genügt.

Grundsätzlich kann zur Überprüfung und Objektivierung des Wertansatzes bei Leistungsbeziehungen zwischen konzerngebundenen Unternehmen der Fremdvergleich die Nachprüfbarkeit ermöglichen. Im Hinblick auf die Ansatzobjektivierungsvorschrift des § 248 Abs. 2 HGB sind jedoch Zweifel angebracht. Zwar ist Sinn und Zweck des Kriteriums „entgeltlicher Erwerb“, Schwierigkeiten bei der Wertobjektivierung selbsterstellter immaterieller Anlagewerte auf Ebene der Bilanzierung dem Grunde nach durch ein umfassendes Ansatzverbot zu berücksichtigen. Gleichwohl kann nicht pauschal auf Verrechnungstechniken zur alleinigen Wert- *und* Ansatzobjektivierung verwiesen werden. Der „entgeltliche Erwerb“ setzt als ansatzobjektivierende Regelung eine Bestätigung der Werthaltigkeit immaterieller Anlagewerte durch einen (konkreten) Marktvorgang voraus.[1080] Entscheidender Anhaltspunkt ist dabei, dass sich in einem vereinbarten Preis die zu einem vertraglichen Ausgleich gebrachten widerstreitenden Interessen als konkretes, empirisch nachprüfbares Datum niederschlagen. Fehlt es an widerstreitenden Interessen, besteht die Gefahr einer Manipulation mit der Folge, dass das festgelegte Entgelt kein Resultat einer freien Preisbildung ist. Den Ansatz immaterieller Anlagewerte für diesen Fall zu versagen, ist jedoch gerade Zweck und Ziel von § 248 Abs. 2 HGB. Eine hinreichende Wert- und Ansatzobjektivierung fehlt auch und gerade in Anbetracht der hier vertretenen Auffassung, in Umwandlungsfällen sei ein i.w.S. „wirtschaftliches Synallagma“ als noch normgerecht anzusehen, denn gerade insoweit muss an dem Markt- und Interessenausgleichserfordernis zu Objektivierungszwecken festgehalten werden. Für die Beurteilung des § 248

[1078] Borstell, T., in: Vögele, A./Borstell, T./Engler, G., 2004, S. 28; gleichlautend bereits Schmalenbach, E., 1909, S. 168.
[1079] Vgl. Baumhoff, H., 1986, S. 13; Bauer, M., 2000, S. 53.
[1080] Vgl. Moxter, A., 1989, S. 240; vgl. auch Kap. D. II.

Abs. 2 HGB heißt dies zugleich, dass auch eine hinreichende Ansatzobjektivierung zu verneinen ist. Ließe sich allein durch Anwendung von Verrechnungspreistechniken eine hinreichende Wertobjektivierung erzielen, bedürfte es des „entgeltlichen Erwerbs“ nicht.

4. Zusammenfassung wesentlicher Untersuchungsschritte und Stellungnahme

Im Hinblick auf die hier fraglichen Objektivierungsanforderungen bei gemischten Konzern- und Konzentrationsumwandlungen ergibt sich nach Analyse der verschiedenen Objektivierungsgesichtspunkte von Verschmelzung und Spaltung ein differenziertes Bild. Bei Konzern- und Konzentrationsumwandlungen i.w.S. kann angesichts einer Beteiligung des oder der außen stehenden Minderheitsgesellschafter(s) zwischen 25% und 50% eine hinreichende Marktobjektivierung angenommen werden. Die Umwandlungsmaßnahme hängt mangels hinreichender Beteiligungshöhe nicht allein vom Willen des Mehrheitsgesellschafters ab. Hinsichtlich der Umtauschrelation und damit auch im Hinblick auf die Gesamtanschaffungskosten liegt eine von Interessengegensätzen geprägte Objektivierung vor, die der bei reinen Konzentrationsvorgängen in nichts nachsteht. Auch wenn die Geschäftsleitung in diesen Fällen regelmäßig von dem Mehrheitsgesellschafter abhängig sein wird, kommt es für die Beschlussfassung über die Umwandlungsmaßnahme gerade auch auf die außen stehenden Gesellschafter an.

Bei gemischten Konzern- und Konzentrationsumwandlungen i.e.S. ist der außen stehende Minderheitsgesellschafter in einer Höhe beteiligt, die keine Verhinderungsmöglichkeit begründet. Auf den ersten Blick spricht gegen einen objektivierenden Interessengegensatz, dass in diesem Fall die Umtauschrelation vom Mehrheitsgesellschafter ohne Rücksicht auf den/die Minderheitsgesellschafter festgelegt werden kann. Diese Sichtweise ist jedoch nicht haltbar, wenn man die Interessenausgleichsmöglichkeit im Rahmen des Spruchverfahrens berücksichtigt. Die Überprüfung und ggfs. auch Korrektur der Äquivalenz von Leistung und Gegenleistung bei übertragenden Umwandlungen ist, wie in Kap. C.I.1.d. erläutert, wesentliche Aufgabe des Spruchverfahrens. Wenn es im Rahmen des Spruchverfahrens zu nachträglichen (baren) Zuzahlungen kommt, liegen bilanziell aufgrund des Anschaffungskostenprinzips nachträgliche Anschaffungskosten für das übertragene Vermögen vor. Zwar wird das Umtauschverhältnis trotz fehlerhafter Ausgangsbewertung eines oder sogar mehrerer der beteiligten Rechtsträger nicht mehr geändert. Jedoch kommt es durch die aufgrund des Spruchverfahrens ggfs. anfallenden Zuzahlungen zu nachträglichen Anschaffungskosten, die auf die übernommenen Vermögensgegenstände hinzuzuaktivieren wären.[1081] Im Ergebnis kommt es also zu einer „nachgelagerten" Objektivierung durch zwingende Bilanzierung nachträglicher Anschaffungskosten bei fehlender Äquivalenz des Umtauschverhältnisses. Im gerichtlichen Verfahren wird auch nicht lediglich das Urteil des Richters bzw. eines beigezogenen Sachverständigen an die Stelle eines Interessenausgleichs gestellt. Vielmehr kanalisiert ein Gerichtsverfahren widerstreitende Interessen und führt sie zu einem rational nachprüfbaren Ausgleich. Damit liegt aufgrund dieser nachträglichen Korrekturmöglichkeit auch in den Fällen, in denen der/die außen stehende(n) Minderheitsgesellschafter eine Verschmelzung oder Spaltung nicht verhindern können, eine Wertobjektivierung durch direkten Marktbezug i.S.d. in Kap. B.III.1.b)cc) getroffenen Bestimmung. I.d.R. wird bereits die Möglichkeit, dass der übervorteilte Minderheitsgesellschafter ein Spruchverfahren anstrengen würde, ausreichen, den Mehrheitsgesellschafter zu einem angemessenen Umtauschverhältnis zu veranlassen.

Anders gelagert sind die Fälle rein konzerninterner Verschmelzungen und Spaltungen: Die Angemessenheit des Umtauschverhältnisses kann bei Ausgliederungen (zur Neugründung) nicht im Rahmen des Spruchverfahrens angefochten werden.[1082] Auch bei 100%igen Konzernverschmelzungen, -aufspaltungen und -abspaltungen wird es regelmäßig nicht zu einer gerichtlichen Überprüfung und Objektivierung kommen. Innerhalb reiner Konzernbeziehungen spielen bei Umstrukturierungen der hier untersuchten Art Grenzpreis- und Grenznutzenerwägungen, die zu einem „Ausgleich" gebracht werden müssten, typischer Weise keine Rolle. Der Alleingesellschafter strengt nicht

---

[1081] Vgl. allgemein zur Frage der Behandlung nachträglicher Zuzahlungen im Anschluss an das Spruchverfahren: Müller, W., in: Kallmeyer, H., 2001, § 24 UmwG, Rn. 50f.; Priester, H.-J., in: Lutter, M., 2004, § 24 UmwG, Rn. 48. Für ein fehlerhaftes Umtauschverhältnis zu Lasten der Anteilseigner des übertragenden Rechtsträgers kann entweder eine Überbewertung des aufnehmenden oder eine Unterbewertung des übergehenden Rechtsträgers verantwortlich sein. Bei Unterbewertung des übergehenden Vermögens bilden die nachträglichen Zuzahlungen nachträgliche Anschaffungskosten, die dem beim übernehmenden Rechtsträger eingebuchten Vermögen hinzuzuaktivieren sind. Wurde der aufnehmende Rechtsträger überbewertet, ist ebenfalls bis zur Zeitwert-Obergrenze, ggfs. zum Geschäfts- oder Firmenwert, hinzuzuaktivieren. Ein verbleibender Differenzbetrag wäre erfolgswirksam über die Gewinn- und Verlustrechnung zu erfassen (ebd., Rn. 51).

[1082] Vgl. Krieger, G., in: Lutter, M., 2004, Anhang 1, § 1 SpruchG, Rn. 5.

gegen sich selbst ein Klageverfahren an. Gleiches gilt für vollkommen symmetrische Beteiligungsverhältnisse beim übertragenden und übernehmenden Rechtsträger. In diesem Fall haben selbst konzernfremde Gesellschafter regelmäßig kein Interesse an einer gerichtlichen Überprüfung, weil die Beteiligungsquote sich nicht durch die Umwandlung verschiebt. Sie werden zudem aus Kostengründen i.d.R. gem. §§ 8 Abs. 3, 9 Abs. 3 UmwG auf Berichterstattung und Prüfung verzichten.

V. Zwischenergebnis

Es ist grundsätzlich zwischen der Objektivierung zu Zwecken der Realisation und der Objektivierung immaterieller Vermögensgegenstände im Rahmen des entgeltlichen Erwerbs zu unterscheiden. Der entgeltliche Erwerb schreibt einen höheren Grad der Objektivierung vor als der „bloße“ Anschaffungsvorgang. Die Frage nach dem Objektivierungsgrad stellt sich im Hinblick auf übertragende Umwandlungen sowohl hinsichtlich der rechtlichen Struktur von Verschmelzungen und Spaltungen (Objektivierung durch Rückgriff auf die rechtlichen Umwandlungsstrukturen) als auch in Bezug auf die wirtschaftliche Situation, insbesondere bei konzerninternen Übertragungsvorgängen (Objektivierung durch Bezugnahme auf ein von Interessengegensätzen geprägtes Marktereignis).

Die beiden Argumentationslinien – strenge formalrechtliche und wirtschaftliche Betrachtungsweise – kommen auch bei der Frage nach dem entgeltlichen Erwerb bislang nicht aktivierbarer immaterieller Anlagewerte im Zusammenhang mit Umwandlungsvorgängen zum Tragen. Eine synallagmatische Austauschbeziehung im engen formalrechtlichen Sinn ist bei übertragenden Umwandlungsvorgängen den rechtlichen Rahmenbedingungen nach nicht gegeben. Es wurde daher untersucht, inwieweit durch Rückgriff auf wirtschaftlich-funktionale Gesichtspunkte gleichwohl von einem Objektivierungsgrad ausgegangen werden kann, der einen Ansatz rechtfertigt. Letztlich geht es dabei immer auch um die Gefahr, dass ein Rückgriff auf formalrechtliche Begrifflichkeiten das Bild wirtschaftlicher Leistungsfähigkeit verzerrt und den Gläubigerschutz beeinträchtigt.[1083] Umgekehrt fehlt es bei konzerninternen Umwandlungsvorgängen oftmals an einer Wertbestätigung durch den Markt. Daher wurde untersucht, ob eine wirtschaftliche Betrachtungsweise insoweit ein Aktivierungsverbot nahe legt.

Die h.M., die bei Verschmelzung und Spaltung einen entgeltlichen Erwerb aufgrund der tausch- und sacheinlageähnlichen Struktur dieser Umwandlungsvorgänge bejahen will, weist erhebliche Begründungsdefizite auf. Der rechtlichen Struktur nach lässt sich bei Verschmelzung und Spaltung kein Synallagma erkennen. Allenfalls bei großzügiger wirtschaftlicher Betrachtung kann von einer synallagmaähnlichen Austauschbeziehung gesprochen werden. Für diese mehr an ökonomischen als an rechtlichen Objektivierungsaspekten

---

[1083] Vgl. Moxter, A., 1999, S. 8.

orientierte Sichtweise spricht aber die Analyse des Transferfußballerurteils. In Anbetracht der erforderlichen einblicksgebotskonformen Auslegung ist zudem von einer Interpretation des entgeltlichen Erwerbs auszugehen, die in Zweifelsfällen zugunsten einer Aktivierung, jedenfalls bei ökonomischen Interessengegensätzen, spricht.

Bei reinen Konzernverschmelzungen und -spaltungen ist von einem Aktivierungsverbot auszugehen. Wirtschaftlich gesehen sind diese Vorgänge reine Konzernreorganisationen. Eine Objektivierung kann in diesen rechtlich typisierbaren Fällen nicht erfolgen.[1084] Es kommt in diesen Konstellationen nicht zu dem – bei wirtschaftlicher Betrachtung zwingend vorauszusetzenden – Ausgleich widerstreitender Interessen bei der Entscheidung über die Umtauschrelation oder „nachgelagert" in einem späteren Spruchverfahren.

[1084] Zusätzliche Aktualität gewinnt die Frage nach der Bilanzierung von immateriellen Anlagewerten im Zuge von Umwandlungen durch einen Vorlagebeschluss des LG Koblenz (vgl. LG Koblenz, Beschl. v. 16.04.2003, 4 HK.T 1/03, ZIP 2003, S. 2210f.) und in Anbetracht der sog. Fusionsrichtlinie (Entwurf v. 18.11.2003) und den Gestaltungsmöglichkeiten im Zusammenhang mit der SE. Zur Fusionsrichtlinie vgl. Maul, S./Teichmann, C./Wenz, M., 2003, S. 2633ff. Wenn die „Hineinverschmelzung" ausländischer Rechtsträger zulässig ist, schließt sich die Frage an, ob nicht bereits vor diesem Hintergrund ein Ansatzverbot unhaltbar wäre. Insbesondere dann, wenn nach dem Recht des übertragenden ausländischen Rechtsträgers eine Aktivierung zulässig war, während diese nach § 248 Abs. 2 HGB hätte unterbleiben müssen. Vgl. zur Frage grenzüberschreitender Umwandlungen: Kloster, L., 2004, insbes. S. 181ff., 289ff., 469ff.

E. Ansatz immaterieller Anlagewerte bei übertragenden Umwandlungen nach IAS 38 und IFRS 3

I. Definitions- und Anerkennungskriterien immaterieller Vermögenswerte

1. Grundsätzliches

a) Bedeutung der Neuregelungen des IFRS 3 und des IAS 38

Im Zuge des Projektes Business Combinations Phase I hat das IASB im Zusammenhang mit der Verabschiedung des IFRS 3[1085] auch IAS 36 und IAS 38 grundlegend überarbeitet. Bei der Kaufpreisallokation soll der Goodwill als nicht weiter aufschlüsselbare Restgröße so klein wie möglich gehalten werden. Ziel ist dabei ein genauer Einblick in die Ertrags- und Risikolage des erwerbenden Unternehmens im Anschluss an den Zusammenschluss zu gewähren.[1086]

IFRS 3 untersagt ab 2005 eine planmäßige Abschreibung des Goodwills aus einem Unternehmenszusammenschluss und schreibt eine periodische Werthaltigkeitsüberprüfung (*impairment test*) vor.[1087] Hintergrund für diesen neu eingeführten *impairment only approach* war die Erkenntnis, dass – ungeachtet ihrer steigenden Bedeutung – immaterielle Vermögenswerte im Anschluss an einen Unternehmenszusammenschluss von der Praxis nicht einzeln, sondern als unselbstständiger Bestandteil des Goodwill ausgewiesen wurden. Da für diese Fälle ein separater Ansatz auch schon nach IAS 22 und IAS 38 (1998) vorgesehen war, sah sich das IASB zu eindeutigeren Ansatzregelungen veranlasst.[1088]

Angesichts der gem. IFRS 3 nicht mehr planmäßig durchführbaren Abschreibbarkeit des Goodwill, sieht das IASB die Entscheidungsnützlichkeit der Rechnungslegung erhöht, wenn die immateriellen Vermögenswerte mög-

---

[1085] Die Neuregelungen sind ein Meilenstein des Konvergenzprojektes von IASB und FASB, das parallel zum Erlass von IFRS 3 und IAS 38 durch das IASB die SFAS 141 und 142 verabschiedete. Vgl. Watrin, C./Strohm, C./Struffert, R., 2004, S. 1450 m.w.N.

[1086] Vgl. Hommel, M./Benkel, M./Wich, S., 2004, S. 1267. Allgemein zum Zusammenhang zwischen dem Fehlen verbindlicher Objektivierungsnormen zur Aktivierung immaterieller Vermögenswerte und den dadurch entstehenden bilanzpolitischen Spielräumen bei der Goodwill-Bilanzierung vgl. Hommel, M., 2001, S. 1943ff.

[1087] Vgl. KPMG, 2004b, S. 73.

[1088] Vgl. IFRS 3.BC89.

lichst umfassend einzeln angesetzt werden.[1089] Hintergrund für diese Neuerungen waren auch die als vorbildlich angesehenen Änderungen der Rechnungslegungsvorschriften in Kanada und den U.S.A., wonach im Zuge von Unternehmenszusammenschlüssen erworbene immaterielle Vermögenswerte separat anzusetzen seien.[1090]

Das aktuell vom IASB in Angriff genommene Projekt Business Combinations Phase II wird sich erstmals auch mit der Frage nach der Abbildung konzerninterner Unternehmenszusammenschlüsse (*Business Combinations involving Entities or Businesses under Common Control*) beschäftigen. Bislang bestehen ausdrückliche IAS/IFRS-Bilanzierungsvorschriften also nur für reine Konzentrationsvorgänge, nicht aber für konzerninterne Umstrukturierungen.[1091]

Die Auslegungsfragen, die sich in Kapitel D II hinsichtlich § 248 Abs. 2 HGB bei der Bilanzierung nach § 24 UmwG ergaben, stellen sich angesichts der ausdrücklichen Regelungen für den erstmaligen Ansatz immaterieller Anlagewerte im Rahmen von Unternehmenszusammenschlüssen nach IAS 38 und IFRS 3 – jedenfalls im Rahmen von Konzentrationsvorgängen – nicht. Auch stellen sich in Anbetracht der detaillierten Regelungen in IFRS 3 und IAS 38 umwandlungsspezifische Fragen insbesondere in Bezug auf die Gesamtrechtsnachfolge – anders als nach HGB – nicht in vergleichbarem Umfang. Daher ist im Folgenden in erster Linie darzustellen, unter welchen Voraussetzungen im Einzelnen IFRS 3 und IAS 38 bei Unternehmenserwerben im Wege der übertragenden Umwandlung zu einem Ansatz immaterieller Anlagewerte gelangen und inwieweit die Ansatzobjektivierung gewährleistet oder durch Beurteilungs- und/oder Ermessenspielräume eingeschränkt wird. Diese Erörterungen bilden eine Vergleichsgrundlage für die Beurteilung des für die handelsbilanzrechtliche Rechnungslegung gefundenen Ergebnisses.

Im Einzelabschluss nach IAS/IFRS wird bei Verschmelzung und Spaltung das übergehende Vermögen bei der Einbuchung in die Bilanz der Übernehmerin neu bewertet.[1092] Hierbei handelt es sich im Ergebnis um eine partielle

---

1089 Vgl. IFRS 3.BC101.
1090 Vgl. IFRS 3.BC89.
1091 Vgl. IFRS 3.3b, 3.10ff. Vgl. auch Kap. C.III.6.
1092 Zur Ausnahme bei der *reverse acquisition* vgl. oben Kap. D III.3.; Reichelt, D./Schmidt, M., 2005, S. 43ff.

„Neubewertungsbilanz“[1093], die nach Unternehmenserwerb bzw. der Umwandlung aufzustellen ist.[1094] Für die Bilanz der Übernehmerin ist wie nach HGB entscheidend, welche Teile des Gesamtkaufpreises „verursachungsgerecht und objektiv nachprüfbar auf die einzelnen Werttreiber des erworbenen Unternehmens, seine Vermögenswerte und Schulden, zu verteilen“[1095] sind. Dabei sind sämtliche stillen Reserven und stillen Lasten aufzudecken. Die Identifikation der bislang nicht bilanzierten immateriellen Vermögenswerte stellt i.d.R. den Schwerpunkt der Kaufpreisallokation dar.[1096] Eine besondere Rolle spielt bei diesem Verteilungsvorgang, dass die IAS/IFRS-Rechnungslegung ausdrücklich von „historischen“ Anschaffungskostengrundsätzen absieht und zu einer Fair-Value-Bilanzierung, also einer eher zukunftsorientierten Ausrichtung am Effektivvermögen, übergeht.[1097] Beim erstmaligen Ansatz immaterieller Vermögenswerte spielt nach IAS/IFRS die zeitwertorientierte Bewertung eine größere Rolle als nach herkömmlichem Handelsbilanzrecht. Gleichwohl ergeben sich im Zusammenhang mit Umwandlungsvorgängen Parallelen, v.a. im Hinblick auf die Vermögensgegenstandskriterien der selbstständigen Bewertbarkeit und der Übertragbarkeit mit dem gesamten Unternehmen sowie hinsichtlich des handelsrechtlichen Einzelbewertungsprinzips.

b) Anschaffungskostenallokation bei Unternehmenszusammenschlüssen

Sind die Anschaffungskosten eines Unternehmenserwerbes ermittelt,[1098] müssen sie gem. IFRS 3.36 auf die identifizierbaren Vermögenswerte einschließlich sämtlicher identifizierbarer immaterieller Vermögenswerte sowie auf die Schulden und Eventualschulden aufgeteilt werden. Die Buchwertbilanz des erworbenen Unternehmens wird durch diese Anschaffungskostenallokation in eine „Neubewertungsbilanz“[1099] transformiert. Maßgebend sind die in IFRS 3.37ff. angedeuteten Ansatzkriterien für immaterielle Vermögenswerte, Schul-

---

1093 Lopatta, K./Wiechen, L., 2004, S. 536. Wird der übernehmende Rechtsträger neu gegründet, ist die Bilanz dieser Übernehmerin im Anschluss an die Einbuchung nicht nur teilweise eine Neubewertungsbilanz.

1094 Vgl. Küting, K./Wirth, J., 2004, S. 170.

1095 Hommel, M./Benkel, M./Wich, S., 2004, 1267.

1096 Vgl. Lopatta, K./Wiechen, L., 2004, S. 536.

1097 Lüdenbach/Hoffmann sprechen von einer „schleichenden“ Umorientierung. Vgl. Lüdenbach, N./Hoffmann, W.-D., 2004, S. 71. Diese Zuwendung zur Zeitwertbilanzierung ist jedoch ein vom IASB sehr offen gehandhabter Vorgang. Vgl. nur IFRS 3.BC88ff. und IAS 38.35ff.

1098 Vgl. Kapitel C III.4.

1099 Lopatta, K./Wiechen, L., 2004, S. 536.

den und Eventualschulden.[1100] Während also *contingent liabilities*[1101] aufgrund des Unternehmenszusammenschlusses bilanzierbar werden, gilt dies nicht für *contingent assets*[1102] und *contingent intangible assets*.[1103] Unterschiedsbeträge sind gem. IFRS 3.51ff. als Goodwill oder als „*excess*" zu behandeln.[1104] Dabei spielt die Analyse des Geschäftsmodells des erworbenen Unternehmens sowie die Absichten und unternehmerischen Strategien des Erwerbers eine besondere Rolle, um die maßgeblichen Erfolgspotenziale des Zusammenschlusses zu ermitteln.[1105]

Eine beteiligungsproportionale Neubewertung ist nach IFRS 3 im Rahmen von Unternehmenszusammenschlüssen – anders als nach IAS 22 – nicht zulässig. Vermögenswerte, Schulden und Eventualschulden müssen insoweit vollständig neu bewertet werden. Gem IFRS 3.40 sind die auf Minderheitsbeteiligungen entfallenden stillen Reserven und stillen Lasten bis zur Höhe ihres beizulegenden Zeitwertes vollständig aufzudecken. Dies soll nicht für den auf Minderheitsbeteiligungen entfallenden Anteil am Goodwill gelten.[1106]

Nach IFRS 3.37 sind bei Unternehmenszusammenschlüssen im Hinblick auf die Bilanzierbarkeit grundsätzlich vier verschiedene Arten von Bilanzobjekten zu unterscheiden:

- Vermögenswerte, die keine immateriellen Vermögenswerte sind;
- immaterielle Vermögenswerte;
- Schulden, bei denen es sich nicht um Eventualschulden handelt;
- Eventualschulden.

1100 Übersicht bei Brücks, M./Wiederhold, P., 2004, S. 178. Vgl. auch IFRS 3.BC74ff.

1101 Vgl. die Definition in IAS 37.10 und IFRS 3, Appendix A.

1102 "*A contingent asset is a possible asset that arises from past events and whose existence will be confirmed only by the occurrence or non-occurrence of one or more uncertain future events not wholly within the control of the entity.*" (IAS 37.10, Unterstreichung auch im Original).

1103 Diese "imparitätische" Behandlung von passivierbaren Eventualverbindlichkeiten und nicht aktivierbaren Eventualvermögenswerten wird teilweise kritisch beurteilt, vgl. Brücks, M./Wiederhold, P., 2004, S. 180. A.A. Küting, K./Wirth, J., S. 173.

1104 Einzelheiten in Kapitel E.I.6.d).

1105 Vgl. Lopatta, K./Wiechen, L., 2004, S. 536; Hommel, M./Benkel, M./Wich, S., 2004, S. 1267.

1106 Diese Erweiterung wird der Phase II des Projektes Business Combinations vorbehalten, vgl. Watrin, C./Strohm, C./Struffert, R., 2004, S. 1553.

Für Vermögenswerte, die keine immateriellen Vermögenswerte sind, gilt, dass sie anzusetzen sind, wenn sie den Anforderungen an die Aktivierung von Vermögenswerten genügen. D.h. nicht immaterielle Vermögenswerte werden angesetzt, wenn zukünftig Nutzenzufluss wahrscheinlich ist und der beizulegende Zeitwert hinreichend verlässlich bestimmt werden kann.[1107]

Der Ansatz immaterieller Vermögenswerte ist gem. IAS 38.34 nicht von einem Ansatz beim erworbenen Unternehmen abhängig. Werden immaterielle Vermögenswerte bei einem Unternehmenserwerb erworben, gehen sie nicht im Goodwill auf, wenn sie die Voraussetzungen eines (*intangible) asset* nach F.49a, F.53ff, F.83ff. und IAS 38 erfüllen. Die Voraussetzungen des (erstmaligen) Ansatzes immaterieller Vermögenswerte werden in den nachfolgenden Kapiteln ausführlich erörtert. Im Hinblick auf die mit dieser Arbeit verfolgte Frage nach den Möglichkeiten und Grenzen einer Ansatzobjektivierung bei übertragenden Umwandlungen im Einzelabschluss gewinnt die Frage nach der bereits bei der Bilanzierung dem Grunde nach zu berücksichtigenden Fair-Value-Bewertbarkeit besondere Bedeutung.[1108]

Schulden (Verbindlichkeiten, Rückstellungen), bei denen es sich nicht um Eventualschulden handelt, sind nach IFRS 3.37b anzusetzen, wenn ein künftiger Nutzenabfluss wahrscheinlich ist und der beizulegende Zeitwert hinreichend sicher bestimmt werden kann. Rückstellungen für Restrukturierungen dürfen nur angesetzt werden, wenn die Verpflichtung im Zeitpunkt des Zusammenschlusses bereits beim erworbenen Unternehmen bestand.[1109]

Eventualschulden dürfen nach IAS 37.37 nicht angesetzt werden. IFRS 3.37c macht für die bilanzielle Abbildung des Unternehmenszusammenschlusses beim Erwerber eine Ausnahme und erlaubt für diesen Fall eine Passivierung von Eventualschulden, wenn deren *fair value* zuverlässig bestimmbar ist. Begründet wird diese Abweichung von den Vorschriften des *framework* und von IAS 37.10

[1107] Vgl. IFRS 3.37a

[1108] In diesen Zusammenhang gehört auch die Kritik, dass die eigentlich für das Projekt Business Combinations Phase II vorbehaltene Aktivierbarkeit von Eventualvermögensgegenständen (*contingent liabilities*) teilweise bereits jetzt möglich ist. Vgl. IFRS 3.47ff. Grundlegend hierzu: Hommel, M./Benkel, M./Wich, S., 2004, S. 1267ff.

[1109] Vgl. IFRS 3.41ff. Anders noch IAS 22.31, wonach es ausreichte, wenn ein Restrukturierungsplan binnen drei Monaten nach dem Erwerbszeitpunkt aufgestellt wurde (IAS 38.31c).

zum einen mit den Wahrscheinlichkeitserwägungen des Erwerbers im Hinblick auf den zu erwartenden Mittelabfluss.[1110] Entsprechende Wahrscheinlichkeitserwägungen treffen zwar eigentlich auch für Eventualforderungen zu,[1111] jedoch sind die – für das IASB entscheidenden – Auswirkungen auf den Goodwillausweis andere: Nur wenn Eventualschulden nicht gesondert bilanziert werden, sondern im Goodwill (mindernd) berücksichtigt werden, kann es zum Ausweis eines (höheren) passiven Unterschiedsbetrages und infolgedessen zu einer sofortigen Erfolgswirksamkeit der Eventualverbindlichkeit kommen.[1112]

2. Aktivierungsfähige Vermögenswerte gem. IAS/IFRS-Rahmenkonzept

a) Definitionskriterien (*definition criteria*)

Grundsätzlich liegt nach F.49a[1113] ein Vermögenswert (*asset*) vor, wenn drei Kriterien kumulativ erfüllt sind: Es muss sich um einen vom Unternehmen kontrollierbaren wirtschaftlichen Vorteil handeln; der Vorteil muss auf einem vergangenen Ereignis beruhen und er muss in Zukunft einen Nutzenzufluss versprechen. Als zukünftiger Nutzenzufluss wird dabei das Potenzial eines Vermögenswertes verstanden, unmittelbar oder mittelbar zu Zahlungszuflüssen beizutragen.[1114]

Das Merkmal eines kontrollierbaren ökonomischen Vorteils und eines zukünftigen Nutzenzuflusses decken sich weitgehend: Zukünftige Nutzenzuflüsse sind „das Kennzeichen jeder (werthaltigen) Ressource“[1115]. F.55 unterscheidet verschiedene Zuflussarten: Produktion und Verkauf von Waren und Dienstleistungen, Tausch, Minderung von Schulden und Ausschüttung an die Eigner. Das bloße Vorliegen der in F.49a und F.53ff. genannten Definitionskriterien entscheidet für sich genommen noch nicht über die Aufnahme eines *asset* in Bilanz oder Gewinn- und Verlustrechnung (F.82). Die

---

[1110] Vgl. IFRS 3.BC111. Der Rekurs auf Markterwartungen in IFRS 3.BC111 widerspricht dem Wahrscheinlichkeitserfordernis nach IAS 37.15 und 37.23 und dem F.91 für Verbindlichkeiten, vgl. IFRS 3.BC112.

[1111] Gleichwohl besteht das „Aktivierungsverbot“ für Eventualforderungen unverändert fort (vgl. IAS 37.31, IFRS 3.BC117).

[1112] Vgl. IFRS 3.BC117; zum Ganzen auch KPMG, 2004b, S. 83.

[1113] Wie das IASB in F.2 selbst festhält, bildet das IAS/IFRS-Rahmenkonzept keinen Standard. Das Rahmenkonzept durchlief nicht das Komitologieverfahren und hat folglich keinen Gesetzesstatus. Gleichwohl muss zur Bestimmung der in IAS 38 für immaterielle Vermögenswerte getroffenen Regelungen auf die konzeptionellen Vorgaben in F.49ff. und F.82ff. zurückgegriffen werden. Vgl. Bohl, W., 2004, S. 9.

[1114] Vgl. F. 53.

[1115] Lüdenbach, N./Hoffmann, W.-D., 2004, S. 63.

sehr allgemein gehaltene Definition des Vermögenswertes in F.49a und F.53ff. hat in ihrer Allgemeinheit keine Entsprechung im deutschen Bilanzrecht. Ob ein Vermögenswert bilanzierbar ist, darüber entscheidet erst das zusätzliche Vorliegen der Anerkennungskriterien (*recognition criteria*).[1116]

b) Anerkennungskriterien (*recognition criteria*)

Zusätzlich zu den vorgenannten drei Aktivierungskriterien werden in IAS F.83 und F.85f. zwei Ansatz- bzw. Anerkennungskriterien (*recognition criteria*)[1117] genannt: Wahrscheinlichkeit des wirtschaftlichen Nutzenzuflusses und die zuverlässige Bewertbarkeit des Vermögenswertes. Erfüllt ein Gut die Definitions- *und* die Anerkennungskriterien, ist es zu bilanzieren (F.82).

Bei dem Merkmal der Wahrscheinlichkeit eines Nutzenzuflusses geht es um die Einschätzung der Unsicherheiten, die mit den zu prognostizierenden Zahlungsströmen verbunden sind.[1118] Das Wahrscheinlichkeitskriterium ist verantwortlich für – gegenüber dem handelsrechtlichen Vermögensgegenstandsbegriff – größeren Beurteilungsspielraum bei der Bilanzierbarkeit.[1119] Zukünftiger Nutzen kann sich auf direktem und indirektem Weg ergeben. In Betracht kommt der Zufluss von Zahlungsmitteln oder äquivalenten Vorteilen sowie eine Auszahlungsersparnis.[1120]

Das Kriterium der (zuverlässigen) Bewertbarkeit ähnelt stark dem bereits geschilderten Vermögensgegenstandskriterium der selbstständigen Bewertbarkeit. Um bei bloßen Bewertungsschwierigkeiten mit dem Merkmal zuverlässiger Bewertbarkeit nicht von vornherein den Kreis bilanzierbarer Vermögenswerte zu eng zu ziehen, regelt IAS F.86, dass es ausreicht, wenn der Wert schätzbar ist.[1121]

[1116] Vgl. F.82.

[1117] Der Terminus "*recognition criterion*" wird nachfolgend einheitlich mit Anerkennungskriterium übersetzt.

[1118] Vgl. F.85.

[1119] Vgl. unten Kap. E. III.4.c).

[1120] Vgl. F.5ff.

[1121] Zur Bejahung der selbstständigen Bewertbarkeit genügt im Rahmen der Prüfung der Voraussetzungen der Vermögensgegenstandseigenschaften Schätzbarkeit. Vgl. oben Kap. D.I.2.c)ee).

c) Abstrakte und konkrete Aktivierungsfähigkeit nach IAS/IFRS

Die geschilderten Definitionsmerkmale werden – zusammen mit den nachfolgend zu erörternden Konkretisierungen und Ergänzungen dieser Definitionskriterien nach IAS 38 – im Schrifttum vereinzelt als Vermögenswertkriterien, welche die abstrakte Aktivierungsfähigkeit betreffen, bezeichnet.[1122] Demgegenüber beziehe sich nach dieser Terminologie die konkrete Aktivierungsfähigkeit nach IAS/IFRS auf die ebenfalls noch eingehender zu erörternden Anerkennungskriterien (*recognition criteria*) für immaterielle Vermögenswerte nach IAS 38.21.

Diese Übertragung der herkömmlichen begrifflichen Unterscheidung zwischen abstrakter und konkreter Aktivierungsfähigkeit, wie sie in Teilen des Schrifttums zu Zwecken der dogmatischen Bewältigung der IAS/IFRS vorgenommen wird, ist jedoch nicht zielführend. Nicht die sich gerade auch im Rahmen des IAS 38 stellende Frage nach Ansatzverboten, sondern die einzelnen *recognition criteria* werden von diesen Autoren als Problem einer „konkreten Aktivierungsfähigkeit“ erörtert.

Bei den *recognition criteria* handelt es sich aber um Voraussetzungen, die immer gemeinsam mit den *definition criteria* über die Ansatzfähigkeit entscheiden. Eine Ansatzfähigkeit ist also nach IAS/IFRS nicht ohne gleichzeitige Erfüllung beider Kriteriengruppen möglich. Liegen lediglich die Asset-Voraussetzungen vor, folgen hieraus nicht automatisch Ansatzfähigkeit und (grundsätzliche) Ansatzpflicht, was zwingende Voraussetzung für die abstrakteAktivierungsfähigkeit in ihrer gängigen Bestimmung ist.[1123] Ein bloßes *asset* ist nicht aktivierungsfähig[1124], ein Vermögensgegenstand grundsätzlich schon. In der Bilanz (und in der GuV) berücksichtigungsfähig ist ein *asset* erst, wenn es auch die *recognition criteria* gem. F.83 erfüllt. Hinzu kommt, dass die noch zu erörternde Identifizierbarkeit (*identifiability*) zwar ein speziell für

---

[1122] Vgl. Wehrheim, M., 2000, S. 87; Dawo, S., 2003, S. 193f.; Lüdenbach, N./Hoffmann, W.-D., S. 62ff.

[1123] Vgl. grundlegend zur Unterscheidung zwischen abstrakter und konkreter Aktivierbarkeit: Mutze, O., 1960, S. 25ff.; Baetge, J./Kirsch, H.-J./Thiele, S., 2003, S. 138f. u. 146ff.

[1124] Vgl. F.82 u. F.89f. Zur Übereinstimmung der Vermögensgegenstandskriterien auf der einen sowie den Definitions- und Anerkennungskriterien auf der anderen Seite vgl. nur Hommel, M., 1997, S. 363; Scheinpflug, P., 2004, S. 151; Förschle, G., in: Beck'scher Bilanzkommentar, 2003, § 248 HGB, Rn. 23; Hommel, M./Benkel, M./Wich, S., 2004, S. 1268f.

immaterielle Vermögenswerte vorgeschriebenes Aktivierungsmerkmal bildet, jedoch in IAS 38.11f. ausdrücklich als Definitionskriterium bezeichnet wird. Insoweit wäre man – der vorgenannten Einstufung folgend – wohl gezwungen, dieses Definitionsmerkmal immaterieller Vermögenswerte als ein konkretes Aktivierungskriterium zu bezeichnen und auf die gleiche Stufe mit den *recognition criteria* zu stellen. Aus diesen Gründen wird im Folgenden an der Terminologie des IASB festgehalten.

3. Ausgestaltung des Begriffs immaterieller Vermögenswerte durch IAS 38

a) Allgemeine Bestimmungen

Die Bilanzierung der überwiegenden Zahl immaterieller Vermögenswerte ist in IAS 38 geregelt.[1125] IAS 38.8 definiert grundsätzlich: „*An intangible asset is an identifiable non-monetary asset without physical substance.*“[1126] Diese weite Definition entspricht im Kern der handelsrechtlichen Eingrenzung des immateriellen Vermögensgegenstandes als unkörperlichen und nicht monetären wirtschaftlichen Vorteil.[1127] Durch sie wird die Überprüfung der Ansetzbarkeit sämtlicher nicht physischer Vermögenswerte erreicht.[1128] Neben der Einführung des in IAS 38.8 ausdrücklich genannten Merkmals der Identifizierbarkeit präzisiert IAS 38 die Definitionskriterien der Kontrollierbarkeit einer Ressource (IAS 38.13-38.16) und des zukünftigen Nutzenzuflusses (IAS 38.17). Die Anerkennungskriterien aus F.83 werden in IAS 38 ebenfalls konkretisiert.

Schwierigkeiten bereitet die Trennung immaterieller Vermögenswerte von ihren jeweiligen körperlichen Trägermedien, die ihrerseits als materielle Vermögenswerte einzustufen wären. Die Abgrenzung verkörperter immaterieller Vermögenswerte von ihrem dinglichen Träger, also z.B. ein Computerprogramm auf einem Datenträger, ist nach ihrer jeweiligen Bedeutung zu entscheiden. Ist das Programm integraler Bestandteil einer Hardwareumgebung,

---

[1125] Als nach IAS 38.1f. vorrangige Spezialregelungen gelten sämtliche in anderen Standards mit immateriellen Vermögenswerten i.w.S. befassten Vorschriften (Umlaufvermögen nach IAS 2 und IAS 11, Abgrenzung latenter Steuern nach IAS 12, Leasingbeziehungen nach IAS 17, Leistungen an Arbeitnehmer nach IAS 19, finanzielle Vermögenswerte nach IAS 39, Goodwill nach IFRS 3, bestimmter vertragliche Rechte aus Versicherungsverhältnissen nach IFRS 4, Veräußerung bestimmte Anlagewerte nach IFRS 5).
[1126] IAS 38.8 (Unterstreichung auch im Original).
[1127] Vgl. oben Abschnitt C. Kapitel C.I.2.a).
[1128] Vgl. Pellens, B./Fülbier, R. U./Gassen, J., 2004, S. 253.

fällt auch die Software unter IAS 16.[1129] In IAS 38.5 wird diese Abgrenzung noch durch ein anderes Beispiel illustriert: Selbst wenn Forschungs- und Entwicklungsarbeiten zur Herstellung eines Prototyps führen, ist dessen materieller Charakter gleichwohl zweitrangig gegenüber der immateriellen Grundlage.

b) Konkretisierung und Erweiterung der Definitionsmerkmale (*definition criteria*) in IAS 38

aa) Konkretisierung des Definitionskriteriums „Verfügungsmacht über die immaterielle Ressource"

Nach IAS 38.13 wird Verfügungsmacht (*control*) über eine immaterielle Ressource ausgeübt, wenn dem Unternehmen der wirtschaftliche Nutzen aus dem Vermögenswert zufließt und Dritte vom Nutzenzufluss ausgeschlossen werden können. Bei rechtlicher abgesicherter Durchsetzbarkeit dieses Machtbereichs ist von „Kontrolle" i.S.v. IAS 38.13 auszugehen. Es ist jedoch hinreichend, wenn die Durchsetzbarkeit zwar nicht rechtlich, aber faktisch abgesichert ist. Das Kriterium der Kontrollierbarkeit ist also stets erfüllt, wenn der Bilanzierende über eine gerichtlich durchsetzbare vertragliche oder gesetzliche Rechtsposition verfügt und andere von der Nutzung der auf diese Weise geschützten Einnahmequelle ausschließen kann. Verfügungsmacht ist auch zu bejahen, wenn auf tatsächlichem Weg ein äquivalenter Schutz der Machtsphäre durchgesetzt werden kann.[1130]

Auch eine Verschwiegenheitsverpflichtung von Mitarbeitern kann bestimmte Kenntnisse zu kontrollierten immateriellen Vermögenswerten machen. Demgegenüber übt das Unternehmen regelmäßig keine Kontrolle über allgemeine theoretische und praktische Kenntnisse der Mitarbeiter aus, die nicht durch Geheimhaltungsvereinbarungen geschützt werden können.[1131] Gleiches gilt für besondere technische Mitarbeiterfähigkeiten oder Begabungen der Geschäftsleitung, es sei denn, es besteht ein rechtlicher Schutz dieser Vorteile.[1132]

[1129] Vgl. IAS 38.4.

[1130] Vgl. IAS 38.13.

[1131] Vgl. IAS 38.15

[1132] Ein allgemeines Aktivierungsverbot für Humankapital ist hieraus gleichwohl nicht abzuleiten. Vgl. Esser, M./Hackenberger, J., 2004, S. 405.

Kundenbeziehungen oder -loyalitäten und die daraus ableitbaren wirtschaftlichen Vorteile können ebenfalls nicht rechtlich oder tatsächlich beherrscht werden. Mithin verneint IAS 38.16 im Regelfall eine Ansatzfähigkeit dieser Werte. Werden diese Werte jedoch Gegenstand von gleichen oder ähnlichen Austauschvorgängen (*exchange transactions*), so ist hierdurch regelmäßig belegt, dass es sich trotz fehlender rechtlicher Absicherung um eine faktisch kontrollierbare und separierbare Position handelt.[1133] Durch die als Vergleichsmaßstab herangezogenen Markttransaktionen ist hinsichtlich der Identifizierbarkeit zugleich auch das Separierbarkeitserfordernis erfüllt.[1134]

bb) Konkretisierung des Definitionskriteriums „zukünftiger wirtschaftlicher Nutzen"

Das abstrakte Aktivierungskriterium eines zukünftigen wirtschaftlichen Nutzenzuflusses aus F.83a und F.85 wird in IAS 38.17 aufgenommen und konkretisiert. Danach ist das Kriterium eines zukünftigen Nutzenzuflusses als erfüllt anzusehen, wenn – absatzseitig – Einnahmen aus dem Verkauf von Produkten oder Dienstleistungen aufgrund der Nutzung des immateriellen Vermögenswertes zu erwarten sind. Auch eine Kostenersparnis in einem Produktionsverfahren oder sonstige Vorteile aufgrund der Verwendung des immateriellen Vermögenswertes reichen nach IAS 38.17 aus.[1135]

cc) Identifizierbarkeit als ergänzendes Definitionsmerkmal immaterieller Vermögenswerte

IAS 38 enthält neben den Regelungen, welche die in F.49a und F.53ff. geschilderten Definitionsmerkmale im Hinblick auf die Beurteilung immaterieller Vermögenswerte näher bestimmen und vervollständigen, ein zusätzliches Definitionskriterium: die Identifizierbarkeit (*identifiability*). Eine nähere Definition des Identifizierbarkeitskriteriums gibt IAS 38.11f.[1136] Danach seien immaterielle wirtschaftliche Vorteile nur dann identifizierbar, wenn sie vom Goodwill unterschieden werden können. Nach IAS 38.11 repräsentiert der

---

[1133] Vgl. IAS 38.16. Allerdings handelt es sich bei originären Kundenbeziehungen ohnehin um eine gem. IAS 38.63 nicht ansetzbare Position. Vgl. Hoffman, W.-D., 2004, S. 470.

[1134] Vgl. IAS 38.16; KPMG, 2004b, S. 76. Zur Bilanzierung des Kundenstamms (regelmäßig unselbstständiger Bestandteil des Geschäfts- oder Firmenwertes) nach HGB und Steuerbilanzrecht vgl. Ellrott, H./Schmidt-Wendt, D., in: Beck´scher Bilanzkommentar, 2003, § 247 HGB, Rn. 410.

[1135] Vgl. Scheinpflug, P., 2004, S. 132.

[1136] Vgl. auch IAS 38.IN6 und IFRS 3.46.

Goodwill dabei Zahlungen, die der Erwerber unter Vorwegnahme künftiger Ertragserwartungen für nicht identifizierbare Vermögenswerte zahlt. Auch Synergien und Vermögenswerte, die zwar die Definitions-, nicht aber die Anerkennungskriterien erfüllen, werden mit der Restgröße „Goodwill" erfasst. Die Negativabgrenzung vom Goodwill muss – nicht unähnlich der bereits geschilderten handelsrechtlichen Vorgehensweise[1137] – bereits zur Klärung der Aktivierungsfähigkeit im Wesentlichen auf Bewertungsmodelle zurückgreifen.[1138]

Um zu Zwecken der Definition als immaterieller Vermögenswert identifizierbar zu sein, muss das fragliche immaterielle Gut separierbar (*separable*) und/oder aus gesetzlichen oder vertraglichen Rechten (*contractual or other legal rights*) herrühren. Im Einzelnen gilt für diese beiden Unterkriterien der Identifizierbarkeit:[1139]

- Identifizierbar i.S.d. Separierbarkeit ist ein Vermögenswert, wenn er vom Unternehmen getrennt verwertet werden kann. IAS 38.12a nennt als mögliche Verwertungshandlungen: Verkauf, Übertragung, Lizenzierung, Verpachtung und Tausch. Das Separierbarkeitsmerkmal ist auch dann noch erfüllt, wenn diese Verwertungshandlungen sich nicht isoliert auf einen bestimmten immateriellen Vermögenswert beziehen, sondern nur gemeinsam mit anderen Vermögenswerten oder Schulden erfolgen können. Das Kriterium der Separierbarkeit entspricht damit weitgehend dem Merkmal der konkreten Verwertbarkeit.[1140]

- Kann der fragliche Vermögenswert auf gesetzliche oder vertragliche Rechte zurückgeführt werden, ist das Identifizierbarkeitskriterium gem. IAS 38.12b ebenfalls erfüllt. Für die vertragliche oder gesetzliche Berechtigung spielt es dabei keine Rolle, ob die Rechtsposition übertragbar ist oder vom Unternehmen, von anderen Rechten oder Verpflichtungen getrennt werden kann. Insoweit genügt – wie nach HGB – die

---

1137 Vgl. Kapitel D.I.3.

1138 Vgl. Hoffmann, W.-D., in: Lüdenbach, N./Hoffmann, W.-D., 2004, S. 473. Einzelheiten unten E.III.2.

1139 Eine beispielhafte Übersicht über die identifizierbaren immateriellen Vermögenswerte gibt der Katalog in IFRS 3.IE.

1140 Vgl. Küting, K./Dawo, S. , 2003b, S. 412.

Übertragbarkeit mit dem gesamten Unternehmen.[1141] Die Überlegung, dass einzelne immaterielle Vermögenswerte in vielen Rechtsordnungen u.U. nur mit dem gesamten Unternehmen übertragen werden könnnen, veranlasste das IASB dazu, die rechtliche oder vertragliche Unterscheidbarkeit vom Goodwill als hinreichendes Identifizierbarkeitsmerkmal zu etablieren.[1142]

c) Konkretisierung der *recognition criteria* in IAS 38.21ff.

aa) Grundsätzliches

Die in F.83 angelegten Anerkennungskriterien werden in IAS 38.21ff. integriert und ergänzt. Der zukünftige wirtschaftliche Nutzenzufluss (F.83a, IAS 38.21a) muss wahrscheinlich (*probable*) sein. Die Anschaffungs- oder Herstellungskosten des fraglichen immateriellen Wertes müssen zuverlässig (*reliably*) messbar sein (F.83b, IAS 38.21b). Die beiden begrifflich unscharfen Merkmale der Wahrscheinlichkeit und der Zuverlässigkeit eröffnen dem bilanzierenden Unternehmen aufgrund ihrer Auslegungsbedürftigkeit Beurteilungsspielräume.

bb) Wahrscheinlichkeit des zukünftigen Nutzenzuflusses nach IAS 38

Nach IAS 38.22 ist ein zukünftiger Nutzenzufluss wahrscheinlich, wenn die Geschäftsleitung vernünftige und tragfähige (*reasonable and supportable*) Gründe für diese Annahme hat. Die Begründung muss eine geeignete Einschätzung (*best estimate*) der wirtschaftlichen Rahmenbedingungen (*set of economic conditions*), die während der Nutzungsdauer des fraglichen immateriellen Vermögenswertes bestehen, darstellen. Zur Bestimmung des Wahrscheinlichkeitsgrades eines zukünftigen Nutzenzuflusses, der dem immateriellen Vermögenswert zuzurechnen ist, muss nach IAS 38.23 auf die Belegbarkeit im Zeitpunkt der erstmaligen Anerkennung abgestellt werden. Externer Wertbestätigung (*external evidence*) ist dabei größeres Gewicht beizumessen. Eine Quantifizierung des Wahrscheinlichkeitskriteriums – wie z.B. für Rückstellungen in IAS 37.15 und 37.23 vorgesehen[1143] – findet sich nicht. Nach IAS 38.24 hat der erstmalige Ansatz auf Grundlage von Anschaffungs- oder Herstellungskosten zu erfolgen.

[1141] Vgl. IAS 38.BC6 und IAS 38.BC10.

[1142] Vgl. IFRS 3.BC93.

[1143] Dort wird eine Wahrscheinlichkeit über 50% (*more likely than not*) für ausreichend angesehen. Zum Zusammenhang der Wahrscheinlichkeitsproblematik nach IAS 37 und IFRS 3 vgl. Haaker, A., 2005, S. 8ff.

cc) Zuverlässige Messbarkeit des künftigen Nutzenzuflusses nach IAS 38

Die verlässliche Messbarkeit der Anschaffungs- oder Herstellungskosten hängt von der jeweiligen Zugangsart ab. Zu unterscheiden sind die Herstellung, der monetäre Einzelerwerb, der Tausch[1144], der Erwerb aufgrund öffentlicher Zuwendung[1145] und der im Rahmen dieser Untersuchung besonders interessierende Erwerb im Rahmen eines Unternehmenszusammenschlusses. Grundsätzlich kann zur Ermittlung der Herstellungskosten auf Daten aus dem internen Rechnungswesen zurückgegriffen werden. Auf die zuverlässige Ermittelbarkeit der Anschaffungs- und Herstellungskosten wird nachfolgend im Zusammenhang mit der jeweiligen Zugangsart eingegangen.

4. Vermögensgegenstandskriterien und Merkmale des Begriffs *intangible asset*

Hinsichtlich des handelsbilanzrechtlichen Vermögensgegenstandsbegriffs sind bei genauerer Betrachtung deutliche Übereinstimmungen mit den Definitions- und Anerkennungsvoraussetzungen nach Framework und IAS 38 zu erkennen:

[1144] Auf die verlässliche Messbarkeit der Anschaffungskosten beim Tausch (IAS 38.45-38.47) wird nachfolgend nicht näher eingegangen. Verschmelzung und Spaltung sind nach IAS/IFRS Business Combinations, aber keine Tauschvorgänge oder tauschähnlichen Zugangsformen.

[1145] Auch die Frage der Anschaffungskostenbemessung im Rahmen des Erwerbs aufgrund öffentlicher Zuwendung (z.B. Subventionen) wird nachfolgend nicht vertieft. Einzelheiten hierzu finden sich in IAS 38.44.

HGB	IAS/IFRS
Vermögenswertprinzip (vermögenswerter Vorteil, der über Abrechnungszeitraum hinaus Beitrag zum Ertragswert leistet)	Zukünftiger wirtschaftlicher Nutzenzufluss (*future economic benefit*)
Greifbarkeit	Identifizierbarkeit (*contractual-legal/separability criterion*)
Selbstständige Bewertbarkeit	Beizulegender Zeitwert/ Anerkennungskriterien (*reliable measurement*)[1146]
Übertragbarkeit bei Übergang des gesamten Unternehmens	Übertragbarkeit bei Übergang des gesamten Unternehmens[1147]

Tabelle II: (Abstrakte) Aktivierungsvoraussetzungen nach HGB und IAS/IFRS

Im Vergleich zum HGB ergeben sich bezüglich der abstrakten Aktivierungsfähigkeit auf der einen und der *definition* und *recognition criteria* auf der anderen Seite im praktischen Ergebnis nur geringe Unterschiede.[1150] Im Einzelnen sind auf begrifflicher Ebene folgende Übereinstimmungen und Abweichungen festzustellen:

- Das Vermögenswertprinzip und das Erfordernis eines *future economic benefit* sind begrifflich im Wesentlichen deckungsgleich.[1151] Es geht jeweils darum, dass mit dem (immateriellen) Gut zukünftige Ertragsüberschüsse erzielt werden können.

- Mittels der Merkmale Greifbarkeit und *identifiability* können ebenfalls in weiten Teilen übereinstimmende Unterscheidungen getroffen werden. Die Unterkriterien einer vertraglichen oder sonstigen rechtlichen Absicherung eines immateriellen Gutes führen regelmäßig zur Identifizierbarkeit i.S.v. IAS 38.12b *und* i.d.R. zugleich auch zur Greifbarkeit i.S.d. handelsrechtli-

[1146] Nur wenn die Mindestwahrscheinlichkeit eines zukünftigen Nutzenzuflusses größer null ist, ist das Vermögenswertprinzip erfüllt. Die Wahrscheinlichkeit eines zukünftigen Nutzenzuflusses spielt auch im Hinblick auf Fragen eine Rolle, die nach HGB eher der selbstständigen Bewertbarkeit zuzuordnen wären. Die Wahrscheinlichkeit unterschiedlicher Szenarien der Wertentwicklung und ihre Berücksichtigung auf Ebene der Bilanzierung dem Grunde nach finden im Rahmen des *probability criterion* ihren Niederschlag.

[1147] Vgl. IFRS 3.BC93 sowie die Sonderregelungen in IAS 38.33-38.43.

[1150] Vgl. Lüdenbach, N./Hoffmann, W.-D., 2004, S. 65f.

[1151] Vgl. nur Küting, K./Dawo, S., 2003b, S. 413; Hommel, M./Benkel, M./Wich, S., 2004, S. 1268.

chen Vermögensgegenstandsbegriffs.[1152] Greifbarkeit liegt aber i.d.R. auch in den Fällen der Separierbarkeit vor,[1153] zumal in diesen Fällen mit den in IAS 38.12a vorausgesetzten Kriterien auch das nach teilweise zum HGB vertretener Ansicht in den GoB vorausgesetzte Merkmal konkreter Verwertbarkeit erfüllt ist.[1154]

- Auch die Kriterien der selbstständigen Bewertbarkeit und die *recognition criteria* (*reliable measurement, probabability of future economic benefit*) decken sich teilweise, wenn auch mit unterschiedlichen Akzenten. Ist der zukünftige Nutzenzufluss nicht hinreichend wahrscheinlich oder nicht hinreichend verlässlich messbar, fehlt es regelmäßig auch an der – nach GoB vorausgesetzten – selbstständigen Bewertbarkeit.[1155] Das Wahrscheinlichkeitskriterium eröffnet dem Bilanzierenden allerdings Beurteilungsspielräume. Nach wohl h.M. im deutschen Schrifttum ist dieser von IAS 38 eingeräumte Beurteilungsspielraum „größer“ als der Beurteilungsspielraum, der sich aufgrund der Vermögensgegenstandsvoraussetzung selbstständiger Bewertbarkeit ergibt, für dessen Erfüllung ggfs. Schätzbarkeit ausreicht.[1156]

- Für das Merkmal der (abstrakten) Übertragbarkeit mit dem gesamten Geschäftsbetrieb gibt es auf den ersten Blick kein unmittelbares Pendant im Rahmen des IAS 38. Nach handelsrechtlichen GoB muss ein zu aktivierender Vorteil sich so weit zu einem Objekt verdichten, dass er zumindest bei der Veräußerung des gesamten Geschäftsbetriebes wirtschaftlich betrachtet einzeln ins Gewicht fällt. Das Gut darf sich nicht gänzlich in eine bloße Wertsteigerung des Geschäfts- oder Firmenwertes verflüchtigen. Es genügt also die „Berücksichtigungsfähigkeit“ im Rahmen einer (fiktiven) Gesamtveräußerung. Letztlich wird durch dieses weite

---

1152 Vgl. Moxter, A., 1999, S. 11f. Allerdings unterfallen dem *contractual-legal criterion* nach IFRS 3.IE auch lediglich mittelbar rechtlich abgesicherte Positionen (z.B. Know-how). Diese Fälle werden aber handelsbilanziell durch das weite und nicht auf die Fälle (unmittelbarer) rechtlicher Absicherung beschränkte Abgrenzungsmerkmal der Greifbarkeit erfasst.

1153 Vgl. Hommel, M., 1997, S. 358ff.

1154 Vgl. Küting, K./Dawo, S., 2003b, S. 413.

1155 Die Wahrscheinlichkeit des zukünftigen Nutzenzuflusses spielt auch im Rahmen der Beurteilung des handelsbilanzrechtlichen Vermögenswertprinzips eine Rolle, führt jedoch im Hinblick auf die Funktion der Wahrscheinlichkeit als Bewertungsparameter deutlich darüber hinaus. Vgl. unten E.III.4.

1156 Vgl. z.B. Lüdenbach, N./Hoffmann, W.-D., 2004, S. 66.

Kriterium handelsrechtlich eine gedankliche Operation vollzogen, die in IFRS 3 i.V.m. IAS 38.33ff. konkret ausgestaltet wurde. Der Umstand, dass ein immaterielles Gut zwar nicht einzeln, wohl aber mit dem gesamten Unternehmen verkehrsfähig ist, schließt die Aktivierungsfähigkeit nach IAS/IFRS nicht aus.[1157] Regelungstechnisch wird dies durch die Ausgestaltung des *contractual-legal criterion* möglich. Diese Aktivierungsvoraussetzung ist unabhängig davon, ob der immaterielle Vermögensvorteil auch einzeln – konkret oder abstrakt – übertragbar ist.

5. Einzelbewertung

a) Allgemeines

Ein Grundsatz der Einzelbewertung wird in den IAS/IFRS nicht ausdrücklich normiert. Gleichwohl lässt er sich aus dem Framework und einzelnen Standards ableiten.[1158] Er ist mithin als allgemeiner Grundsatz, zu dem es – wie im HGB – Ausnahmen gibt, auch in den IAS/IFRS niedergelegt.[1159] Diese einzelwertbezogene Bilanzierung beschränkt sich nicht allein auf Bewertungsfragen, was auch aus den Vorschriften über die Identifizierung als Ausgangspunkt der Bewertung nach IAS 38.11f. und aus den Regelungen über die einzelprojektbezogene bewertungsabhängige Aktivierungsfähigkeit bestimmter Entwicklungskosten nach IAS 38.57ff. folgt.[1160] Je intensiver Bewertungskriterien bereits zur Ansatzobjektivierung herangezogen werden, desto mehr kann auch im Rahmen der IAS/IFRS von einer Einzelbewertung als Problem der Bilanzierung dem Grunde nach gesprochen werden.[1161]

[1157] Vgl. IFRS 3.BC93

[1158] Vgl. Jacobi, A., 2003, S. 70 m.w.N.; Wagenhofer, A., 2003, S. 129; Adler, H./Düring, W./Schmaltz, K., 2003, Abschn. 1, Rn. 256. Vgl. auch IAS 1.29.

[1159] Vgl. Mujkanovic, R., 2002, S. 66f. Dass kein Einzelbewertungsprinzip normiert wurde, liegt auch an der stärkeren Einzelfallbezogenheit der IAS/IFRS-Regelungen gegenüber den stärker prinzipienverhafteten deutschen HGB-Regelungen. Vgl. Heuser, P. J./Theile, C., 2003, S. 2.

[1160] Vgl. Jacobi, A., 2003, S. 70f.

[1161] Vgl. zur Rolle der Ermittelbarkeit beizulegender Zeitwerte einzelner immaterieller Vermögenswerte: Kap. E.III.2.

b) Bedeutung der Einzelbewertung bei Unternehmenszusammenschlüssen

Der Einzelbewertungsgedanke tritt auch im Rahmen der Neuerungen des Projektes Business Combinations Phase I hervor. Im Hinblick auf die Erfahrungen bei der Anwendung des IAS 22 und IAS 38 (1998) und die vom IASB bemängelte Ignoranz der Praxis in Bezug auf die darin vorgeschriebenen Einzelansatz- und Einzelbewertungsregeln immaterieller Vermögenswerte (IAS 38.27ff.) wird dies bereits deutlich.[1162] Die Bedeutung des beizulegenden Zeitwerts bei der Beurteilung u.a. der Separierbarkeit zeigt ebenfalls die Bedeutung der Einzelbewertung als ansatz- und bewertungsrelevanter Grundsatz nach IAS/IFRS. Dies gilt auch im Rahmen der IAS/IFRS hinsichtlich der Abgrenzung der einzeln zu bilanzierenden Werte von der wirtschaftlichen Unternehmenseinheit als Gegenstand der Unternehmensbewertung.[1163]

Im Rahmen der Fair-Value-Bestimmung geht es regelmäßig um Marktpreise, marktnahe Preise, Zukunftserfolgswerte und Kosten einzelner Vermögenswerte und Schulden. Erst im Rahmen des *impairment* folgt dann ggfs. eine Zusammenfassung dieser einzelnen bewertbaren Positionen in zahlungsmittelgenerierende Einheiten.[1164] Erst für Zwecke der Werthaltigkeitsprüfung bei der Folgebewertung werden also – in Abweichung vom Grundsatz der Einzelbewertung – zunächst einzeln bilanzierte Vermögenswerte zusammengefasst, weil für sie keine unabhängigen Mittelzuflüsse (*cash flows*) zugeordnet werden können.[1165]

Der Umstand, dass ausnahmsweise auch Gruppen von Vermögenswerten bei der Kaufpreisallokation gem. IAS 38.36 gemeinsam angesetzt werden können,[1166] bestätigt durch seinen Ausnahmecharakter den Grundsatz der Einzelbewertung. Während nämlich nach HGB in diesen Fällen nur eine Erfassung in der Sammelposition des Geschäfts- oder Firmenwertes in Frage käme,[1167] sind nach

---

[1162] Vgl. IFRS 3.BC89.

[1163] Vgl. IDW, 2004b, S. 1484.

[1164] Vgl. IAS 36.66ff.

[1165] Vgl. IDW, 2004b, S. 1485. Zu der hierbei auftretenden Problematik des Einzelzukunftserfolgswertes und der damit verwandten Teilwertdiskussion vgl. Moxter, A., 1999, S. 251f.; Mujkanovic, R., 2002, S. 128 u. 243f. Zur Objektivierungsproblematik im Rahmen des *impairment test* in den Folgeperioden vgl. Dawo, S., 2003, S. 263ff.

[1166] Vgl. unten Kap. E III.3.b)aa).

[1167] Vgl. Moxter, A., 1999, S. 19, unter Hinweis auf BFH, Urt. v. 28.05.1979, I R 1/76.

IAS/IFRS ggfs. auch hinsichtlich ihres Wertbeitrages nicht weiter unterteilbare Kombinationen von Vermögenswerten vom Goodwill zu separieren und gemeinsam anzusetzen. Hintergrund ist das besondere Bedürfnis des IASB, den Goodwill möglichst klein zu halten und eine möglichst weit reichende Disaggregation und Einzelerfassung der Anschaffungskosten vorzunehmen.

6. Ansatz des Goodwill und Behandlung des „*excess*"

a) Ermittlung

IFRS 3.52 versteht Goodwill als Ausdruck eines „*payment made by the acquirer in anticipation of future economic benefits from assets that are not capable of being individually identified and separately recognized.*"[1168] Im Goodwill spiegeln sich somit die Residualanschaffungskosten wider, die nicht gem. IFRS 3.53 i.V.m. IFRS 3.37 einzeln als (immaterieller) Vermögenswert, Schuld oder Eventualschuld bilanziert werden können.[1169] Der Residualposten Goodwill konkretisiert somit denjenigen positiven Betrag, der sich ergibt, wenn von den Anschaffungskosten die Summe der zum Zeitwert bewerteten Vermögenswerte die zum Zeitwert bewerteten Schulden und Eventualschulden abgegrenzt werden. Letztlich stellt sich der Goodwill damit als Restgröße dar, die bei der Aufrechnung der beizulegenden Zeitwerte von Anschaffungskosten und den anteiligen Zeitwerte der erworbenen Vermögenswerte abzüglich (Eventual-) Schulden entsteht.[1170] Latente Steuerschulden und Steueransprüche sind zu berücksichtigen.[1171]

b) Bestandteile

Ähnlich der zum Geschäfts- oder Firmenwert vorgenommenen Analyse in Kap.D.I.3. setzt sich nach Ansicht des IASB auch der Goodwill aus verschiedenen Komponenten zusammen. Zu diesen Bestandteilen gehört der *fair*

[1168] Vgl. auch IFRS 3.BC129. In IFRS 3, Appendix A, wird Goodwill definiert als "*Future economic benefits arising from assets that are not capable of being individually identified and separately recognised.*" Vgl. auch IFRS 3.52.

[1169] Rechnerische und bilanztheoretische Hintergründe der Position Geschäfts- oder Firmenwert wurden bereits in Kap. D. I. diskutiert und werden hier nicht nochmals wiederholt.

[1170] Vgl. Bieker, M./Esser, M., 2004, S. 449.

[1171] Vgl. IDW, 2004b, S. 1489. Die Berechnung folgt also folgendem Schema:

	Anschaffungskosten für das erworbene Unternehmen
./.	fair values der erworbenen Vermögenswerte
+	fair values der übernommenen Schulden
+/./.	latente Steuern
=	Goodwill oder negativer Unterschiedsbetrag

value eines Going-Concern-Elements des erworbenen Unternehmens, der *fair value* erwarteter Synergien zwischen Erwerber und Erworbenem, ein überhöhter Kaufpreis sowie Bewertungsfehler.

c) Rechtsnatur

Im Goodwill gehen nach Ansicht des IASB Vermögenswerte (*assets*) auf, die nicht einzeln identifiziert und separat anerkannt (*recognised*) werden können. IFRS 3.51a regelt ausdrücklich, dass der im Rahmen eines Unternehmenszusammenschlusses entstehende Goodwill trotz dieses Sammel- und Residualcharakters als Vermögenswert einzustufen ist.[1172]

Das sog. Element aus der Unternehmensfortführung (Going-Concern-Element) spiegelt die Fähigkeit des Erworbenen wider, mit der Zusammenstellung von Vermögenswerten und Schulden höhere Erträge zu erzielen, als es bei isolierter Nutzung dieser Positionen möglich wäre. Es geht insoweit – vom IASB etwas missverständlich formuliert – um *beim erworbenen* Unternehmen mögliche „interne" Synergien, aber auch um sonstige Vorteile wie Marktunvollkommenheiten.[1173]

Des Weiteren können im Goodwill auch Synergien enthalten sein, die sich aus dem Zusammenspiel der Nettovermögen von Erwerber und Erworbenem ergeben. Diese Synergiekomponente ist – so das IASB – einzigartig und weist einen von der spezifischen Unternehmensverbindung abzuleitenden Wert auf.[1174] Als Vorteile aus Marktunvollkommenheiten gelten dabei auch zusätzliche Erträge aufgrund von Monopolstellungen und Marktzutrittsschranken für Wettbewerber.

Die beiden vorgenannten Komponenten des Goodwill – das Going-Concern-Element[1175] und die Synergien aufgrund des Zusammenschlusses[1176] – werden vom IASB in IFRS 3.BC131 als *core goodwill* bezeichnet. Diese beiden Komponenten erfüllen die allgemeinen Definitionskriterien für Vermögenswerte aus F.49a, F.53ff. Diese Goodwill-Elemente werden, jedenfalls durch Beherrschung

---

[1172] Vgl. IFRS 3.BC132.
[1173] Vgl. IFRS 3.BC130a.
[1174] Vgl. IFRS 3.BC130b.
[1175] Vgl. IFRS 3.BC130a.
[1176] Vgl. IFRS 3.BC130b.

von Geschäftspolitik und Management des Erworbenen, kontrolliert. Zukünftige Nutzenzuflüsse i.S.v. F.53 sind ebenfalls zu erwarten.[1177]

Aber auch die beiden weiteren Komponenten, die nicht zum Kernbestand des Goodwill gehören, werden angesichts des Residualcharakters dieser Vermögensposition nicht als Aufwand erfasst, sondern sind ebenfalls als Goodwill zu aktivieren.[1178] Obwohl insoweit also die Definitionskriterien eindeutig nicht erfüllt sind, werden die Zuvielzahlungen sowie Fehler bei der Bemessung von Anschaffungskosten, des Vermögens und der (Eventual-) Schulden als Goodwill aufgefasst.[1179]

d) „Excess of the Acquirer's Interest"

Liegt die Nettosumme der beizulegenden Zeitwerte aller Vermögenswerte, Verbindlichkeiten und Eventualverbindlichkeiten über den Anschaffungskosten, ergibt sich ein negativer Unterschiedsbetrag. Dieser negative Unterschiedsbetrag ist weder als „Badwill" noch als „negativer Goodwill" zu passivieren.[1180] Vielmehr ist, sollte die Überprüfung (reassessment) nach IFRS 3.56a die Existenz des excess bestätigen, dieser negative Unterschiedsbetrag in der Gewinn- und Verlustrechnung zu erfassen.[1181] Der Anschaffungsvorgang in Gestalt des Unternehmenszusammenschlusses ist mithin in diesen Fällen erfolgswirksam.

7. Zusammenfassung wesentlicher Untersuchungsschritte

Für die Anschaffungskostenallokation im Anschluss an Unternehmenszusammenschlüsse ist es u.a. wichtig zu klären, welche immateriellen Vermögens-

---

[1177] Dass zu den Definitionsmerkmalen *immaterieller* Vermögenswerte, jedenfalls bei Unternehmenszusammenschlüssen, zudem ihre Identifizierbarkeit gehört (vgl. IAS 38.11f.) und diese angesichts des Residualcharakters des Goodwill besonders fraglich ist, unterschlägt das IASB in IFRS 3.BC129ff. freilich. Die fehlende Identifizierbarkeit dürfte gleichwohl gerade ausschlaggebend dafür sein, dass es nicht zu einem Ansatz dieser Kern-Elemente des Goodwill kommt. Sie sind nicht hinreichend separierbar, so dass eine weiter reichende Disaggregation nicht vorgenommen werden kann.

[1178] Vgl. IFRS 3.BC133-3.BC135.

[1179] Vgl. IFRS 3.BC 130c u. d.

[1180] So bislang IAS 22.59. Bezog sich der negative Unterschiedsbetrag auf zukünftige Verluste, musste er erfolgswirksam aufgelöst werden, wenn die Verluste eintraten. Im übrigen war er sofort in der Gewinn- und Verlustrechnung als Ertrag zu erfassen. Vgl. auch IFRS 3.IN16.

[1181] Zu den verschiedenen Ursachen eines *excess* vgl. IFRS 3.57. Zur Diskussion im Vorfeld der Verabschiedung des IFRS 3 vgl. IFRS 3.BC145ff.

werte im übergehenden Vermögen überhaupt enthalten sind. Über das Vorliegen eines aktivierungsfähigen immateriellen Vermögenswertes entscheiden grundsätzlich die im IAS/IFRS-Rahmenkonzept geregelten Definitions- und Anerkennungskriterien sowie deren Konkretisierung und Erweiterung in IAS 38. Die Unterscheidung zwischen abstrakter und konkreter Aktivierungsfähigkeit ist dabei zur theoretischen Bewältigung der Rechnungslegung nach IAS/IFRS nicht fruchtbar. Insbesondere die Einordnung des spezifischen Definitionsmerkmals der Identifizierbarkeit immaterieller Vermögenswerte spricht gegen ein Abweichen von der Terminologie des IASB.

Wie aus *Tabelle II* ersichtlich, weisen die HGB- und die IAS/IFRS-Rechnungslegung im Hinblick auf die Frage, was grundsätzlich als aktives Bilanzobjekt in Betracht kommt, nur geringe Abweichungen auf. Es wurde deutlich, dass auch die IAS/IFRS eine Übertragbarkeit mit dem gesamten Unternehmen für ausreichend halten. Zudem stellt das IASB ausdrücklich die Bewertungsabhängigkeit der Bilanzierung dem Grunde nach heraus. Auch insoweit ergeben sich weit reichende Übereinstimmungen. Die Abhängigkeit der Ansatzobjektivierung von den beizulegenden Zeitwerten ist Gegenstand in Kap. E.III.

Die Einzelbewertung ist implizit in vielen IAS/IFRS-Regelungen enthalten. Der Einzelbewertungsgedanke als ansatzrelevanter Bilanzierungsparameter findet sich insbesondere auch in den Vorschriften über den erstmaligen Ansatz immaterieller Vermögenswerte im Anschluss an Unternehmenszusammenschlüsse wieder. In Abweichung von der HGB-Rechnungslegung ist als ausdrückliche Ausnahme ein Gruppenansatz zulässig. Hintergrund für diese Regelung ist das Bedürfnis, die wenig aussagekräftige Residualgröße Goodwill so klein wie möglich zu halten.

Der Goodwill wird in IFRS 3 audrücklich als Vermögenswert eingestuft. Das IASB unterscheidet innerhalb des Goodwill verschiedene Elemente, zu denen auch die nicht bilanzierten immateriellen Vermögenswerte gehören können. Ein negativer Unterschiedsbetrag ist als in der Periode, in die der Zusammenschluss fällt, erfolgswirksam über die GuV zu erfassen.

II. Aktivierungsgebote und -verbote für immaterielle Vermögenswerte

1. Aktivierbarkeit von Herstellungs- und Anschaffungskosten

a) Schwierigkeiten selbsterstellter immaterieller Vermögenswerte

In IAS 38.51 stellt das IASB fest, dass bei der Bilanzierung selbsterstellter immaterieller Vermögenswerte besondere Anerkennungsschwierigkeiten aufgeworfenen werden. Probleme bereiten die Fragen, ob überhaupt und wenn, ab wann von einem identifizierbaren Vermögenswert ausgegangen werden kann, der künftige Erträge erwarten lässt (IAS 38.51a). Hinzu kommen Abgrenzungsschwierigkeiten bei der Zuordnung entstehender Kosten. Die Kosten eines selbsterstellten immateriellen Vermögenswertes lassen sich u.U. nicht von den Kosten abgrenzen, die dem originären Goodwill zuzurechnen sind (IAS 38.51b). Das IASB wirft in IAS 38.51 mithin Fragen auf, die im Rahmen dieser Untersuchung bereits bei der erstmaligen Aktivierung immaterieller Vermögensgegenstände im Anschluss an eine Verschmelzung oder Spaltung nach HGB erörtert wurden.

b) Nicht auf Forschungs- und Entwicklungskosten bezogene Aktivierungsverbote

Anders als nach § 248 Abs. 2 HGB, der ein pauschales Aktivierungsverbot für sämtliche selbsterstellten immateriellen Vermögensgegenstände des Anlagevermögens enthält, geht das IASB in IAS 38.51ff. differenziert vor.[1182] Immaterielle Anlagewerte werden nicht generell mit einem Ansatzverbot belegt, sondern nur bestimmte Werte.[1183] Hierzu gehören gem. IAS 38.63 Marken, Drucktitel (mastheads), Verlagsrechte (publishing titles), Kundenlisten und vergleichbare Güter. Die Unterscheidbarkeit des für diese immateriellen Werte Aufgewendeten von denjenigen Mitteln, die zur Entwicklung des Geschäftsbetriebes als Ganzem anfallen, fehlt.[1184] Gleiches gilt für nachträgliche Ausgaben (subsequent expenditure) gem. IAS 38.20.

Weitere Ausgaben, die nicht zu einem aktivierbaren Vermögenswert, sondern zu Aufwand führen, sind gem. IAS 38.69 Gründungs- und Anlaufkosten, Kosten für Aus- und Fortbildungsmaßnahmen, Ausgaben für Maßnahmen der Werbung und sonstige verkaufsfördernde Aktivitäten sowie Kosten der Verlagerung oder

---

[1182] Genau genommen ist auch das Ansatzverbot für den originären Goodwill nach IAS 38.48 hier zu nennen.

[1183] Vgl. Scheinpflug, P., 2004, S. 127.

[1184] Vgl. IAS 38.64.

Reorganisation der Geschäftstätigkeit. In allen diesen Fällen wird ebenfalls kein ansatzfähiger Vermögenswert geschaffen.[1185]

c) Unterscheidung zwischen Forschungs- und Entwicklungskosten

Das IASB trifft in IAS 38.52ff. die Unterscheidung zwischen Forschungs- und Entwicklungskosten. Gehört ein immaterieller Vermögenswert nicht ohnehin zu den von den Aktivierungsverboten nach IAS 38.63f. und IAS.69 erfassten Werten, ist auf deren Entstehungsprozess abzustellen. Hinsichtlich der anfallenden Kosten ist dieser Entstehungsprozess in eine Forschungs- und eine Entwicklungsphase zu unterteilen. Unter Forschung ist gem. IAS 38.8 ein originäres und planvolles Untersuchungsvorhaben zu verstehen, mit dem das Ziel verfolgt wird, neue wissenschaftliche oder technische Kenntnisse und Einsichten zu gewinnen.[1186] Beispielhaft nennt IAS 38.56 u.a. Grundlagenforschung, anwendungsorientierte Forschung, material-, produkt-, dienstleistungs- oder prozessbezogene Forschung.[1187]

Zwischen Forschung und Nutzung liegt die Entwicklung: Nach IAS 38.8 („development") werden Forschungsergebnisse und anderes Wissen auf die Herstellung von Plänen oder Entwürfen angewendet, die zur Produktion von neuen oder wesentlich verbesserten Materialien, Vorrichtungen, Produkten, Prozessen, Systemen oder Dienstleistungen dienen, aber noch vor der eigentlichen kommerziellen Verwertung liegen.[1188] IAS 38.59 nennt als Beispiele für aktivierungsfähige Entwicklungstätigkeiten u.a.: Entwurf, Herstellung und Erproben von Prototypen und Modellen, der Entwurf von Werkzeugen, Schablonen, Gussformen, Matrizen unter Berücksichtigung neuer Technologien, Entwurf, Konstruktion und Betrieb einer Pilotanlage sowie Entwurf, Konstruktion und Erproben neuer oder verbesserter Produkte, Dienstleistungen, Prozesse. Grundsätzlich unterscheidet sich die Entwicklung von der Forschung durch den größeren Produkt- und Prozessbezug.[1189]

1185 Vgl. IAS 38.69.

1186 Vgl. IAS 38.54ff.; vgl. auch die Definition in SFAS 2.8a.

1187 Zur Abgrenzung von Forschungs- und Entwicklungsphase im Rahmen der Bilanzierungspraxis von Biotechnologieunternehmen vgl. Fülbier, R. U./Honold, D./Klar, A., 2000, S. 837.

1188 In der Praxis ist diese Abgrenzung oft nur schwer klar durchzuführen, denn Forschungs- und Entwicklungstätigkeiten sind häufig interdependent, so dass eine klare Prozessabgrenzung erschwert wird. Vgl. Leibfried, P./Pfanzelt, S., 2004, S. 492.

1189 Vgl. Lüdenbach, N./Prusaczyk, P., 2004b, S. 415.

d) Aktivierungsverbot für Forschungskosten

An die Unterscheidung zwischen Forschung und Entwicklung knüpft ein allgemein gefasstes Aktivierungsverbot für Kosten an, die zu keinem ansetzbaren immateriellen Anlagewert führen (IAS 38.54f.). Ein künftiger Nutzenzufluss aufgrund von Forschungstätigkeiten ist naturgemäß noch nicht hinreichend wahrscheinlich.[1190] Die bloße Hoffnung auf künftige Erträge hat sich noch nicht so weit verdichtet, dass die „unwiderlegbar anzunehmende Distanz eines Forschungsprojektes zum zukünftigen wirtschaftlichen Nutzen“[1191] überwunden werden könnte. Folglich können Kosten der Forschung nicht aktiviert werden, sondern sind gem. IAS 38.54 als Aufwand zu erfassen.[1192]

e) Voraussetzungen für aktivierungsfähige Entwicklungskosten

Die Kosten der Entwicklung können im Gegensatz zu den Kosten der Forschung unter bestimmten, kumulativ geltenden Voraussetzungen aktiviert werden. Grund hierfür ist der Fortschritt gegenüber der „bloßen“ Forschung im Hinblick auf Identifizierbarkeit und Demonstrierbarkeit zukünftiger wirtschaftlicher Nutzenvorteile.[1193] Im Einzelnen müssen gem. IAS 38.57 kumulativ dargelegt werden:

- technische Machbarkeit der Fertigstellung zu Zwecken der Verwertung;
- die Absicht, den immateriellen Vermögenswert fertig zu stellen und ihn zu nutzen oder zu veräußern;
- die Befähigung, den immateriellen Vermögenswert zu nutzen oder zu verkaufen;
- wie der immaterielle Vermögenswert künftig wirtschaftlichen Nutzen fördert;
- die Verfügbarkeit ausreichender technischer, finanzieller und sonstiger Ressourcen, den Vermögenswert fertig zu stellen und zu verkaufen oder zu nutzen und
- die zuverlässige Messbarkeit der dem Entwicklungsprozess des immateriellen Vermögenswertes zurechenbaren Kosten.[1194]

[1190] Vgl. IAS 38.55.
[1191] Lüdenbach, N./Prusaczyk, P., 2004b, S. 415.
[1192] Zur rechnungslegungspolitischen Dimension der Beurteilungsspielräume im Rahmen der Abgrenzung von Forschungs- und Entwicklungsaufwendungen vgl. Ziesemer, S., 2002, S. 61ff. u. 71ff.
[1193] Vgl. IAS 38.58.
[1194] Vgl. zum Ganzen auch Fülbier, R. U./Honold, D./Klar, A., 2000, S. 837f.

Um die erwarteten zukünftigen wirtschaftlichen Vorteile zu belegen, kann der Bilanzierende die Regelungen über den impairment test aus IAS 36 anwenden. Soweit erforderlich, kann gem. IAS 38.60 dabei auch auf die Figur der *cash-generating units* zurückgegriffen werden. Um die Fähigkeit nachzuweisen, die immaterielle Ressource fertigzustellen, zu nutzen und Vorteile aus ihr zu ziehen, kann auf einen Business Plan Bezug genommen werden. Der Business Plan muss die technischen und finanziellen Ressourcen aufzeigen und Auskunft darüber geben, wie das Vorhandensein dieser Ressourcen gewährleistet werden kann. Die künftige Nutzenförderung lässt sich anhand des Nachweises über einen Markt für den immateriellen Vermögenswert, über die (verbesserten) Produktionsmöglichkeiten oder über den sonstigen internen Nutzen belegen. Die Finanzierbarkeit kann durch die Mitteilung eines Fremdmittelgebers über seine Finanzierungsabsichten belegt werden.[1195] Die zu erwartenden Kosten sind oftmals auch anhand der internen Kosten- und Leistungsrechnung ermittelbar.[1196]

Liegen sämtliche Voraussetzungen vor, sind gem. IAS 38.57 die Kosten der Entwicklungsphase bilanzierbar. Die Aktivierungspflicht gilt branchenübergreifend.[1197] Erfüllt ein immaterieller wirtschaftlicher Vorteil nicht sämtliche genannte Kriterien, sind die Kosten als Aufwand in der Gewinn- und Verlustrechnung zu erfassen. Gleiches gilt nach IAS 38.53 für den Fall, dass die Forschungsphase nicht von der Entwicklungsphase unterschieden werden kann. Da die in IAS 38.57 genannten Voraussetzungen der Aktivierbarkeit immaterieller Vermögenswerte erhebliche Beurteilungsspielräume bei Auslegung und Subsumtion eröffnen, wird im Schrifttum von einem faktischen Aktivierungswahlrecht für Entwicklungskosten gesprochen.[1198]

1195 Vgl. IAS 38.61.

1196 Vgl. IAS 38.62.

1197 Vgl. Lüdenbach, N./Prusaczyk, P., 2004, S. 415.

1198 Vgl. nur Wagenhofer, A., 2003, S. 205ff.; Esser, M./Hackenberger, J., 2004, S. 405f. Zur rechnungslegungspolitischen Dimension dieses faktischen Wahlrechts vgl. Ziesemer, S., 2002, S. 64ff. In der deutschen IFRS-Rechnungslegungspraxis wird nach einer empirischen Untersuchung bereits mehr als ein Viertel aller Entwicklungskosten aktiviert, vgl. Leibfried, P./Pfanzelt, S., 2004, S. 491ff.

f) Vergleich der Aktivierungsverbote für immaterielle Anlagewerte nach HGB und IAS/IFRS

Abweichungen ergeben sich im Hinblick auf die Unterscheidungen, die IAS 38 für die Fälle der handelsrechtlich „konkreten" Aktivierungsfähigkeit vornimmt. Für die Ansetzbarkeit selbsterstellter immaterieller Güter des Anlagevermögens ergibt sich nach HGB ein generelles Aktivierungsverbot. Im Ergebnis greift auch nach IAS/IFRS ein weit reichendes Aktivierungsverbot für selbsterstellte immaterielle Vermögenswerte. Die einzige Ausnahme bilden bestimmte, nach den geschilderten Kriterien qualifizierte Entwicklungskosten. Abgesehen von dieser Aktivierungsmöglichkeit, gilt ein weit reichendes Aktivierungsverbot von Herstellungskosten und damit von Investitionen in immaterielles Vermögen.

2. Einzelerwerb

Getrennt von anderen Vermögenswerten erworbene immaterielle Vermögenswerte sind – wie handelsrechtlich auch - grundsätzlich zu Anschaffungskosten[1199] anzusetzen. Die Aktivierungs- bzw. Anerkennungsmerkmale gem. IAS 38.21 gelten regelmäßig als erfüllt.[1200] Anschaffungskosten sind gem. IAS 38.25 in der Regel Gradmesser für die Wahrscheinlichkeit erwarteter Nutzenzuflüsse. Die Voraussetzung der Wahrscheinlichkeit eines zukünftigen Nutzenzuflusses gem. IAS 38.21(a) kann daher unterstellt werden.[1201] Die Möglichkeit und der Wahrscheinlichkeitsgrad eines Misserfolges der durch den Einzelerwerb getätigten Investition wird bereits durch die Höhe des Erwerbspreises berücksichtigt.[1202] Insoweit unterliegen z.B. Forschungsleistungen im Fall des Einzelerwerbs einem grundsätzlichen Aktivierungsgebot, das

---

[1199] Zu den Anschaffungskosten gehören gem. IAS 38.27ff.:

Kaufpreis
\+ Einfuhrzölle und nicht erstattete Verbrauchsteuern
./. Anschaffungspreisminderungen (Skonti, Rabatte)
\+ direkt zurechenbare Kosten zur Versetzung in einen betriebsbereiten Zustand
= Anschaffungskosten

Zu den Einzelheiten der Anschaffungskostenermittlung vgl. IAS 38.28ff. Zur Behandlung eines über das übliche Zahlungsziel hinausgehenden Zeitraum zwischen Übergang des wirtschaftlichen Eigentum und Barzahlung vgl. Pellens, B./Fülbier, R. U./Gassen, J., 2004, S. 256.

[1200] Vgl. IAS 38.BC26 - 38.BC28.

[1201] Vgl. IAS 38.25.

[1202] Vgl. Lüdenbach, N., 2004, S. 1320.

nur bei Fehlen der allgemeinen Definitions- und Anerkennungskriterien nicht greift.[1203]

Im Rahmen des Ansatzes der Herstellungskosten von immateriellen Vermögens-werten in der Entwicklungsphase bildet die Wahrscheinlichkeit eines zukünftigen Nutzenzuflusses eine unmittelbare Ansatzvoraussetzung. Bei der Einzelanschaffung spielt das Wahrscheinlichkeitserfordernis lediglich mittelbar eine Rolle für die Frage der Ansetzbarkeit immateriellen Vermögens: Die Erfolgswahrscheinlichkeit ist regelmäßig ein Gewichtungsfaktor bei der Festlegung des Kaufpreises, so dass bei Anschaffung die hierfür geleisteten Mittel als Anschaffungskosten zu aktivieren sind. Das Wahrscheinlichkeitskriterium als eigenständige Ansatzvoraussetzung wird hingegen aufgegeben.[1204] Das widerspricht im Ergebnis auch nicht der vorab geschilderten Definition des Vermögenswertes aufgrund der Bestimmungen im Framework: Spezielle Regelungen gehen den allgemeinen Vorgaben, Prinzipien und Maximen des Framework gem. F.2 als leges speciales vor, wenn sie von den Rahmenvorschriften abweichen.[1205] Auch das Anerkennungskriterium verlässlicher Kostenbestimmung wird, insbesondere wenn Barmittel oder monetäre Vermögenswerte im Gegenzug hergegeben werden, in aller Regel erfüllt sein.[1206]

Fehlt es an einem oder mehreren Definitions- und/oder Anerkennungsmerkmalen, muss eine Aktivierung immaterieller Vermögenswerte auch im Anschluss an einen Einzelerwerb unterbleiben. Es gilt mithin nichts von den handelsrechtlichen GoB Abweichendes. Liegen jedoch die Bilanzierungsvoraussetzungen vor, ist ein Ansatz nach IAS 38 – wie nach HGB – zwingend.

3. Zusammenfassung wesentlicher Untersuchungsschritte

Im Hinblick auf die Ansetzbarkeit selbsterstellter immaterieller Vermögenswerte sind im Ergebnis weit reichende Parallelen zur Rechnungslegung nach HGB festzustellen. Zwar regelt IAS 38 kein umfassendes „Prinzip“ entgeltlichen Erwerbs, jedoch ist aufgrund von Einzelregelungen der Ansatz nahezu aller immateriellen Vermögenswerte untersagt, wenn diese nicht von Dritten erworben wurden. Eine praktisch bedeutsame Ausnahme ist nur unter

---

1203 Vgl. Lüdenbach, N./Prusaczyk, P., 2004b, S. 416.
1204 Vgl. IAS 38.21a, 38.25.
1205 Vgl. Lüdenbach, N./Hoffmann, W.-D., 2004, S. 20f.
1206 Vgl. IAS 38.26.

engen Voraussetzungen für bestimmte Entwicklungskosten gegeben. Die begriffliche Schärfe der Kriterien zur Abgrenzung von ansatzfähigen Entwicklungskosten ist gering. Es besteht die Gefahr, dass die Praxis hieraus ein faktisches Wahlrecht ableitet.

Das IASB stellt prinzipielle Erwägungen an, die es zu der Regelung des überwiegenden Ansatzverbotes für Herstellungskosten immaterieller Anlagewerte veranlasst haben. Diese Erwägungen ähneln den in Kap. C. II. erörterten Überlegungen zum konkreten Aktivierungsverbot nach § 248 Abs. 2 HGB, ohne aber einen Marktbezug zu fordern. Das IASB stellt heraus, dass oft unklar ist, ob und wann ein Vermögenswert identifiziert werden kann, von dem sich der Bilanzierende einen Nutzenzufluss erhoffen darf. Des Weiteren sind – insoweit ergibt sich eine eindeutige Parallele zu den Ausführungen im HGB-Teil dieser Untersuchung – nach Auffassung des IASB die Herstellungskosten nicht mit hinreichender Sicherheit ermittelbar. Eine Abgrenzung zum originären Goodwill ist mithin in diesen Fällen nicht verlässlich durchführbar.

III. Erstmalige Bilanzierung immaterieller Anlagewerte bei Konzentrationsverschmelzung und -spaltung

1. Übersicht über die besonderen Ansatzvorschriften in IAS 38.33ff. für *Business Combinations*

Wie in Kapitel C.III. erörtert, greifen die Vorschriften über Unternehmenszusammenschlüsse in IFRS 3 und IAS 38 auch für die Abbildung von Konzentrationsvorgängen in Gestalt von übertragenden Umwandlungen. Diese Rechnungslegungsstandards sind auf den Konzernabschluss und auf den im Rahmen dieser Untersuchung interessierenden Einzelabschluss anzuwenden.

Die in den vorhergehenden Abschnitten geschilderten Erweiterungen des Asset-Begriffs aus F.49ff. und F.82ff. in IAS 38 gelten grundsätzlich auch für immaterielle Vermögenswerte, die im Rahmen eines Unternehmenszusammenschlusses erworben werden.[1207] Bis zum Inkrafttreten des IFRS 3 fanden nach Ansicht des IASB die Vorschriften in IAS 22 und IAS 38 (1998), die die Aktivierung selbsterstellter immaterieller Anlagewerte betrafen, in der Praxis zu wenig Beachtung.[1208] Vor dem Hintergrund des *impairment only approach* für den Goodwill und der entsprechenden Behandlung von immateriellen Vermögenswerten mit unbestimmter Nutzungsdauer finden sich in IAS 38.33ff. besondere Ansatzvorschriften, die über das in IAS 38.27ff. (1998) für die Bilanzierung immaterieller Vermögenswerte bei Unternehmenszusammenschlüssen Geregelte hinausgehen.

Werden immaterielle Vermögenswerte im Zuge eines Unternehmenszusammenschlusses erworben, greifen die Ansatz- bzw. Anerkennungsvoraussetzungen des IAS 38.21 (*recognition criteria*) in abgewandelter, weniger strenger Form. Eine besondere Rolle spielt das besondere Definitionsmerkmal der Identifizierbarkeit gem. IAS 38.11f., 38.21ff. in Gestalt seiner beiden Subkriterien Separierbarkeit und vertragliche oder gesetzliche Begründetheit.[1209] Für die Aktivierungsfähigkeit im Anschluss an einen Unternehmenszusammenschluss sind des Weiteren die allgemeinen Definitionsmerkmale aus F.49ff. sowie deren Konkretisierungen in IAS 38.13ff. und 38.17ff. ausschlaggebend. Das IASB greift dabei zur Beurteilung der Ansatzfähigkeit konzeptionell auf die

---

1207 Vgl. Hommel, M./Benkel, M./Wich, S., 2004, S. 1268.
1208 Vgl. IFRS 3.BC89.
1209 Vgl. IAS 38.34.

beizulegenden Zeitwerte der ggfs. zu aktivierenden immateriellen Vermögenswerte zurück.

2. Begriff des beizulegenden Zeitwerts (*Fair Value*)

a) Grundsätzliches

Der Begriff des *fair value* wird in den IAS/IFRS in Abhängigkeit von dem jeweiligen Anwendungsfeld verwendet.[1210] Im Rahmen von Unternehmenszusammenschlüssen spielt der beizulegende Zeitwert eines immateriellen Vermögenswertes eine wichtige Rolle bereits im Rahmen der Bilanzierung dem Grunde nach.[1211] Nach IAS 38.33ff. kann er ggfs. über die Erfüllung von Definitions- und Anerkennungskritieren, namentlich der Identifizierbarkeit bzw. Separierbarkeit,[1212] der Wahrscheinlichkeit künftiger Nutzenzuflüsse[1213] und der Verlässlichkeit der Wertbeimessung[1214] entscheiden.[1215] Die Abhängigkeit der Definitions- und Anerkennungskriterien veranschaulicht folgende Übersicht:

[1210] Aktuelle Übersicht bei Lüdenbach, N./Hoffmann, W.-D., 2004, S. 71f. Mit den Regelungen zur Fair-Value-Bilanzierung wendet sich das IASB vom Anschaffungskosten-Konzept ab und wendet sich einer marktwertorientierten Rechnungslegung zu. Vgl. zu dieser Entwicklung Kümmel, J., 2002, S. 39ff.

[1211] Dies galt bereits vor Inkrafttreten der Neuregelungen in IFRS 3 und IAS 38 im Rahmen des Projektes *Business Combinations Phase I*: Vgl. IAS 38.27ff. (1998); Mujkanovic, R., 2002, S. 168f.

[1212] Vgl. IAS 38.36ff.

[1213] Vgl. IAS 38.33.

[1214] Vgl. IAS 38.34ff.

[1215] Dieser Gedanke ist dem deutschen (Steuer-) Bilanzrecht nicht fremd. Auch der BFH sieht es im Fall des Unternehmenserwerbes mitunter für die Beurteilung der Bilanzierungsfähigkeit als entscheidend an, dass „im Einzelfall die Bewertung durchführbar ist". BFH, Urt. v. 20.08.1986, I R 150/82, BFHE 149, S. 25, BStBl. II 1987, S. 455.

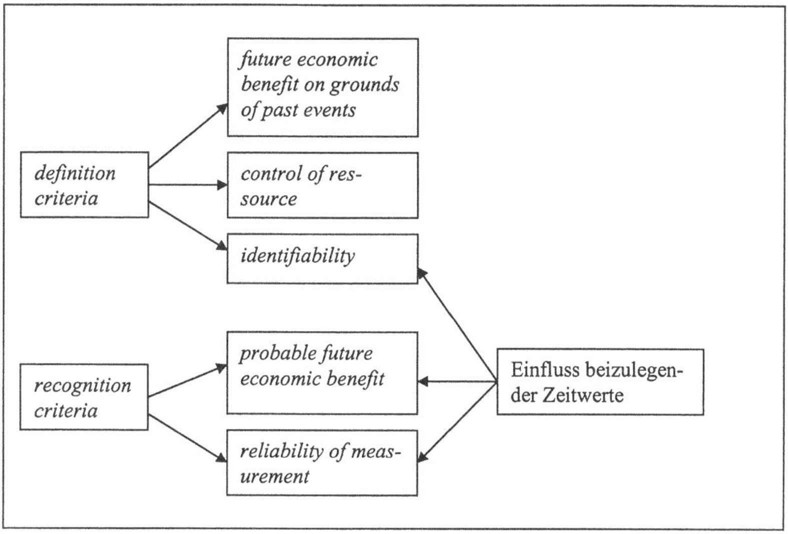

Abbildung 1: Fair-Value-Einfluss auf Definitions- und Anerkennungskriterien

Durch die Bewertung mit beizulegenden Zeitwerten und die damit verbundene Transformation der Buchwerte des erworbenen Unternehmens kommt es zur Aufdeckung stiller Reserven und stiller Lasten.[1216] Die Bewertung mit dem *fair value* führt dabei zu einer Ablösung vom anschaffungs- und herstellungskostenorientierten Bilanzrichtlinienrecht.[1217] Die Zeitwertbilanzierung kann zu einer Erhöhung der ökonomischen Brauchbarkeit und Relevanz beitragen, wobei die Verlässlichkeit der Zeitwertbilanzierung zweifelhaft ist.[1218]

In den Begriffsdefinitionen gem. IAS 38.8 wird der beizulegende Zeitwert immaterieller Vermögenswerte wie folgt definiert: „Fair value of an asset is the amount for which that asset could be exchanged between knowledgeable, willing parties in an arm's length transaction."[1219] Der beizulegende Zeitwert ist für sich genommen kein eigenständiger Wertmaßstab. Er wird vielmehr einzel-

---

[1216] Vgl. Esser, M./Hackenberger, J., 2004, S. 407.
[1217] Vgl. Mujkanovic, R., 2002, S. 4.
[1218] Vgl. Baetge, J./Hollmann, S., 2004, S. 350ff.
[1219] IAS 38.8, Unterstreichung auch im Original. Die für Vermögenswerte und Schulden gültige Definition lautet: "*The amount for which an asset could be exchanged, or a liability settled, between knowledgeable, willing parties in an arm's length transaction.*" (IFRS 1.A, IFRS 3.A, IFRS 4.A, IFRS 5.A, IAS 2.6, IAS 17.4, IAS 18.7, IAS 21.8, IAS 32.11, IAS 39.9 – und in Varianten: IFRS 2.A, IAS 16.6, 19.7, 20.3).

fallabhängig durch andere Wertmaßstäbe konkretisiert. Dazu gehören u.a. der Marktwert, der Tageswert, die Wiederbeschaffungskosten oder auch der Barwert.[1220] Der *fair value* wird dabei auch nicht als Zugangswert (*entry value*) oder Nutzungswert (*value in use*),[1221] sondern nach h.M. als Abgangswert (*exit value*) verstanden.[1222] Der Idee nach zielt die Bewertung mit beizulegenden Zeitwerten darauf ab, „in der Bilanz marktbestimmte Einzelzukunftserfolgswerte abzubilden."[1223] Zur Wertbeurteilung wird von dem konkreten Erwerber abstrahiert und ein hypothetischer Erwerber, dessen Kenntnisstand, Erwartungen und Intentionen betreffend das Unternehmen, unterstellt.[1224]

Bei der Bestimmung des beizulegenden Zeitwertes wird die sog. Fair-Value-Hierarchie herangezogen, die grundsätzlich von marktnahen und durch diesen Marktbezug objektivierbaren Bewertungen ausgeht.[1225] Es gilt: Je marktnäher, desto zuverlässiger ist auch der beizulegende Zeitwert ermittelbar und desto vorzugswürdiger ist das Bewertungsergebnis. Am marktnächsten ist dabei die Bewertung zu beobachtbaren Marktpreisen, sog. *mark to market* (Stufe eins). Mangels verfügbarer Marktpreise kann hilfsweise auch auf Marktpreise von vergleichbaren Gütern zurückgegriffen werden, wobei die jeweiligen Umstände in den Bewertungskalkül einfließen müssen (Stufe zwei, *mark to model*). Im Hinblick auf Stufe eins und zwei kann von einem marktorientierten Ansatz (*market approach*) gesprochen werden.

Erst wenn diese beiden Bewertungstechniken keine zuverlässigen Werte ergeben, muss subsidiär auf andere Bewertungsmodelle – insbesondere dem DCF-Verfahren in seinen unterschiedlichen Ausformungen – zur Schätzung des beizulegenden Zeitwertes zurückgegriffen werden (Stufe drei, *mark to*

[1220] Vgl. Adler, H./Düring, W./Schmaltz, K., 2003, Abschn. 1, Rn. 239 m.w.N.
[1221] Der *value in use* stellt den spezifischen Nutzenwert des Vermögenswertes für den Bilanzierenden dar und ist mit besonderen Objektivierungsschwierigkeiten verbunden, da er vom Prinzip der Einzelbewertung absieht und auf einer Gesamtbewertung des Unternehmens beruht. Vgl. Kümmel, J., 2002, S. 49f.
[1222] Vgl. Küting, K./Dawo, S., 2003a, S. 229 m.w.N.; Baetge, J./Zülch, H., 2001, S. 545 m.w.N.; Kümmel, J., 2002, S. 51 m.w.N.
[1223] Mujkanovic, R., 2002, S. 199.
[1224] Vgl. IDW, 2004b, S. 1484.
[1225] Vgl. auch ganz ausdrücklich in diesem Sinn SFAS 142.23f.; vgl. auch Frowein, N./Lüdenbach, N., 2003, S. 262. Zur Problematik abnehmender Objektivierbarkeit infolge abnehmender Marktnähe vgl. Siegel, T., 1998, S. 598f.

model[1226]).[1227] Dabei sollen so weit wie möglich Markterwartungen und nicht subjektive Erwartungen berücksichtigt werden.[1228] Im Kern geht es hierbei um ergebnisorientierte Bewertungsansätze (*income approach*) mit zwingendem, wenn auch nur mittelbarem Marktbezug.[1229]

b) Marktpreise nach IAS 38.39

aa) Unmittelbare Marktpreise (Stufe eins)

Zur Bestimmung des beizulegenden Zeitwertes hat der Bilanzierende gem. IAS 38.39 vorzugsweise auf notierte Marktpreise (*quoted market prices*) auf aktiven Märkten zurückzugreifen. Als angemessen gilt dabei der aktuelle Angebotspreis (*current bid price*). Ggfs. kann auch auf zeitnahe vergleichbare Geschäftsvorgänge zurückgegriffen werden, vorausgesetzt, die wirtschaftlichen Rahmenbedingungen haben sich seit dem als Vergleichsmaßstab herangezogenen Geschäft und dem aktuellen Bewertungszeitpunkt nicht wesentlich geändert.

Nach IAS 38.8 ist ein Markt aktiv, wenn auf ihm homogene Güter gehandelt werden, üblicherweise jederzeit handelswillige Käufer und Verkäufer angetroffen werden können und Informationen über die Preise frei zugänglich sind.[1230] Zur Ermittlung des beizulegenden Zeitwertes immaterieller Vermögenswerte fehlt es oftmals an aktiven Märkten, um die subjektiven Erwartungen künftiger Zuflüsse zu objektivieren.[1231] Das IASB weicht dieser Problematik

---

[1226] Stufe zwei *und* drei werden als *mark to model* bezeichnet. Vgl. Kümmel, J., 2002, S. 59.

[1227] Grundsätzlich kommen für die Bewertung der einzelnen Vermögenswerte und Schulden zum beizulegenden Zeitwert drei Bewertungsverfahren in Betracht: das marktpreisorientierte Verfahren (*market approach*), das kapitalwertorientierte Verfahren (*income approach*) und das kostenorientierte Verfahren (*cost approach*). Beim *market approach* wird auf Marktpreise auf einem aktiven Markt oder auf beobachtbare und vergleichbare Analogiewerte zurückgegriffen. Beim *income approach* werden als Varianten der DCF-Verfahren insbesondere die Methode der unmittelbaren Cash-Flow-Prognose, die Methode der Lizenzpreisanalogie (*relief-from-royalty method*), die Residualwertmethode (*multi-period excess earnings method*) sowie die Mehrgewinnmethode (*incremental cash flow method*) angewendet, wobei jeweils ein adäquater cash-flow und ein risikobezogener Kapitalisierungszinssatz zu verwenden ist. Beim cost approach findet grundsätzlich die Reproduktionskostenmethode sowie die Wiederbeschaffungskostenmethode Anwendung. Vgl. die Übersicht bei IDW 2004b, S. 1484.

[1228] Vgl. Zur Hierarchie der *fair value* Methoden: Wagenhofer, A., 2003, S. 164; Jäger, R./Himmel, H., 2003, S. 426f.; Baetge, J./Zülch, H., 2001, S. 547.

[1229] Aus der Trias, bestehend aus *market approach*, *cost approach* und *income approach* werden im Rahmen der Ansatz- und Wertobjektivierung immaterieller Vermögenswerte nach IAS 38 und IFRS 3 also keine kostenorientierten Ansätze (*cost approach*) zur Objektivierung herangezogen.

[1230] Vgl. auch IAS 36.6.

[1231] Vgl. nur Küting, K./Dawo, S., 2003a, S. 231 m.w.N.

nicht aus, sondern benennt sie ausdrücklich in IAS 38.39 i.V.m. IAS 38.78. Demnach sei nur selten ein aktiver Markt i.S.v. IAS 38.8 für immaterielle Vermögenswerte vorhanden. Von einem Markt könne allenfalls für Positionen wie frei handelbare Transport- oder Fischereigenehmigungen oder für übertragbare Produktionsquoten ausgegangen werden.[1232] Auch Emissionsrechte wären hier zu nennen. Im Allgemeinen sind jedoch für immaterielle Vermögenswerte keine aktiven Märkte i.S.d. Definition aus IAS 38.8 vorhanden. Immaterielle Vermögenswerte sind in aller Regel einzigartig.[1233] Sie werden nicht regelmäßig gehandelt und wenn sie gehandelt werden, sind die vereinbarten Preise nur selten allgemein zugänglich. Mithin fehlt es i.d.R. an einem aktiven Markt i.S.v. IAS 38.8.[1234]

bb) Rückgriff auf zeitnahe ähnliche Vorgänge gem. IAS 38.40 (Stufe zwei)

Für den Regelfall fehlender oder zumindest nicht öffentlicher Preisbildung auf aktiven Märkten i.S.v. IAS 38.8 muss auf Vorgänge Bezug genommen werden, die einem Drittvergleich standhalten.[1235] Gem. IAS 38.40 kann dabei auf zeitnahe und beobachtbare Geschäftsvorfälle Bezug genommen werden, die ähnliche Vermögenswerte betrafen. Ggfs. muss dabei auf Multiplikatoren zurückgegriffen werden.[1236] Da diese Werte lediglich ähnlich sind, ist eine willkürfreie Anpassung geboten.[1237] Die Vergleichswerte sind objektiv nachprüfbar im Hinblick auf die zu bewertende Position zu modifizieren. Abweichungen zwischen den Eigenheiten der Vergleichsgröße und der zu bewertenden Position sind zu eliminieren.

[1232] Vgl. IAS 38.78.

[1233] Zudem sind Immaterialgüterrechte (Patente, Marken, Urheberrechte usw.) regelmäßig monopolähnlich ausgestaltete und von der Rechtsordnung mit entsprechenden Abwehrinstrumenten abgesicherte Rechtspositionen, die bereits aufgrund dieser Eigenschaft keine identischen Güter neben sich dulden.

[1234] Vgl. IAS 38.78.

[1235] "*If no active market exists for an intangible asset, its fair value is the amount that the entity would have paid for the asset, at the acquisition date, in an arm's length transaction between knowledgeable and willing parties, on the basis of the best information available.*" IAS 38.40.

[1236] Vgl. Greinert, M., 2004, S. 2115.

[1237] Vgl. Lüdenbach, N., 2004, S. 1317.

cc) Rückgriff auf kapitalwertorientierte Verfahren gem. IAS 38.41 (Stufe drei)

Versagen die marktnahen Bewertungstechniken, kann zur Wertbestimmung gem. IAS 38.41 auf kapitalwertorientierte Bewertungsmodelle zurückgegriffen werden. Mittels dieser Bewertungstechniken lassen sich die beizulegenden Zeitwerte indirekt schätzen. Dabei verlässt IAS 38 den Bezug auf Marktparameter nicht gänzlich. Bewertungstechniken sind anwendbar, wenn ihr Ziel die Bestimmung von beizulegenden Zeitwerten ist *und* sie bei der Anwendung von Multiplikatoren aktuelle Geschäftsvorgänge und damit eine marktübliche Praxis widerspiegeln.[1238]

IAS 38.41a nennt ausdrücklich die Lizenzpreisanalogie (*relief from royalty approach*) als zulässigen Bewertungsansatz, bei dem Marktgesichtspunkte eine Rolle spielen, indem auf fiktive Lizenzzahlungsströme Bezug genommen wird.[1239] Diese Bewertungsmethode verbindet Einkommens- und Marktansätze. Mittels der Lizenzpreisanalogie werden diejenigen Einsparungen des Unternehmens fiktiv ermittelt und isoliert, die es dadurch erzielt, dass es einen immateriellen Vermögenswert, z.B. das Nutzungsrecht an einer Marke, nicht von Dritten erwerben und hierfür *at arm's length* Lizenzgebühren zahlen muss (Barwert ersparter Lizenzzahlungen). Für die dabei zugrundezulegenden

---

1238 Vgl. IAS 38.41.

1239 Ein weiteres zulässiges Bewertungsverfahren ist die sog. Residualgewinnmethode (*multi period excess earnings method*), das v.a. für besonders wertvolle immaterielle Vermögenswerte angewendet wird. Von den Zahlungszuflüssen aufgrund des immateriellen Vermögenswertes werden diejenigen Kosten – sog. *contributory asset charges* – subtrahiert, die auf Kapitalkosten entfallen, welche für "unterstützende" materielle und immaterielle Vermögenswerte (z.B. als Mietzinszahlungen) verwendet werden müssten, die nötig wären, um mit dem immateriellen Vermögenswert überhaupt Erträge zu erzielen. Bei der Ermittlung dieser fiktiven Nutzungsentgelte sind der Wertverzehr (*return of asset*) sowie eine angemessene Verzinsung des investierten Kapitals (*return on asset*) zu berücksichtigten. Unternehmenssteuern sind im Hinblick auf die Einzahlungsüberschüsse und im Hinblick auf die fiktiven Nutzungsentgelte abzuziehen. Eine weitere Technik ist die Mehrgewinnmethode (*incremental cash flow method*), bei der nicht direkt die zu erwartenden Zahlungsüberschüsse isoliert werden, sondern die zu erwartenden Einzahlungsüberschüsse mit und – bei einem fiktiven Unternehmen – ohne den fraglichen immateriellen Vermögenswert approximiert werden. Als Incremental Cash Flow werden dann die Differenzen der jeweiligen Einzahlungsüberschüsse bezeichnet. Die Incremental Cash Flows werden mit einem risikoadäquaten Zinssatz (vermögenswertspezifischer gewichteter Kapitalkostensatz) auf den Bewertungszeitpunkt diskontiert, wobei der Wert abschreibungsbedingter Steuervorteile hinzuzurechnen ist. Vgl. zu den hier erwähnten Bewertungsmethoden: Jäger, R./Himmel, H., 2003, S. 432ff.; IDW, 2004b, S. 1487f.

Lizenzgebühren kann, soweit vorhanden, auf einschlägige Datenbanken mit vergleichbaren marktüblichen Lizenzwerten zurückgegriffen werden.[1240]

Gem. IAS 38.41b sind bei den künftigen Netto-Cash-Flow-Prognosen unmittelbar die aufgrund des Vermögenswertes erwarteten Zahlungsflüsse zu diskontieren. Die Abzinsung zukünftiger Zahlungsströme erfolgt dabei aufgrund eines vermögenswertspezifischen und risikoadjustierten Kapitalisierungszinsatzes.[1241]

3. Identifizierbarkeit (*Identifiability Criterion*)

a) Abgrenzung vom Goodwill bei Unternehmenszusammenschlüssen

Die Voraussetzung der Identifizierbarkeit des immateriellen Vermögenswertes und somit seine Abgrenzung (*separability*) vom Goodwill bildet eine weitere Hürde bei der erstmaligen Aktivierung im Zuge von Unternehmenserwerben. Die Unterscheidung aus IAS 38.12 zwischen einerseits vertraglich oder auf anderem Weg rechtlich begründeten sowie andererseits sonstigen Werten, die nur bei Verwertbarkeit (einzeln oder gemeinsam mit anderen Positionen) separierbar sind, greift auch im Rahmen von Unternehmenszusammenschlüssen.

Die Beurteilung der Identifizierbarkeit immaterieller Vermögenswerte setzt im Hinblick auf die Bewertungsabhängigkeit dieses Kriteriums die genaue Kenntnis „des Geschäftsmodells, der Werttreiber sowie der Unternehmensplanung und des rechtlichen bzw. regulatorischen Umfelds des erworbenen Unternehmens voraus."[1242] Für die hierbei ermittelten Werttreiber ist insbesondere zu untersuchen, inwiefern sie sich in separat bilanzierbaren immateriellen Vermögenswerten konkretisieren.[1243] Letztlich können insoweit auch die bereits in Kap. D.IV. eingehender untersuchten Materialien herangezogen werden. Ihnen lassen sich u.U. Anhaltspunkte auch über diejenigen nicht vertraglich oder gesetzlich identifizierbaren immateriellen Vermögenswerte entnehmen, die andernfalls nicht separiert werden könnten.

Das *contractual-legal-criterion* wird vom IASB extensiv ausgelegt, um den zu allozierenden Kaufpreis möglichst umfassend einzelnen Vermögenswerten und nicht dem Goodwill zuzuordnen: Auch Verhältnisse ohne unmittelbaren

---

[1240] Vgl. Greinert, M., 2004, S. 1116 m.w.N.; Lüdenbach, in: Lüdenbach, N., 2004, S. 1318.
[1241] Vgl. IDW, 2004b, S. 1487 (Rn. 47).
[1242] IDW, 2004b, S. 1487 (Rn. 42).
[1243] Vgl. IDW 2004b, S. 1487 (Rn. 42).

aktuellen Rechtsbezug, wie z.B. Stammkundenbeziehungen oder durch Geheimhaltungsvereinbarungen mittelbar abgesichertes Know-How, werden als rechtliche Verhältnisse qualifiziert.[1244]

b) Separierbarkeit bei Unzuverlässigkeit beizulegender Einzelzeitwerte gem. IAS 38.36ff.

aa) Zuverlässige Gruppenbewertbarkeit

Ist ein immaterieller Vermögenswert unter Bewertungsgesichtspunkten nicht von anderen materiellen oder immateriellen Vermögenswerten isolierbar, kann gem. IAS 38.36 ein gemeinsamer Ansatz als *ein einziger* Vermögenswert in Betracht kommen.[1245] Ungeachtet mangelnder Separierbarkeit wäre für die Gruppe von Vermögenswerten gleichwohl zu prüfen, ob sich ihre beizulegenden Zeitwerte getrennt bestimmen ließen. Lassen sich für die einzelnen Bestandteile der nicht weiter separierbaren Gruppe von Vermögenswerten beizulegende Zeitwerte ermitteln, sind die Elemente der Gruppe gleichwohl einzeln anzusetzen.[1246]

Ein gemeinsamer Ansatz kommt nach IAS 38.36 also in den Fällen in Betracht, in denen eine Separierbarkeit nur zusammen mit anderen materiellen oder immateriellen Vermögenswerten möglich ist *und* kein individueller beizulegender Zeitwert ermittelt werden kann. Kann ein *fair value* der Einzelwerte ermittelt werden, fehlt es aber an einer Separierbarkeit von einer Gruppe bilanzierungsfähiger Positionen, sind die Werte gleichwohl separat anzusetzen. D.h. die Ermittelbarkeit des *fair value* kompensiert die u.U. fehlende Identifizierbarkeit.

Damit wird auf Ansatzebene ein Objektivierungseffekt durch Rückgriff auf die Bewertungsgröße des beizulegenden Zeitwertes erreicht. Die zuverlässige Ermittelbarkeit des *fair value* spielt in die Identifizierbarkeit von (immateriellen) Vermögenswerten hinein, selbst wenn sie nur als Element unter

---

[1244] Vgl. Lüdenbach, N., 2004, S. 1312.

[1245] Hintergrund ist die Absicht des IASB, aus Gründen der Entscheidungserheblichkeit die Werttreiber eines Unternehmens möglichst umfassend vom Goodwill zu isolieren und – soweit wie möglich – einzeln anzusetzen. Zur Durchbrechung der Einzelbewertung vgl. oben Kap. E I.5.

[1246] Vgl. IAS 38.36.

anderen zusammen mit verwandten materiellen oder immateriellen Vermögenswerten individualisiert werden können.[1247]

Letztlich unterscheidet das IASB hier zwischen einem zwingenden Isolierungserfordernis gegenüber dem Goodwill und einem unter der Voraussetzung der Einzel- oder sogar Gruppenbewertbarkeit beschränkten Separierbarkeitserfordernis. Bloße Einzelbewertbarkeit bzw. Gruppenbewertbarkeit und -separierbarkeit wäre nach HGB kein Merkmal, dass eine Abgrenzung vom Goodwill begründet.

bb) Beispiele des IASB

Das IASB nennt in IAS 38.36 S. 2 zwei Beispiele: Die Veräußerung eines Zeitungstitels und die davon nicht trennbare Abonnentenliste sowie eine Marke für ein Mineralwasser aus einer bestimmten Quelle, wobei die Marke nicht unabhängig von der Quelle veräußert werden kann. In IAS 38.37 führt das IASB als weiteres Beispiel den Fall an, dass unter der Bezeichnung „*brand*" oder „*brand name*" nicht nur eine Marke, sondern auch weitere Positionen wie Rezepte, technische Erfahrungen etc., gefasst wird. Damit ist das in der Praxis häufige Problem der Disaggregation sog. Lizenzbündel angesprochen. Auch insoweit sind die einzelnen Elemente unter der Voraussetzung separat anzusetzen, dass der beizulegende Zeitwert zuverlässig ermittelt werden kann. Im Rahmen der Aufteilung der Sammelbezeichnung „brand" und „brand name" gilt dies mit der Einschränkung, dass ähnliche Nutzungszeiträume (*similar useful lives*) für die separat anzusetzenden Positionen gegeben sein müssen. Nach welchem Schlüssel die Aufteilung dabei vorzunehmen ist, lässt IAS 38.36f. allerdings offen.

cc) Keine verlässliche Messbarkeit des *Fair Value*

Nach IFRS 38.38a kann der *fair value* immaterieller Vermögenswerte eventuell nicht zuverlässig bestimmt werden, wenn diese zwar gesetzlich oder vertraglich abgesichert sind, jedoch nicht separierbar sind. Gemeint ist damit, dass der immaterielle Vermögenswert weder einzeln noch als nicht einzeln identifizierbarer Teil einer Gruppe von Vermögenswerten separierbar ist.[1248] Kann die Kontrolle des Unternehmens jedoch aufgrund rechtlich durchsetzbarer An-

---

[1247] Vgl. IAS 38.36.
[1248] Vgl. Pellens, B./Fülbier, R./Gassen, J., 2004, S. 259.

sprüche begründet werden, wird regelmäßig auch eine vertragliche oder rechtliche Identifizierbarkeit vorliegen und umgekehrt.[1249] Der beizulegende Zeitwert kann nach IAS 38.38b auch dann nicht zuverlässig ermittelt werden, wenn der Vermögenswert zwar separierbar ist, jedoch keine Erfahrung mit der Bewertung desselben oder mit ähnlichen Vermögenswerten besteht und mangels verlässlicher Datenlage auch nicht auf Bewertungsmodelle zurückgegriffen werden kann.

4. *Probability Recognition Criterion* im Rahmen von Unternehmenszusammenschlüssen

a) Ansatzrelevanz der Bewertung zum beizulenden Zeitwert

Wird ein immaterieller Vermögenswert im Zuge eines Unternehmenszusammenschlusses erworben, werden die Anschaffungskosten gem. IAS 38.33 anhand des beizulegenden Zeitwerts des fraglichen Vorteils ermittelt. Das Ansatzkriterium der Wahrscheinlichkeit eines zukünftigen Nutzenzuflusses wird mithin im Rahmen der Neuregelungen des Projektes *Business Combinations Phase I* mit dem Fair-Value-Konzept „kurzgeschlossen“.[1250] Damit wird diesem Bewertungskonzept auch im Hinblick auf die Wahrscheinlichkeit künftiger Nutzenzuflüsse der Status eines ansatzrelevanten Kriteriums verliehen.

Aufgrund der Fair-Value-Konzeption und der damit ermöglichten Ansatzfähigkeit bestimmter Ertragspotenziale spielt der Wahrscheinlichkeitsgrad des zukünftigen Nutzenzuflusses nur hinsichtlich des Ansatzes der Höhe nach eine Rolle. Der Ertragswert des gesamten Unternehmens wird dadurch vergleichsweise genau verteilt.[1251]

b) Wahrscheinlichkeit als mittelbares Ansatzkriterium

Das Kriterium der Wahrscheinlichkeit eines zukünftigen Nutzenzuflusses übernimmt im Rahmen des Unternehmenserwerbes nur mittelbar die Rolle eines Ansatzkriteriums. Bei der Ermittlung des *fair value* wird die Wahrscheinlichkeit eines zukünftigen Nutzenzuflusses berücksichtigt. Solange der *fair value* einen

---

[1249] Vgl. KPMG, 2004, S. 75.

[1250] Vgl. IAS 38.BC17.

[1251] Kritisch im Hinblick auf Marktunvollkommenheiten Hommel, M./Benkel, M./Wich, S., 2004, S. 1270 m.w.N., vgl. auch Küting, K./Dawo, S., 2003, S. 229 m.w.N.

Wert über null annimmt, ist der immaterielle Vermögenswert – in der ermittelten Höhe – anzusetzen.[1252]

Nach IAS 38.33 S. 2 spiegeln sich Erwartungen des Marktes hinsichtlich der Wahrscheinlichkeit zukünftiger wirtschaftlicher Nutzenzuflüsse im *fair value* des jeweiligen immateriellen Vermögenswertes wider.[1253] IAS 38.33 geht davon aus, dass das Risiko eines Misserfolgs bei der Bestimmung des *fair value* berücksichtigt wurde.[1254] Damit findet die Wahrscheinlichkeitswirkung i.S.v. IAS 38.21a im *fair value* seinen Widerhall und führt zwangsläufig zur Erfüllung des *probability*-Ansatzkriteriums.[1255] Der Erwerbsvorgang konkretisiert also die Wahrscheinlichkeit eines zukünftigen Nutzenzuflusses.[1256] Durch Rückgriff auf Bewertungskategorien wird erreicht, dass ein Ansatz bei Zweifeln an der Werthaltigkeit nicht gänzlich zu unterbleiben hat, sondern lediglich bei der Höhe des Wertansatzes berücksichtigt wird. Die Wahrscheinlichkeit ist kein eigenständiges Ansatzkriterium, sondern lediglich Parameter der Bewertung.[1257]

c) Kritik an der Aufgabe des Wahrscheinlichkeitskriteriums

Das IASB hat auf das in IAS 38.21a für immaterielle Anlagewerte grundsätzlich vorgeschriebene Wahrscheinlichkeitskriterium bei Unternehmenszusammen-

---

[1252] Als Beispiel sei der Fall genannt, dass eine gebrauchsmusterrechtlich geschützte Verfahrenstechnik hinsichtlich ihrer Erfolgswirkung als zu risikobehaftet einzustufen ist, um eine hinreichende Nutzenwahrscheinlichkeit und eine Aktivierbarkeit der Entwicklungskosten beim erworbenen Unternehmen zu bejahen (Wahrscheinlichkeit eines Misserfolgs größer als die Wahrscheinlichkeit eines Erfolgs). Demgegenüber bilden zu Zwecken der *fair value* Bewertung und Bilanzierung beim erwerbenden Unternehmen die jeweiligen Wahrscheinlichkeiten eines Erfolges oder Misserfolges Gewichtungsfaktoren, die addiert werden müssen. So kann man selbst bei grundsätzlich größerer Wahrscheinlichkeit eines Misserfolges zur Annahme eines (positiven) *fair value* kommen, wenn für den Erfolgsfall ein höherer Verwertungserlös zu erwarten ist als im Fall eines Misserfolges Verwertungsverluste entstehen können. Vgl. auch das Beispiel bei Lüdenbach, N., in: Lüdenbach, N./Hoffmann, W.-D., 2003, S. 1321.

[1253] Vgl. auch IFRS 3.BC96. Vgl. auch Brücks, M./Wiederhold, P., 2004, S. 179.

[1254] Vgl. Lüdenbach, N., 2004, in: Lüdenbach, N./Hoffmann, W.-D., 2003, S. 1320.

[1255] Vgl. IAS 38.33.

[1256] Vgl. Pellens, 2004, S. 258.

[1257] Vgl. Lüdenbach, N., in: Lüdenbach, N./Hoffmann, W.-D., 2003, S. 1310. Gleiches gilt für Rückstellungen, deren Passivierung nach IAS 37 eigentlich an der "50%-Hürde" scheitern müsste: Im Rahmen des Anwendungsbereichs von IFRS 3 sind Rückstellungen auch bei einem Wahrscheinlichkeitsgrad von unter 50% zu passivieren. Die Wahrscheinlichkeit spielt mithin nur eine Rolle bei der Bilanzierung der Höhe nach, es sei denn, die Auszahlungswahrscheinlichkeit ist gleich null. Vgl Haaker, A., 2005, S. 13f.

schlüssen verzichtet.[1258] Insoweit gelten die Ansatzerleichterungen für einzeln entgeltlich erworbene immaterielle Vermögenswerte auch im Rahmen von Unternehmenszusammenschlüssen. Im Schrifttum wird dies für den Erwerb im Zuge von Unternehmenszusammenschlüssen als „Entobjektivierung" kritisiert.[1259]

Für materielle und immaterielle Vermögenswerte bestehen im Zusammenhang mit Unternehmenserwerben unterschiedliche Ansatzvoraussetzungen. Materielle Vermögenswerte unterliegen auch im Rahmen von Unternehmenserwerben den allgemeinen, bereits geschilderten Aktivierungsvoraussetzungen. Um ansatzfähig zu sein, müssen sie nach F.83a mit hinreichender Wahrscheinlichkeit einen zukünftigen Nutzenzufluss begründen. Immaterielle Anlagewerte unterliegen der bereits im Rahmen des Einzelerwerbs erörterten Wahrscheinlichkeitsvermutung. Eine Mindestwahrscheinlichkeit wird nicht vorgeschrieben. Insoweit scheint es an einer kohärenten Begründung für diese unterschiedlichen Aktivierungsmaßstäbe zu fehlen. Es werden unterschiedliche Objektivierungsmaßstäbe angelegt, wobei gerade diejenigen Werte, die als besonders schwer zu fassen gelten, erleichterten Ansatzvoraussetzungen unterworfen werden.

Besondere Schwierigkeiten bereitet nach Ansicht einiger Autoren die Abgrenzung von *contingent assets*, die auch bei Unternehmenserwerben nicht angesetzt werden dürfen, von den unter erleichterten Bedingungen ansetzbaren immateriellen Vermögenswerten.[1260] IAS 37.10 definiert mögliche bzw. bedingte (*contingent*) Forderungen als Vermögenswerte, die auf vergangenen Ereignissen beruhen und deren Auftreten von einem oder mehreren unsicheren zukünftigen Ereignissen abhängt, die nicht oder zumindest nicht vollständig vom Unternehmen beherrscht werden. Spielt die Wahrscheinlichkeit als unmittelbares Anerkennungskriterium immaterieller Vermögenswerte aber keine Rolle und bilden Wahrscheinlichkeitserwägungen lediglich einen Bewertungsparameter, seien immaterielle Vermögenswerte nach dieser Auffassung u.U. schwer von bedingten bzw. möglichen (*contingent*) Forderungen zu unter-

---

[1258] Vgl. IFRS 3.IN13; IAS 38.IN7a, 38.IN33; vgl. auch IAS 38.21a, 38.25.

[1259] Vgl. Hommel, M./Benkel, M./Wich, S., 2004, S. 1269ff.; Lüdenbach, N./Prusaczyk, P., 2004b, S. 416f.; Küting, K./Dawo, S., 2003b, S. 397ff.; Schildbach, T., 2005, S. 1. Diese Autoren setzen ein allgemeines Verständnis dessen, was „Entobjektivierung" ist, voraus. Im Folgenden sei an das in Kapitel B skizzierte Objektivitätskonzept und die dort getroffenen Unterscheidungen angeknüpft.

[1260] Vgl. zum Ganzen Hommel, M./Benkel, M./Wich, S., 2004, S. 1270.

scheiden. Eine Abgrenzung wird aber entgegen dieser Auffassung gleichwohl durch das Bedingtheitserfordernis (*contingency criterion*) auf der einen und den Charakter des Vermögenswertes auf der anderen Seite ermöglicht.[1261]

Da die Wahrscheinlichkeit des Bedingungseintritts als Erwartungswert einen Bewertungsparameter für die Fair-Value-Bestimmung immaterieller, nicht aber anderer Vermögenswerte bildet, stellt dies zwar eine Ungleichbehandlung dar, birgt aber entgegen der genannten Auffassung zumindest keine ernsthaften Abgrenzungsschwierigkeiten.[1262] Es darf zudem nicht übersehen werden, dass das IASB sich der konzeptionellen Inkonsistenzen aufgrund der Quasi-Aufgabe des Wahrscheinlichkeitskriteriums bewusst ist. Die Kopplung an die Fair-Value-Bewertbarkeit führt auch nach Ansicht des IASB zu einem Widerspruch mit dem Wahrscheinlichkeitskriterium laut Framework. Änderungen sollen insoweit aber am Framework vorgenommen werden, um die Kohärenz der Rechnungslegung nach IAS/IFRS zu gewährleisten.[1263]

d) Abweichende Beurteilung der Wahrscheinlichkeit durch den Erwerber

Aufgrund des Unternehmenserwerbes wird das übernommene Vermögen in einen neuen unternehmerischen Kontext eingebunden. Im Rahmen dieser Vermögensübernahme kann die Wahrscheinlichkeit eines zukünftigen Nutzenzuflusses in neuem Licht erscheinen: Zum einen kann es zu Synergien kommen, z.B. aufgrund einer abweichenden Anordnung von Produktionsfaktoren beim Erwerber. Die Wahrscheinlichkeit eines Nutzenzuflusses kann sich aufgrund dieser vorteilhafteren Kombination erhöhen (objektive Wahrscheinlichkeit[1264]). Zum anderen kann die Geschäftsleitung des Erwerbers ihren Beurteilungsspielraum hinsichtlich der Wahrscheinlichkeit eines künftigen Nutzenzuflusses in Abweichung von der Einschätzung seitens der Geschäftsleitung des erworbenen Unternehmens ausüben. In beiden Fällen beeinflusst der neue wirtschaft-

---

1261 A.A. wohl Hommel, M./Benkel, M./Wich, S., 2004, S. 1270, die als Bespiel die „entobjektivierenden" Abgrenzungsschwierigkeiten anhand der beispielhaften Gegenüberstellung immaterieller Vermögenswerte mit bedingten (Schadenersatz-) Forderungen (vgl. IAS 37.10) belegt wissen wollen. Die Chance, einen Prozess zu gewinnen, mag dem Erwerber eines Unternehmens durchaus etwas wert sein, jedoch bildet die Forderung aus einem gewonnenen Prozess keinen immateriellen Vermögenswert, so dass ein Ansatz eindeutig nicht in Betracht kommt und sich keine Abgrenzungsschwierigkeiten ergeben.

1262 So aber Hommel, M./Benkel, M./Wich, S., 2004, S. 1270.

1263 Vgl. zum Ganzen IFRS 3.BC96ff.

1264 Vgl. zu diesem Begriff Lüdenbach, N., 2004, S. 1322.

liche Zusammenhang die Wahrscheinlichkeit von Nutzenzuflüssen und damit die Bewertung.

5. *Reliability Criterion* im Rahmen von Unternehmenszusammenschlüssen

a) Verlässlichkeit und Bestimmung des *Fair Value*

Um ansatzfähig zu sein und nicht im Goodwill aufzugehen, müssen die Anschaffungskosten eines immateriellen Vermögenswertes nach IAS 38.21b zuverlässig ermittelbar sein.[1265] Auch IFRS 3.37c macht den Ansatz immaterieller Vermögenswerte von der zuverlässigen Ermittelbarkeit ihres *fair value* abhängig. Die Sonderregelungen für Unternehmenszusammenschlüsse in IAS 38.33ff. knüpfen hieran an. Ein vom Goodwill gesonderter Ansatz immaterieller Vermögenswerte beim Erwerber wird auch in IAS 38.34ff. – konzeptionell konsequent – an die Zuverlässigkeit des der Bilanzposition zuzurechnenden Wertes gebunden. An die Stelle verlässlicher Kostenermittlung bei Herstellung oder Einzelerwerb tritt im Rahmen von Unternehmenszusammenschlüssen die verlässliche Ermittelbarkeit beizulegender Zeitwerte der jeweiligen Güter. Dabei spielt es keine Rolle, ob die immateriellen Vermögenswerte vor dem Unternehmenszusammenschluss als Anschaffungs- oder originäre Entwicklungskosten beim erworbenen Unternehmen bilanziert worden waren.

Eine Bandbreite möglicher Szenarien mit unterschiedlichen Risikowahrscheinlichkeiten führt nicht zu einem Nichtansatz mangels Verlässlichkeit bei der Bestimmung der Anschaffungskosten. Die der Bestimmung des *fair value* zugrundezulegende Wahrscheinlichkeit eines künftigen Nutzenzuflusses bildet nach IAS 38.35 bereits das rechnerische Mittel aus den verschiedenen Einzelwahrscheinlichkeiten. Die Vielfalt von Szenarien führt daher nicht zu einer unzuverlässigen Kostenermittlung.

Eine Bewertung von Vermögenswerten mit beizulegenden Zeitwerten wird regelmäßig dann notwendig, wenn der Vermögenswert nicht einzeln, sondern – wie bei Unternehmenserwerben in Gestalt von Verschmelzung, Aufspaltung, Abspaltung und Ausgliederung – zusammen mit anderen Vermögenswerten erworben wurde.[1266] Im Rahmen des Projektes Business Combinations Phase I hat das IASB die bisherigen Regelungen aus IAS 22 und IAS 38 (1998) weiter

---

[1265] Vgl. auch IAS 38.19ff.

[1266] Vgl. Küting, K./Dawo, S., 2003a, S. 229.

zugunsten einer Fair-Value-Konzeption geöffnet.[1267] Die Neukonzeption der Regelungen über den erstmaligen Ansatz immaterieller Vermögenswerte bei Unternehmenszusammenschlüssen knüpft zur Klärung der Bilanzierung dem Grunde nach gem. IAS 38.33ff. an die verlässliche Bestimmbarkeit des beizulegenden Zeitwertes an. Der vom Goodwill gesonderte Ansatz immaterieller Vermögenswerte hängt somit von der Ermittelbarkeit ihres *fair value* ab. Angesichts der Zulässigkeit verschiedenster Bewertungsmethoden nach IAS 38.38ff. ist ein ansatzfeindlicher Grad der Unzuverlässigkeit bei der Bestimmung des beizulegenden Zeitwertes auch bei zeitlich nicht begrenzt nutzbaren immateriellen Vermögenswerten nur in Ausnahmefällen anzunehmen.[1268]

b) Verlässlichkeit bei zeitlich begrenzt und zeitlich unbegrenzt nutzbaren immateriellen Vermögenswerten

Geht bei einem Unternehmenszusammenschluss ein immaterieller Vermögenswert über, besteht nach IAS 38.35 eine widerlegliche Vermutung (*rebuttable presumption*), dass der beizulegende Zeitwert eines zeitlich begrenzt nutzbaren immateriellen Vermögenswertes zuverlässig ermittelt werden kann. Nach IAS 38.8 ist die Nutzungsdauer (*useful life*) der Zeitraum, über den ein Vermögenswert voraussichtlich genutzt wird oder die Anzahl von Produktionseinheiten bzw. ähnlichen Größen, die voraussichtlich von dem Vermögenswert zu erwarten sind. Die Unterscheidung zwischen bestimmbarer (*definite*) und unbestimmbarer (*indefinite*) Nutzungsdauer wird in IAS 38.88 vornehmlich für die Frage getroffen, ob eine reguläre Abschreibung vorgenommen werden kann oder ob der *impairment test* anzuwenden ist.[1269] IAS 38.35 erstreckt die Bedeutung dieser Unterscheidung auf die Ansatzobjektivierung im Rahmen der verlässlichen Beurteilung beizulegender Zeitwerte von immateriellen Vermögenswerten.

Die Bestimmbarkeit der Nutzungsdauer immaterieller Vermögenswerte wird gem. IAS 38.90 von verschiedenen Faktoren beeinflusst, wobei IAS 38.91 betont, dass unbestimmbar nicht unbegrenzt bedeutet. Es kommt also insoweit allein darauf an, ob ein Nutzungszeitraum mit hinreichender Sicherheit be-

---

[1267] Auch IAS 22 und IAS 38.27ff. (1998) enthielten bereits Vorschriften, die im Hinblick auf den erstmaligen Ansatz immaterieller Anlagewerte auf die Fair-Value-Bewertungskonzeption zurückgreifen.

[1268] Vgl. Lüdenbach, N., 2004, S. 1322.

[1269] Vgl. IAS 38.89, 38.97ff. und 38.107f.

stimmt werden kann. Kann der Nutzungszeitraum mit hinreichender Sicherheit, ggfs. gem. IAS 38.93 auch unter Beachtung von Vorsichtsüberlegungen, bestimmt werden, folgt aus IAS 38.35, dass die verlässliche Bestimmbarkeit des beizulegenden Zeitwertes vermutet werden kann.

c) Fehlende Verlässlichkeit bei fehlender Bewertbarkeit

Trotz Separierbarkeit kann es nach IAS 38.38b an einer hinreichend zuverlässigen Bestimmbarkeit des *fair value* fehlen. Verfügt der Bilanzierende nicht über Erfahrungen und/oder Daten über Markttransaktionen für gleiche oder ähnliche Vermögenswerte und liegen auch keine sonstigen zuverlässig messbaren Schätzvariablen vor, ist das *reliability criterion* nicht erfüllt.[1270] Es sind also nach Ansicht des IASB durchaus Fälle denkbar, in denen der beizulegende Zeitwert nicht hinreichend objektiviert und damit auch nicht zuverlässig ermittelt werden kann.[1271] In diesen Fällen hätte ein gesonderter Ansatz zu unterbleiben. Die Anschaffungskosten gehen insoweit im Goodwill auf.

6. Ansatzbedingungen bei Unternehmenszusammenschlüssen in besonderen Fällen

a) Kategorisierung immaterieller Vermögenswerte durch das IASB

Das IASB nimmt in den *Illustrative Examples* zum IFRS 3 eine Einteilung der bilanzierbaren immateriellen Vermögenswerte vor und führt die in Betracht kommenden Positionen beispielhaft auf. Mit dieser Aufzählung möchte das IASB speziell für die Fälle von Unternehmenszusammenschlüssen verdeutlichen, welche immateriellen Vermögenswerte vom Goodwill abzusondern und einzeln zu aktivieren sind.[1272] Hierzu gehören marketingbezogene, kundenbezogene, kunstbezogene, vertraglich begründete und technologiebezogene immaterielle Vermögenswerte.[1273] Die Beispiele sind kein Teil des IFRS 3 und waren nicht Gegenstand des Komitologieverfahrens, sondern begleiten (*accompany*) IFRS 3 nach Ansicht des IASB. Damit genießen sie nicht den Gesetzesstatus, den die IAS/IFRS im Anschluss an das *endorsement* haben.

1270 Vgl. Pellens, B./Fülbier, R./Gassen, J., 2004, S. 259.

1271 Vgl. zum demgegenüber strengeren ED 3, der noch davon ausging, dass der *fair value* identifizierbarer immaterieller Vermögenswerte stets zuverlässig ermittelt werden könne: KPMG, 2004, S. 78, Fn. 252.

1272 Vgl. IFRS 3.IE (Vorbemerkung).

1273 Vgl. auch nahezu gleichlautend SFAS 141.Appendix A14ff.

Das Identifizierbarkeitskriterium ist konzeptionell das entscheidende Abgrenzungsmerkmal zum Goodwill.[1274] Wie im Rahmen der Erörterung des Identifizierbarkeitskriteriums bereits angesprochen, unterscheidet das IASB zwischen immateriellen Vermögenswerten, die identifizierbar sind, weil sie auf eine vertragliche oder sonstige rechtliche Grundlage zurückgeführt werden können, und sonstigen immateriellen Werten, die nur bei Verwertbarkeit – einzeln oder in einer Gruppe von Vermögenswerten – vom Goodwill separiert werden können.[1275] IFRS 3 erörtert die Frage nach der Identifikation vom Goodwill unterscheidbarer Bilanzpositionen allein für immaterielle Vermögenswerte.[1276]

Immaterielle Vermögenswerte sind auch dann identifizierbar, wenn sie nur separierbar, nicht aber identifizierbar sind. Sie sind aber auch dann identifizierbar, wenn nur das *contractual-legal* Kriterium, nicht aber auch das Separierbarkeitskriterium greift.[1277] Das IASB sah sich zu dieser teilweisen Überlagerung der Separierbarkeitsvoraussetzung gezwungen, weil manche rechtliche (*contractual-legal*) Positionen keiner vom Unternehmen getrennten Verwertung zugeführt, sondern nur zusammen mit dem gesamten Unternehmen übertragen werden können.[1278] Lediglich separierbar, nicht aber vertraglich-rechtlich identifizierbar sind: Kundenlisten, nicht vertragliche Kundenbeziehungen, Know-how sowie u.U. Datenbanken. Vertragliche oder gesetzliche Verwertungsbeschränkungen spielen somit keine Rolle, so dass auch nicht weiter übertragbare Rechtspositionen (entsprechend ausgestaltete Nutzungsrechte/Lizenzen, bestimmte verwaltungsrechtliche Genehmigungen) aktivierungsfähige Vermögenswerte sind.[1279] Eine Übertragbarkeit mit dem gesamten Unternehmen genügt.

Die vom IASB in IFRS 3.IE aufgelisteten Kategorien immaterieller Vermögenswerte geben eine Orientierung, welche Positionen bei der Anschaffungskostenallokation zu berücksichtigen sind. Schwierigkeiten bereitet dabei nicht allein die Separierbarkeit und Identifizierbarkeit in Abgrenzung zum Goodwill,

---

[1274] Vgl. IFRS 3.BC91.
[1275] Vgl. IFRS 3.46 i.V.m. IAS 38.12. Vgl. auch Küting, K./Dawo, S., 2003b, S. 413.
[1276] Vgl. hierzu Lüdenbach, N., S.1311; vgl. auch IFRS 3.BC91ff.
[1277] Vgl. IFRS 3.IE (Vorbemerkung).
[1278] Vgl. IFRS 3.BC93.
[1279] Vgl. IFRS 3.IE B3; Küting, K./Dawo, S., 2003, S. 413; Lüdenbach, N./Prusaczyk, P., 2004, S. 208.

sondern auch die Abgrenzung der den immateriellen Bilanzpositionen jeweils zuzurechnenden Anschaffungskosten.

b) Besonderheiten beim Ansatz ausgewählter immaterieller Vermögenswerte

aa) Marken

Für selbsterstellte Marken besteht nach IAS 38.63 ein Aktivierungsverbot. Als markenrechtlich abgesicherte gewerbliche Schutzrechte fallen Markenrechte im Hinblick auf die Identifizierbarkeit unter das *contractual-legal*-Kriterium. Im Rahmen des Allokationsprozesses wird zur Fair-Value-Ermittlung regelmäßig auf die verschiedenen Bewertungsmodelle des *income approach* zurückzugreifen sein. Ggfs. kann bei fehlender individueller Separierbarkeit auch ein Gruppenansatz nach IAS 38.36f. in Betracht kommen.

bb) Kundenbezogene immaterielle Vermögenswerte

Von den vier kundenbezogenen immateriellen Vermögenswerten, die das IASB unterscheidet,[1280] sind insbesondere Kundenlisten, also nicht vertraglich-rechtlich, sondern allenfalls aufgrund ihrer Separierbarkeit identifizierbare immaterielle Vermögenswerte, problematisch. Originäre Kundenlisten sind gem. IAS 38.63 nicht aktivierbar. Unter den Terminus „Kundenliste" (*customer list*) lassen sich nicht allein Namens- und Adressinformationen, sondern auch detailliertere Kundeninformationen subsumieren. Hierzu gehören z.B. marketingrelevante Aspekte wie Geschlecht, Beruf, Einkommen, Vermögen, Profile des Kundenkaufverhaltens etc. Anders als beim Einzelerwerb manifestiert sich beim Erwerb im Rahmen eines Unternehmenszusammenschlusses der von diesen Werten erwartete Nutzenzufluss nicht in rechtlich durchsetzbaren Ansprüchen. Der Nachweis der Separierbarkeit ist insoweit aufwändiger als der Nachweis vertraglich-rechtlicher Absicherung. Es muss die abstrakte Verkehrsfähigkeit gegeben sein: An einer Separierbarkeit fehlt es immer dann, wenn aufgrund gesetzlicher oder vertraglicher Bestimmungen eine Weitergabe der in der Kundenliste enthaltenen Informationen ausgeschlossen ist: Gesetzliche Verbote können sich aus Verschwiegenheitspflichten (Ärzte, Steuerberater, Wirtschaftsprüfer, Rechtsanwälte etc.) und Datenschutzbestimmungen ergeben.[1281] Die

---

1280 Hierzu gehören: Auftragsbestände und sonstige rechtlich abgesicherte Kundenbeziehungen sowie nicht rechtlich identifizierbare Kundenlisten und sonstige faktische Kundenbeziehungen. Vgl. die ähnliche Unterscheidung nach US-GAAP in EITF 02-17.

1281 Vgl. zum Ganzen Lüdenbach, N./Prusaczyk, P., 2004a, S. 204 u. 206.

Weitergabe von Kundeninformationen kann auch vertraglich ausgeschlossen werden.

Des Weiteren muss das Unternehmen seine Verfügungsmacht über den immateriellen Vorteil sowie die Wahrscheinlichkeit eines damit verbundenen Nutzenzuflusses belegen können. Zwischen beiden Merkmalen kann ein wechselseitiger Zusammenhang bestehen.[1282] Austauschvorgänge aufgrund einer derselben oder ähnlichen nicht vertraglich abgesicherten Kundenbeziehung indizieren nach Ansicht des IASB nicht nur die Separierbarkeit dieses Vermögenswertes, sondern auch die Kontrolle über die erwarteten zukünftigen Nutzenzuflüsse.[1283] Letztlich droht hier die Aktivierbarkeit mit dem Kriterium einer selbstständigen Bewertbarkeit zum *fair value* zusammenzufallen.[1284]

cc) Künstlerische immaterielle Vermögenswerte

Für künstlerische immaterielle Vermögenswerte ergeben sich keine Besonderheiten. Es handelt sich um urheberrechtlich geschützte Positionen. Sie fallen folglich hinsichtlich der Identifizierbarkeit unter das *contractual-legal*-Kriterium. Sind sie nur mit dem gesamten Unternehmen übertragbar, steht dies einer Aktivierung beim Erwerber nicht entgegen.

dd) Vertraglich begründete immaterielle Vermögenswerte

Nutzungsrechte (Lizenzen) an den in IFRS 3.IE A bis C und E genannten Positionen sowie sonstige vertraglich begründete immaterielle Vermögenswerte stellen als „*Contract-basd intangible assets*" eine eigenständige Kategorie dar. Sie unterfallen dem *contractual-legal*-Kriterium. Als „*contract-based*" werden vom IASB u.a. auch Dienstleistungsverträge und – terminologisch etwas unglücklich – bestimmte Konzessionen (verwaltungsrechtliche Genehmigungen) eingeordnet.[1285]

[1282] Vgl. Lüdenbach, N./Prusaczyk, P., 2004a, S. 206 (mit Beispielen).
[1283] Vgl. IAS 38.16 und IAS 38.BC12ff.
[1284] Vgl. Lüdenbach, N./Prusaczyk, P., 2004a, S. 211.
[1285] Das IASB nennt z.B. in IFRS 3.IE (D4) Baugenehmigungen und in IFRS 3.IE (D6) Betriebsgenehmigungen und Senderechte, aber auch andere typisch hoheitsrechtliche Positionen wie Bohrrechte (IFRS 3.IE D 7).

ee) Technologiebezogene immaterielle Vermögenswerte

Die Besonderheiten von technologiebezogenen immateriellen Vermögenswerten bei Unternehmenserwerben seien am praktisch wichtigen Beispiel von Forschungs- und Entwicklungsprojekten erläutert: Haben sich bislang beim erworbenen Unternehmen nicht bilanzierte Forschungs- und Entwicklungsprojekte aus Sicht des Erwerbers zu einzelnen immateriellen Vermögenswerten verdichtet, kommt regelmäßig eine Aktivierung dieser Ertragspotenziale in Betracht. Synergieeffekte bleiben dabei außen vor. Wie beim Einzelerwerb von zuvor nicht aktivierten Forschungs- und Entwicklungsleistungen kommt es auch bei Unternehmenserwerben darauf an, ob es sich bei diesen Vorteilen überhaupt um immaterielle Vermögenswerte handelt. Die Identifikation, also die Frage, ob ein wirtschaftlicher Vorteil vertraglich-rechtlich abgrenzbar oder faktisch separierbar ist, bildet auch hinsichtlich von Forschungs- oder Entwicklungsleistungen eine entscheidende Aktivierungshürde. Hinzu kommen im Wesentlichen die hinreichende Wahrscheinlichkeit eines zukünftigen Nutzenzuflusses und die verlässliche Bestimmbarkeit ihres Wertes.[1286] Auch im Fortschreiten befindliche Forschungs- und Entwicklungsprojekte (*in-process research and development projects*) müssen also bei Erfüllung der „abstrakten" Aktivierungsvoraussetzungen in Gestalt von Definitions- und Anerkennungskriterien angesetzt werden.

Die Problematik einer „Zwei-Klassen-Objektivierung"[1287] bei Unternehmenserwerben tritt besonders deutlich bei der Frage nach einer Aktivierbarkeit von Forschungs- und Entwicklungsprojekten zu Tage. Ein Forschungsprojekt, z.B. Grundlagenforschung zur Vorbereitung der Entwicklung von Medikamenten, mit nur sehr geringer Nutzenzufluss-Wahrscheinlichkeit ist im Anschluss an den Unternehmenszusammenschluss zu bilanzieren, wenn die Definitions- und Ansatzkriterien erfüllt sind. Die Erfolgsaussichten bzw. das Misserfolgsrisiko werden als Bewertungsparameter bei der Ermittlung des beizulegenden Zeitwertes berücksichtigt. Demgegenüber können für die Forschungstätigkeit genutzte Spezialgerätschaften, die nur zu diesem Forschungszweck nutzbar sind, erst bei einer Mindestwahrscheinlichkeit von über 50% angesetzt wer-

---

[1286] Vgl. IAS 38.34.

[1287] Vgl. Hommel, M./Benkel, M./Wich, S., 2004, S. 1269.

den.[1288] Die Verlagerung von Ansatzunsicherheiten auf die Bewertungsebene hat das IASB also bislang im Wesentlichen nur für immaterielle Vermögenswerte vollzogen. Für materielle Vermögenswerte bedarf es weiterhin einer Nutzenwahrscheinlichkeit von über 50%.

7. Zusammenfassung wesentlicher Untersuchungsschritte

Anders als nach HGB finden sich in IAS 38 und IFRS 3 detaillierte Regelungen über die erstmalige Bilanzierung immaterieller Anlagewerte bei Unternehmenserwerben, zu denen auch die hier untersuchten Umstrukturierungsformen Verschmelzung und Spaltung zu zählen sind. Dabei rücken – wie bei der Bilanzierung nach HGB – Schwierigkeiten der Abgrenzung zum Goodwill sowie die Zeitwert-Bewertungparameter in den Vordergrund.

Das Definitionsmerkmal der Identifizierbarkeit entscheidet über die Abgrenzbarkeit eines einzelnen Vermögenswertes vom Goodwill. Seine Aufgabe entspricht weitgehend dem der Greifbarkeit im Zusammenhang mit der Bilanzierung von Unternehmenserwerben nach HGB. Um immaterielle Vermögenswerte zu identifizieren, muss auf vertragliche, rechtliche und/oder faktische Abgrenzungsmerkmale zurückgegriffen werden.

Das Merkmal der Bewertbarkeit erfährt auf Ebene der Bilanzierung dem Grunde nach beim Erwerb ganzer Unternehmen – wie nach HGB – eine zugangsformspezifische Ausrichtung. In IAS 38 wird jedoch ausführlich die Abhängigkeit dreier Voraussetzungen immaterieller Vermögenswerte von der Ermittelbarkeit beizulegender Zeitwerte vorgestellt: Identifizierbarkeit, Wahrscheinlichkeit und verlässliche Messbarkeit künftiger Nutzenzuflüsse. Durch den Bezug auf beizulegende Zeitwerte wird einerseits eine ausdrückliche Abkehr von der Objektivierung durch Rückgriff auf Anschaffungskosten vollzogen, zugleich aber der Bilanzierende zu einem mittelbaren Rekurs auf Marktdaten veranlasst. Sind – wie bei immateriellen Vermögenswerten häufig – keine Marktpreise gleicher oder ähnlicher Geschäfte ersichtlich, muss auf Barwertverfahren zurückgegriffen, wobei Prognosen und Multiplikatoren möglichst „marktnah“ ausgewählt werden sollen.

[1288] IAS 38.36 greift nicht, da die aus der Forschungstätigkeit entstehenden Vermögenswerte unabhängig von den bei der Forschungstätigkeit genutzten Spezialgeräten verwertet werden können.

Der Rückgriff auf die beizulegenden Zeitwerte im Rahmen von IAS 38 und IFRS 3 erinnert an den Zeitwertbezug bei der in Kap. D.I. diskutierten Einzelbewertung in den Fällen, bei denen mangels geeigneter Datenlage eine Bewertungsfähigkeit sich nicht auf anderem Wege hätte beurteilen lassen. Dabei ist bemerkenswert, dass durch die klaren Regelungen und Hierarchisierungen dem Bilanzierenden im Einzelfall weniger Beurteilungs- und Ermessensspielräume bei der Wahl der Bewertungs- bzw. Verteilungsmethode zur Seite stehen als nach HGB. Zugleich ist feszuhalten, dass – anders als nach HGB – die Ansatzobjektivierung insoweit nicht an die spezifische Übertragungs- und Datensituation bei übertragenden Umwandlungen anknüpfen kann.

IV. Bilanzierung immaterieller Anlagewerte bei konzerninternen Unternehmenszusammenschlüssen

1. Allgemeines

Die Abbildung von *transactions under common control* ist einer zweiten bzw. dritten Phase des Projektes *Business Combinations* vorbehalten.[1289] Gleichwohl stellt sich bereits nach geltendem Recht bei konzerninternen Umwandlungen die Frage nach der Aktivierungsfähigkeit immaterieller Anlagewerte beim übernehmenden Rechtsträger, für die beim übertragenden Unternehmen noch ein Aktivierungsverbot griff. Die folgende Diskussion dieser Frage geht davon aus, dass nicht ohnehin nach IAS/IFRS mangels Anwendbarkeit der Erwerbsmethode die Buchwerte des übertragenden Rechtsträgers beim Übernehmer fortzuführen sind.[1290]

2. Keine interessengegensätzliche Objektivierung der Anschaffungskosten

Wie in Kap. D.IV. ausgeführt, besteht zumindest bei rein konzerninternen Umwandlungen regelmäßig die Gefahr, dass es nicht zu einer verlässlichen auf die Gesamtanschaffungskosten der Umwandlungsmaßnahme bezogenen Objektivierung in Gestalt eines Interessenausgleichs zwischen den beteiligten Anteilseignern kommt.[1291] Da es an einer § 248 Abs. 2 HGB vergleichbaren Regelung fehlt und in IAS 38.51-38.67 lediglich einzelne Fälle aktivierbarer und überwiegend nicht aktivierbarer immaterieller Vermögenswerte normiert sind, bleibt nach aktueller Rechtslage offen, ob zur Beurteilung der Aktivierbarkeit immaterieller Anlagewerte ausdrücklich auf einen Erwerbsvorgang im rechtlichen bzw. wirtschaftlichen Sinn abzustellen ist. Zudem finden sich in IAS 38 allenfalls entfernte Anhaltspunkte, ob ein von Interessengegensätzen geprägter Marktvorgang vorauszusetzen ist. Dass mit Ausnahme qualifizierter Entwicklungskosten ein Anschaffungsvorgang vorausgesetzt wird, ergibt sich im Umkehrschluss aus IAS 38.51b. Die Schwierigkeiten bei der Herstellungskosten-Bemessung führen dazu, dass Sofortaufwand entsteht und nicht durch Aktivierung der Kosten bilanziell neutralisiert werden darf. Ob dies

---

1289 Vgl. Brücks, M./Wiederhold, P., 2004, S. 178.

1290 Vgl. die Diskussion dieser Frage in Kap. C.III.6.

1291 Die im Fall von gemischten Konzern- und Konzentrationsumwandlungen i.e.S. ggfs. aufgrund eines Spruchverfahrens zu zahlenden Barabfindungen wären auch nach IFRS 3 als nachträgliche Anschaffungskosten zu behandeln, so dass sich insoweit keine Abweichung gegenüber dem in Kap. D.IV. Ausgeführten ergibt.

aber zugleich auch eine von Gewinn- und Nutzenmaximierungsinteressen der Beteiligten getragene Transaktion sein muss, wird vom IASB nicht beantwortet.

Wie bereits nach HGB, stellt sich folglich auch nach IAS/IFRS die Frage, ob die rechtliche Ausgestaltung eines Unternehmenszusammenschlusses als *legal merger* ausreicht, um einen Anschaffungsvorgang zu bejahen. Beurteilt sei dies nachfolgend u.a. vor dem Hintergrund von Überlegungen, die an die in IAS 38.51 genannten Schwierigkeiten der Bilanzierung immaterieller Vermögenswerte anknüpfen.

3. Analoge Anwendung von IFRS 3 und IAS 38 zur Füllung von Regelungslücken

a) Grundsätzliches

Die Frage, ob die Aktivierungsverbote aus IAS 38.51ff. auch bei konzerninternen Unternehmenserwerben gelten, ist kein Auslegungsproblem, sondern eine Frage des Ausfüllens von Regelungslücken: Können bei Anwendung der Erwerbsmethode auf konzerninterne Umwandlungen die Regelungen in IAS 38 und IFRS 3 uneingeschränkt analog angewendet werden? Über die analoge Anwendung von IAS/IFRS-Rechnungslegungsstandards ist anhand der in IAS 8.10ff. angeführten Kriterien zu entscheiden.[1292]

Die analoge Anwendung von IAS/IFRS hat sich gem. IAS 8.11 in erster Linie an dem Zweck dieser Rechnungslegungsvorschriften zu orientieren. Als maßgebende Gesichtspunkte für die analoge Anwendung werden dabei in IAS 8.10 die Entscheidungsnützlichkeit und die Verlässlichkeit der mittels analog angewendeter Rechnungslegungsvorschriften gewonnenen Informationen genannt. Des Weiteren sind die Anforderungen und Leitlinien zur Anwendung der als anwendbar in Betracht gezogenen Standards sowie, wenn dies nicht weiterführt, auch die im Rahmenkonzept genannten Bilanzierungskriterien heranzuziehen.

b) Entscheidungserheblichkeit

Werden immaterielle Vermögenswerte separat angesetzt und bewertet, so enthält dies entscheidungserhebliche Informationen über die in ihnen jeweils enthaltenen Nutzenpotenziale. Der Einzelansatz in Abgrenzung zum Goodwill

---

[1292] Vgl. Adler, H./Düring, W./Schmaltz, K., 2003, Abschn. 1, Rn. 14.

informiert in der Bilanz besser über die Vermögensstruktur des Unternehmens als die Erfassung im Residualposten Goodwill. Der Aspekt der Entscheidungserheblichkeit spricht also grundsätzlich für einen separaten Ansatz. Um entscheidungserheblich zu sein, müssen die Informationen über die immateriellen Vermögenswerte nach F.31f. aber zugleich ein Mindestmaß an Verlässlichkeit aufweisen.

c) Verlässlichkeit

Von den in IAS 8.10b (i)-(v) und in F.33-F.38 genannten Aspekten des Zuverlässigkeitserfordernisses bei der analogen Anwendung sind im Hinblick auf den Ansatz immaterieller Anlagewerte insbesondere die Gesichtspunkte der wirtschaftlichen Betrachtungsweise gem. IAS 8.10b(ii)/F.35, der Vorsicht gem. IAS 8.10b(iv)/F.37 sowie der Vollständigkeit gem. IAS 8.10b(v)/F.38 zu berücksichtigen. Diese Leitlinien für eine analoge Anwendung seien zunächst skizziert, bevor die Regelungen in IAS 38.51 näher analysiert werden.

Nach IAS 8.10b (ii) und F.35 gilt, dass Sachverhalte nicht allein in Abhängigkeit von ihrer rechtlichen Ausgestaltung, sondern immer auch in Übereinstimmung mit ihrem tatsächlichen ökonomischen Gehalt zu beurteilen seien. Dies nicht zuletzt, weil die Entscheidungserheblichkeit der Information von ihrem wirtschaftlichen Aussagegehalt abhängt.[1293] Der Grundsatz „substance over form“ stimmt grundsätzlich der herkömmlichen wirtschaftlichen Betrachtungsweise im Handelsbilanzrecht überein.[1294] Insoweit ist fraglich, ob in Anbetracht der nach IAS 8.11a zu beachtenden Anwendungsleitlinien, namentlich der in IAS 38.51 genannten Schwierigkeiten bei der Ansatzobjektivierung immaterieller Vermögenswerte, wirtschaftlich nicht davon ausgegangen werden muss, dass noch kein über den bloßen Anschaffungsvorgang hinausgehendes Objektivierungsereignis stattgefunden hat. Zudem ist sogar zweifelhaft, ob wirtschaftlich betrachtet überhaupt ein Anschaffungsvorgang vorliegt.[1295] Jedenfalls reine konzerninterne Verschmelzungen und Spaltungen bieten hierfür aus Konzernsicht kaum Anhaltspunkte. Dieser Aspekt kann jedoch erst im Rahmen einer genaueren Analyse der in IAS 38.51b bezeichneten Problemlage beantwortet werden. Es deutet sich jedoch an, dass die wirtschaftliche Betrachtung eher gegen einen separaten Ansatz spräche.

[1293] Vgl. Küting, K./Müller, W./Pilhofer, J., 2000, S. 257.
[1294] Vgl. die Beispiele bei Bohl, W., 2004, S. 33 m.w.N.
[1295] Vgl. Kap. C.III.6.

Bei der analogen Anwendung von IAS ist gem. IAS 8.10b(iv) und F.37 zu beachten, dass Abschlussinformationen vorsichtig zu erteilen sind. Zwar rechtfertigt eine vorsichtige Bilanzierung nach Ansicht des IASB nicht die Bildung stiller Reserven. Jedoch ist sorgfältig darauf zu achten, dass Vermögenswerte und Erträge nicht zu hoch ausgewiesen werden. Zugleich ist ein Mindestmaß an Sorgfalt bei der Ausübung von Bilanzierungsspielräumen zu beachten. Aufgrund des Goodwill-Ansatzes kommt es in den hier diskutierten Fällen nicht zu einer Legung stiller Reserven.[1296] Es besteht jedoch die Gefahr, dass Vermögenswerte ausgewiesen werden, ohne dass ihre Werthaltigkeit in einem Realisationsvorgang bestätigt worden wäre. Insoweit sind gegen den erstmaligen Ansatz immaterieller Anlagewerte im Anschluss an eine reine konzerninterne Umwandlung auch aus Gründen der Vorsicht Bedenken entgegenzuhalten.

Demgegenüber spricht das Vollständigkeitsgebot gem. IAS 8.10b(v) und F.38 eindeutig für einen Ansatz. Jedoch ist dabei zugleich zu beachten, dass in IAS 38.51ff. ausdrücklich Ausnahmen zum Vollständigkeitsgebot geregelt worden. Es fragt sich mithin, ob im Anschluss an eine *business combination under common control* diese Ausnahme weiterhin gilt.

4. Gründe für Aktivierungsverbot

a) Grundsätzliches

In IAS 38.51 werden die Schwierigkeiten erwähnt, die in den in IAS 38.52ff. typisierten Fällen zu einem Ansatz oder – wie in den wohl überwiegenden Fällen – zu einem Nichtansatz führen. Anhand dieser Merkmale lässt sich u.U. auch beurteilen, wie konzerninterne Umstrukturierungen zu bilanzieren sind. Zwei Aspekte seien danach leitend: Schwierigkeiten der Identifizierbarkeit (IAS 38.51a) und Schwierigkeiten bei der verlässlichen Herstellungskostenbemessung (IAS 38.51b). Beide Aspekte betreffen Fragenkreise, die bei Verschmelzungen und Spaltungen, die nicht von Interessengegensätzen zwischen den Gesellschaftern des übertragenden und des übernehmenden Rechtsträgers geprägt sind, ebenfalls auftreten. Es handelt sich um Konstellationen, bei denen häufig weder Verschmelzungs-, Spaltungs- bzw. Ausgliederungsberichte erstellt noch Prüfungen durchgeführt werden. Hinzu kommt, dass es sich bei der

---

[1296] Zudem wäre beim *goodwill impairment* auf dessen Bestandteile bzw. *cash-generating units* und deren jeweilige Wertentwicklungen abzustellen. Vgl. IAS 36.65ff.

Umwandlung in diesen Fällen zwar formalrechtlich um eine Umstrukturierungsmaßnahme mit Vermögensübertragung handelt. Gleichwohl muss bei wirtschaftlicher Betrachtungsweise von einer bloßen Vermögensumschichtung ausgegangen werden.

b) Maßgebliche Kriterien gem. IAS 38.51

aa) Schwierigkeiten bei der Identifizierbarkeit

Als ein Kernproblem, durch das sich das IASB zur Regelung von Aktivierungsverboten gezwungen sah, ist in IAS 38.51a die Identifizierbarkeit genannt. Es ist bei selbst geschaffenen immateriellen Vermögenswerten oft schwer zu beurteilen, ob und seit wann es sie gibt. Insoweit bereitet die rein konzerninterne Umwandlung jedoch keine größeren Schwierigkeiten bei der Identifikation bislang beim übertragenden Rechtsträger nicht aktivierter immaterieller Vermögenswerte als sie bei reinen Konzentrationsvorgängen auftreten. Zwar fällt u.U. die Berichterstattung und Prüfung der Umwandlungsmaßnahme bei konzerninternen Umwandlungen weg, jedoch werden sich in der Praxis diesen Unterlagen ohnehin nicht immer Anhaltspunkte zur Identifizierung/Separierung immaterieller Anlagewerte finden lassen.

bb) Unzuverlässigkeit der Herstellungskosten

In IAS 38.51b benennt das IASB als zweite Schwierigkeit das Problem der nicht verlässlich ermittelbaren und eingrenzbaren Herstellungskosten. Hieran knüpft sich für *business combinations under common control* das Problem an, dass bei einer reinen konzerninternen Reorganisation die Unzuverlässigkeit der Herstellungskostenermittlung unvermindert fortbesteht. Bei wirtschaftlicher Betrachtung kommt es nicht zu einem für Anschaffungsvorgänge grundsätzlich vorausgesetzten „Realisationssprung“.[1297] D.h. durch die Spielräume des beherrschenden Gesellschafters bei der Ausgestaltung der Umstrukturierung fehlt es an einem verlässlichen Korrektivum in Gestalt von Anschaffungskosten. Die Unzuverlässigkeit der Herstellungskostenermittlung wird bei rein konzerninternen Umstrukturierungen nicht beseitigt, und zwar auch nicht, wie bei Konzentrationsvorgängen, durch Anschaffungskosten in Gestalt von Gesamtanschaffungskosten. Es sind keine hinreichend verlässlich ermittelbaren

---

[1297] Dieser „Bruch“ in der Wertbeimessung wird aber auch vom IASB derzeit noch konzeptionell vorausgesetzt, wenn auch durch die zunehmende Bedeutung der Fair-Value-Bilanzierung in abgeschwächter Form. Vgl. Wüstemann, J./Kierzek, S., 2005, S. 427.

Anschaffungskosten erkennbar, zumal Börsenkurse bei 100%igen Beteiligungsverhältnissen regelmäßig fehlen werden.

Um als verlässlich i.S.v. F.31 zu gelten, muss die Information u.a. frei von verzerrenden Einflüssen sein.[1298] Diese Freiheit von verfälschender Beeinflussung ist im Fall konzerninterner Umwandlungen fraglich. Mangels außen stehender Gesellschafter besteht die Gefahr, dass das Umtauschverhältnis willkürlich festgelegt wird. Die Gesamtanschaffungskosten bilden jedoch die zentrale Bezugsgröße bei der Anschaffungskostenallokation. Insoweit kann es auf jeden Fall zu einem unangemessen niedrigen Ausweis der Vermögensbestandteile kommen. Nach oben wäre der Wertansatz allerdings durch die beizulegenden Zeitwerte begrenzt. Insoweit fragt sich also, ob der Fair-Value-Bezug abgelöst von willkürfrei festgelegten Anschaffungskosten eine hinreichende Objektivierung gewährleisten kann.

5. Kompensation der Objektivierungsdefizite durch beizulegende Zeitwerte

Wie nicht zuletzt die Regelungen in IAS 38.51 belegen, liegt den IAS/IFRS z.Zt. kein *full fair value approach* zugrunde, sondern hält am Realisationsprinzip fest. Gleichwohl fragt sich, ob die reine konzerninterne Reorganisation, bei der die Gesamtanschaffungskosten nicht „am Markt“ gebildet wurden, hinreichender Anlass für das Außerkraftsetzen der Regelungen in IAS 38.51 sind. Wie gezeigt wurde, sind Zeitwerte grundsätzlich zur Ansatzobjektivierung geeignet. Allerdings unterscheiden sich die *transaction under common control* insoweit von Konzentrationsvorgängen, als die Ausgangsgröße der Bewertung und Allokation nicht objektiviert ist. Nach der bisherigen Konzeption des IFRS 3 und IAS 38 sind Unternehmenszusammenschlüsse mehr als bloße Bewertungsanlässe. Mag dies für materielle und finanzielle Vermögenswerte unter Objektivierungsgesichtspunkten noch vergleichsweise unproblematisch sein, stellt sich für immaterielle Vermögenswerte gerade die in IAS 38.51b typisierte Problematik. Ließen also z.B. auch reine konzerninterne Unternehmenserwerbe einen Ansatz immaterieller Vermögenswerte zu, könnte entgegen dem Zweck dieser Regelungen bilanziert werden.

[1298] Vgl. Baetge, J./Hollmann, S., 2004, S. 355.

Zwar treten durch die Ermittlung des beizulegenden Zeitwertes die Einschätzungen und Verwendungsabsichten der an dem Unternehmenszusammenschluss beteiligten Unternehmen zu Gunsten der Einschätzung aller Marktteilnehmer in den Hintergrund.[1299] Jedoch ist eine Aufdeckung der in bislang nicht bilanzierten immateriellen Vermögenswerten enthaltenen stillen Reserven abzulehnen, weil bei Unternehmenszusammenschlüssen unter gemeinsamer Kontrolle eine Bestätigung beizulegender Zeitwerte nicht eintritt und das unternehmerische Vermögen insgesamt nicht wie unter fremden Dritten *at arm's length* übergeht.[1300] Allerdings ließe sich durch gezielte Handlungen in der Vorphase des Unternehmenszusammenschlusses (sog. *grooming transactions*) eine gemeinsame Kontrolle herstellen und damit die in IAS 38 getroffenen Regeln aushebeln. Die Folge wäre ein faktisches Wahlrecht, was einer Vergleichbarkeit und Entscheidungserheblichkeit widerspräche. Jedoch spricht die Möglichkeit bilanzpolitischer Gestaltungen nicht gegen eine sach-gerechte Bilanzierungsregelung. Die Gestaltungsmöglichkeiten gehen insoweit zudem nicht über die Maßnahmen hinaus, mit denen sich das Ansatzverbot für immaterielle Anlagewerte „umgehen" lässt.[1301]

6. Zusammenfassung wesentlicher Untersuchungsschritte

Geht man davon aus, dass die Erwerbsmethode im Einzelabschluss auf *business combinations under common control* anzuwenden ist, ergibt sich bei genauerer Analyse der nach IAS 38.10 analog anzuwendenden Vorschriften in IFRS 3 und IAS 38 ein mehrdeutiges Bild. Ein Einzelansatz ist in jedem Fall insoweit entscheidungserheblich, als damit in der Bilanz detaillierter über die Vermögenslage berichtet wird. Zugleich ist die Entscheidungserheblichkeit eingeschränkt, denn es fehlt aufgrund der Manipulationsgefahr an einer hinreichend verlässlichen Gesamtanschaffungskostenbemessung. Während das Vorsichtsgebot wohl gegen einen separaten Ansatz spräche, gebietet das Vollständigkeitsgebot einen Ansatz auch bei Unternehmenszusammenschlüssen unter gemeinsamer Kontrolle.

Die in IAS 38.51 festgehaltenen Schwierigkeiten der Ansatzobjektivierung veranlassten das IASB in IAS 38.52ff. zu einer teilweisen Normierung von Ansatzverboten. Während die Identifikation von immateriellen Anlagewerten

---

[1299] Vgl. Lopatta, K./Wiechen, L., 2004, S. 537.

[1300] Vgl. Hannappel, H.-A./Kneisel, H., 2001, S. 708.

[1301] Zu denken ist z.B. an Sale-And-Lease-Back- sowie an Sale-And-Buy-Back-Gestaltungen.

nach konzerninternen Umwandlungen nicht wesentlich schwieriger sein wird als bei Konzentrationsvorgängen (IAS 38.51a), gilt dies nicht gleichermaßen für die in IAS 38.51b geschilderte Objektivierungsproblematik. Die Unzuverlässigkeit der Herstellungskostenbemessung besteht – jedenfalls bei rein konzerninternen Umwandlungen – bei wirtschaftlicher Betrachtungsweise unvermindert fort. Eine gänzliche Aufgabe des Anschaffungskosten- bzw. Realisationsbezuges kann IAS 38 und IFRS 3 konzeptionell derzeit nicht entnommen werden. Der Unternehmenszusammenschluss wäre aber zum bloßen Anlass für eine Zeitwertüberprüfung eigentlich nach IAS 38.52ff. nicht ansetzbarer immaterieller Vermögenswerte „degradiert", wenn entgegen Sinn und Zweck des IAS 38.51b ein Ansatz bei rein konzerninternen Umstrukturierungsmaßnahmen zulässig wäre. Erachtete man in diesen Fällen eine Fair-Value-Ermittlung für ausreichend, käme dies bereits nach derzeitiger – vom IASB offensichtlich nicht gewollter – Rechtslage *einem full fair value approach* nahe.

V. Zwischenergebnis

Auch ohne die Unterscheidung zwischen abstrakter und konkreter Aktivierungsfähigkeit zu übernehmen, können im Rahmen der Rechnungslegung nach IAS/IFRS Vorschriften, die grundsätzlich über die Ansatzfähigkeit bestimmen, von Regelungen unterschieden werden, die einen Ansatz in typisierten Fällen untersagen. Für immaterielle Vermögenswerte sind somit im Hinblick auf die Unterscheidung zwischen abstrakter und konkreter Aktivierbarkeit systematische Parallelen erkennbar.

Der Vermögensgegenstands- und der Asset-Begriff als jeweils fundamentale Kategorien der Ansatzobjektivierung erhalten von der Bilanzierung immaterieller Anlagewerte in der Berichterstattung nach HGB und nach IAS/IFRS jeweils entscheidende Impulse. Die Behandlung von Unternehmenserwerben stellt dabei nicht nur die HGB-Rechnungslegung vor eine Herausforderung: Unternehmenserwerbe sind Vorgänge, die die Definitions- und Anerkennungsmerkmale sowie Ansatzgebote und Ansatzverbote für immaterielle Anlagwerte berühren. Dabei ist die enge Verzahnung von Ansatz- und Bewertungsfragen, d.h. die Abhängigkeit der Bilanzierung dem Grunde nach von der Bewertung prägendes Charakteristikum der Ansatzsystematik nach IAS/IFRS und nach HGB.

Auffallende Übereinstimmungen lassen vor dem Hintergrund der in Kap. D.I. ausgewerteten Literatur und BFH-Rechtsprechung das Kriterium der Identifizierbarkeit sowie die Abhängigkeit beider *recognition criteria* von der Ermittelbarkeit beizulegender Zeitwerte erkennen. Mit der Forderung, dass sämtliche immaterielle Vermögenswerte vom Goodwill zu separieren und einzeln mit ihren beizulegenden Zeitwerten zu bewerten seien, ergeben sich deutliche Parallelen zur Rechnungslegung nach HGB. So wie die Greifbarkeit v.a. bei immateriellen Vermögensgegenständen eine Rolle spielt, ist auch die Identifizierbarkeit ein spezifisches, zur Ansatzobjektivierung immaterieller Vermögenswerte entwickeltes Kriterium zur Abgrenzung vom Goodwill.

Die Parallelen zwischen dem Merkmal selbstständiger Bewertbarkeit und der Fair-Value-Abhängigkeit des Ansatzes immaterieller Vermögenswerte nach IAS/IFRS wurden ebenfalls deutlich. Allerdings beeinflussen Bewertungsunsicherheiten im Rahmen von Wahrscheinlichkeitserwägungen nach IAS/IFRS i.d.R. nur die Höhe der Bewertung, nicht aber den Ansatz.

Der handelsbilanzrechtlich so einflussreiche Gesichtspunkt der Einzelbewertung kommt nach IAS/IFRS im Rahmen der Ansatzobjektivierung v.a. in dem Ansatzkriterium der Identifizierbarkeit und der Bestimmung beizulegender Einzelzeitwerte zum Ausdruck. Die Einzelbewertung ist bei Unternehmenserwerben dominierender Aspekt für die Abgrenzung einzelner immaterieller Vermögenswerte vom Goodwill. Dabei wurde deutlich, dass entgegen dem grundsätzlichen Gebot der Einzelbewertung nach IAS/IFRS in den Fällen der IAS 38.36f. u.a. im Fall des Erwerbs von Gruppen immaterieller Vermögenswerte und von sog. Lizenzbündeln auch bei fehlender Einzelbewertbarkeit ein gemeinsamer Ansatz als ein Vermögenswert in Betracht kommt. Auch die Vermutungsregelung für immaterielle Vermögenswerte mit begrenzter Nutzungsdauer, für die nach IAS 38.35 die verlässliche Ermittelbarkeit des jeweils beizulegenden Zeitwertes bei Unternehmenserwerben i.d.R. zu unterstellen ist, kann zu einer Durchbrechung der Einzelbewertung im Rahmen des Bilanzansatzes führen.

Nach IAS/IFRS gelten weit reichende Aktivierungsverbote für selbsterstellte immaterielle Vermögenswerte, wobei eine wichtige Ausnahme für qualifizierte Entwicklungskosten greift. Gleichwohl lassen sich prinzipielle Erwägungen erkennen, zu denen das Ansatzgebot für bestimmte Entwicklungskosten gerade eine konzeptionell sinnvolle Ausnahme darstellt. Den in IAS 38.51 vergleichsweise ausführlich dargelegten Zweckvorgaben lässt sich entnehmen, dass die Entscheidung für ein Aktivierungsverbot oder -gebot gerade aufgrund von Identifizierungs- und Kostenbemessungsschwierigkeiten gefällt wird. Der Markt-Aspekt, der handelsbilanzrechtlich deutlich zu Tage tritt, fehlt somit. Gleichwohl liegen den Ansatzverboten und ihrer Ausnahme klare prinzipielle Erwägungen zugrunde.

Jedenfalls insoweit es sich nicht um konzerninterne Umstrukturierungsmaßnahmen handelt, finden sich in IFRS 3 und IAS 38 besondere Vorschriften für die (erstmalige) Bilanzierung immaterieller Anlagewerte bei Umwandlungsvorgängen als Unterfall des Unternehmenserwerbes. Folgt man der Ansicht, dass auch bei rein konzerninternen Unternehmenserwerben die Erwerbsmethode greift und die stillen Reserven einschließlich des nicht bilanzierten immateriellen Vermögens aufgedeckt werden können, bestehen gleichwohl Zweifel an der Ansetzbarkeit immaterieller Anlagewerte. Nach der Konzeption des IAS 38 und IFRS 3 übernehmen die beizulegenden Zeitwerte zwar eine wichtige Objektivierungsrolle, sie treten nach dem aktuellen Stand der Rechnungslegungskonzeption aber nicht gänzlich an die Stelle von Anschaffungskosten. Letztlich muss der Vorteil der Zeitwertbilanzierung im Hinblick auf die Ablehnung stiller Reserven und die sonst drohende Verfälschung von Vermögen und Erfolg in den Folgeperioden gegen die in IAS 38.51 getroffenen Überlegungen abgewogen werden. Jedenfalls als Ausgangs- und Rahmengröße stehen die Anschaffungskosten als Objektivierungsmaßstab konzeptionell weiterhin im Raum. Im Rahmen der analogen Anwendung der Ansatz- und Allokationsvorschriften sollte der Bilanzierende hier nicht weiter gehen dürfen und den Anschaffungskostenbezug gänzlich aufgeben. In den in Kap. D.IV. analysierten Fällen rein konzerninterner Verschmelzungen und Spaltungen sprechen mithin gute Argumente gegen einen Ansatz bei analoger Anwendung der IAS 38.52ff.

Das IASB strengt in IAS 38.51 prinzipielle Erwägungen an, die Sinn und Zweck des § 248 Abs. 2 HGB nahe kommen, sich allerdings nicht mit ihm decken. Während das IASB ganz konkrete Ansatz- bzw. Kostenbemessungskriterien nennt, deren Beurteilung bei selbsterstellten immateriellen Vermögenswerten problematisch ist, stellt § 248 Abs. 2 HGB mit dem „entgeltlichen Erwerb“ ein zusätzliches Kriterium in den Raum. Die Zielrichtung ist jedoch ähnlich. Die abgrenzbare Bewertbarkeit spielt nach beiden Rechnungslegungssystemen eine entscheidende Rolle. Es wird allerdings deutlich, dass ein wirtschaftlich verstandener entgeltlicher Erwerb, der einen von Interessengegensätzen geprägten Austauschvorgang voraussetzt, trotz gewisser Umschärfen in den hier diskutierten Fällen, klarere und sachgerechtere Abgrenzungen ermöglicht, als es anhand der in IAS 38.51 angeführten Kriterien gelingt.

Während der „entgeltliche Erwerb“ als Kriterium bei rein konzerninternen Umwandlungen versagt, lassen sich aus dem Zeitwertbezug in diesen Fällen noch gewisse Objektivierungen herleiten. Mangels marktobjektivierter Gesamtanschaffungskosten ist deren Eignung zur Ansatzobjektivierung vor dem Hintergrund der Regelungen in IAS 38.51 gleichwohl fraglich. Nach hier vertretener Ansicht bedarf es nach IAS/IFRS in diesen Fällen zur Ansatzobjektivierung beizulegender Zeitwerte *und* historischer Gesamtanschaffungskosten. Damit ist zugleich die Schwierigkeit angesprochen, dass Informationen, denen der Makel anhaftet, möglicherweise manipuliert zu sein, keine hinreichende Objektivität und Entscheidungsrelevanz zugestanden werden kann.

Unzuverlässige Informationen sind nicht entscheidungsrelevant und wirken sich, wie in Kap. B.III. ausgeführt, negativ auf das Investorenvertrauen aus. Zugleich erschweren sie die Justitiabilität.

F. Ergebnisse

In dieser Arbeit wurden anhand des Vermögensübergangs bei Verschmelzung und Spaltung interdependente Aspekte bilanzieller Objektivierung nach HGB und IAS/IFRS für den Einzelabschluss untersucht. Insbesondere durch Analyse der Rechtsfigur der Gesamtrechtsnachfolge und der Frage, unter welchen Voraussetzungen ein Bilanzobjekt vorliegt und in die Bilanz aufgenommen werden kann, wurde Licht auf jeweils andere Facetten der Ansatzobjektivierung beim Übergang von Vermögensinbegriffen geworfen. Zu berücksichtigen waren dabei das Problem der Einzelwerterfassung in Abgrenzung zum Goodwill sowie konzerninterne Vermögensverschiebungen. Die Ergebnisse lassen sich thesenförmig wie folgt zusammenfassen:

1. Zwischen den HGB- und den IAS/IFRS-Rechnungslegungsvorschriften ist trotz teilweise unterschiedlicher Zwecke ein *konzeptioneller* Vergleich möglich. Die Frage nach der Ansatzobjektivierung immaterieller Anlagewerte und das Verhältnis der für sie geltenden Ansatzregeln zur periodengerechten Erfolgsermittlung spielt unter Ausschüttungs- und Informationsgesichtspunkten gleichermaßen eine Schlüsselrolle.

2. Zu Objektivierungszwecken kann nach HGB und nach IAS/IFRS unmittelbar an rechtliche Tatbestände, aber auch an empirisch nachprüfbare Begebenheiten, wie z.B. Daten über konkrete Anschaffungsvorgänge, angeknüpft werden. Um die jeweils unter bestimmten Voraussetzungen zulässigen Zeitwertbezüge intersubjektiv nachprüfbar zu gestalten, kann grundsätzlich in beiden Rechnungslegungssystemen mittelbar auch auf Vergleichswerte sowie auf Bewertungsmodelle unter Rückgriff auf verfügbare Marktdaten und Prognosen Bezug genommen werden.

3. Verschmelzung und Spaltung sind, wird nicht die Buchwertfortführung gewählt, für den übernehmenden Rechtsträger handelsbilanzrechtlich Anschaffungs- und Realisationsvorgänge. Nach IAS/IFRS lässt sich dies nur für reine Konzentrationsvorgänge sicher beantworten, bei denen die an der Umwandlung beteiligten Rechtsträger vor der Umstrukturierungsmaßnahme nicht zu demselben Konzern i.S.v. IAS 27.4 gehörten. Sind die beteiligten Rechtsträger Teil desselben Konzerns, besteht – wie nach § 24

UmwG – für den Einzelabschluss nach IAS/IFRS wohl ein Wahlrecht zwischen Buchwertverknüpfung und Aufdeckung stiller Reserven.

4. Aufgrund der Rechtsfigur der Gesamtrechtsnachfolge erweitert sich der Kreis aktivierungsfähiger Anlagewerte: Hält man die vom BFH und Teilen des Schrifttums entwickelten Kriterien (Vermögenswert, Übertragbarkeit mit dem gesamten Unternehmen, Greifbarkeit, selbstständige Bewertbarkeit) für ausschlaggebend, sind auch behördliche Genehmigungen, in die nur eine Gesamt-, aber keine Einzelrechtsnachfolge möglich ist, sonstige rechtliche Positionen, die nur mit dem Unternehmensganzen, nicht aber einzeln, übertragen oder verwertet werden können, sowie vertragliche Wettbewerbsverbote abstrakt aktivierungsfähig. Bei diesen Vermögensgegenständen handelt es sich regelmäßig auch nach IAS/IFRS um identifizierbare Vermögenswerte, deren Zeitwert zuverlässig bestimmt werden kann.

5. HGB und IAS/IFRS greifen zur Ansatzobjektivierung auf Bewertungskonzepte zurück. Im HGB erfolgt dies anhand des Kriteriums selbstständiger Bewertbarkeit und dem hiermit eng verbunden Grundsatz der Einzelbewertung. Im Rahmen der IAS/IFRS tritt die Abhängigkeit des Definitionsmerkmals der Identifizierbarkeit und der beiden Anerkennungskriterien (*recognition criteria*) von den beizulegenden Zeitwerten deutlich zu Tage. Bewertungsschwierigkeiten bei der Anschaffung von Sach- und Rechtsinbegriffen werden nach beiden Rechnungslegungssystemen bereits auf Ebene der Bilanzierung dem Grunde nach berücksichtigt und führen gegebenenfalls zu einer Erfassung im Goodwill.

6. Die bei übertragenden Umwandlungen obligatorischen oder freiwillig zu erstellenden Unterlagen, Berichte und Bilanzen sowie die Ergebnisse ihrer externen Überprüfung lagen regelmäßig bei Beschlussfassung über die Umwandlung vor und können im Rahmen der HGB-Rechnungslegung Anhaltspunkte über Greifbarkeit und Bewertungsfähigkeit potenzieller immaterieller Bilanzobjekte enthalten. Nach IAS/IFRS ist zur wertbezogenen Ansatzobjektivierung allein auf beizulegende Zeitwerte abzustellen. Diese Materialien spielen insoweit in erster Linie bei der vertraglichen, gesetzlichen und vor allem faktischen Identifizierung/Separierung, nicht aber bei der Ermittlung beizulegender Zeitwerte eine

Rolle, es sei denn, sie bieten Anhaltspunkte für die zu ermittelnden Zeitwerte.

7. In beiden Rechnungslegungssystemen lässt sich eine Lockerung des Anschaffungskostenprinzips im Hinblick auf die gebotene Disaggregation der Gesamtanschaffungskosten zugunsten einer zeitwertorientierten Einzelwerterfassung erkennen. Den Konflikt zwischen vergangenheitsbezogenen Bilanzierbarkeitsvoraussetzungen und prospektiver Zeitwertbilanzierung, die mehr Beurteilungsspielräume eröffnet, lösen die IAS/IFRS nicht nur durch die im Schrifttum bereits erörterten niedrigeren, sondern teilweise auch anhand höherer Maßstäbe bei der Ansatzobjektivierung. Der ausdrückliche Bezug auf beizulegende Zeitwerte und ein einheitliches, hierarchisch strukturiertes Bewertungskonzept zur Anschaffungsobjektivierung wirken gegenüber der „Methodenpluralität" bei der Beurteilung selbstständiger Bewertbarkeit nach HGB vergleichsweise objektivierend. Durch die somit weniger willküranfälligen Vorgaben für die Verteilung der Anschaffungskosten tragen die Neuregelungen nach IFRS 3 und IAS 38 zu einer – handelsbilanziell *insoweit* nicht gegebenen – Objektivierung bei.

8. Bislang wegen § 248 Abs. 2 HGB nicht aktivierte immaterielle Güter unterliegen im Zuge der Vermögensübertragung bei Umwandlungen spezifischen Objektivierungsbedingungen. Gleiches gilt für immaterielle Vermögenswerte, die bis zum Unternehmenszusammenschluss gem. IAS 38.48, 38.54, 38.57 und 38.63 nicht aktiviert wurden. Die herkömmliche bilanzrechtstheoretische Unterscheidung zwischen abstrakter und konkreter Aktivierungsfähigkeit lässt sich im Rahmen der IAS/IFRS nicht unmodifiziert auf die Unterscheidung zwischen Definitions- und Anerkennungskriterien übertragen.

9. Mit dem Kriterium des entgeltlichen Erwerbs werden im Rahmen der HGB-Rechnungslegung für immaterielle Vermögensgegenstände spezifische Problemlagen der Ansatzobjektivierung typisiert. Der „entgeltliche Erwerb" kann auch bei übertragenden Umwandlungsvorgängen eine Objektivierungsfunktion übernehmen. Zwar sind Verschmelzung und Spaltung keine synallagmatischen Austauschvorgänge und können mit Einlage- und Tauschvorgängen allenfalls bei wirtschaftlicher

Betrachtungsweise verglichen werden. Begründungsdefizite der h.M. zur erstmaligen Aktivierbarkeit immaterieller Anlagewerte beim übernehmenden Rechtsträger lassen sich aber durch Abstandnahme vom streng formalrechtlich verstandenen entgeltlichen Erwerb abbauen. Den Weg zur Verschiebung der Aktivierungshürde weisen zum einen das Transferfußballer-Urteil des BFH, zum anderen die angesichts der jüngeren EuGH-Rechtsprechung zum Bilanzrichtlinienrecht und zum True-And-Fair-View-Grundsatz zwingend gebotene richtlinienkonforme Auslegung des § 248 Abs. 2 HGB.

10. Für die Rechnungslegung nach HGB kann das Merkmal des entgeltlichen Erwerbs auch bei Verschmelzung und Spaltung eine Objektivierungsfunktion übernehmen. Bei reinen Konzentrationsumwandlungen und bei gemischten Konzentrations- und Konzernumwandlungen i.w.S. ist ein wirtschaftlich verstandener entgeltlicher Erwerb angesichts bestehender Interessengegensätze hinsichtlich der Verschmelzungswertrelation eindeutig zu bejahen. Der Vermögensübergang hängt nicht von der Zustimmung nur eines Gesellschafters bzw. einer demselben Konzern zugehörigen Gesellschaftergruppe ab.

11. Gemischte Konzentrations- und Konzernumwandlungen i.e.S. können mangels Sperrminorität außen stehender Gesellschafter von diesen nicht verhindert werden. Gleichwohl greift eine von Interessengegensätzen und deren Ausgleich geprägte Anschaffungskostenbemessung bei fehlender Äquivalenz des Umtauschverhältnisses, denn ggfs. sind nachträglich bare Zuzahlungen aufgrund eines Spruchverfahrens vom übernehmenden Rechtsträger zu leisten. Zuzahlungen aufgrund des Spruchverfahrens bilden nachträgliche Anschaffungskosten und wirken sich auf die Bilanzierung des übernommenen Vermögens aus. In dem Vermögensausweis schlägt sich dann nachträglich ein zum Ausgleich gebrachter Interessengegensatz nieder.

12. Bei reinen konzerninternen Verschmelzungen und Spaltungen fehlt es an einem Interessengegensatz zwischen den Eignern der beteiligten Rechtsträger. Auch ein Interessenausgleich im Rahmen eines Spruchverfahrens bleibt außer Betracht. Ein entgeltlicher Erwerb zuvor nicht aktivierter

immaterieller Anlagewerte ist im Fall rein konzerninterner Verschmelzungen und Spaltungen zu verneinen.

13. Auch für die Rechnungslegung nach IAS/IFRS stellt sich vor dem Hintergrund der in IAS 38.51 als Objektivierungsmaßstab vorgegebenen Leitgedanken ein Ansatz immaterieller Vermögenswerte bei reinen Konzernumwandlungen als problematisch dar. Die Gesamtanschaffungskosten, die auch nach IAS/IFRS die Wertobergrenze für das einzubuchende Vermögen bilden, sind aus Konzernsicht nie Gegenstand eines Erwerbsvorganges gewesen. Die bislang nicht bilanzierten immateriellen Anlagewerte sind weiterhin mit den Objektivierungsschwierigkeiten behaftet, die vor der konzerninternen Umstrukturierung einem Ansatz entgegenstanden.

14. Die BIAO-Entscheidung des EuGH eröffnet dem Bilanzierenden bei Fehlen eindeutiger HGB-Regelungen die Möglichkeit, zur Beurteilung von Regelungen des BiRiLiG auf die jeweils geltenden IAS/IFRS zurückzugreifen. Vor diesem Hintergrund wäre es konsequent, sich zur Einschätzung der selbstständigen (Einzel-) Bewertbarkeit und zur Anschaffungskostenallokation an den Regelungen über beizulegende Zeitwerte in IFRS 3 und in IAS 38 zu orientieren. Die entsprechenden Regelungen nach IAS/IFRS wirken hinsichtlich der Beurteilung beizulegender Zeitwerte im Rahmen der Ansatzobjektivierung wie eine inhaltliche Ausgestaltung dieser handelsbilanzrechtlich von einem Methodenpluralismus gekennzeichneten Problematik.

Quellenverzeichnis

I. Aufsätze, Monografien, Hand- und Lehrbücher

Aha, Christof (1996): Ausgewählte Zweifelsfragen zur Rechnungslegung bei Verschmelzung, BB 1996, S. 2559-1561.

Ammann, Helmut/Müller, Stefan (2004): IFRS – International Financial Reporting Standards – Bilanzierungs-, Steuerungs- und Analysemöglichkeiten, Herne/Berlin 2004.

Angermayer, Birgit (1995): Die Prüfung von Sacheinlagen im neuen Umwandlungsrecht – Analyse und kritische Würdigung der Umwandlungsmöglichkeiten als Anlässe einer Sacheinlageprüfung, WPg 1995, S. 681-691.

Arnold, Hans-Joachim (1997): Die Bilanzierung des Geschäfts- oder Firmenwertes in der Handels-, Steuer- und Ergänzungsbilanz, Frankfurt am Main 1997.

Backsmann, Till (2003): Immaterielle Vermögenswerte in Konzernbilanzen nach international anerkannten Rechnungslegungsgrundsätzen, Münster 2003.

Baetge, Jörg (1970): Möglichkeiten der Objektivierung des Jahreserfolges, Düsseldorf 1970.

Baetge, Jörg/Zülch, Henning (2001): Fair Value-Accounting, BFuP 2001, S. 543-562.

Baetge, Jörg/Kirsch, Hans-Jürgen/Thiele, Stefan (2003): Bilanzen, 7. Auflage, Düsseldorf 2003.

Baetge, Jörg/Kirsch, Hans-Jürgen/Thiele, Stefan (2004): Konzernbilanzen, 7. Auflage, Düsseldorf 2004.

Baetge, Jörg/Hollmann, Sebastian (2004): Zur Zuverlässigkeit der Rechnungslegung nach IFRS, in: FS Günther Wöhe, hrsg. v. Döring, Ulrich/Kußmaul, Heinz, 2004, S. 347-378.

Ballerstedt, Kurt (1964): Das Recht des Jahresabschlusses als Beispiel für das Verhältnis zwischen Recht und Wirtschaft, in: Das Verhältnis der Wirtschaftswissenschaft zur Rechtswissenschaft, Soziologie und Statistik, Schriften des Vereins für Socialpolitik, hrsg. v. Raiser, Ludwig/Sauermann, Heinz/Schneider, Erich, Neue Folge, Bd. 33, Berlin 1964, S. 120-132.

Ballwieser, Wolfgang (1985): Sind mit der neuen Generalklausel zur Rechnungslegung auch neue Prüfungspflichten verbunden?, BB 1985, S. 1034-1043.

Ballwieser, Wolfgang (1987): Grundsätze ordnungsmäßiger Buchführung im neuen Bilanzrecht, in: Bilanzrichtliniengesetz, ZfB 1987, Ergänzungsheft 1/87, S. 3-24.

Ballwieser, Wolfgang (1982): Zur Begründbarkeit informationsorientierter Jahresabschlußverbesserungen, ZfbF 1982, S. 772-793.

Ballwieser, Wolfgang (1999): Grundsätze der Aktivierung und Passivierung, in: Beck´sches Handbuch der Rechnungslegung, Band 1, B 105, (Lfg.: Jan. 1999)

Ballwieser, Wolfgang (2002): Grundsätze der Aktivierung und Passivierung, in: Beck´sches Handbuch der Rechnungslegung, Band 1, B 131, (Lfg.: Feb. 2002)

Ballwieser, Wolfgang (1993): Wirtschaftliche Betrachtungsweise, ZfbF 1993, Sonderheft 32, S. 107-123.

Bärenz, Christian (2003): Der EuGH und das deutsche Steuerbilanzrecht, DStR 2003, S. 492-495.

Bärwaldt, Roman/Schabacker, Joachim (1998): Der Formwechsel als modifizierte Neugründung, ZIP 1998, S. 1293 – 1298.

Bauer, Michael E. (2000): Verrechnungspreise für immaterielle Wirtschaftsgüter des Anlagevermögens, Frankfurt am Main 2000.

Baumann, Wolfgang (1998): Kapitalerhöhung zur Durchführung der Verschmelzung von Schwestergesellschaften mbH im Konzern?, BB 1998, 2321-2326.

Baumhoff, Hubertus (1986): Verrechnungspreise für Dienstleistungen, Die steuerliche Einkunftsabgrenzung bei international verbundenen Unternehmen auf der Grundlage des Fremdvergleichs, Köln u.a. 1986.

Bayer, Walter (1997): 1000 Tage neues Umwandlungsrecht – eine Zwischenbilanz, ZIP 1997, S. 1613-1626.

Becker, Enno (1927): Grundfragen aus den Steuergesetzen, Teil I, StuW 1927, S. 959-971.

Becker, Enno (1929): Einkommensteuerrecht: Fragen der Aktivierung und der Passivierung – Insbesondere der Gegenstand der einzelnen Aktivierung oder Passivierung, StuW, 1929, Sp. 141-182 und Sp. 253-302.

Beiser, Reinhold (1991): Nutzungseinlagen in Körperschaften, in: StuW 1991, S. 136-150.

Beisse, Heinrich (1980): Handelsbilanzrecht in der Rechtsprechung des Bundesfinanzhofs – Implikationen des Maßgeblichkeitsgrundsatzes, BB 1980, S. 637-646

Beisse, Heinrich (1984): Zum Verhältnis von Bilanzrecht und Betriebswirtschaftslehre, in: StuW 1984, S. 1-14.

Beisse, Heinrich (1989): Die steuerrechtliche Bedeutung der neuen deutschen Bilanzgesetzgebung, StVj 1989, 295-310

Beisse, Heinrich (1990): Grundsatzfragen der Auslegung des neuen Bilanzrechts, BB 1990, S. 2007-2022.

Beisse, Heinrich (1993): Gläubigerschutz – Grundprinzip des deutschen Bilanzrechts, FS Karl Beusch, hrsg. v. Beisse, Heinrich/Lutter, Marcus/Närger, Heribald, Berlin u. New York 1993, S. 77-97.

Beisse, Heinrich (1994): Zum neuen Bild des Bilanzrechtssystems, FS Adolf Moxter, hrsg. v. Ballwieser, Wolfgang u.a., Düsseldorf 1994, S. 3-31.

Beisse, Heinrich (1997): Zehn Jahre „True and fair view“, in: Rechnungslegung – Warum und Wie?, FS für Hermann Clemm, hrsg. v. Ballwieser, Wolfgang/Moxter, Adolf/Nonnenmacher, Rolf, 1996, S. 27-58.

Beisse, Heinrich (1998): „True and fair view“ in der Steuerbilanz?, DStZ 1998, S. 310-317.

Berndt, Thomas (2004): BB-Kommentar zu FG Hamburg, Urteil v. 28.11.2003, III 1/01, BB 2004, S. 1220.

Bieker, Marcus/Esser, Maik (2004): Der Impairment-Only-Ansatz des IASB: Goodwillbilanzierung nach IFRS 3 „Business Combinations“, StuB 2004, S. 449-458.

Biener, Herbert (1996): Bilanzierung im Spannungsfeld von Europa-, Umwandlungs- und Steuerrecht, StbJb 1995/96, S. 29-41.

Böcking, Hans-Joachim (1994): Verbindlichkeitsbilanzierung – Wirtschaftliche versus fomalrechtliche Betrachtungsweise, Wiesbaden 1994.

Böcking, Hans-Joachim (1997): Betriebswirtschaftslehre und wirtschaftliche Betrachtungsweise im Bilanzrecht, in: Handelsbilanzen und Steuerbilanzen, FS Heinrich Beisse, hrsg. v. Budde, Wolfgang Dieter/Moxter, Adolf/Offerhaus, Klaus, Düsseldorf 1997, S. 85-103.

Böcking, Hans-Joachim/Herold, Christian/Müßig, Anke (2004): IFRS für nicht kapitalmarktorientierte Unternehmen, DK 2004, S. 664-672.

Bode, Jürgen (1997): Der Informationsbegriff in der Betriebswirtschaftslehre, ZfbF 1997, S. 449-468.

Böttcher, Conrad/Meilicke, Heinz (1958): Umwandlung und Verschmelzung von Kapitalgesellschaften, 5. Aufl., Berlin u. Frankfurt am Main 1958.

Boldt, Till (1998): Bedeutung und Funktion der wirtschaftlichen Betrachtungsweise im Gesellschaftsrecht, Dresden 1998.

Boorberg, Wolfgang/Strüngmann, Thomas/Spiess, Stefan (1994): Bilanzierung von Arzneimittelzulassungen, DB 1994, S. 53-56.

Bohl, Werner (2004): Grundlagen der IFRS-Rechnungslegung, in: Beck´sches IFRS-Handbuch, hrsg. v. Bohl, Werner/Riese, Joachim/Schlüter, Jörg, München 2004, S. 1-48.

Bonham, Mike/Curtis, Matthew/Davies, Mike/Dekker, Pieter/Denton, Tim/Moore, Richard/Richards, Hedy/Wilkinson-Riddle, Gregory/Wilson, Allister (2004): International GAAP 2005, Generally Accepted Accounting Practice under International Financial Reporting Standards, 1. Aufl., London 2004.

Brücks, Michael/Wiederhold, Philipp (2004): IFRS 3 Business Combinations, KoR 2004, S. 177-185.

Büchel, Helmut (2003): Neuordnung des Spruchverfahrens, NZG 2003, S. 793-804.

Buchheim, Regine/Gröner, Susanne/Kühne, Mareike (2004): Übernahme von IAS/IFRS in Europa: Ablauf und Wirkung des Komitologieverfahrens auf die Rechnungslegung, BB 2004, S. 1783-1788.

Budde, Wolfgang Dieter/Förschle, Gerhart (2002): Sonderbilanzen, versch. Bearb., 3. Aufl., München 2002.

Bühner, Rolf (1990): Reaktionen des Aktienmarktes auf Unternehmenszusammenschlüsse, ZfbF 1990, S. 295-316.

Busse v. Colbe, Walther (1984): Bewertung als betriebswirtschaftliches Problem – Betriebswirtschaftliche Grundüberlegungen, in: Werte und Wertermittlung im Steuerrecht, hrsg. v. Arndt Raupach, Köln 1984, S. 39-53.

Busse v. Colbe, Walther (1987): Die neuen Rechnungslegungsvorschriften aus betriebswirtschaftlicher Sicht, ZfbF 1987, S. 191-205.

Busse v. Colbe, Walther (1993): Die Entwicklung des Jahresabschlusses als Informationsinstrument, in: zfbf, Sonderheft 32, Ökonomische Analyse des Bilanzrechts – Entwicklungslinien und Perspektiven, Tagung des Ausschusses Unternehmensrechnung im Verein für Socialpolitik am 12. und 13. März 1993 in München, 1993, S. 11-29.

Budde, Wolfgang Dieter/Förschle, Gerhart (1988): Das Verhältnis des „True and Fair View" zu den Grundsätzen ordnungsmäßiger Buchführung und zu den Einzelrechnungslegungsvorschriften, in: Mellwig/Moxter/Ordelheide (Hrsg.), Einzelabschluß und Konzernabschluß, Beiträge zum neuen Bilanzrecht, Band 1, Frankfurt am Main/Wiesbaden 1988.

Budde, Wolfgang Dieter/Förschle, Gerhart (2002): Sonderbilanzen: Von der Gründungsbilanz bis zur Liquidationsbilanz, versch. Bearb., 3. Auflage, München 2002.

Buhleier, Claus/Helmschrott, Harald (1996): Die neue Strategie der Europäischen Union zur Harmonisierung der Rechnungslegung und ihre möglichen Auswirkungen auf Deutschland, DStR 1996, S. 354-360.

Busch, Torsten (1995): Die Deckung des Grundkapitals bei Formwechsel einer GmbH in eine Aktiengesellschaft, AG 1995, 555-560.

Canaris, Claus-Wilhelm (2000): Handelsrecht, 23. Aufl., München 2000.

Clausen, Carsten P. (1987): Zum Stellenwert des § 264 Abs. 2 HGB, in: FS Reinhard Goerdeler, hrsg. v. Havermann, Hans, Düsseldorf 1987, S. 79-92.

Coenenberg, A. G. (1987): „Meinungsspiegel" zum True-And-Fair-View-Grundsatz, BfuP 1987, S. 71-72.

Coenenberg, Adolf Gerhard (2003): Jahresabschluss und Jahresabschlussanalyse, betriebswirtschaftliche, handelsrechtliche, steuerrechtliche und internationale Grundsätze – HGB, IAS/IFRS, US-GAAP, DRS, 19. Aufl., Stuttgart 2003.

Coing, Helmut (1964): Wirtschaftswissenschaften und Rechtswissenschaften, in: Das Verhältnis der Wirtschaftswissenschaft zur Rechtswissenschaft, Soziologie und Statistik, Schriften des Vereins für Socialpolitik, hrsg. v. Raiser, Ludwig/Sauermann, Heinz/Schneider, Erich, Bd. 33, Berlin 1964, S. 1-7.

Crezelius, Georg (1987): Die Unternehmensbilanz auf dem Prüfstand des neuen Bilanzrechts – Handels- und Steuerrecht, 7. Generalthema, JbFfStR 1986/87, S. 387-464.

Crezelius, Georg (1987): Das Handelsbilanzrecht in der Rechtsprechung des Bundesfinanzhofs, ZGR 1987, S. 1-45.

Curtius-Hartung, Heinrich (1970): Immaterielle Werte – ohne Firmenwert – in der Ertragsteuerbilanz, StbJb1969/70, S. 325-347.

Dawo, Sascha (2003): Immaterielle Güter in der Rechnungslegung nach HGB, IAS/IFRS und US-GAAP, Herne und Berlin 2003.

Decher, Christian E. (1995): Formwechsel – Allgemeine Vorschriften, in: Lutter, Marcus (Hrsg.), Verschmelzung Spaltung – Formwechsel nach neuem Umwandlungsrecht und Umwandlungssteuerrecht, Kölner Umwandlungsrechtstage, Köln 1995.

Delmas, Britta (1997): Die Bewertung von Sacheinlagen in der Handelsbilanz von AG und GmbH, Köln 1997.

Deubner, Peter (1971): Die Aktivierung und Abschreibung des Geschäftswerts in der Steuerbilanz, Köln 1971.

Döllerer, Georg (1957): Entwicklungskosten in der Handelsbilanz, BB 1957, S. 983 – 986.

Döllerer, Georg (1959): Grundsätze ordnungsmäßiger Bilanzierung, deren Entstehung und Ermittlung, WPg 1959, S. 653-658.

Döllerer, Georg (1969a): Die Maßgeblichkeit der Handelsbilanz für die Steuerbilanz, BB 1969, S. 501-507.

Döllerer, Georg (1969b): Die Maßgeblichkeit der Handelsbilanz für die Steuerbilanz, BB 1969, S. 501

Döllerer, Georg (1971): Verdeckte Einlagen bei der Aktiengesellschaft, BB 1971, S. 1245-1252.

Döllerer, Georg (1977): Zur Problematik der Anschaffungs- und Herstellungskosten, JbFfSt, 1976/77, S. 196-212.

Döllerer, Georg (1980): Gedanken zur „Bilanz im Rechtssinne", JbFfStR 1979/1980, S. 195-205.

Döllerer, Georg (1984a): Diskussionsbeitrag zu: Bilanzpolitik der Unternehmen in schwieriger Zeit, JbFfSt 1983/1984, S. 367.

Döllerer, Georg (1984b): Diskussionsbeiträge zum 5. Generalthema: Möglichkeiten und Grenzen der Bilanzpolitik der Unternehmen in schwierigen Zeiten, JbFfSt 1983/84, S. 311-374.

Döllerer, Georg (1985): Verdeckte Einlagen bei Kapitalgesellschaften – das Spiegelbild der verdeckten Gewinnausschüttung?, in: Der Bundesfinanzhof und seine Rechtsprechung, Grundfragen – Grundlagen, FS für Hugo von Wallis, hrsg. von Franz Klein und Klaus Vogel, Bonn 1985, S. 293-307.

Döllerer, Georg (1986): Einlagen bei Kapitalgesellschaften nach Handelsrecht und Steuerrecht unter besonderer Berücksichtigung des Bilanzrichtlinien-Gesetzes, BB 1986, S. 1857-1863.

Döllerer, Georg (1988): Das Kapitalnutzungsrecht als Gegenstand der Sacheinlage bei Kapitalgesellschaften, FS für Hans-Joachim Fleck, hrsg. von Reinhard Goerdeler u.a, Berlin und New York 1988, S. 35-51

Döllerer, Georg (1990): Verdeckte Gewinnausschüttungen und verdeckte Einlagen bei Kapitalgesellschaften, 2. Aufl., Heidelberg 1990.

Dreissig, Hildegard (1997): Down-stream merger im deutschen Steuerrecht, DB 1997, S. 1301-1306.

Dziadkowski, Dieter (2003): Anmerkung zum Urteil des EuGH v. 07.01.2003, C-306/99 (BIAO), IStR 2003, S. 100-101.

Dziadkowski, Dieter (1982): Bilanzhilfsposten (Bilanzierungshilfen) und Bewertungshilfen im künftigen Handelsbilanzrecht, BB 1982, S. 1336-1345.

Eibelshäuser, Manfred (1983): Immaterielle Anlagewerte in der höchstrichterlichen Finanzrechtsprechung, Wiesbaden 1983.

Ekkenga, Jens (1998): Anlegerschutz, Rechnungslegung und Kapitalmarkt: eine vergleichende Studie zum europäischen, deutschen und britischen Bilanz-, Gesellschafts- und Kapitalmarktrecht, Tübingen 1998.

Elschen, Rainer (1998): Lexikon des Rechnungswesens, Stichwort „Pricipal-Agent“, Hrsg. von Busse von Colbe, Walther/Pellens, Bernhard, 4. Auflage, München, Wien, Oldenburg 1998, S. 557-560.

Emmerich, Volker/ Sonnenschein, Jürgen/Habersack, Mathias (2001): Konzernrecht, 7. Aufl., München 2001.

Epstein, Barry J./Mirza, Abbas Ali, IAS 2004 – Interpretation and Application of International Accounting and Financial Reporting Standards, London 2004.

Erle, Bernd (1990): Der Bestätigungsvermerk des Abschlußprüfers, Düsseldorf 1990

Euler, Roland (1989): Grundsätze ordnungsmäßiger Gewinnrealisierung, Düsseldorf 1989.

Euler, Roland (1996): Das System der Grundsätze ordnungsmäßiger Bilanzierung, Stuttgart 1996.

Euler, Roland (1997): FS Heinrich Beisse, hrsg. v. Budde, Wolfgang Dieter/Moxter, Adolf/Offerhaus, Klaus, Düsseldorf 1997, S. 171-188.

Euler, Roland (1998): Steuerbilanzielle Konsequenzen der internationalisierten Rechnungslegung, StuW 1998, S. 15-24.

Esser, Josef/Schmidt, Eike, Schuldrecht (1995): Band 1, Allgemeiner Teil, Teilband 1: Entstehung, Inhalt und Beendigung von Schuldverhältnissen, 8. Auflage, Heidelberg 1995.

Esser, Maik/Hackenberger, Jens (2004): Bilanzierung immaterieller Vermögenswerte des Anlagevermögens nach IFRS und US-GAAP, KoR 2004, S. 402-414.

Ewert, Rolf (1986): Rechnungslegung, Gläubigerschutz und Agency Probleme, Wiesbaden 1986.

Fasold, Rudolf (1969): Der originäre Geschäftswert bei Änderung der Unternehmensform, BB 1969, S. 1428-1431.

Federmann, Rudolf (1994): Bilanzierung nach Handelsrecht und Steuerrecht, 10. Auflage, Berlin 1994.

Fehl, Ulrich (1993): Stichwort „Grenznutzenschule“, in: Vahlens Großes Wirtschaftslexikon, hrsg. v. Dichte, Erwin/Issing, Otmar, Bd. 1, 2. Aufl., München 1993, S. 847-848.

Fischer, Wolfgang-Wilhelm (2001): IAS-Abschlüsse von Einzelunternehmungen, Herne u. Berlin 2001.

Fischer, Michael (1995): Verschmelzung von GmbH in der Handels- und Steuerbilanz, DB 1995, S. 485-491.

Fleischer, Holger (1998): Covenants und Kapitalersatz, ZIP 1998, S. 313-321.

Flies, Rolf (1996): Auftragsbestand und Firmenwert, DB 1996, S. 846-848.

Flume, Werner (1968): Ungelöste steuerrechtliche Probleme der Unternehmenskonzentration, ZfbF 1968, S. 90-103.

Forster, Karl-Heinz/Gross, Gerhard (1985): Probleme der Rechnungslegung und Prüfung von Kreditinstituten, in: FS Walter Scholz, hrsg. v. Forster, Karl-Heinz, Düsseldorf 1985, S. 49-67.

Franke, Günter/Laux, Helmut (1970): Der Wert betrieblicher Informationen für Aktionäre, NB November 1970, S. 1-18.

Freericks, Wolfgang (1976): Bilanzierungsfähigkeit und Bilanzierungspflicht in Handels- und Steuerbilanz, Köln u.a. 1976.

Fresl, Karlo D. (2000): Die Europäisierung des deutschen Bilanzrechts, Wiesbaden 2000.

Frowein, Nils/Lüdenbach, Norbert (2003): Das Sum-of-the-parts-Problem beim Goodwill Impairment-Test – Marktbewertung als Programm oder Ideologie?, KoR 2003, S. 261-266.

Fuchs, Markus (1997): Jahresabschlußpolitk und International Accounting Standards, Wiesbaden 1997.

Fülbier, Rolf Uwe/Honold, Dirk/Klar, Alexander (2000): Bilanzierung immaterieller Vermögenswerte, RIW 2000, S. 833-844.

Gaber, Christian (2004): Bilanzpolitik, Motivation und Agency-Kosten, ZfB 2004, S. 339-358.

Gail, Winfried (1977): Der Beriff des Wirtschaftsgutes und seine aktuelle Bedeutung im Steuerrecht, BB 1977, S. 135-139.

Ganske, Joachim (1993): Reform des Umwandlungsrechts – Ein Bericht, WM 1993, 1117-1129.

Gernhuber, Joachim (1989): Handbuch des Schuldrechts: Das Schuldverhältnis, Tübingen 1989.

Gernhuber, Joachim (1974): Synallagma und Zession, in: Funktionswandel der Privatrechtsinstitutionen, FS für Ludwig Raiser, Tübingen 1974, S. 57 – 98.

Glade, Hans-Joachim (1991): Immaterielle Anlagewerte in Handelsbilanz, Steuerbilanz und Vermögensaufstellung, Bergisch-Gladbach/Köln 1991.

Glade, Anton (1986): Rechnungslegung und Prüfung nach dem Bilanzrichtlinien-Gesetz, Herne 1986.

Greinert, Markus (2004): Bewertung immaterieller Wirtschaftsgüter für die Prüfung der Finanzierbarkeit einer Pensionszusage, DB 2004, S. 2113-2117.

Groh, Manfred (1980): Zur Bilanztheorie des BFH, StbJb 1979/80, S. 121-139.

Groh, Manfred (1990a): Die wirtschaftliche Betätigung im rechtlichen Sinn, StuW 1989, S. 227-331.

Groh, Manfred (1990b): Verdeckte Einlagen unter dem Bilanzrichtlinien-Gesetz, BB 1990, S. 379-382.

Groh, Manfred (1990c): Anschaffungskosten aus Sacheinlagen, FR 1990, S. 528-531.

Groh, Manfred (1998): Der Fall Tomberger - Nachlese und Ausblick, DStR 1998, 813-819.

Grotherr, Siegfried (2003): Zur Entscheidungskompetenz des EuGH in bilanzsteuerrechtlichen Fragestellungen, IWB Nr. 9 v. 14.05.2003, Fach 11, Gruppe 2, S. 509-528.

Großfeld, Bernhard (1986): Das Bilanzrichtlinien-Gesetz v. 19.12.1985, NJW 1986, 955-962.

Großfeld, Bernhard (1997a): Bilanzrecht, 3. Aufl., Heidelberg 1997.

Großfeld, Bernhard (1997b): Internationales Bilanzrecht/Internationale Rechnungslegung?, AG 1997, S. 433-448.

Gruber, Thomas (1991): Der Bilanzansatz in der neueren BFH-Rechtsprechung, Stuttgart 1991.

Grunewald, Barbara/Winter, Martin (1995): Die Verschmelzung von Kapitalgesellschaften, in: Lutter, Marcus (Hrsg.), Kölner Umwandlungsrechtstage: Verschmelzung, Spaltung, Formwechsel nach neuem Umwandlungsrecht und Umwandlungssteuerrecht, Köln 1995, S. 19-57.

Gschwendtner, Hubert (1997): Mietereinbauten als Vermögensgegenstand und Wirtschaftsgut im Sinne des Handels- und Steuerbilanzrechts, FS für Heinrich Beisse, hrsg. v. Budde, Wolfgang Dieter/Moxter, Adolf/Offerhaus, Klaus, Düsseldorf 1997, S. 215-233.

Haaker, Andreas (2005): Das Wahrscheinlichkeitsproblem bei der Rückstellungsbilanzierung nach IAS 37 und IFRS 3, KoR 2005, S. 8-15.

Habersack, Mathias (2003): Europäisches Gesellschaftsrecht, 2. Auflage, München 2003

Habersack, Mathias/Mayer, Christian (1999): Die überschießende Umsetzung von Richtlinien, JZ 1999, 913-921.

Hahn, Hartmut (1998): Gesamtrechtsnachfolge und Verschmelzung, DStZ 1998, S. 561-566.

Haller, Axel (1994): Positive Accounting Theory – Die Erforschung der Beweggründe bilanzpolitischen Verhaltens, DBW 1994, S. 597-612.

Haller, Axel (1998): Immaterielle Vermögenswerte – Wesentliche Herausforderung für die Zukunft der Unternehmensrechnung, FS Adolf Gerhard Coenenberg, hrsg. v. Möller, Hans Peter/Schmidt, Franz, Stuttgart 1998, S. 561-596.

Hannappel, Hans-Albrecht/Kneisel, Holger (2001): Bilanzierung einer Verschmelzung under common control nach HGB, US-GAAP und IAS, WPg 2001, S. 703-709.

Hartmann-Wendels, Thomas (1989a): Rechnungslegung der Unternehmen und Kapitalmarkt aus informationsökonomischer Sicht, Köln 1989.

Hartmann-Wendels, Thomas (1989b): Principal-Agent-Theorie und asymmetrische Informationsverteilung, ZfB 1989, S. 714-734.

Hartmann-Wendels, Thomas (1992): Agency-Theorie und Publizitätspflicht nichtbörsennotierter Kapitalgesellschaften, BFuP 1992, S. 412-425.

Hax, Herbert (1988): Rechnungslegungsvorschriften – Notwendige Rahmenbedingungen für den Kapitalmarkt?, in: Unternehmenserfolg, FS Walther Busse von Colbe, hrsg. v. Domsch, Michel, u.a., Wiesbaden 1988.

Heidenhain, Martin (1995): Spaltungsvertrag und Spaltungsplan, NJW 1995, S. 2873-2881.

Heinlein, Alfons (1983): Der Geschäfts- oder Firmenwert im Handels- und Steuerrecht nach der höchstrichterlichen Rechtsprechung, FR 1983, S. 109 – 115.

Helmrich, Herbert (1988): Gesetzgeberische Grundsatzentscheidungen beim Bilanzrichtlinien-Gesetz, FS Georg Döllerer, hrsg. v. Knobbe-Keuk, Brigitte/Klein, Franz/Moxter, Adolf, Düsseldorf 1988, S. 219-224.

Henn, Günter (1994): Handbuch des Aktienrechts, 5. Aufl., Heidelberg 1994.

Henn, Günter (2002): Handbuch des Aktienrechts, 7. Aufl., Heidelberg 2002.

Hennrichs, Joachim (1995): Formwechsel und Gesamtrechtsnachfolge bei Umwandlungen einschließlich Verschmelzung und Spaltung, Berlin 1995.

Hennrichs, Joachim (1997): Die Bedeutung der EG-Bilanzrichtlinie für das deutsche Handelsbilanzrecht, ZGR 1997, S. 66-88.

Hense, Burkhard (1993): Die Rechnungslegung im Umwandlungsfall, in: Institut der Wirtschaftsprüfer (IDW), Reform des Umwandlungsrechts, Düsseldorf 1993, S. 171-195.

Herlinghaus, Andreas (1997): „Tomberger" und die Folgen - ein Beitrag zur Frage der Entscheidungskompetenz des EuGH im Handels- und Steuerbilanzrecht, IStR 1997, 529-539.

Herzig, Norbert (1993): Die rückstellungsbegrenzende Wirkung des Realisationsprinzips, in: Ertragsbesteuerung, FS für Ludwig Schmidt, hrsg. v. Raupach, Arndt/Uelner, Adalbert, München 1993, S. 209-226.

Herzig, Norbert/Söffing, Andreas (1994): Bilanzierung und Abschreibung von Fernsehrechten (Teil 1), WPg 1994, S. 601-608.

Herzig, Norbert (1996): Anmerkung zur „Tomberger-Entscheidung", DB 1996, S. 1401-1402.

Herzig, Norbert/Rieck, Ulrich (1998): Europäisierung der handels- und steuerrechtlichen Gewinnermittlung im Gefolge der Tomberger-Entscheidung, IStR 1998, S. 309-320.

Heukamp, Wessel (2000): Abschlußprüfer und Haftung, Köln, Berlin, Bonn, München 2000.

Heurung, Rainer (1997a): Zur Anwendung und Angemessenheit verschiedener Unternehmenswertverfahren im Rahmen von Umwandlungsfällen, DB 1997, Teil 1: S. 837-843, Teil 2: S. 888-892.

Heurung, Rainer (1997b): Zur Unternehmensbewertung bei Umtauschverhältnissen im Rahmen der Spaltung, DStR 1997, Teil 1: S. 1302-1308, Teil 2: 1341-1344.

Heurung, Rainer (1999): Berücksichtigung von Ertragssteuerwirkungen in Unternehmensbewertungsmodellen im Rahmen von Verschmelzungstatbeständen, DB 1999, S. 1225-1233.

Heurung, Rainer (2000a): Kapitalkonsolidierungsmethoden für verbundene Unternehmen im Vergleich zwischen IAS und US-GAAP, DB 2000, S. 1773-1781.

Heurung, Rainer (2000b): Führt die Internationalisierung der Rechnungslegung zu einer Erosion der steuerlichen Gewinnermittlung?, RIW 2000, S. 421-431.

Hirsch, Erich (1957): Die ertragsteuerliche Behandlung der Verschmelzung von Kapitalgesellschaften in betriebswirtschaftlicher Sicht, Berlin 1957.

Hoffmann-Becking, Michael (1988): Das neue Verschmelzungsrecht in der Praxis, FS für Hans-Joachim Fleck, hrsg. v. Goerdeler, Reinhard, u.a., Berlin u. New York 1988, S. 105-124.

Hofians, Robert (1992): Immaterielle Werte im Jahresabschluß, Steuerbilanz und Einheitswertermittlung, Wien 1992.

Hommel, Michael (1997): Internationale Bilanzrechtskonzeptionen und immaterielle Vermögensgegenstände, ZfbF 1997, S. 345-369.

Hommel, Michael (1998): Bilanzierung immaterieller Anlagewerte, Stuttgart 1998.

Hommel, Michael (2001): Neue Goodwillbilanzierung – das FASB auf dem Weg zur entobjektivierten Bilanz?, BB 2001, S. 1943-1949.

Hommel, Michael/Benkel, Muriel/Wich, Stefan (2004): IFRS 3 Business Combinations: Neue Unwägbarkeiten im Jahresabschluss, BB 2004, S. 1267-1273.

Hubmann, Heinrich/Götting, Horst-Peter (2002): Gewerblicher Rechtsschutz, 7. Auflage, München 2002.

van Hulle, Karel (1995): "True and Fair View", im Sinne der 4. Richtlinie, FS Wolfgang Dieter Budde, hrsg. v. Förschle, Gehard/Kaiser, Klaus/Moxter, Adolf, München 1995, S. 313-326.

van Hulle, Karel (2004): Harmonisierung der Rechnungslegung in der EU, IWB Nr. 17 v. 08.09.2004, S. 849-856 (11/Gruppe 3/S. 293-300).

Hügel, Hanns F. (1993): Verschmelzung und Einbringung, Wien 1993.

Hüttemann, Rainer (2004): BB-Gesetzgebungsreport: Internationalisierung des deutschen Handelsbilanzrechts im Entwurf des Bilanzrechtsreformgesetzes, BB 2004, S. 203-209.

Icking, Jan (2000): Die Rechtsnatur des Handelsbilanzrechts, Tübingen und Berlin 2000.

Ihrig, Hans-Christoph (1996): Verschmelzung und Spaltung ohne Gewährung neuer Anteile?, ZHR 1996, S. 317-342.

Ising, Peter/Thiell, Marie-Theres (1991): Erfahrungen mit dem Spaltungsgesetz, DB 1991, S. 2021-2027.

Jacob, Wolfgang (2003): Einkommensteuerrecht, 3. Auflage, München 2003.

Jacobi, Arne (2003): Analyse bilanztheoretischer Grundlagen der International Accounting Standards als Basis für deren Interpretation und Weiterentwicklung, Aachen 2003.

Jäger, Rainer (1996): Grundsätze ordnungsmäßiger Aufwandsperiodisierung, Düsseldorf 1996.

Jäger, Robert/Himmel, Holger (2003): Die Fair Value-Bewertung immaterieller Vermögenswerte vor dem Hintergrund der Umsetzung internationaler Rechnungslegungsstandards, BfuP 2003, S. 417-440.

Jahr, Günther (1964): Funktionsanalyse von Rechtsfiguren als Grundlage einer Begegnung von Rechtswissenschaft und Wirtschaftswissenschaft, in: Das Verhältnis der Wirtschaftswissenschaft zur Rechtswissenschaft, Soziologie und Statistik, Schriften des Vereins für Socialpolitik, hrsg. v. Ludwig Raiser, Heinz Sauermann und Erich Schneider, Neue Folge, Bd. 33, Berlin 1964, S. 14-26.

Jensen, Michael C./Meckling, William H. (1976): Theory of the Firm: Managerial Behaviour, Agency Costs And Ownership Structure, in: JoFE, Vol. 3, 1976, S. 305-360.

Jorde, Thomas R./Wetzel, Frank (1996): Rückwirkung und Interimszeit bei Umwandlungen, BB 1996, S. 1246 – 1253.

Jost, Peter-J. (2001): Die Spieltheorie in der Betriebswirtschaftslehre, in: ders. (Hrsg.), „Die Spieltheorie im Unternehmenskontext", Stuttgart 2001, S. 9-41

Jüttner, Uwe (1993): GoB-System, Einzelbewertungsgrundsatz und Imparitätsprinzip, Frankfurt am Main 1993.

Kallmeyer, Harald (2001): Umwandlungsgesetz, Kommentar – Verschmelzung, Spaltung und Formwechsel bei Handelsgesellschaften, versch. Bearb., Köln 2001.

Kambartel, Friedrich (1995): Stichwort „normativ", in: Mittelstraß, Jürgen (Hrsg.), Enzyklopädie Philosophie und Wissenschaftstheorie, Band 2, Stuttgart und Weimar 1995, S. 1034-1035.

Kählert, Jens-Peter (1995): Die Abbildung immaterieller Güter im handelsrechtlichen Jahresabschluß, München 1995.

Kahling, Dieter (1999): Bilanzierung bei konzerninternen Verschmelzungen, Düsseldorf 1999.

Kaligin, Thomas (2001): Die Betriebsaufspaltung, 4. Auflage, Bielefeld 2001.

v. Keitz, Isabel (1997): Immaterielle Güter in der internationalen Rechnungslegung, Grundsätze für den Ansatz von immateriellen Gütern in Deutschland im Vergleich zu den Grundsätzen in den USA und nach IASC, Düsseldorf 1997.

Kessler, Harald (1994): Entwicklungskosten für Software in der Bilanz des Herstellers, BB 1994, Beil. 12 zu Heft 49/1994, S. 1-24.

Kirsch, Hanno (2003): Einführung in die internationale Rechnungslegung nach IAS/IFRS, Herne/Berlin 2003.

Kleindiek, Detlev (1992): Vertragsfreiheit und Gläubigerschutz im künftigen Spaltungsrecht nach dem Referentenentwurf UmwG, ZGR 1992, S. 513-533.

Kleindiek, Detlev (1998): Geschäftsleitertätigkeit und Geschäftsleitungskontrolle: Treuhänderische Vermögensverwaltung und Rechnungslegung, ZGR 1998, S. 466-489.

Kloster, Lars (2004): Grenzüberschreitende Unternehmenszusammenschlüsse, Frankfurt am Main 2004.

Knobbe-Keuk, Brigitte (1990): Aktuelle Rechts- und Steuerprobleme der mittelständischen Unternehmen, StbJb 1989/90, S. 185-206.

Knobbe-Keuk, Brigitte (1993): Bilanz- und Unternehmenssteuerrecht, 9. Auflage, Köln 1993

Knop, Wolfgang/Küting, Karlheinz (1995): Anschaffungskosten im Umwandlungsrecht, BB 1995, S. 1023-1030.

Knoppe, Helmut (1985): Betriebsverpachtung – Betriebsaufspaltung, 7. Auflage, Düsseldorf 1985.

Knott, Herrmann (1996): Gläubigerschutz bei horizontaler und vertikaler Konzernverschmelzung, DB 1996, S. 2423-2425.

Kolb, Franz-Josef (1999): Der Maßgeblichkeitsgrundsatz als Schleuse zum Gemeinschaftsrecht?, FS Albert J. Rädler, hrsg. v. Breuninger, Gottfried E./Müller, Welf/Srobl-Haarmann, Elisabeth, München 1999, S. 377-401.

Körner, Werner (1976): Das Prinzip der Einzelbewertung, WPg 1976, S. 430-441.

Kosiol, Erich (1949): Bilanzreform und Einheitsbilanz, 2. Aufl., Stuttgart und Berlin 1949.

KPMG Deutsche Treuhand Gesellschaft (2004a): IFRS, Eine Einführung in die Rechnungslegung nach den Grundsätzen des IASB, o.V., 3. Aufl., Stuttgart 2004.

KPMG Deutsche Treuhand-Gesellschaft (2004b): IFRS aktuell, o.V., Stuttgart 2004.

Krawitz, Norbert/Klotzbach, Daniela (2000): Anwendungsvoraussetzungen und Aussagefähigkeit der Fresh-Start-Methode bei der Bilanzierung von Unternehmenszusammenschlüssen, WPg 2000, S. 1164-1180.

Krawitz, Norbert/Leukel, Stefan (2001): Die Abbildung von Unternehmensfusionen in der Rechnungslegung, KoR 2001, S. 91-106.

Krieger, Gerd (1990): Der Konzern in Fusion und Umwandlung, ZGR 1990, S. 517-543.

Kröninger, Monika Theresa (1997): Das Anschaffungswertprinzip bei Verschmelzung durch Aufnahme, Regensburg 1997.

Krolak, Thomas (2000) Die bilanzielle Behandlung des aus der Kapitalkonsolidierung resultierenden Geschäfts- oder Firmenwertes nach HGB, U.S. GAAP und IAS, Düsseldorf 2000.

Kronner, Markus (1995): GoB für immaterielle Anlagewerte und Tauschgeschäfte, Düsseldorf 1995.

Kronner, Markus (1996): Entgeltlicher Erwerb und Erwerb im Tauschwege bei immateriellen Wirtschaftsgütern des Anlagevermögens, DStR 1996, S. 1185-1191.

Kropff, Bruno (1997): Phasengleiche Gewinnvereinnahmung aus der Sicht des Europäischen Gerichtshofs, ZGR 1997, S. 115-128.

Kropff, Bruno (1993): Zur Wirksamkeit bilanzpolitisch motivierter Rechtsgeschäfte, ZGR 1993, S. 41-62 (zuerst abgedruckt in: Rechtliche Vorfragen im Jahresabschluß, Düsseldorf 1991).

Kübler, Friedrich (1995): Institutioneller Gläubigerschutz oder Kapitalmarkttransparenz?, ZHR 1995, S. 550-566.

Kümmel, Jens (2002): Grundsätze für die Fair Value-Ermittlung mit Barwertkalkülen, Düsseldorf 2002.

Kupfernagel, Herbert (1991): Die Generalnorm für den Jahresabschluß von Kapitalgesellschaften, Frankfurt am Main 1991.

Küppers, Christoph (1986): Der Firmenwert in der Handels- und Steuerbilanz nach Inkrafttreten des Bilanzrichtilinien-Gesetzes – Rechtsnatur und bilanzpolitische Spielräume, in: DB 1986, S. 1633-1639.

Kupsch, Peter (1977): Sind Zuschüsse und Abstandszahlungen immaterielle Anlagewerte (Wirtschaftsgüter)?, WPg 1977, S. 663-671,

Kupsch, Peter (1992): Zum Verhältnis von Einzelbewertungsprinzip und Imparitätsprinzip, FS Karl-Heinz Forster, hrsg. v. Moxter, A. u.a., Düsseldorf 1992, S. 339-357.

Kußmaul, Heinz (1987a): Nutzungsrechte an Grundstücken in Handels- und Steuerbilanz, Hamburg 1987.

Kußmaul, Heinz (1987b): Sind Nutzungsrechte Vermögensgegenstände bzw. Wirtschaftsgüter, BB 1987, S. 2053-2065.

Kußmaul, Heinz (1989): Ertragsteuerliche Bedeutung des Begriffs „Wirtschaftsgut", Besteuerung und Unternehmenspolitik, FS für Günter Wöhe, hrsg. v. Gerd John, München 1989, S. 253-276.

Kußmaul, Heinz/Zabel, Michael (2004): Unternehmensumstrukturierung im Zivil- und Steuerrecht, FB 2004, S. 485-493.

Küting, Karlheinz (1981): Zur Bedeutung und Analyse von Verbundeffekten im Rahmen der Unternehmensbewertung, BFuP 1981, S. 175-189.

Küting, Karlheinz/Kessler, Harald (1989): Die Problematik der „anderen Zuzahlungen" gem. § 272 Abs. 2 Nr. 4 HGB, BB 1989, S. 25-37.

Küting, Karlheinz/Hayn, Benita/Hütten, Christoph (1997): Die Abbildung konzerninterner Spaltungen im Einzel- und Konzernabschluß, BB 1997, S. 565-574.

Küting, Karlheinz/Weber, Claus-Peter (1998): Handbuch der Konzernrechnungslegung, Bd. II, versch. Bearb., 2. Aufl., Stuttgart 1998.

Küting, Karlheins/Müller, Wolfgang/Pilhofer, Jochen (2000): „Reverse Acquisitions" als Anwendungsfall einer „Reverse Consolidation" bei der Erstellung von Konzernabschlüssen nach US-GAAP und IAS – ein Leitbild für die deutsche Rechnungslegung?, WPg 2000, S. 257-269.

Küting, Karlheinz/Dawo, Sascha (2003a): Anwendungsfälle der fair value-Bewertung bei nicht finanziellen Vermögenswerten im Rahmen der International Financial Reporting Standards (IFRS), KoR 2003, S. 228-241.

Küting, Karlheinz/Dawo, Sascha (2003b): Die Bilanzierung immaterieller Vermögenswerte nach IAS 38 – gegenwärtige Regelungen und geplante Änderungen: Ein Beispiel für die Polarität von Vollständigkeitsprinzip und Objektivierungsprinzip, BFuP 2003, S. 397-416.

Küting, Karlheinz/Wirth, Johannes (2004): Bilanzierung von Unternehmenszusammenschlüssen nach IFRS 3, KoR 2004, S. 167-177.

Küry, Annelies (1962): Die Universalsukzession bei der Fusion von Aktiengesellschaften (unter besonderer Berücksichtigung der Fusion ohne Kapitalerhöhung), Basel 1962.

Lachnit, Laurenz/Müller, Stefan (2003): Bilanzanalytische Behandlung von Geschäfts- oder Firmenwerten, KoR 2003, S. 540-550.

Lamb, Jochen/Schluck-Amend, Alexandra (2003): Die Neuregelung des Spruchverfahrens durch das Spruchverfahrensneuordnungsgesetz, DB 2003, S. 1259-1264.

Lamers, Alfons (1981): Aktivierungsfähigkeit und Aktivierungspflicht immaterieller Werte, München 1981.

Lang, Joachim (1981): Die Bemessungsgrundlage der Einkommensteuer, Köln 1981.

Lang, Joachim (1984/85): Verdeckte Gewinnausschüttungen bei verbundenen Unternehmen – Steuerrecht, in: JbFfStR 1984/85, S. 515-541.

Larenz, Karl (1987): Lehrbuch des Schuldrechts, Band 1, Allgemeiner Teil, 14. Auflage, München 1987.

Larenz, Karl (1991): Methodenlehre der Rechtswissenschaft (vollständige Ausgabe), 6. Aufl., Berlin u.a. 1991

Leffson, Ulrich (1973): Zur Gemeinsamkeit juristischer und ökonomischer Ermittlung der Grundsätze ordnungsmäßiger Buchführung, WPg 1973, S. 582-585.

Leffson, Ulrich (1976): Die Darstellung von Leasingverträgen im Jahresabschluß, DB 1976, Teil I: S. 637-641, Teil II: 685-690.

Leffson, Ulrich (1987a): Die Grundsätze ordnungsmäßiger Buchführung, 7. Auflage, Düsseldorf 1987.

Leffson, Ulrich (1987b): Die beiden Generalnormen, FS Reinhard Goerdeler, hrsg. v. Havermann, Hans, Düsseldorf 1987, S. 315-325.

Leibfried, Peter/Pfanzelt, Stefan (2004): Praxis der Bilanzierung von Forschungs- und Entwicklungskosten gemäß IAS/IFRS, KoR 2004, S. 491-497.

Lempenau, Gerhard (1996): Der Formwechsel zwischen Kapitalgesellschaft und Personengesellschaft im Spannungsfeld von Zivilrecht und Steuerrecht, in: Steuerrecht und Gesellschaftsrecht als Gestaltungsaufgabe, Freundesgabe für Franz Josef Haas zur Vollendung des 70. Lebensjahres, herausgegeben von Georg Crezelius, u.a., Herne und Berlin 1996, S. 225-235.

Leuz, Christian (1996): Rechnungslegung und Kreditfinanzierung, Frankfurt am Main 1996.

Lev, Baruch (2003): Intangibles at a Crossroad, in: Intangibles in der Unternehmenssteuerung, hrsg. v. Horvath, Peter/Möller, Klaus, S. 3-14, München 2003.

Ley, Thomas (1998): Der Grundsatz der Maßgeblichkeit bei Unternehmensumwandlungen nach neuem Recht, Köln 1998.

Ley, Ursula (1998): Der Begriff „Wirtschaftsgut" und seine Bedeutung für die Aktivierung, 2. Aufl., Bergisch-Gladbach und Köln 1987.

Littmann, Eberhard (1963): Der Geschäftswert und seine Abgrenzung zu anderen immateriellen (abstrakten) Wirtschaftsgütern in der Steuerbilanz, StbKongR 1963, S. 86-107.

Löcke, Jürgen (1998): Aktivierung konzernintern erworbener immaterieller Vermögensgegenstände des Anlagevermögens, BB 1998, S. 415-419.

Lopatta, Kerstin/Wiechen, Lars (2004): Darstellung und Würdigung der Bilanzierungsvorschriften nach IFRS 3 Business Combinations, DK 2004, S. 534-544.

Lüdenbach, Norbert/Wolf-Dieter Hoffmann (2004): IAS/IFRS, 2. Auflage, Freiburg im Breisgau 2004.

Lüdenbach, Norbert/Prusaczyk, Peter (2004a): Bilanzierung von Kundenbeziehungen in der Abgrenzung zu Marken und Goodwill, KoR 2004, S. 204-214.

Lüdenbach, Norbert/Prusaczyk, Peter (2004b): Bilanzierung von „In-Pocess Research and Development" beim Unternehmenserwerb nach IFRS und US-GAAP, KoR 2004, S. 415-422.

Lüdenbach, Norbert/Hoffmann, Wolf-Dieter (2005): Beziehungen zum erworbenen Unternehmen (preexisting relationships) bei der Erstkonsolidierung nach IFRS 3, BB 2005, S. 651-657.

Lutter, Marcus (1992): Die Auslegung angeglichenen Rechts, JZ 1992, 593-607.

Lutter, Marcus (1996): Europäisches Unternehmensrecht, 4. Aufl. 1996, ZGR Sonderheft 1

Lutz, Günter (1995): Der Vermögensgegenstand – ein Abbild der Gewinnerwartung?, Neuorientierung der Rechenschaftslegung, bericht über die Fachtagung 1994 des IDW, hrsg. v. IDW, Düsseldorf 1995, S. 81-100.

Martens, Klaus-Peter/Röttger, Robert (1990): Aktivierung des Geschäfts- oder Firmenwerts bei Umwandlung einer Personenhandelsgesellschaft in eine GmbH nach §§ 46ff. UmwG?, DB 1990, 1097-1102.

Marx, Franz-Jürgen (1994): Objektivierungserfordernisse bei der Bilanzierung immaterieller Anlagewerte, BB 1994, S. 2379-2388.

Maul, Karl-Heinz (1973): Immaterielle Anlagewerte im Jahresabschluß der Aktiengesellschaft – Ein Beitrag zur Interpretation des § 153 Abs. 3 AktG, ZfbF 1973, S. 16-28.

Maul, Silja/Teichmann, Christoph/Wenz, Martin (2003): Der Richtlinienvorschlag zur grenzüberschreitenden Verschmelzung von Kapitalgesellschaften, BB 2003, S. 2633-2641.

Meilicke, Wienand (2001): Zur Vorlagepflicht des BFH in Bilanzierungsfragen von Personengesellschaften und Einzelunternehmen, BB 2001, S. 40-41.

Mellwig, Winfried (1979): Rechnungslegungszwecke und Kapitalkonten bei Personengesellschaften, Handelsrechtliche Grundfragen der Erfolgszurechnung und steuerrechtliche Folgerungen, BB 1979, S. 1409-1418.

Mellwig, Winfried (1983): Bilanzrechtsprechung und Betriebswirtschaftslehre, BB 1983, S. 1613-1620.

Merkert, Hubert (1968): Der Irrtum von der Entgeltlichkeit gesellschaftsrechtlicher Verkehrsvorgänge, BB 1968, S. 826-829.

Merkt, Hanno (2004): Der Kapitalschutz in Europa – ein rocher de bronze?, ZGR 2004, S. 305-323.

Mertens, Kai (1993): Umwandlung und Universalsukzession, Heidelberg 1993.

Mertens, Kai (1994): Universalsukzession und neues Umwandlungsrecht, AG 1994, S. 66-78.

Mestmäcker, Ernst-Joachim (1964): Das Verhältnis der Wirtschaftswissenschaft zur Rechtswissenschaft im Aktienrecht, in: Das Verhältnis der Wirtschaftswissenschaft zur Rechtswissenschaft, Soziologie und Statistik, Schriften des Vereins für Socialpolitik, hrsg. v. Ludwig Raiser, Heinz Sauermann und Erich Schneider, Neue Folge, Bd. 33, Berlin 1964, S. 103-119.

Meyer, Hartwig (1991): Der Geschäfts- oder Firmenwert im Unternehmenskaufvertrag – Ein Beispiel bilanzpolitischer Möglichkeiten und Grenzen beim Unternehmenskauf, Hamburg 1991.

Möhrle, Martin (1999): Bilanzierung des derivativen Geschäftswertes im Lichte der Investitionstheorie, Hamburg 1999.

Moxter, Adolf (1978a): Aktivierungsgrenzen bei „immateriellen Anlagewerten, BB 1978, S. 821-825.

Moxter, Adolf (1978b): Die Aktivierungsvoraussetzung „entgeltlicher Erwerb“ im Sinne von § 5 Abs. 2 EStG, in: DB 1978, S. 1804-1809.

Moxter, Adolf (1979a): Die Geschäftswertbilanzierung in der Rechtsprechung des BFH und nach EG-Bilanzrecht, BB 1979, 741-747.

Moxter, Adolf (1979b): Immaterielle Anlagewerte im neuen Bilanzrecht, BB 1979, S. 1102 - 1109

Moxter, Adolf (1982a): Bilanzierung nach der Rechtsprechung des Bundesfinanzhofs, Tübingen 1982.

Moxter, Adolf (1982b): Betriebswirtschaftliche Gewinnermittlung, Tübingen 1982.

Moxter, Adolf (1983): Grundsätze ordnungsmäßiger Unternehmensbewertung, 2. Auflage, Wiesbaden 1983.

Moxter, Adolf (1984a): Bilanzlehre, Bd. I: Einführung in die Bilanztheorie, 3. Auflage, Wiesbaden 1984.

Moxter, Adolf (1984b): Das Realisationsprinzip – 1884 und heute, BB 1984, S. 1780-1786.

Moxter, Adolf (1986): Bilanzlehre, Bd. II: Einführung in das neue Bilanzrecht, 3. Auflage, Wiesbaden 1986.

Moxter, Adolf (1987): Selbständige Bewertbarkeit als Aktivierungsvoraussetzung, BB 1987, S. 1846-1851.

Moxter, Adolf (1989): Zur wirtschaftlichen Betrachtungsweise im Bilanzrecht, StuW 1989, S. 232-241.

Moxter, Adolf (1993a): Entwicklung der Theorie der handels- und steuerrechtlichen Gewinnermittlung, in: Ökonomische Analyse des Bilanzrechts- Entwicklungslinien und Perspektiven -, herausgegeben von Franz W. Wagner, Düsseldorf und Frankfurt am Main 1993, S. 61-84 (ZfbF-Sonderheft 32/1993).

Moxter, Adolf (1993b): Bilanzrechtliche Probleme beim Geschäfts- oder Firmenwert, FS Johannes Semler, Bierich, Marcus/Hommelhoff, Peter/Kropff, Bruno, Berlin u. New York 1993, S. 853-861.

Moxter, Adolf (1994): Die Helmrich-Konzeption des Bilanzrichtlinien-Gesetzes. Bedeutung und Bedrohung, FS Herbert Helmrich, hrsg. v. Letzgus, Klaus u.a., München 1994, S. 709-719.

Moxter, Adolf (1995a): Zum Verhältnis von handelsrechtlichen Grundsätzen ordnungsmäßiger Bilanzierung und True-and-fair-view-Gebot bei Kapitalgesellschaften, in: FS Wolfgang Dieter Budde, hrsg. v. Förschle, Gerhard u.a., München 1995, S. 419-429.

Moxter, Adolf (1995b): Rückstellungskriterien im Streit, ZfbF 1995, S. 311-326.

Moxter, Adolf (1999): Bilanzrechtsprechung, 5. Auflage, Tübingen 1999.

Moxter, Adolf (2002): Bilanzrechtlicher Aufbruch beim Bundesfinanzhof?, DStZ 2002, S. 243 – 248.

Moxter, Adolf (2003): Grundsätze ordnungsgemäßer Rechnungslegung, Düsseldorf 2003.

Mujkanovic, Robin (2002): Fair Value im Financial Statement nach International Accounting Standards, Stuttgart 2002.

Müller, Welf (1994): Der Jahresabschluß im Spannungsfeld zwischen öffentlichem Recht und Gesellschaftsrecht, in: FS Adolf Moxter, hrsg. v. Ballwieser, Wolfgang u.a., Düsseldorf 1994, S. 75-99

Müller, Welf (1996a): Zweifelsfragen zum Umwandlungsrecht, WPg 1996, S. 857-868.

Müller, Welf (1996b): Anschaffungkosten und Buchwertverknüpfung bei der Verschmelzung – Freiräume und Grenzen bei der Bewertung, in: Ballwieser, Wolfgang/Moxter, Adolf/, Nonnenmacher, Rolf (Hrsg.), Rechnungslegung – Warum und Wie, FS für Hermann Clemm, hrsg. v. Ballwieser, Wolfgang/Moxter, Adolf/Nonnenmacher, Rolf, München 1996, S. 243-260.

Müller, Welf (1997): Der Europäische Gerichtshof und die deutschen Grundsätze ordnungsmäßiger Buchführung, FS Claussen, 1997, S. 707-723.

Müller-Dahl, Frank P. (1979): Betriebswirtschaftliche Probleme der handels- und steuerrechtlichen Bilanzierungsfähigkeit, Berlin 1979.

Müller-Dahl, Frank P. (1981): Die Bilanzierung des Goodwill – betriebswirtschaftlich sowie handels- und steuerrechtlich unter Berücksichtigung des Vorentwurfs eines Bilanzrichtlinien-Gesetzes, in: BB 1981, S. 274-284.

Müller-Gatermann, Gerd (1996): Umwandlungssteuerrecht, WPg 1996, S. 868-874.

Mutze, Otto (1960): Aktivierung und Bewertung immaterieller Wirtschaftsgüter nach Handels- und Steuerrecht, Berlin, 1960.

Mutze, Otto (1970): Zur Bewertung von Sacheinlagen, AG 1970, S. 324-328.

Naraschewski, Alexander (1995): Die vereinfachte Kapitalherabsetzung bei der Spaltung einer GmbH, GmbHR 1995, S. 697-703.

Naumann, Klaus-Peter (1996): Zur Anwendung von § 24 UmwG in Verschmelzungsfällen, in: FS Rainer Ludewig, hrsg. v. Baetge, Jörg u.a., Düsseldorf 1996, S. 684-723.

Niehues, Rudolf J. (1982): Rechnungslegung und Prüfung der GmbH nach neuem Recht. Kommentar zu den die GmbH betreffenden Vorschriften des Regierungsentwurfs eines Bilanzrichtlinien-Gesetzes vom 12.2.1982, Berlin und New York 1982.

Niemann, Ursula (1999): Immaterielle Wirtschaftsgüter im Handels- und Steuerrecht - Bilanzierung, Bewertung, Sonderfälle, Bielefeld 1999.

Nonnenmacher, Rolf (1993): Bilanzierung von Forschung und Entwicklung, DStR 1993, 1231-1235.

Ordelheide, Dieter (1986): Anschaffungskostenprinzip im Rahmen der Erstkonsolidierung gem. § 301 HGB, DB 1986, S. 493-499.

Ordelheide, Dieter (1988): Zu einer neoinstitutionalistischen Theorie der Rechnungslegung, in: Buddäus, D. u.a. (Hrsg.): Betriebswirtschaftslehre und Theorie der Verfügungsrechte, Wiesbaden 1988, S. 269-295.

Ordelheide, Dieter (1993): Stichwort „Institutionelle Theorie und Unternehmung", in: Handwörterbuch der Betriebswirtschaftslehre, Bd. II, hrsg. v. Wittmann, Waldemar, u.a., 5. Aufl., Stuttgart 1993

Ordelheide, Dieter/Hartle, Joachim (1986): Rechnungslegung und Gewinnermittlung von Kapitalgesellschaften nach dem Bilanzrichtlinien-Gesetz, GmbHR 1986, S. 9-18 und 38-42.

Ossadnik, Wolfgang/Maus, Stefan (1995): Die Verschmelzung im neuen Umwandlungsrecht aus betriebswirtschaftlicher Sicht, BB 1995, S. 105-109.

Paschos, Nikolaos (2003): Die Maßgeblichkeit des Börsenkurses bei Verschmelzungen, ZIP 2003, S. 1017-1024.

Pellens, Bernhard/Fülbier, Rolf Uwe/Gassen, Joachim (2004): Internationale Rechnungslegung, 5. Auflage, Stuttgart 2004.

Penné, Günter (1984): Die Prüfung der Sacheinlagen nach Aktienrecht, Birkach u.a. 1984

Pfeiffer, Thomas (1982): Das immaterielle Wirtschaftsgut, Begriffsbestimmung und steuerliche Bilanzierung dem Grunde nach, § 5 Abs. 2 EStG, Augsburg 1982.

Pfeiffer, Thomas (1984): Begriffsbestimmung und Bilanzfähigkeit des immateriellen Wirtschaftsgutes, StuW 1984, S. 326-339.

Pickhardt, Natalie (1998): Die handels- und steuerrechtliche Behandlung von Umwandlungen gewerblicher Unternehmen nach dem neuen Umwandlungsrecht, Köln 1998.

Picot, Gerhard (2004): Unternehmenskauf und Restrukturierung, 3. Aufl., München 2004.

Piltz, Detlev-Jürgen (1975): Aktivierung von Wirtschaftsgütern ohne rechtliches oder wirtschaftliches Eigentum?, DB 1975, S. 2054-2055.

Plückebaum, Rudolf (1964): Der Geschäftswert und geschäftswertähnliche immaterielle Wirtschaftsgüter, DB 1964, Beil. 18, S. 1-8.

Pohl, Herbert (1995): Handelsbilanzen bei der Verschmelzung von Kapitalgesellschaften, Düsseldorf 1995.

Popper, Karl (1974): Objektive Erkenntnis, Hamburg 1974.

Popper, Karl (2002): Logik der Forschung, Nachdruck der 10. Aufl., Tübingen 2002.

Portner, Rosemarie (2000): Verrechnungspreise für immaterielle Wirtschaftsgüter, in: Schaumburg, Harald (Hrsg.), Internationale Verrechnungspreise zwischen Kapitalgesellschaften, Köln 2000.

PricewaterhouseCoopers (1998): Understanding IAS – Analysis and Interpretation of IAS, o.V., 2. Auflage 1998.

Priester, Hans-Joachim (1991): Gesellschaftsrechtliche Zweifelsfragen beim Umgang mit Treuhandunternehmen, DB 1991, S. 2373-2378.

Priester, Hans-Joachim (1992): Ansatz des originären Firmenwertes in Einbringungs- und Umwandlungsbilanzen, FS Rudolf Nirk, hrsg. v. Bruchhausen, Karl u.a., München 1992, S. 893-913.

Priester, Hans-Joachim (1990): Strukturänderungen – Beschlußvorbereitung und Beschlußfassung, ZGR 1990, S. 420-446.

Quack, Engelbert G. (1972): Die Einlage immaterieller Wirtschaftsgüter des Anlagevermögens im Einkommensteuerrecht, Körperschaftsteuerrecht und im Umwandlungssteuergesetz 1969, DStR, 10. Jg, 1972, S. 131-135.

Raiser, Thomas (1994): Gesamthand und juristische Person im Licht des neuen Umwandlungsrechts AcP 1994, 495-512.

Raiser, Thomas (2001): Recht der Kapitalgesellschaften, 3. Auflage, München 2001.

Raupach, Arndt (1985): Die verdeckte Nutzungseinlage in Kapitalgesellschaften, ein unbewältigtes Problem bei der Besteuerung nationaler und internationaler Konzerne?, in: Der Bundesfinanzhof und seine Rechsprechung, Grundfragen - Grundlagen, FS für Hugo von Wallis, hrsg. v. Klein, Franz/Vogel, Klaus, Bonn 1985, S. 309-326.

Reichelt, Dirk/Schmidt, Matthias (2005): Notwendigkeit zur konzeptionsgerechten Fortentwicklung der Konzernrechnungslegung – das Beispiel sog. „umgekehrter Unternehmenserwerbe, DBW 2005, S. 43-69.

Reichert, Jochen (1999): Ausstrahlungswirkung der Ausgliederungsvoraussetzungen nach UmwG auf andere Strukturänderungen, in: ZHR Beiheft 68: Die Spaltung im neuen Umwandlungsrecht und ihre Rechtsfolgen, Hrsg. Habersack, Mathias, Koch, Ulrich, Winter, Martin, Heidelberg 1999, S. 25-76.

Reuleaux, Susanne (1987): Immaterielle Wirtschaftsgüter: Begriff, Arten und Darstellung im Jahresabschluß, Wiesbaden 1987.

Rittner, Fritz (1975): Die sogenannte wirtschaftliche Betrachtungsweise in der Rechtsprechung des Bundesgerichtshofs, Karlsruhe 1975.

Roland, Helmut (1980): Der Begriff des Vermögensgegenstandes im Sinne der handels- und aktienrechtlichen Rechnungslegungsvorschriften, Göttingen 1980.

Ross, Stephen A. (1973): The economic theory of agency: the principal´s problem, AER 1973, S. 134-139.

Sagasser, Bernd/Bula, Thomas/Brünger, Thomas R. (2002): Umwandlungen: Verschmelzung – Spaltung – Formwechsel – Vermögensübertragung, versch. Bearb., 3. Auflage, München 2002.

Sauter, Thomas (2000): Schlussbilanzen bei Spaltungen, FS Siegfried Widmann, hrsg. v. Wassermeyer, Franz/Mayer, Dieter/Rieger, Norbert, Bonn 2000, S. 99-116.

Sauthoff, Jan-Philipp (1996): Der Firmenwert im Konzernabschluß: Probleme der Bilanzierung und Aussagefähigkeit, Wiesbaden 1996.

Schaal, Christoph (2001): Der Wirtschaftsprüfer als Umwandlungsprüfer, Düsseldorf 2001.

Schäfer, Hans-Bernd/Ott, Claus (2000): Lehrbuch der ökonomischen Analyse des Zivilrechts, 3. Aufl., Berlin u.a. 2000.

Schackmann, Markus/Behling, Nils (2004): Die Bedeutung von Covenants bei der Akquisitions- und Unternehmensfinanzierung, FB 2004, S. 789-799.

Scheinpflug, Patrick (2004): Immaterielle Vermögenswerte, in: Beck´sches IFRS-Handbuch, hrsg. v. Bohl, Werner/Riese, Joachim/Schlüter, Jörg, München 2004, S. 126-154.

Scheffler, Wolfram (2003): Steuerbilanz und EuGH: Vorabentscheidungs-zuständigkeit, true and fair view und Vorsichtsprinzip, Wertaufhellung, StuB 2003, S. 298-304.

Scheffler, Wolfram (2004): Europäisierung des Bilanzsteuerrechts, StuB 2004, S. 776-781.

Schildbach, Thomas (1995): Der handelsrechtliche Jahresabschluß, 4. Aufl., Herne und Berlin 1995.

Schildbach, Thomas (2005): IFRS 3: Einladung zur „Enronitis", BB 2005, S. 1.

Schmalenbach, Eugen (1966): Die Beteiligungsfinanzierung, 9. Aufl., Opladen und Köln 1966.

Schmalenbach, Eugen (1962): Dynamische Bilanz, 13. Aufl., Opladen und Köln, 1962.

Schmalenbach, Eugen (1908/09): Über Verrechnungspreise, ZfhF 1908/1909, S. 165-168.

Schmidbauer, Rainer (2005): Die Bilanzierung von Unternehmenszusammenschlüssen nach IFRS 3, DStR 2005, S. 121-126.

Schmidt, Fritz (1951): Die organische Tageswertbilanz, 3. Auflage 1929, unveränderter Nachdruck, Wiesbaden 1951.

Schmidt, Karsten (2002): Gesellschaftsrecht, 4. Auflage, Köln u.a. 2002.

Schmidt, Karsten (1999): Handelsrecht, 5. Auflage, Köln u.a. 1999.

Schmidt, Karsten (1995): Volleinzahlungsgebot beim Formwechsel in die AG oder GmbH?, ZIP 1995, 1385-1391.

Schmidt, Karsten (1993): Gläubigerschutz bei Umstrukturierungen, ZGR 1993, S. 366-395.

Schmidt, Karsten (1998): Einschränkung der umwandlungsrechtlichen Eintragungswirkungen durch den umwandlungsrechtlichen numerus clausus?, ZIP 1998, 181-189.

Schmidt, Karsten (1997): Zum Analogieverbot des § 1 Abs. 2 UmwG, in FS Bruno Kropff, hrsg. v. Forster, Karl-Heinz u.a., Düsseldorf 1997, S. 259-269.

Schmidt, Karsten (1991): Zur Universalsukzession kraft Rechtsgeschäfts, AcP 1991, S. 495-511.

Schmidt, Reinhard (1982): Rechnungslegung als Informationsproduktion auf nahezu effizienten Kapitalmärkten, ZfbF 1982, S. 728-748.

Schmitt, J./Hülsmann, Christoph (2000): Verschmelzungsgewinn in der Handelsbilanz und Prinzip der Gesamtrechtsnachfolge, BB 2000, 1563-1569.

Schneider, Dieter (1996): Betriebswirtschaftliche Analyse von Bundesfinanzhofurteilen als Grundlage einer Deduktion handelsrechtlicher GoB, in: FS Rainer Ludewig, hrsg. v. Baetge, Jörg u.a., Düsseldorf 1996, S. 921-949.

Schneider, Dieter (1980): Bilanzrechtsprechung und wirtschaftliche Betrachtungsweise, BB 1980, S. 1225-1232.

Schneider, Dieter (1997): Betriebswirtschaftslehre, Band 2: Rechnungswesen, 2. Aufl., 1997.

Schnorr, Randolf (2004): Nationale und internationale Aktivierungsgrundsätze der Rechnungslegung in Handels- und Steuerbilanz, StuW 2004, S. 305-317.

Schön, Wolfgang (1996): Gemeinschaftskonforme Auslegung und Fortbildung des nationalen Steuerrechts – unter Einschluß des Vorlageverfahrens nach Art. 177 EGV, in: Steuerrecht im Europäischen Binnenmarkt- Einfluß des EG-Rechts auf die nationalen Steuerrechtsordnungen, Köln 1996, hrsg. v. Moris Lehner, DStJG Bd. 19, S. 167-217.

Schön, Wolfgang (2004a): International Accounting Standards – A „Starting Point" for a Common European Tax Base?, IBFD 2004, S. 426-440.

Schön, Wolfgang (2004b): Kompetenzen der Gerichte zur Auslegung von IAS/IFRS, BB 2004, S. 763-768.

Schöne, Torsten (1995): Das Aktienrecht als „Maß aller Dinge" im neuen Umwandlungsrecht – zugleich Anmerkungen zu den Kölner Umwandlungsrechtstagen, GmbHR 1995, 325-335.

Schöne, Torsten (1998): Die Spaltung unter Beteiligung von GmbH gem. §§ 123 UmwG. Grundlagen, Anteilsgewährung, Beschlußfassung, Informationspflichten, Köln 1998.

Schruff, Wienand (1993): Die internationale Vereinheitlichung der Rechnungslegung nach den Vorschlägen des IASC – Gefahr oder Chance für die deutsche Bilanzierung?, in: BFuP 1993, S. 400-426.

Schruff, Wienand (2004): Immaterielle Vermögenswerte, in: Wiley-Kommentar zur internationalen Rechnungslegung nach IAS/IFRS, hrsg. v. Ballwieser, Wolfgang u.a., Braunschweig 2004, S. 357-388.

Schulze-Osterloh, Joachim (1993): Bilanzierung nach dem Referentenentwurf eines Gesetzes zur Bereinigung des Umwandlungsrechts, ZGR 1993, S. 420-451.

Schulze-Osterloh, Joachim (2004): HGB-Reform: Der Einzelabschluß nicht kapitalmarktorientierter Unternehmen unter dem Einfluß von IAS/IFRS, BB 2004, S. 2567-2570.

Schulze-Osterloh, Joachim (1995): Vorabentscheidungen des Europäischen Gerichtshofs zum Handelsbilanzrecht, ZGR 1995, S. 170-189.

Schulze-Osterloh, Joachim (1997): Deutsches Bilanzrecht und Ertragsteuerrecht vor dem Europäischen Gerichtshof, DStZ 1997, S. 281-286.

Schulze zur Wiesche, Dieter (1979): Der Geschäftswert im Zusammenhang mit Umwandlungsvorgängen, GmbHR 1979, S. 180-186.

Schulze zur Wiesche, Dieter (1982): Einlage und Entnahme bei Personengesellschaften, FR 1982, S. 497-502.

Schulze zur Wiesche, Dieter (1988): Sacheinlagen in Kapitalgesellschaften, insbesondere GmbH, GmbHR 1988, S. 31-37.

Schütz, Robert (2003): Der EuGH und die deutsche Steuerbilanz, DB 2003, S. 688-691.

Schwarz, Günter Christian (2000): Europäisches Gesellschaftsrecht, Baden-Baden 2000.

Schwedhelm, Rolf (2003): Die Unternehmensumwandlung, 4. Aufl., Köln 2003.

Schwedhelm, Rolf/Streck, Michael/Mack, Alexandra (1995): Verschmelzung und Formwechsel nach dem neuen Umwandlungsgesetz, GmbHR 1995, Teil 1, S. 7-15, Teil II: S. 100-108.

Seibold, Felix (1990): Die ertragsteuerliche Behandlung sogenannter verdeckter Einlagen, DStR 1990, S. 719-724.

Seifried, Max (1990): Zur Frage der Gewinnrealisierung bei Ausgliederung einzelner Wirtschaftsgüter, DB 1990, Teil I: S. 1473-1478, Teil II: 1525-1530.

Selchert, Friedrich Wilhelm (1971): Behandlung konzernintern erstellter und erworbener immaterieller Wirtschaftsgüter in der konsolidierten Bilanz, DB 1971, S. 1265-1269.

Selchert, Friedrich Wilhelm (1984): Bilanzierung und Bilanzierungsmethoden nach dem Bilanzrichtlinie-Gesetz, BB 1984, S. 1399-1404.

Siegel, Theodor (1998): Zeitwertbilanzierung für das deutsche Bilanzrecht?, BfuP 1998, S. 593-603.

Siegers, Dirk (1992): Die verdeckte Einlage immaterieller Wirtschaftsgüter – Ansatz in der Steuerbilanz und Gewinnrealisierung?, Bonn 1992.

Siegers, Dirk (1992): Die verdeckte Einlage immaterieller Wirtschaftsgüter – Ansatz in der Steuerbilanz und Gewinnrealisierung?, DStR 1992, S. 1570-1576.

Söffing, Günter (1988): Der Geschäfts- oder Firmenwert, FS Georg Döllerer, hrsg. v. Knobbe-Keuk, Brigitte/Klein, Franz/Moxter, Adolf, Düsseldorf 1988, S. 593-614.

Stapperfend, Thomas (1993): Die Bilanzierung entgeltlicher Nutzungsrechte bei Einmalzahlung, FR 1993, S. 525-532.

Stengel, Peter-Paul (2000): Der Geschäftswert im Bilanzsteuerrecht, Osnabrück 2000,

Streim, Hannes (1994): Die Generalnorm des § 264 Abs. 2 HGB – Eine kritische Analyse, in: FS Adolf Moxter, hrsg. v. Ballwieser, Wolfgang u.a., Düsseldorf 1994, S. 392-406.

Swoboda, Peter (1987): Kapitalmarkt und Unternehmensfinanzierung – Zur Kapitalstruktur der Unternehmung, in: Schneider, Dieter (Hrsg.), Kapitalmarkt und Finanzierung, Berlin 1987, S. 49-68.

Teichmann, Arndt (1993): Die Spaltung von Rechtsträgern als Akt der Vermögensübertragung, ZGR 1993, 396-419.

Theisen, Manuel Rene (2000): Der Konzern, 2. Aufl., Stuttgart 2000.

Thömmes, Otmar (1997): EG-rechtlicher Rahmen – Auswirkungen von Auslegungsentscheidungen des EuGH nach Art. 177 EG-Vertrag auf das nationale Recht, in: Europäisierung des Bilanzrechts, herausgegeben von Norbert Herzig, Köln 1997, S. 75-93.

Thiel, Christian (1995): Stichwort „objektiv/Objektivität“, in: Mittelstraß, Jürgen (Hrsg.), Enzyklopädie Philosophie und Wissenschaftstheorie, Band 2, Stuttgart und Weimar 1995, S. 1052-1054.

Thume, Alexander (2000): Die Darstellung konzerninterner Verschmelzungen im Konzernabschluß, Frankfurt am Main 2000.

Tiedchen, Susanne (1991): Der Vermögensgegenstand im Handelsbilanzrecht, Köln 1991.

Tipke, Klaus/Lang, Joachim (2002): Steuerrecht, 17. Aufl., Köln 2002.

Tischer (1996): Der Übergang des wirtschaftlichen Eigentums bei schwebender Verschmelzung, WPg 1996, 745-753.

Treiber, Klaus (1993): Die Behandlung von Software in der Handels- und Steuerbilanz, DStR 1993, S. 887-890.

Van Hulle, Karel (2003): Von den Bilanzrichtlinien zu den International Accounting Standards, WPg 2003, S. 968-981.

Vogel, Holmer (1982): Die Aktivierung originärer immaterieller Anlagewerte im aktienrechtlichen Jahresabschluß – Ein Beitrag zur Bestimmung des Begriffs des Vermögensgegenstandes, Berlin 1982.

Vögele, Alexander/Borstell, Thomas/Engler, Gerhard (2004): Handbuch der Verrechnungspreise, versch. Bearb., 2. Aufl., München 2004.

Wagenhofer, Alfred (2003): Internationale Rechnungslegungsstandards – IAS/IFRS, 4. Aufl., Frankfurt/Wien 2003.

Wagenhofer, Alfred/Ewert, Ralf (2003): Externe Unternehmensrechnung, Berlin/Heidelberg/New York 2003.

Wagner, Franz W. (1982): Zur Informations- und Ausschüttungsbemessungsfunktion des Jahresabschlusses auf einem organisiertem Kapitalmarkt, ZfbF 1982, S. 749-771.

Wagner, Franz (1993): Theorie und Praxis der Rechnungslegung: Lehren aus drei Jahrzehnten, in: ZfbF, Sonderheft 32, Ökonomische Analyse des Bilanzrechts – Entwicklungslinien und Perspektiven, Tagung des Ausschusses Unternehmensrechnung im Verein für Socialpolitik am 12. und 13. März 1993 in München, 1993, S. 1-10.

Wagner, Siegfried (2003): Die Konkurrenz zwischen dem Grundsatz der Einzelbewertung und der Bildung von Bewertungseinheiten, Teil 1, INF 2003, S. 783-787.

Wassermeyer, Franz (2002): Die Verpflichtung der obersten Bundesgerichte zur Vorlage von Bilanzierungsfragen an den EuGH, FS Marcus Lutter, hrsg. v. Schneider, Uwe H., Köln 2002, S. 1633-1648.

Wassermeyer, Franz (2001): Auswirkungen der neueren Entscheidungen des Großen Senats zum Bilanzsteuerrecht, DB 2001, S. 1053 – 1057.

Wassermeyer, Franz (1988): Gegenseitige Beeinflussung von Handels- und Steuerrecht bei der Erstellung von Abschlüssen, in: StbKongR 1988, S. 89-103.

Wassermeyer, Franz (1985/86): Einlagen in Kapital- und Personengesellschaften und ihre ertragsteuerliche Behandlung, StbJb 1985/86, S. 213-235.

Wassermeyer, Franz (1984): Bewertungsfragen beim Tausch und bei tauschähnlichen Vorgängen, in: Werte und Wertermittlung im Steuerrecht, hrsg. von Arndt Raupach, Köln 1984, S. 169-193.

Watermeyer, Heinrich Jürgen (1991): Bilanzierungshilfen in der Handels- und Steuerbilanz, Frankfurt am Main u.a. 1991.

Watrin, Christoph/Strohm, Christiane/Struffert, Ralf (2004): Aktuelle Entwicklungen der Bilanzierung von Unternehmenszusammenschlüssen nach IFRS, WPg 2004, S. 1450-1461.

Watts, Ross L./Zimmermann, Jerold L. (1990): Positive Accounting Theory: A Ten Year Perspective, AR 1990, S. 131-156.

Weber, Claus-Peter (2004): Unternehmenszusammenschlüsse und Konzernabschlüsse, Wiley-Kommentar zur internationalen Rechnungslegung nach IAS/IFRS, hrsg. v. Ballwieser, Wolfgang u.a., Braunschweig 2004, S. 507-597.

Weber-Grellet, Heinrich (2003): Anmerkung zum Urteil des EuGH v. 07.01.2003, C-306/99 (BIAO), DStR 2003, S. 67-69.

Weber-Grellet, Heinrich (1996): Anmerkung zu „Tomberger", DStR 1996, 1094-1095

de Weerth, Jan (1997): Anmerkungen zu "Giloy", IStR 1997, S. 543.

Wehrheim, Michael (2000): Die Bilanzierung immaterielle Vermögensgegenstände („Intangible Assets") nach IAS 38, DStR 2000, S. 86-88.

Westerfelhaus, Herwarth (1995): Zwei-Stufen-Ermittlung zum bilanzierungsfähigen Vermögensgegenstand, DB 1995, S. 885-889.

Wichmann, Gerd (1988): Der Vermögensgegenstand als Bilanzierungsobjekt nach dem HGB, BB 1988, S. 192-194.

Wiedemann, Herbert (1978): Das Abfindungsrecht – ein gesellschaftsrechtlicher Interessenausgleich, ZGR 1978, S. 477-497.

Wiedemann, Herbert (1999): Identität beim Rechtsformwechsel, ZGR 1999, S. 568-582.

Wiedmann, Harald (1994): Die Bewertungseinheit im Handelsrecht, FS Adolf Moxter hrsg. v. Ballwieser, Wolfgang u.a., Düsseldorf 1994, S. 454-482.

Wilhelm, Jan (2002): Sachenrecht, 2. Auflage, Berlin und New York 2002.

Winnefeld, Robert (2002): Bilanzhandbuch, 3. Aufl., München 2002.

Wittmann, Waldemar (1959): Unternehmung und unvollkommene Information, Köln-Opladen 1959.

Woerner, Lothar (1989): Steuerbilanz und Handelsbilanz, München 1989.

Wöhe, Günther (1980): Zur Bilanzierung und Bewertung des Firmenwertes, StuW 1980, S. 89-108.

Wohlgemuth, Michael (1999): Die Anschaffungskosten in der Handels- und Steuerbilanz, in: v. Wysocki, Klaus/Schulze-Osterloh, Joachim/Hennreichs, Joachim, Handbuch des Jahresabschlusses in Einzeldarstellungen, Abt. I/9, Lfg., Okt. 1999.

Wüstemann, Jens/Kierzek, Sonja (2005): Ertragsvereinnahmung im neuen Referenzrahmen von IASB und FASB – internationaler Abschied vom Realisationsprinzip?, BB 2005, S. 427-434.

Ziesemer, Stefan (2002): Rechnungslegungspolitik in IAS-Abschlüssen und Möglichkeiten ihrer Neutralisierung, Düsseldorf 2002.

Zilias, Manfred (1986): Zum Unternehmensbegriff im neuen Bilanzrecht (Drittes Buch des HGB), DB 1986, S. 1110-1112.

Zürbig, Wolf Hendrik (1999): Der Formwechsel einer Personengesellschaft in eine Kapitalgesellschaft, Frankfurt am Main 1999.

II. Kommentare

Adler, Hans/Düring, Walter/Schmaltz, Kurt (1995 -2000): Rechnungslegung und Prüfung der Unternehmen, hrsg. v. Forster, Karl-Heinz u.a., 6. Auflage, Teilband 1, Stuttgart 1995-2000.

Adler, Hans/Düring, Walter/Schmaltz, Kurt (2003): Rechnungslegung nach Internationalen Standards, hrsg. v Gelhausen, H.-F., Stuttgart, Lfg. Dez. 2003.

Baetge, Jörg/Dörner, Dietrich/Kleekämper, Heinz/Wollmert, Peter/Kirsch, Hans-Jürgen (Hrsg.) (2003): Rechnungslegung nach International Accounting Standards (IAS), versch. Bearb., Stuttgart, 2. Auflage, Stand: Dez. 2003.

Baumbach, Adolf/Hueck, Alfred (2000): GmbH-Gesetz, versch. Bearb., 17. Auflage, München 2000.

Baumbach, Adolf/Hopt, Klaus (2003): Handelsgesetzbuch: mit GmbH & Co., Handelsklauseln, Bank- und Börsenrecht, Transportrecht (ohne Seerecht), 31. Auflage, München 2003.

Blümich, Wilhelm (2004): EStG, KStG, GewStG, Kommentar, hrsg. v. Ebling, Klaus, versch. Bearb., München, Stand: Okt. 2004.

Dehmer, Hans (1996): Umwandlungsgesetz, Umwandlungssteuergesetz, 2. Auflage, München 1996.

Geßler, Ernst, u.a. (1973): Aktiengesetz – Kommentar, München 1973.

Goutier, Klaus/Knopf, Rüdiger/Tulloch, Anthony (1996): Kommentar zum Umwandlungsrecht, versch. Bearb., Heidelberg 1996.

Hachenburg, Max/Ulmer, Peter (1992): Gesetz betreffend die Gesellschaften mit beschränkter Haftung (GmbH) - Großkommentar, versch. Bearb., 8. Aufl., Berlin 1992.

Haritz, Detlef/Benkert, Manfred (2000): Umwandlungssteuergesetz: Kommentar, versch. Bearb., 2. Auflage, München 2000.

Hofbauer, Max, A./Kupsch, P. (2005): Bonner Handbuch Rechnungslegung, versch. Bearb., Bonn u. Berlin, Stand: Jan. 2005.

Hopt, Klaus J. (2000): Handelsgesetzbuch, Kommentar, begründet von Baumbach, Adolf, 30. Auflage, München 2000.

Hüffer, Uwe (2004): Aktiengesetz - Kommentar, 6. Aufl., München 2004.

Kölner Kommentar zum Aktiengesetz (1985):, hrsg. v. Zöllner, Wolfgang, versch. Bearb., 1. Aufl., Köln 1985.

Kopp, Ferdinand/Ramsauer, Ulrich (2003): Verwaltungsverfahrensgesetz, 8. Aufl., München 2003.

Küting, Karlheinz/Weber, Claus-Peter (2004): Handbuch der Rechnungslegung, versch. Bearb., 5. Auflage, Stuttgart, Stand: 6. Lieferung (März 2004).

Lutter, Marcus (2004): Umwandlungsgesetz - Kommentar, versch. Bearb., 3. Auflage, Köln 2004.

Lutter, Marcus/Hommelhoff, Peter (2004): GmbHG-Kommentar, 16. Aufl., Köln 2004.

Münchener Kommentar zum HGB (2001): hrsg. v. Ebke, Werner F., versch. Bearb, München 2001.

Palandt, Otto (2005): Kommentar zum Bürgerlichen Gesetzbuch, versch. Bearb., 64. Auflage, München 2005.

Schmitt, Joachim/Hörtnagl, Robert/Stratz, Rolf-Christian (2001): Umwandlungsgesetz – Umwandlungssteuergesetz, München 2001.

Schmidt, Ludwig (2004): Einkommensteuergesetz – Kommentar, versch. Bearb., 23. Auflage, München 2004.

Scholz, Franz (2000): GmbH-Gesetz, versch. Bearb., 9. Auflage, Köln 2000.

Semler, Johannes/Stengel, Arndt (2003): Umwandlungsgesetz, versch. Bearb., München 2003.

Staub, Herrmann, Handelsgesetzbuch – Großkommentar, hrsg. v. Canaris, Claus-Wilhelm u.a., versch. Bearb., 4. Aufl. Berlin 2002.

v. Staudinger, Julius (2004): Julius v. Staudingers Kommentar zum Bürgerlichen Gesetzbuch, versch. Bearb., Berlin 2000ff.

Wandtke, Artur-Axel/Bullinger, Winfried (2002): Praxiskommentar zum Urheberrecht, versch. Bearb., München 2002.

Widmann, Siegfried/Mayer, Robert (Hrsg.) (2005): Umwandlungsrecht, Kommentar, versch. Bearb., Loseblattsammlung, Bonn, Stand: Feb. 2005.

III. Gesetzesmaterialien

Begründungen der Regierungsentwürfe zum UmwG v. 28. 10.1994, abgedr. bei Ganske, Joachim, Umwandlungsrecht, Textausgabe des Umwandlungsgesetzes (UmwG) vom 28.10.1994 und des Umwandlungssteuer-gesetztes (UmwStG), 2. Auflage, Düsseldorf 1995.

Stellungnahmen des Bundesrates mit Gegenäußerungen der Bundesregierung zum UmwG v. 28.10.1994, abgedr. bei Ganske, Joachim, Umwandlungsrecht, Textausgabe des Umwandlungsgesetzes (UmwG) vom 28.10.1994 und des Umwandlungssteuergesetztes (UmwStG), 2. Auflage, Düsseldorf 1995.

Bericht des Rechtsausschusses des Deutschen Bundestages zum UmwG v. 28.10.1994, abgedr. bei Ganske, Joachim, Umwandlungsrecht, Textausgabe des Umwandlungsgesetzes (UmwG) vom 28.10.1994 und des Umwandlungssteuer-gesetztes (UmwStG), 2. Auflage, Düsseldorf 1995.

Bericht des Rechtsausschusses des Deutschen Bundestages v. 19.12.1985, abgedr. bei Biener, Herbert/Berneke, Wilhelm, Bilanzrichtlinien-Gesetz, Textausgabe des Bilanzrichtliniengesetzes vom 19.12.1985 nebst Materialien, Düsseldorf 1986.

Regierungsentwürfe mit Begründung, EG-Richtlinien mit Begründung vom 19.12.1985, abgedr. bei Biener, Herbert/Berneke, Wilhelm, Bilanzrichtlinien-Gesetz, Textausgabe des Bilanzrichtliniengesetzes vom 19.12.1985 nebst Materialien, Düsseldorf 1986.

Begründung des Bundestages zum Gesetz zur Neuordnung des gesellschaftsrechtlichen Spruchverfahrens vom 12.06.2003, BT-Drs. 15/371, S. 1-23.

IV. Veröffentlichungen privater Standardsetter und Institutionen

IASB

IASB: Framework for the Preparation and Presentation of Financial Statements, in: International Financial Reporting Standards (IFRS) 2004 (Stand: 31.03.2004), London 2004, S. 19-46.

IASB: Basis for Conclusions on IFRS 3 Business Combinations, in: International Financial Reporting Standards (IFRS) 2004 (Stand: 31.03.2004), London 2004, S. 289-348.

IASB: IFRS 3 Business Combinations – Illustrative Examples, in: International Financial Reporting Standards (IFRS) 2004 (Stand: 31.03.2004), London 2004, S. 349-370.

IASB: Basis for Conclusions on IAS 1, in: International Financial Reporting Standards (IFRS) 2004 (Stand: 31.03.2004), London 2004, S. 589-597.

IASB: Basis for Conclusions on IAS 8, in: International Financial Reporting Standards (IFRS) 2004 (Stand: 31.03.2004), London 2004, S. 673-686.

IASB: Basis for Conclusions on IAS 36 Impairment of Assets, in: International Financial Reporting Standards (IFRS) 2004 (Stand: 31.03.2004), London 2004, S. 1416-1489.

IASB: IAS 36 Impairment of Assets – Illustrative Examples, in: International Financial Reporting Standards (IFRS) 2004 (Stand: 31.03.2004), London 2004, S. 1490-1520.

IASB: Basis for Conclusions on IAS 38, in: International Financial Reporting Standards (IFRS) 2004 (Stand: 31.03.2004), London 2004, S. 1597-1629.

IASB: IAS 38 Intangible Assets – Illustrative Examples, in: International Financial Reporting Standards (IFRS) 2004 (Stand: 31.03.2004), London 2004, S. 1630-1632.

IDW

IDW - Institut der Wirtschaftsprüfer (1992): Stellungnahme zum Referentenentwurf eines Gesetzes zur Bereinigung, des Umwandlungsrechts, WPg 1992, S. 613-624.

IDW - Institut der Wirtschaftsprüfer (1996): Stellungnahme HFA 1/1996: Zweifelsfragen beim Formwechsel, in: Stellungnahmen des Instituts der Wirtschaftsprüfer zum Umwandlungsrecht, hrsg. v. IDW, Düsseldorf 1998, S. 5-10.

IDW - Institut der Wirtschaftsprüfer (1997): Stellungnahme HFA 2/1997: Zweifelsfragen der Rechnungslegung bei Verschmelzungen, in: Stellungnahmen des Instituts der Wirtschaftsprüfer zum Umwandlungsrecht, hrsg. v. IDW, Düsseldorf 1998, S. 11-26.

IDW - Institut der Wirtschaftsprüfer (1998): Stellungnahme HFA 1/1998: in: Stellungnahmen des Instituts der Wirtschaftsprüfer zum Umwandlungsrecht, hrsg. v. IDW, Düsseldorf 1998, S. 27-34.

IDW - Institut der Wirtschaftsprüfer (2002): Fortsetzung 3 der IDW Stellungnahme zur Rechnungslegung: Einzelfragen zur Anwendung von IAS (RS HFA 2), FN-IDW 2002, S. 185-189.

IDW - Institut der Wirtschaftsprüfer (2004 a): Entwurf einer Neufassung der IDW Stellungnahme zu Rechnungslegung: Einzelfragen zur Anwendung von IFRS (IDW ERS HFA 2 n.F.)“, WPg 2004, 1333-1347.

IDW - Institut der Wirtschaftsprüfer (2004 b): Entwurf IDW Stellungnahme zur Rechnungslegung: Bewertung bei der Abbildung von Unternehmenserwerben und bei Werthaltigkeitsprüfungen nach IFRS (IDW ERS HFA 16), WPg 2004, S. 1482-1493.

EITF

EITF 90-5: Exchanges of Ownership Interests between Entities Under Common Control, Norwalk (Connecticut) 2000

EITF 02-17: Unit of Accounting for Testing Impairment of Indefinite-Lived Intangible Assets, Norwalk (Connecticut) 2002

FASB

SFAS 141: Business Combinations, Norwalk (Connecticut) 2001

SFAS 142: Goodwill and Other Intangible Assets, Norwalk (Connecticut) 2001

DRSC

DRS 4: Unternehmenserwerbe im Konzernabschluss, Berlin 2000

DRS 12: Immaterielle Vermögenswerte des Anlagevermögens, Berlin 2002

V. Rechtsprechungsverzeichnis

EuGH

EuGH Urt. v. 15.05.1986, Rs. 222/84 (Johnston), EuGHE 1986, S. 1651
EuGH Urt. v. 08.10.1987, Rs. 80/86 (Kolpinghuis Nijmegen), EuGHE 1987, S. 3969
EuGH Urt. v. 20.09.1988, Rs. 31/87 (Gebr. Beentjes), EuGHE 1988, S. 4635
EuGH, Urt. v. 18.10.1990, Rs. C-297/88 und C-197/89, Dzodzi, Slg. 1990, S. 3763,
EuGH, Urt. v. 08.11.1990, Rs. C-231/89 (Gmurzynska-Bscher), Slg. 1990, S. 4003
EuGH, Urt. v. 13.11.1990, Rs. C-106/89 (Marleasing), EuGHE 1990, S. 223, Slg. 1990, S. 4135
EuGH, Urt. v. 16.12.1993, Rs. C-334/92 (Wagner Miret), EuGHE 1993, S. 6911
EuGH, Urt. v. 14.07.1994, Rs. C-91/92 (Dori), Slg. 1994, S. 3347
EuGH, Urt. v. 27.06.1996, Rs. C-234/94, DB 1996, S. 1400 (Tomberger), EuGHE 1996, S. 3133
EuGH, Urt. v. 17.07.1997, Rs. C-28/95 (Leur-Bloem), Slg. 1997, S. 4161, IStR 1997, S. 539
EuGH, Urt. v. 17.07.1997, Rs. C-130/95 (Giloy), IStR 1997, S. 542
EuGH, Urt. v. 09.12.1997, Rs. C-265/95, Slg. 1997, S. 6859
EuGH, Urt. v. 14.09.1999, Rs. C-275/97 (DE + ES), DStR 1999, S. 1645, DB 1999, S. 2035
EuGH, Urt. v. 07.01.2003, Rs. C-306/99, (BIAO), BStBl. II, 2004, S. 144, DB 2003, S. 181

BVerfG

BVerfG, Urt. v. 14.12.1975, 1 BvL 35/70, BVerfGE 40, S. 196
BVerfG, Beschl. v. 27.04.1999, 1 BvR 1613/94, BVerfGE 100, S. 289 (DAT/Altana)

BGH

BGH, Beschl. v. 14.02.1974, III ZR 42/73, BGHZ 63, S. 240
BGH, Urt. v. 21.06.1985, V ZR 37/84, BGHZ 95, S. 100
BGH, Urt. v. 22.05.1989, II ZR 206/88, BGHZ 107, 296
BGH, Urt. v. 28.01.1991, II ZR 20/90, BB 1991, S. 507
BGH, Beschl. v. 21.07.1994, II ZR 82/93, DB 1994, S. 1868, BB 1994, S. 1673
BGH, Urt. v. 06.11.1995, II ZR 164/94, WM 1996, S. 113, BB 1996, S. 155.

OLG

OLG Hamm, Beschl. v. 20.04.1988, 15 W 84/87, ZIP 1988, S. 1338
OLG Karlsruhe, Urt. v. 09.08.1991, 15 U 127/90, WM 1991, S. 1759
OLG München, Urt. v. 12.05.1993, 27 U 459/92, BB 1993, 2040
OLG München, Urt. v. 12.11.1993, 7 U 3165/93, AG 1994, S. 375
KG, Beschl. v. 22.09.1999, 1 W 4387/97, GmbHR 1998, S. 1230
OLG Frankfurt/Main, Beschl. v. 10.03.1998, 20 W 60/98 (rkr.), ZIP 1998, S. 1191
BayObLG, Beschl. v. 18.12.2002, 3 Z BR 116/00, ZIP 2003, S. 253
OLG Hamburg, Beschl. v. 29.09.2004, 11 W 78/04, DK 2005, S. 108

LG

LG München, Beschl. v. 22.01.1998, 17 HKT 623/98, BB 1998, 2331
LG Koblenz, Beschl. v. 16.04.2003, 4 HK.T 1/03, ZIP 2003, S. 2210

BFH

BFH, Urt. v. 17.05.1952, I 4/52 S, BFHE 55, S. 536, BStBl. III 1952, S. 208
BFH, Gutachten v. 05.05.1953, I D 2/53 S, BFHE 57, S. 583, BStBl. III 1953, S. 224
BFH, Urt. v. 28.01.1954, IV 255/53 U, BFHE 58, 516, BStBl. III 1954, S. 109
BFH, Urt. v. 13.03.1956, I 209/55 U, BFHE 62, S. 401, BStBl. III 1956, S. 149
Urt. v. 15.04.1958, I 27/57 U, BFHE 66, S. 677, BStBl. III 1958, S. 260

BFH, Urt. v. 09.07.1958, I 207/57 U, BFHE 67, S. 370, BStBl. III 1958, S. 416
BFH, Urt. v. 16.12.1958, I D 1/57 S, BFHE 68, S. 78, BStBl. III 1959, S. 30
BFH, Urt. v. 28.02.1961, I 13/61 U, BFHE 73, S. 318, BStBl. III 1961, S. 383
BFH, Urt. v. 09.10.1962, I 167/62 U, BFHE 76, S. 16, BStBl. III 1963, S. 7
BFH, Urt. v. 20.11.1962, I 266/61 U, BFHE 76, S. 164, BStBl. III, 1963, S. 60
BFH, Urt. v. 18.03.1965, IV 116/64 U, BFHE 82, S. 119, BStBl. III 1965, S. 289
BFH, Urt. v. 29.04.1965, IV 403/62 U, BFHE 82, S. 461, BStBl. III 1965, S. 415
BFH, Urt. v. 28.03.1966, VI 320/64, BFHE 85, S. 437, BStBl. III 1966, S. 456
BFH, Urt. v. 22.08.1966, GrS 2/66, BFHE 86, S. 792, BStBl. III, 1966, S. 672
BFH, Urt. v. 18.01.1967, I 77/64, BFHE 88, S. 198, BStBl. III, 1967, S. 335
BFH, Urt. v. 12.07.1968, III 181/64, BFHE 93, 323, BStBl. II 1968, 794
BFH, Urt. v. 09.07.1969, I R 38/66, BFHE 96, S. 559, BStBl. II 1969, S. 744
BFH, Urt. v. 29.10.1969, I 93/64, BFHE 97, S. 350, BStBl. II 1970, S. 178
BFH, Beschl. v. 02.03.1970, GrS 1/69, BFHE 98, S. 360, BStBl. II 1970, S. 383
BFH, Urt. v. 06.03.1970, III R 20/66, BFHE 99, S. 50, BStBl. II 1970, S. 489
BFH, Urt. v. 27.05.1970, IV R 222/69, BFHE 99, S. 474, BStBl. II 1970, S. 743
BFH, Urt. v. 05.08.1970, I R 180/66, BStBl. II 1970, S. 804
BFH, Urt. v. 16.09.1970, I R 196/67, BFHE 101, S. 76, BStBl II 1971, S. 175
BFH, Urt. v. 13.07.1971, VIII 15/65, BFHE 103, S. 61, BStBl. II 1971, S. 731
BFH, Urt. v. 19.12.1972, VIII R 124/69, BFHE 108, S. 168, BStBl. II 1973, S. 295
BFH, Urt. v. 20.12.1972, I R 73/71, BFHE 108, 125, BStBl. II 1973, S. 266
BFH, Urt. v. 31.01.1973, I R 197/70, BStBl. II 1973, S. 393
BFH, Urt. v. 14.02.1973, I R 89/71, BFHE 109, S. 222, BStBl. II 1973, S. 580
BFH, Beschl. v. 26.11.1973, GrS 5/71, DB 1974, S. 561, BStBl. II 1974, S. 135
BFH, Urt. v. 20.02.1974, IV R 60/69, BFHE 112, S. 257, BStBl. II 1974, S. 482
BFH, Urt. v. 26.03.1974, VIII R 210/72, BFHE 112, S. 166, BStBl. II 1975, S. 6
BFH, Urt. v. 30.05.1974, III R 75/73, BFHE 113, S. 50, BStBl. II 1974, S. 655
BFH, Urt. v. 26.02.1975, I R 72/73, BFHE 115, S. 238, BStBl. II 1976, S. 13
BFH, Urt. v. 23.04.1975, I R 236/72, BFHE 116, S. 16, BStBl. II 1975, S. 875
BFH, Urt. v. 18.06.1975, I R 24/73, BFHE 116, 474-478, BStBl. II 1975, 809-811
BFH, Urt. v. 31.03.1976, I R 85/74, BFHE 118, S. 456, BStBl. II 1976, S. 475
BFH, Urt. v. 15.07.1976, I R 17/74, BFHE 119, S. 288, BStBl. II 1976, S. 748

BFH, Urt. v. 03.08.1976, VIII R 101/71, BStBl. II 1977, S. 65
BFH, Urt. v. 08.12.1976, I R 215/73, BFHE 121, S. 402, BStBl. II 1977, S. 409
BFH, Urt. v. 18.02.1977, III R 83/72, BFHE 122, S. 148, BStBl. II 1977, S. 501
BFH, Urt. v. 17.03.1977, IV R 218/72, BFHE 122, S. 70, BStBl. II 1977, S. 595
BFH, Urt. v. 28.04.1977, IV R 163/75, BStBl. II 77, S. 553
BFH, Urt. v. 16.11.1977, I R 83/75, BFHE 124, S. 501, BStBl. II 1978, S. 387
BFH, Urt. v. 09.02.1978, IV R 201/74, BFHE 124, S. 520, BStBl. II 1978, S. 370
BFH, Urt. v. 14.02.1978 VIII R 158/73, BFHE 124, S. 447, BStBl II 1979, S. 99
BFH, Beschl. v. 12.06.1978, GrS 1/77, BFHE 125, S. 516, BStBl. II 1978, S. 620
BFH, Urt. v. 23.06.1978, III R 22/76, BFHE 125, S. 300f. BStBl. II 1978, S. 521
BFH, Urt. v. 06.12.1978, I R 35/78, BFHE 126, S. 549, BStBl. II 1979, S. 262
BFH, Urt. v. 25.01.1979, IV R 21/75, BFHE 127, S. 180, BStBl. II 1979, S. 369
BFH, Urt. v. 14.03.1979, I R 37/75, BFHE 127, S. 386, BStBl. II 1979, S. 470
BFH, Urt. v. 28.05.1979, I R 1/76, BFHE 128, S. 367, BStBl. II 1979, S. 734
BFH, Urt. v. 26.02.1980, VIII R 80/77, BFHE 130, S. 155
BFH, Urt. v. 25.11.1981, I R 54/77, BFHE 134, S. 434, BStBl. II 1982, S. 189
BFH, Urt. v. 16.12.1981, I R 131/78, BStBl. II 1982, S. 320
BFH, Urt. v. 26.05.1982, I R 180/80, BFHE 136, S. 222, BStBl. II 1982, S. 695
BFH, Urt. v. 29.07.1982, IV R 49/78, BFHE 136, S. 270, BStBl. II 1982, S. 650
BFH, Urt. v. 14.12.1982, VIII R 53/81, BFHE 137, 339, BStBl. II 1983, S. 303
BFH, Urt. v. 13.10.1983, IV R 160/78, BFHE 139, S. 275, BStBl. II 1984, S. 101
BFH, Urt. v. 11.11.1983, III R 25/77, BFHE 140, S. 289, BStBl. II 1984, S. 187
BFH, Urt. v. 23.05.1984, I R 266/81, BFHE 141, S. 261, BStBl. II 1984, S. 723
BFH, Urt. v. 25.05.1984, III R 30/79, BFHE 141, S. 297, BStBl. II 1984, S. 617
BFH, Urt. v. 30.05.1984, I R 146/81, BFHE 141, S. 509f., BStBl. II 1984, S. 825
BFH, Urt. v. 07.06.1984, IV R 79/82, BStBl. II 1984, S. 584
BFH, Urt. v. 03.10.1984, I R 116/81, BStBl. II 1985, 131
BFH, Urt. v. 07.11.1985, IV R 7/83, BStBl. II 1986, S. 176, BFHE 145, S. 194
BFH, Urt. v. 09.07.1986, I R 218/82, BFHE 147, S. 412, BStBl. II 1987, S. 14
BFH, Urt. v. 20.08.1986, I R 41/82 BStBl. II 1987, S. 69
BFH, Urt. v. 20.08.1986, I R 150/82, BFHE 149, S. 25, BStBl. II 1987, S. 455

BFH, Beschl. v. 26.10.1986, GrS 2/86, BFHE 151, S. 523, BStBl. II 1988, S. 348
BFH, Urt. v. 13.12.1984, VIII R 249/80, BFHE 143, S. 50
BFH, Urt. v. 04.11.1986, VIII R 322/83, BFHE 148, S. 513, BStBl. II 1987, S. 333
BFH, Urt. v. 24.03.1987 I R 202/83, BFHE 149, S. 542, BStBl. II 1987, S. 705
BFH, Beschl. v. 26.10.1987, GrS 2/86, BFHE 151, S. 523, DB 1988, S. 529
BFH, Urt. v. 28.10.1987, II R 224/82, BFHE 151, S. 201, BStBl. II 1988, S. 51
BFH, Urt. v. 22.07.1988, III R 175/85, S. 995
BFH, Urt. v. 23.11.1988, II R 209/82, BStBl. II 1989, S. 82, BFHE 155, S. 132
BFH, Urt. v. 14.12.1988, I R 44/83, BFHE 155, S. 368, BStBl. II 1989, S. 323
BFH, Urt. v. 18.01.1989, X R 10/86, BFHE 156, S. 110, BStBl. II 1989, S. 549
BFH, Urt. v. 10.08.1989, XR 176-177/87, BFHE 158, S. 53, BStBl. II 1990, S. 15
BFH, Urt. v. 01.02.1989, VIII R 361/83, BFH/NV 1989, S. 779
BFH, Urt. v. 08.03.1989, X R 9/86, BFHE 156, S. 443, BStBl. II 1989, S. 716
BFH, Urt. v. 22.03.1989, II R 15/86, BFHE 157, S. 211, BStBl. II 1989, S. 645
BFH, Urt. v. 01.06.1989, IV R 64/88, BFHE 157, S. 185, BStBl. II 1989, S. 830
BFH, Urt. v. 10.08.1989, X R 176-177/87, S. 16, BFHE 158, S. 53, BStBl. II 1990, S. 16
BFH, Urt. v. 24.01.1990, I R 157/86, BFHE 159, S. 494, BStBl. II 1990, S. 639
BFH, Beschl. v. 16.02.1990, III B 90/88, BStBl. II 1990, S. 794, BFHE 160, S. 364
BFH, Urt. v. 28.03.1990, II R 30/89, BFHE 160, S. 278, BStBl. II 1990, S. 569
BFH, Urt. v. 10.05.1990, IV/R 41/89, BFH/NV 1991, S. 585
BFH, Urt. v. 01.08.1990, II R 17/87, BFHE 161, S. 171, BStBl. II 1990, S. 879
BFH, Urt. v. 28.09.1990, II R 178/86, BFHE 162, S. 177, BStBl. II 1991, S. 187
BFH, Urt. v. 06.12.1990, IV R 3/89, BStBl. II 1991, S. 346, BFHE 163, S. 126
BFH, Urt. v. 13.03.1991, X R 81/89, BFH/NV 1991, S. 529
BFH, Urt. v. 07.11.1991, IV R 43/90, BStBl. II 1992, S. 398
BFH, Urt. v. 04.12.1991, I R 148/90, BFHE 166, S. 472, BStBl. II 1992, S. 383
BFH, Urt. v. 26.08.1992, I R 24/91, BFHE 1992, S. 163, BStBl. II 1992, S. 977
BFH, Urt. v. 10.12.1992, XI R 45/88, BFHE 170, 495, BStBl. II 1993, S. 538
BFH, Urt. v. 17.02.1993, X R 60/89, BFHE 170, 397, BStBl. II 1993, 437
BFH, Urt. v. 10.03.1993, I R 116/91, BFH/NV 1993, S. 595
BFH, Urt. v. 03.08.1993, VIII R 37/92, BStBl. II 1994, S. 444, BFHE 174, S. 31
BFH, Urt. v. 26.11.1993, III R 58/89, BFHE 173, S. 115, BStBl. II 1994, S. 293

BFH, Urt. v. 15.12.1993, X R 102/92, BFH/NV 1994, S. 543
BGH, Beschl. v. 21.07.1994, II ZR 82/93, DB 1994, S. 1868
BFH, Urt. v. 28.07.1994, III R 47/92, BStBl. II 1994, S. 873
BFH, Urt. v. 06.07.1995, IV R 30/93, BStBl. II 1995, S. 831
BFH, Urt. v. 08.02.1996, III R 76/90, BFH/NV 1996, S. 644
BFH, Urt. v. 16.03.1996, I R 60/95, BStBl. II, S. 576
BFH, Urt. v. 04.09.1997, IV R 88/96, BFH/NV 1998, S. 517
BFH, Urt. v. 15.10.1997, I R 16/97, BStBl. II 1998, S. 249
BFH, Urt. v. 28.05.1998, IV R 48/97, BFHE 186, S. 268
BFH, Urt., v. 19.10.1998, VIII R 58/95, BFHE 187, S. 269
BFH, Urt. v. 24.06.1999, IV R 33/98, BFHE 189, S. 132
BFH, Urt. V. 09.08.2000, I R 69/98, BFHE 192, S. 529
BFH, Urt. v. 07.08.2002, I R 99/00, BFHE 199, S. 489
BFH, Urt. v. 28.11.2002, III R 4/00, BFHE 201, S. 370
BFH, Urt. v. 11.09.2003, IV R 53/02, BFHE 203, S. 454
BFH, Urt. v. 03.03.2004, X R 135/98, BFHE 205, S. 447

RFH

RFH, Urt. v. 21.09.1927, VI A (282) 383/27, StuW 1927 II, Sp. 803
RFH, Urt. v. 27.03.1928, I A 470/27, RStBl. 1928, S. 260, StuW II 1928, Sp. 705
RFH, Urt. v. 21.10.1931, VI A 2002/29, RFHE 30, S. 142, RStBl. 1932, S. 305
RFH, Urt. v. 27.01.1932, VI A 1495/31, StuW II 1932, Sp. 523
RFH, Urt. v. 22.01.1936, VI A 911/34, StuW II 1936, Sp. 519
RFH, Urt. v. 26.09.1939, I 422/38, RFHE 47, S. 302, RStBl. 1940, S. 34

FG

FG Berlin, Urt. v. 27.01.1982, II 153/81(rkr.), EFG 1982, S. 505
FG München, Urt. v. 09.12.1986, VII 195/84 G (rkr.), EFG 1987, S. 367
FG Hamburg, Urt. v. 22.04.1999, IStR 1999, S. 639, DStRE 2000, S. 171
FG Hamburg, Urt. v. 28.11.2003, III 1/01, (nrkr.), BB 2004, S. 122
FG Rheinland-Pfalz, Urt. v. 16.11.2004, 2 K 1431/03, nrkr., EFG 2005, S. 348

Cornelius Koke

Die Finanzverfassung der Europäischen Aktiengesellschaft (SE) mit Sitz in Deutschland

Frankfurt am Main, Berlin, Bern, Bruxelles, New York, Oxford, Wien, 2005.
XXII, 277 S., 14 Tab.
Schriftenreihe zum deutschen und europäischen Gesellschafts- und Wirtschaftsrecht. Herausgegeben von Günter Christian Schwarz. Bd. 3
ISBN 3-631-53240-7 · br. € 51.50*

Die Verordnung über das Statut der Europäischen Aktiengesellschaft (SE) trat am 8. Oktober 2004 in Kraft. Die verabschiedete Verordnung ist jedoch weit davon entfernt, ein vollständiges Gesellschaftsstatut zu sein. So ist auch die Finanzverfassung der SE Gegenstand einer umfassenden Verweisung auf das Recht des Sitzstaates. Die Verknüpfung der Vorschriften des europäischen Gesetzgebers mit den nationalen Gesetzen führt zu einer Vielzahl von Rechtsproblemen. Die Studie zeigt diese Probleme für den Bereich der Finanzverfassung der SE auf und arbeitet das ergänzend anwendbare Recht heraus.

Aus dem Inhalt: Grundlagen der Anwendung des Rechts der Europäischen Aktiengesellschaft · Kapitalaufbringung unter Berücksichtigung der verschiedenen Gründungsvarianten · Aktien, Schuldverschreibungen und sonstige vergleichbare Wertpapiere · Erwerb eigener Aktien · Kapitalmaßnahmen, insbesondere die Beschlussfassung der Hauptversammlung und die Besonderheiten bei monistischem Leitungssystem · Jahresabschluss

FSC
www.fsc.org
MIX
Papier | Fördert
gute Waldnutzung
FSC® C083411

Kolibri 360 GmbH
Ferdinand-Jühlke-Straße 7
99095 Erfurt, Deutschland
produktsicherheit@kolibri360.de

Druck:
CPI Druckdienstleistungen GmbH
im Auftrag der
Kolibri 360 GmbH
Ferdinand-Jühlke-Str. 7
99095 Erfurt